Niklaus Kuster, Albert Gasser

Vom Urchristentum in die Gegenwart

TVZ

Studiengang Theologie
Herausgegeben von theologiekurse.ch

Redaktion:
Sabine Bieberstein, Dr. theol.,
Professorin für Exegese des Neuen Testaments und biblische Didaktik an der Fakultät für Religionspädagogik und Kirchliche Bildungsarbeit der Katholischen Universität Eichstätt-Ingolstadt
Stephan Leimgruber, Prof. em. Dr. theol.,
Spiritual am Seminar St. Beat in Luzern und Rektor bei theologiekurse.ch
Felix Senn, Dr. theol.,
Studienleiter bei theologiekurse.ch in Zürich

Band II,1
Neues Testament, Teil 1

theologiekurse.ch vermittelt als katholische Bildungsinstitution seit über einem halben Jahrhundert in ökumenischer Offenheit theologische Grundkenntnisse an interessierte Frauen und Männer in der deutschsprachigen Schweiz. Ihre Lehrgänge eröffnen den Zugang zu verschiedenen kirchlichen Funktionen und Berufen. Die kontinuierlich erneuerten Lehrunterlagen des vierjährigen berufsbegleitenden Studiengangs Theologie STh bilden die Grundlagen dieser Reihe.

Niklaus Kuster

Albert Gasser

Vom Urchristentum in die Gegenwart

Kirchengeschichte

Studiengang Theologie, Band III

Bibliografische Information der Deutschen Nationalbibliothek
Die Deutsche Nationalbibliothek verzeichnet diese Publikation in der Deutschen Nationalbibliografie; detaillierte bibliografische Daten sind im Internet über http://dnb.d-nb.de abrufbar.

Umschlaggestaltung: Simone Ackermann, Zürich
Satz und Layout: Claudia Wild, Konstanz
Druck: ROSCH-BUCH GmbH, Scheßlitz

ISBN: 978-3-290-20104-3

www.tvz-verlag.ch

Geleitwort zur Reihe

Eine Einführung in 2000 Jahre Kirchengeschichte ist an sich schon ein anspruchsvolles Unternehmen. Die wichtigsten Strömungen, Entwicklungen und Ereignisse gar in einem einzigen Band zu skizzieren, verlangt nicht nur ein gutes Augenmass, sondern auch unvermeidlich den Mut zur Lücke. Dass es den beiden Autoren in gemeinsamer Anstrengung gelungen ist, einen informativen Überblick zu bieten, der die grossen Zusammenhänge aufzeigt und wichtige Entwicklungen vertieft, darüber freuen sich Herausgeber und Redaktionsteam. Sie wünschen den Leserinnen und Lesern viel Gewinn auf dem Weg durch die Zeiten und Strömungen der Geschichte der Kirche und der Kirchen.

Der vorliegende Band zur Kirchengeschichte ist Teil der Reihe *Studiengang Theologie*. Diese Buchreihe ist hervorgegangen aus dem vierjährigen berufsbegleitenden Studiengang Theologie STh, den die katholische Bildungsinstitution *theologiekurse.ch* seit sechs Jahrzehnten für theologisch interessierte Frauen und Männer in der deutschsprachigen Schweiz anbietet. Die kontinuierlich erneuerten Lehrunterlagen bilden die Grundlage dieser Veröffentlichung. Gründlich überarbeitet sollen sie hiermit allen Interessierten im deutschen Sprachraum zugänglich gemacht werden.

Obwohl in den letzten Jahren der Stellenwert der christlichen Kirchen im öffentlichen Bewusstsein abnimmt, ist dennoch das Interesse an elementarer Glaubensinformation und Theologie nach wie vor gross. Doch lassen sich heute manche interessierte Frauen und Männer besser über theologisch aktuelle und gehaltvolle Bücher erreichen als über zeitintensive Studienangebote. Voraussetzung ist freilich, dass der theologische Stoff interessant und gut lesbar vermittelt wird und in ökumenischer Offenheit einen verlässlichen Einblick in die Fragen, Problemstellungen und Antwortrichtungen heutiger Theologie gibt.

Theologisch interessierte Laien, Theologiestudierende an Hochschulen und Fakultäten sowie Lehramtsstudierende sollen sich nicht im Labyrinth der wissenschaftlichen Detaildiskussionen verirren, sondern zunächst mit den grossen Linien, den elementaren Methoden, den biblischen, systematischen und praktischen Grundfragen und den existenziellen Herausforderungen theologischen Fragens vertraut werden. Kurz: Es geht um einen fundierten und zugleich gut verständlichen Einblick in den aktuellen Stand der Theologie in ihren einzelnen Fachdisziplinen.

Diesem Ziel ist die Reihe *Studiengang Theologie* verpflichtet. Sie erleichtert das Selbststudium wie die Vorbereitung auf Prüfungen im theologischen Grundstudium; sie richtet sich darüber hinaus auch an Theologinnen und Theologen, Lehrerinnen und Lehrer, die sich nach Jahren in der Praxis ein fachliches Update wünschen.

Wir danken der Edition NZN beim Theologischen Verlag Zürich (TVZ) für den Mut zu diesem Projekt und für die angenehme Zusammenarbeit und der Römisch-Katholischen Zentralkonferenz der Schweiz (RKZ) sowie der Katholischen Kirche im Kanton Zürich für die Zuschüsse an die Publikationskosten dieser Buchreihe.

Wir hoffen, dass dieser Band und die Buchreihe insgesamt vielen theologisch Interessierten einen Dienst erweisen und zu einem tieferen Verständnis unseres christlichen Glaubens in der heutigen pluralen Gesellschaft beitragen.

Zürich, am Fest der Hl. Petrus und Paulus 2015

Vorstand und Geschäftsstelle *theologiekurse.ch*
Redaktionsteam der Reihe *Studiengang Theologie*

Vorwort

Der folgende Weg durch 2000 Jahre Kirchen-Geschichte ist die Frucht der Lehrtätigkeit von Albert Gasser und seinem Nachfolger Niklaus Kuster im Deutschschweizer Studiengang Theologie STh. Als Skript für die Studierenden wurde es mehrmals erprobt. Für die Publikation hat es Niklaus Kuster gründlich überarbeitet und ergänzt.

Die aktuelle Standardausgabe der «Geschichte des Christentums», deren französisches Original Luce Pietri, Jean-Marie Mayeur, André Vauchez und Marc Venard herausgegeben haben, zeichnet «Religion – Politik – Kultur» der Kirchen in 13 Bänden und auf insgesamt 13 000 Seiten nach. Diese reiche und bewegte Geschichte will für die Reihe *Studiengang Theologie* in einem schlanken Buch skizziert werden. Ein solches kann denn auch nur die grossen Linien nachzeichnen. Der knappe Umfang erfordert zudem weitere Beschränkungen: Die Darstellung konzentriert sich im Wesentlichen auf die europäische Kirchen-Geschichte und darin schwergewichtig auf die Geschichte der katholischen Kirche. Dabei erinnert die Schreibweise Kirchen-Geschichte daran, dass *die eine Kirche Gottes* ihren Weg durch die Zeit in vielen kleinen und grossen konfessionellen Kirchen sucht, unter denen die lateinische Kirche die grösste, aber eben doch nur *eine* Form von Kirche ist.

Umfang und Machart nehmen Mass an der vergleichbaren Kurzdarstellung von Manfred Eders «Kirchengeschichte. 2000 Jahre im Überblick», die seit 2008 in dritter Auflage vorliegt. Widmet sich der Osnabrücker Kirchenhistoriker mit besonderem Interesse der deutschen Kirche, erlaubt sich dieser Band einer Zürcher Buchreihe eingehendere Abschnitte zur ökumenischen Kirchengeschichte der Schweiz.

Jede Generation und jeder Mensch haben eigene Fragestellungen an die Geschichte. Dieses Buch ist von zwei Dozenten unterschiedlicher Altersgruppe, Herkunft und Lebensweise verfasst. Immer wieder wird sich der Wechsel in Stil und Optik bemerkbar machen. Darin liegt ein besonderer Reiz dieses Werkes. Leserinnen und Leser werden dadurch zusätzlich ermutigt, mit eigenen Fragestellungen und Sichtweisen an die reich bewegte Geschichte *der einen Kirche Gottes* und der vielen Kirchen heranzugehen.

Albert Gasser und Niklaus Kuster

Inhaltsübersicht

Einleitung

Geschichte will nicht zur Flucht in die Vergangenheit verleiten, sondern in die Gegenwart sprechen. Der Blick des Historikers unterscheidet sich dabei sowohl von Nostalgikern wie von Richterinnen: Erstere verklären frühere Epochen, während letztere Urteile über Menschen und dunkle Ereignisse vergangener Tage fällen. Weder Verklärung noch Verurteilung sind das Ziel der Geschichte, sondern ein tieferes Verstehen des Weges, der in die Gegenwart führt und der die aktuelle Realität von ihrem Werdegang her zu erklären vermag.

Wozu Kirchen-Geschichte ermutigt

Eine dreifache Motivation leitet die beiden Autoren, sich persönlich wie auch als Lehrer an verschiedenen Hochschulen und Universitäten eingehend mit Geschichte und speziell mit der Geschichte der Kirchen zu beschäftigen.

Vom zurückgelegten Weg her lässt sich erstens *die Gegenwart verstehen*: Die Kirchen schauen als Glaubensgemeinschaften in der Nachfolge des Jesus von Nazaret auf zwei Jahrtausende zurück. Das gilt selbst für jene Freikirchen, die 2000 Jahre ausblenden und «neu bei Jesus ansetzen» möchten. Auch sie tun es in Europa auf einem Boden, der durch zwanzig Jahrhunderte christlicher Erfahrung geprägt worden ist. Was hat Welt und Kirche auf dem Weg durch die Zeiten geprägt? Durch welche Herausforderungen ist das Christentum gewachsen? Warum tut sich die katholische Kirche da und dort schwer – in der «Frauenfrage» etwa oder in der Zulassung zu den Ämtern? Was hat zur spirituellen Vielfalt der lateinischen Kirche geführt? Vieles in der heutigen Realität erklärt sich vom bisherigen Weg her.

Kirchen-Geschichte möchte zweitens *die Gegenwart inspirieren*: Erfahrungen christlicher Menschen, die uns vorausgegangen sind, können auch heute zu persönlichen und gemeinsamen Formen ermutigen, das Evangelium in dieser Welt zu leben. So hat beispielsweise die Idealskizze der Urgemeinde (Apg 2), wie Lukas sie zeichnet, frühe Gemeinden im römisch-antiken Weltreich inspiriert, dann auch Mönchsgemeinschaften des Benedikt von Nursia, Beginen in mittelalterlichen Städten, die Pilgrimfathers in Neuengland und heutige Gemeinschaften wie Taizé oder die Fraternités de Jérusalem. Jesu Rat an den reichen Mann (Mk 10) wiederum inspirierte die Apostel und frühchristlichen Wandermissionare, den ägyptischen Mönchsvater Antonius im 3. Jahrhundert, den Lyoneser Kaufmann Valdes und Franziskus im hohen Mittelalter, sowie Afrika-, Asien- und Amerikamissionare der Neuzeit.

Kirchen-Geschichte kann drittens *die Gegenwart innovativ* öffnen: Der Durchgang durch die Geschichte verdeutlicht, dass die heutige Gestalt der Kirche gewachsen ist: Liturgie, Gemeinde, Ämter, Glaubensbekenntnisse, Ausbildung und die Vielfalt der Lebensformen haben sich im Lauf der Zeit vielfach gewandelt, und sie möchten sich weiter verändern auf Zukunft hin. Wer die Geschichte kennt, weiss, wie dynamisch Kirche entstanden und gewachsen ist. Geschichtlich Informierte wissen auch, dass jede Lebensform stirbt, die nicht mit der Zeit fühlt, denkt und handelt.

Wie Kirchen-Geschichte arbeitet

Kirchenhistorikern steht dasselbe Werkzeug zur Verfügung wie den Profanhistorikerinnen. Um den Weg der Kirchen durch die verschiedenen Epochen und das Handeln von Menschen früherer Zeiten zu verstehen, suchen sie alle fassbaren Quellen historisch-kritisch auszuwerten: schriftliche Zeugnisse wie Inschriften, Archivquellen und Literatur, Archäologie, Architektur und Kunst. Das Spezielle der Kirchen-Geschichte sind ihr Gegenstand und ihr Hoffnungshorizont: eine Religionsgemeinschaft, die sich nicht einfach als innerweltliche Grösse sieht, sondern auf die Stiftung Jesu Christi zurückführt und als Nachfolgegemeinschaft des Gottessohnes versteht. Als theologische Disziplin verbindet sich das Fach Kirchen-Geschichte mit der Ekklesiologie und fragt mit ihr, wie sich Gottes Wirken in der weltlichen Entfaltung der Kirchen auswirkt und wie Glaubensgemeinschaften sich zu ihrem biblischen Ideal verhalten. Wer als Christin oder Christ Kirchen-Geschichte betreibt, glaubt zudem, dass die behandelten Personen früherer Zeiten nicht einfach zu Staub und Asche wurden, sondern wie «Abraham, Isaak und Jakob» am Ende aller Wege beim Gott des Lebens angekommen sind (Mt 8,11; 22,32). Diese Glaubenshaltung verändert nicht die Methode geschichtlicher Forschung, sehr wohl aber den Hoffnungshorizont: Christliche Historikerinnen und Historiker sprechen sachlich von Menschen, die ihnen vorausgegangen sind und die sie am Ziel aller Wege als Geschwister anzutreffen hoffen.

Ein Panoramablick vom Münsterturm

Die folgenden Seiten laden zu einem speziellen Stadtbesuch ein. Die christliche Antike und das Mittelalter sind nicht die Stadt, in der wir aufgewachsen sind. Der Blick auf 2000 Jahre ist mit der Panoramaschau von einem hohen Kirchturm zu vergleichen. In Zürich kann das Grossmünster als Beispiel stehen, in Luzern die Hofkirche, in Ulm und Freiburg die gotischen Münstertürme, in Wien, Regensburg und Köln die Dome: Nahe Plätze und zentrale Strassen sind auf Anhieb vertraut, doch lässt der weite Rundblick auch andere Gassen, Häuser, Quartiere und markante Bauwerke entdecken. Wer sich mit Geschichte beschäftigt, erlebt Ähnliches: Bekanntes spricht da oder dort an und tritt ins Gespräch mit den eigenen Erfahrungen. Bei jedem Blick auf andere und entferntere Zeiten entdecken wir auch Neues, begegnen neuen Menschen, ihrer Lebenswelt, ihren Wegen, ihren guten und verfehlten Schritten, ihren Erkenntnissen, ihrer Sehnsucht und ihrer Lebenskunst.

Die Autoren dieses Buches können auf 350 Seiten die Quartiere dieser Stadt nicht eingehend durchstreifen: Ihr Unternehmen muss sich auf die Rundschau von einem Aussichtspunkt konzentrieren, der einen guten Überblick über die Stadt eröffnet. Von einem Münsterturm aus zeigt sich auch eine grosse Stadt überschaubar: Man erkennt ihre Zentren, Plätze und Strassen, und der Blick fällt auf herausragende Gebäude. Mit Umsicht lassen sich jenseits der Stadtgrenzen auch die Nachbarn orten, mit denen die Stadt im Laufe der Zeit mal friedlich, mal konfliktreich im Austausch gestanden hat. Das vorliegende Buch kann nicht mehr als ein Über-Blick ähnlicher Art sein: ein Streifzug mit den geistigen Augen durch zwanzig Jahrhunderte christlicher Geschichte, ihre spirituell bewegten und ihre krisengeschüttelten Zeiten, ihre wichtigsten Zentren, ihre vital-farbigen und ihre asketisch-kargen Häuserzeilen, faszinierende Plätze, traurige Orte, Triumphbögen und verborgene Schätze.

Der Rundblick über unsere Stadt – das christliche Abendland – konzentriert sich geografisch auf die mediterrane und die westliche Welt. Die Geschichte der Ostkirchen bleibt in unserem Rücken: nahe, jedoch auf einer eigenen Reise zu entdecken. Weiter entfernteren Nachbarn unserer Stadt werden wir uns in dieser kurzen Zeit nicht zuwenden können: So hätten etwa Mönche und Nonnen des Altertums – um nur ein Beispiel zu nennen – Gefährtinnen und Gefährten in der griechisch-römischen Stoa, unter den jüdischen Essenern, im Buddhismus und Hinduismus und bald auch im sich schnell ausbreitenden Islam. Der gemeinsame Rundblick vom Turm kann nicht viel mehr als eine grundlegende Orientierung vermitteln: Leserinnen und Leser können es dabei bewenden lassen. Interessierte können jedoch nach der Panoramaschau die Stadt noch etwas genauer anschauen, wo immer einzelne Gebiete ahnen lassen, was sich da an Faszinierendem und Herausforderndem bietet: sich diese Gasse oder jenen Platz, dieses Quartier oder jenes Randgebiet vornehmen, hineintauchen, es durchstreifen, den Menschen dort begegnen, von ihnen lernen, mit ihnen hoffen, diesem widersprechen und anderes beherzigen … So verstanden kann dieser Rundblick beides sein: Überblick über ein weites Gebiet, der fürs Erste reicht, oder Motivation für nähere Erkundungswege durch eine faszinierende Welt und zu vertiefenden Begegnungen mit Quellen, Gestalten und Bewegungen, Orten und Aufbrüchen in 2000 Jahren Geschichte.

Die Geschichte des Christentums möchte als historisch-kritische und zugleich theologische Disziplin

- die Vergangenheit der Kirchen erforschen,
- die christliche Gegenwart verstehen und inspirieren
- und Glaubende für die Zukunft öffnen, die ihre eigene Form von Kirche finden will.

Frühe Kirche 1

Urgemeinde und judenchristliche Mission 1.1

Die biblischen Verfasser des Neuen Testaments sehen den Urgrund der Kirche in der Person des Jesus von Nazaret, den sie als Christus und Gottessohn bekennen. Die Anfänge der Kirche werden von ihnen in der Berufung des Zwölferkreises und im Wirken dieser Apostel erkannt, die mit weiteren Jüngerinnen und Jüngern das Reich Gottes bis an die Grenzen der Erde verkünden sollen (vgl. Mt 10,1 ff.; Mk 3,14; Lk 9,1–6; 10,1 ff.; Mt 28,19 f.; Mk 16,15 ff.; Lk 24,44 ff.). Paulus weitet den Apostelbegriff und arbeitet mit Apostelinnen zusammen (Röm 16,7). Die Geburt der Kirche wird von Lukas im jüdischen Pfingstfest des Jahres 30 verortet (vgl. Apg 2,1 ff.), fünfzig Tage nachdem der Wanderrabbi Jeschua ben Josef[1] vor dem Paschah-Fest den Kreuzestod gestorben und in der Folge von seinem Jüngerkreis als Auferweckter neu gegenwärtig erfahren worden war.

Diese biblisch-theologische Sicht von den Wurzeln und Anfängen der Kirche darf nicht darüber hinwegtäuschen, dass Jesus von Nazaret offensichtlich keine neue Religion stiften, sondern seine jüdische Glaubensgemeinschaft erneuern wollte. Erst durch einen konfliktreichen Prozess, der sich über Jahrzehnte dahinzieht und verschärft, trennt sich die ursprüngliche innerjüdische Reformbewegung von ihrer Mutterreligion. Dieser Ablösungsprozess verläuft über mehrere Etappen und erlaubt es erst nach 100 Jahren, definitiv von einer neuen christlichen Religion zu sprechen.[2]

1 So lautet der Rufname Jesu, Sohn Josefs, in seiner aramäischen Muttersprache.

2 Für eine eingehende Darstellung der Anfänge der Kirche und der Rolle des Paulus vgl. in dieser Buchreihe: *Bieberstein/Kosch*, Paulus 15–138.

1.1.1 Die urchristliche Gemeinde in Jerusalem

Nach dem «Pfingstereignis», in dem Lukas den charismatischen Aufbruch der Jesusbewegung nach Ostern narrativ verdichtet, lebte die Gemeinde vorerst in Jerusalem. Ihre Bindung an den Tempel blieb bestehen. In Jerusalem, wo Jesus starb und als Auferstandener erfahren wurde, erwarteten seine Anhänger und Jüngerinnen auch dessen Wiederkunft in Kürze.

Konstitutiv für diese erste judenchristliche Gemeinschaft war der Glaube an Jesus Christus als den Messias, der auferweckt wurde und lebt, die Taufe auf seinen Namen und die Naherwartung des Weltendes. Nach dem Idealbild, das Lukas in seiner Apostelgeschichte zeichnet, versammelten sich die Gläubigen täglich zum Gebet im Tempel, trafen sich in den Privathäusern zum Brechen des Brotes (Feier der Eucharistie) und übten unter sich auch materielle Solidarität. Noch über viele Jahre hielten sie sich dabei an die jüdischen Bräuche, beschnitten ihre Knaben und hielten die mosaischen Speisevorschriften ein. Das Gebetsleben erfuhr eine Bereicherung durch das Herrengebet oder Vaterunser, die familiäre Anrede Gottes mit dem Wort *Abba* und den erwartungsvollen Gebetsruf *Maranatha* (Komm, Herr Jesus).

Während jüdische Gruppen unter Führung der Zeloten das in Judäa und Galiläa verbliebene Kernvolk Israels allerdings zunehmend nationalistisch erhitzten und im jüdisch-römischen Krieg (66–70 n. Chr.) schliesslich seinen politischen Untergang provozierten, öffnete sich die judenchristliche Bewegung zunehmend und erweiterte ihre Horizonte universal auf alle Völker der Erde. Zeugnis davon geben die biblischen Berichte von Apostelsendungen durch den Auferstandenen (Mt 28, Mk 16, Lk 24).

1.1.2 Die erste Missionsbewegung

Da die Urgemeinde in Jerusalem mit der unmittelbar bevorstehenden Wiederkunft ihres Herrn rechnete, dachte sie nicht daran, sich auf Zeit zu etablieren. Einsetzende Verfolgungen der Reformbewegung vertrieben jedoch erste Anhänger auf dem «Weg des Herrn» (Apg 18,25), die ausserhalb Judäas missionarisch tätig wurden (vgl. Apg 8). Diese frühe Mission erfasste bald das ganze Gebiet des östlichen Mittelmeeres: Samaria, Damaskus, Cäsarea Maritima, Phönizien, Antiochia, Zypern, Alexandria und die Cyrenaika. Dabei fiel die Botschaft Jesu Christi vor allem in Städten und Ballungszentren auf fruchtbaren Boden, weil das kulturelle Milieu der Stadt offen für neue Lehren war und weil hier die gemeinsame griechische Umgangssprache Koine gesprochen wurde.

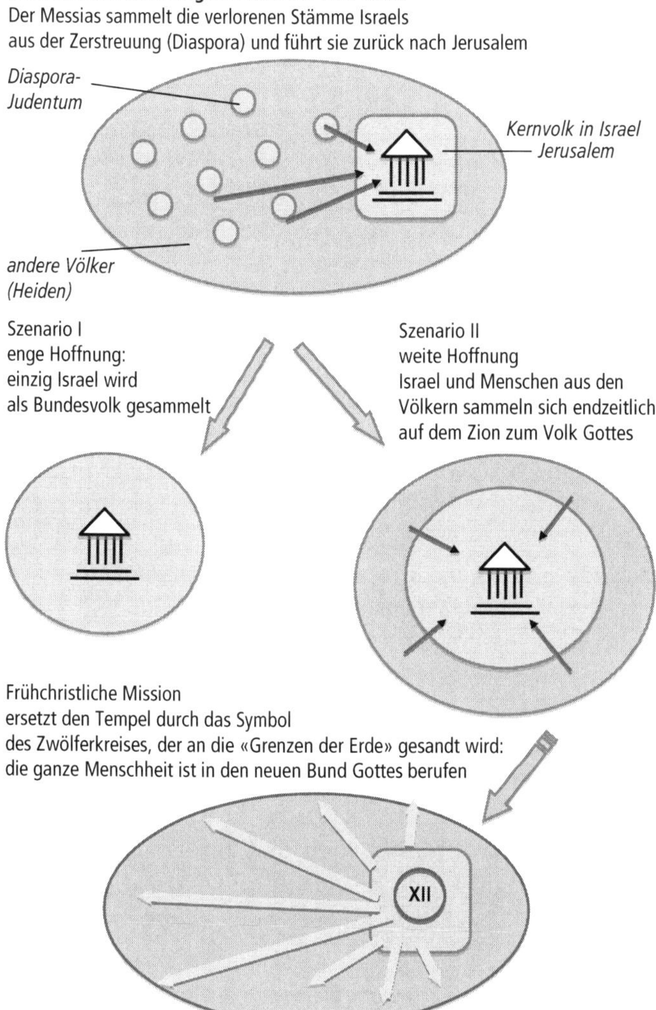

Grafik 1

Die Missionierung setzte in den Synagogen ein, da die Heilsbotschaft in erster Linie als den Juden zugedacht erachtet wurde. Blieb die Verkündigung in den jüdischen Diasporagemeinden fruchtlos, wurde sie an die «Griechen» gerichtet, d. h. hellenistisch geprägten Menschen nichtjüdischer Herkunft im Vielvölkerstaat des Imperiums erschlossen. Diese Öffnung konnte sich auf messianische Prophetentexte (etwa Jes 2 und Jes 25) und auf Lernschritte Jesu (Mk 7,24–30) berufen. Sie sollte jedoch zum ersten Konfliktstoff in der jungen christlichen Gemeinde werden (Apg 11).[3]

1.1.3 Die Stephanuskrise

Bereits in der Urgemeinde von Jerusalem machten sich früh Spannungen bemerkbar. Die Apostelgeschichte spricht von zwei Gruppen, den Hellenisten und den Hebräern, die gegeneinander aufbegehrten (Apg 6). Letztere waren aramäisch sprechende Judenchristen, die sich auch nach der Annahme des Glaubens an Jesus Christus dem mosaischen Gesetz verpflichtet fühlten. Sie stammten mit den Aposteln aus Judäa und Galiläa, dem Kernvolk Israels. Als Hellenisten werden die griechisch sprechenden Judenchristen bezeichnet, die aus anderen Provinzen des römischen Imperiums stammten und zunächst also Diasporajuden waren. Durch ihr Vertrautsein mit der griechischen Kultur und durch ihre Berührung mit andern Religionen waren sie offener und in der Haltung gegenüber dem mosaischen Gesetz weniger streng.

Vordergründig schien der Gegensatz der beiden Gruppen im sozialen Bereich zu liegen. Jedenfalls wurden sieben Diakone gewählt, die sich um den Tischdienst kümmern sollten. Durch Handauflegen wurden diese Männer, lauter Hellenisten, in den Dienst der Gemeinde gestellt. Einer dieser sieben Männer namens Stephanus provozierte die Autoritäten des Tempelstaates durch seine dreifache Kritik am territorialen Denken Israels, am Tempelkult und an der pharisäischen Gesetzesauslegung. Er lässt in seiner Verteidigungsrede (Apg 7,1–53) gemäss der Darstellung des Lukas bereits eine

3 Eingehend mit entsprechenden Quellenanalysen: *Thoma*, Messiasprojekt 113–173 («Messiaserwartungen»).

kritische Haltung zum jüdischen Tempelstaat und seinem Kult erkennen, was denn auch zu seiner Steinigung führte.

Stephanus stirbt gemäss Apg 7 für eine dreifache Freiheit in Christus: Indem er die Vereinnahmung Gottes für Territorien, Institutionen (Tempel) und Gesetze kritisierte, plädierte er für einen Glauben, der mit Gott unterwegs bleibt und Grenzen überwindet, der sich vom Geist Gottes inspirieren lässt und der Gott überall auf Erden findet und anbetet.

Der erste Schlag gegen die Urgemeinde traf die führenden Apostel selbst nicht, weil sie noch immer als Hebräer betrachtet wurden. Die Hellenisten aber, die vertrieben wurden, verkündeten das Wort Gottes «den Juden und Griechen», d. h. dem ersterwählten Volk Gottes und griechisch sprechenden Menschen aus den Völkern. Damit kommt es bereits zu einer Völkermission[4], bevor Paulus sich in dieser seiner ureigensten Aufgabe profilierte. Der Kontakt zwischen den Aposteln in Jerusalem und der zerstreuten Gemeinde ging nicht verloren. Lukas illustriert eine frühe Vernetzung mit der Reise, zu der die Apostel Petrus und Johannes nach Samarien (Apg 8,14) sandten. Apostel begleiten und beaufsichtigen den Wandel der Reformbewegung ausserhalb Jerusalems. Paulus wird diese Sendung als neuer «Apostel» weit über Syropalästina hinaus erfüllen.

Die junge Christengemeinde bezeichnete sich selbst zunächst als «Leute vom Weg» (Apg 9,2) und als «*Ekklesia*» (Volksversammlung), Heilige, Auserwählte und Geschwister. Nach Apg 11,26 wurden die zu Christus Bekehrten zum ersten Mal in Antiochien als «Christinnen und Christen» (*Christianoi*) bezeichnet. Diese Fremdbezeichnung durch die römische Autorität erinnerte an den als Kriminellen hingerichteten Christus und hatte zunächst einen abschätzigen Beigeschmack.

Paulus und das «Apostelkonzil» um 48 n. Chr. 1.1.4

Ein pharisäisch gebildeter Jude, der aus Tarsus in Kleinasien stammte und Saulus hiess, brachte Dynamik in die frühen Gemeinden. Nachdem er als fanatischer Gegner gegen die

4 Der Begriff Heidenmission ist problematisch und veraltet: vgl. *Thoma*, Messiasprojekt 38–42, 199–202, 350–352.

aufbrechende Reform gekämpft hatte (Gal 1), fand er um 35 n.Chr. selbst zum Glauben an Christus (Apg 9). Paulus relativierte das Verständnis der Tradition und wandelte sich vom Verfolger der Urgemeinde zum leidenschaftlichen Völkermissionar. Mit seinem Auftreten wurde das Judenchristentum immer mehr in die Enge getrieben, so dass es nach der Zerstörung Jerusalems 70 n.Chr. fast endgültig verschwand.

Eine bedeutende Weichenstellung erfolgte, von Paulus provoziert, im sogenannten Apostelkonzil oder Apostelkonvent, der um 48 n.Chr. in Jerusalem die Verpflichtung auf die Beschneidung aufhob (Apg 15).[5] Widerstände der Hebräer gegen die Tischgemeinschaft von Juden- und Völkerchristen überwand Paulus in Antiochien, indem er Petrus ins Angesicht widerstand (Gal 2). Getrieben von einer starken Naherwartung der Parusie (Wiederkunft) Christi verzichtete Paulus auf eine Ehe und verkündete in drei Missionsreisen die Botschaft vom Auferstandenen in Kleinasien und Griechenland. Zugleich fasste die Jesusbewegung auch in Rom Fuss, wo es unter Kaiser Claudius um 48 n.Chr. deswegen zu Unruhen in der jüdischen Gemeinde kam. Paulus gelangte schliesslich als Gefangener bis ins Zentrum des römischen Imperiums, wo er mit Petrus in der Verfolgung von 64 n.Chr. unter Kaiser Nero starb.

1.2 Aufbau christlicher Diasporagemeinden (1. Jahrhundert)

Der Apostelkonvent bewirkte noch keinen Bruch mit dem Judentum, erleichterte jedoch die christliche Mission im ganzen Römischen Imperium. Die ersten Gemeinden gewannen in Nordafrika, Kleinasien und in Griechenland Gläubige, die aus verschiedenen Ethnien stammten und zuvor unterschiedlichsten Kulten anhingen. Nicht mehr das jüdische Denken, sondern die multikulturelle, griechisch und lateinisch geprägte Lebenswelt der Antike forderte das entstehende Netz kleiner Ortskirchen heraus.

5 Vgl. dazu näherhin *Bieberstein/Kosch*, Paulus 82–86.

Der Untergang des jüdischen Staates 1.2.1

Der Untergang des jüdischen Tempelstaates und die Zerschlagung des politischen Israel im Jüdischen Krieg beschleunigten die Hellenisierung der frühen christlichen Gemeinden. Seitdem Palästina 63 v. Chr. vom römischen Feldherrn Pompejus erobert worden war, gehörte der jüdische Staat zum *Imperium Romanum*. Dieses war in den Grenzgebieten jedoch verletzlich, besonders an der Ostflanke, in der Palästina lag. Aus diesem Grund konnte ein Ausbrechen der Juden aus dem Imperium Romanum nicht geduldet werden. Die Kaiser des 1. Jahrhunderts setzen die *Pax Romana* – innenpolitische Ruhe und wirtschaftliche Blüte von Schottland bis Ägypten und von Spanien bis Syrien – mit militärischen Mitteln durch. Zur ideologischen Festigung des Reiches kam der Herrscherkult auf. Die göttliche Verehrung des Kaisers machte Anleihen bei der östlichen Herrscherverehrung. Es entstand so etwas wie ein «römischer Messianismus»: Rom garantierte eine neue Heilszeit. Bereits Augustus, der sich in der Hauptstadt selbst als bescheidener «Erster Bürger» gab, galt in den Provinzen als Heilsbringer, als Messias und eine Inkarnation einer Gottheit.

Während das Volk Israel im Kernland und in der Diaspora mit der Zerstörung Jerusalems seine religiöse, politische und nationale Mitte verlor, entfaltete die christliche Bewegung umso entschlossener ihre Sendung «an die Grenzen der Erde». Das Römische Reich bot ihr dazu eine reiche Infrastruktur: Strassen und Seewege ermöglichten einen raschen Transport von Menschen, Gütern und Ideen rund um den Mittelmeerraum und über Westeuropa. Sprachlich erleichterten das Griechische und im Westen zunehmend auch das Latein die Kommunikation im ganzen Reich. Während politisch die Hauptstadt Rom, das grösste und mächtigste Zentrum im Westen, das ganze Imperium kontrollierte, blieb das griechische Denken die prägende geistige Kraft. Kulturell und wirtschaftlich waren auch Weltstädte wie Alexandria, Antiochien und Karthago bedeutende Metropolen, in denen die christliche Bewegung schon früh Fuss fasste. Während die jüdischen Gemeinden in Palästina und in der Diaspora durch die Zerstörung des Tempels in eine tiefe Identitätskrise fielen und sich im rabbinischen Judentum neu sammeln mussten, zeich-

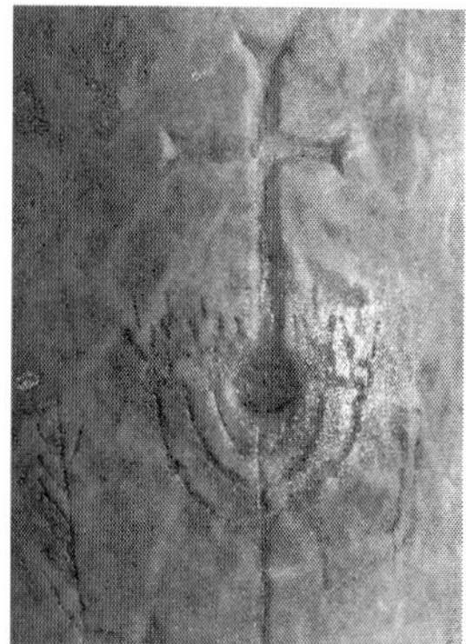

Abb. 1:
Säule in Laodizäa, das Kreuz wächst aus der Menora, die christliche Kirche entsteht aus der jüdischen Mutterreligion.

nete sich die Trennung der christlichen Bewegung von der Mutterreligion immer deutlicher ab.

1.2.2 Etappen des Trennungsprozesses

Der Historiker Daniel Marguerat skizziert im Standardwerk «Geschichte des Christentums» folgende Etappen, die die Entstehung der Kirche aus der jüdischen Mutterreligion kennzeichnen: Ist die erste christliche Generation (ca. 30–50 n. Chr.) noch eine rein innerjüdische Reformbewegung, gerät die zweite Generation (ca. 50–70 n. Chr.) in einen schweren Konflikt mit ihrer Mutterreligion, worauf die dritte Generation (ca. 70–90 n. Chr.) ihre christliche Identität schärft und die vierte Generation nach einem letzten vergeblichen Werben den Bruch mit dem entstehenden rabbinischen Judentum hinnehmen muss. Dieser Trennungsprozess ist je nach Region des Imperiums zwischen 90 und 130 n. Chr. unumkehrbar vollzogen.[6] Das folgende Schema spiegelt die Periodisierung und gibt die Titel der Abschnitte wieder, die den schrittweisen Trennungsprozess näher beleuchten in der Darstellung von Daniel Marguerat:

ca. 30–50	Die erste christliche Generation: **Eine innerjüdische Erneuerungsbewegung**	1. Die erste Kirche: Jerusalem 2. Die Mission des Petrus 3. Chiliastisch-enthusiastische Wanderprediger 4. Das Überschreiten der Grenzen zur hellenistischen Kultur 5. Die Vielfalt christlicher und jüdischer Strömungen im 1. Jahrhundert 6. Eine innere Krise
ca. 50–70	Die zweite christliche Generation: **Ein innerfamiliärer Konflikt**	1. Die paulinische Mission 2. Das apokalyptische Judenchristentum 3. Das Markusevangelium 4. Die johanneische Tradition 5. Vollständiges Fehlen von Antijudaismus in den christlichen Schriften

6 Vgl. *Marguerat*, Juden und Christen: die Trennung 187–226.

70– ca. 90	Die dritte christliche Generation: **Die Schärfung der Gruppenidentitäten**	1. Überleben des Judenchristentums von Jerusalem 2. Die Gemeinde des Matthäus an einer Wegscheide 3. Das lukanische Doppelwerk: Chronik eines Bruches 4. Der Hebräerbrief und das Ende des Kultes Israels 5. Zwei getrennte Wege zeichnen sich ab
90–135	**Die Trennung der Wege**	1. Die *Birkat ha-minim* [rabbinischer Ketzerfluch] 2. Die Herausbildung der «Grosskirche» 3. Das Schicksal des Judenchristentums im 2. Jahrhundert 4. Die Wende nach 135

Die «Ekklesia» im antiken Weltreich 1.2.3

Der Glaube an Jesus, den Christus, wurde in der zweiten Hälfte des 1. Jahrhunderts nicht nur von Aposteln wie Paulus und Apostelinnen wie Junia (Röm 16,7) verbreitet, sondern durch viele namenlose Gläubigen über die Heerstrassen, Handelsrouten und Seewege im Imperium weitergetragen: Handelsreisende, Sklavinnen, Handwerker, Ehefrauen von Beamten und wanderradikale Apostеljünger. Im 2. Jahrhundert kamen auch Touristinnen, Soldaten, Philosophen, Ärzte, Beamte, Lehrer und Studenten dazu. Sie trugen ihre Hoffnung in eine multireligiöse Welt.

Im römischen Reich herrschte die römisch-griechische Religion im traditionellen Sinn vor. Die offizielle **Hochreligion** beschrieb den Himmel von Götterscharen bewohnt, über die Zeus/Jupiter mit seiner Gattin Hera/Juno und Tochter Athene/Minerva herrschte. Ihnen sowie den Schutzgöttinnen der Hauptstadt Roma Augusta wurden in den Städten des Reiches die Haupttempel geweiht. Diese öffentlich zelebrierte Reichsreligion suchte durch Dienst und Opfer die Götter günstig zu stimmen, wobei die unter sich streitenden Gottheiten gegeneinander ausgespielt wurden und magisches Denken die Kulthandlungen bestimmte. **Mysterienreligionen** setzten sich von den offiziellen Kulten ab. Die Beobachtung von Naturvorgängen in ihrem Werden und Vergehen des Lebens, von Tag und Nacht, Frühling und Herbst weckte die Hoffnung auf Unsterblichkeit. Auch die Höhepunkte menschlicher Erfahrung wurden religiös gedeutet: Sexualität,

Zeugung, Lebensdurst, Dynamik, Rausch. Geheimnisvolle Initiationen und Riten deuteten die «Mysterien» aus: sakrale Prostitution, Entmannungen, Waschungen, Lesungen, Mähler und Taufe mit Blut, wie dies im Mithraskult für Männer geschah. Mysterienkulte stellten eine Subkultur dar und traten in der Form von Geheimbünden auf. Ihre Sonderrolle neben der offiziellen Staatsreligion brachte sie bei den Kaisern in den Verdacht, die Einheit des Reiches zu gefährden. Das junge Christentum geriet mit seinen Treffen und Feiern hinter verschlossenen Türen ebenfalls in den Ruf, ein religiös-subversiver Geheimbund zu sein.

Auch philosophische Schulen und Strömungen wurden zu religiös gefärbten Weltanschauungen. Die **Stoa** sah die Welt durch eine allgemeine Weisheit regiert. Der Mensch kann an dieser Weisheit teilhaben, indem er sich vom Logos, der Weltvernunft, leiten lässt. Ziele dieser stark ethisch geprägten Philosophie waren ein gutes und vernünftiges Handeln, innere Harmonie, Ruhe und Leidenschaftslosigkeit. Das junge Christentum fand in Stoikern leicht Gesprächspartner und liess sich von deren Denken nachhaltig prägen. Der **Epikuräismus** suchte durch die vernünftige Abwägung von Genüssen und Selbstbeherrschung die Seelenruhe zu erreichten. Der Ruf dieser Lehre war schlechter als ihr Inhalt, der die christliche Ethik ebenfalls beeinflusste.

In der allgemeinen religiösen und philosophischen Unrast fiel das christliche Gedankengut auf fruchtbaren Boden. Viele Suchende waren bereit, über alles und jedes zu diskutieren. Die antike Philosophie förderte ein tolerantes Denken und zeigte einen gewissen Zug zum Monotheismus. Mysterienreligionen und Stoa beschäftigten sich mit dem tieferen Geheimnis der sichtbaren Welt. In diese geistig regsame und empfängliche Zeit hinein entfaltet sich die christliche Missionsbewegung. Als *Ekklesia* – «das versammelte Volk» – trat die entstehende Kirche in den Dialog mit Gläubigen und Denkern aller Art. Grössere Erfolge erzielte sie bis ins beginnende 2. Jahrhundert zunächst in den unteren Schichten. In den Hauskirchen spielten dabei oft Frauen eine dominante Rolle, sei es als Gemeindeleiterinnen, Charismatikerinnen oder Prophetinnen.

Christliche Gemeinden Ende des 1. Jahrhunderts 1.2.4

Ende des 1. Jahrhunderts zieht sich ein noch bescheidenes Netz christlicher Gemeinden über den Mittelmeerraum. Gesichert sind heute zwischen 40 und 50 kleinere Ortskirchen. Die Hälfte davon findet sich in Kleinasien. Afrika steht mit Alexandrien und Cyrene noch am Anfang der missionarischen Bewegung, ebenso Westeuropa, wo der christliche Glaube noch nicht über Rom hinauskommt:

Abb. 2: Die christlichen Gemeinden im ersten Jahrhundert[7]

Das wertvolle Zeitzeugnis einer Ortskirche um 95/96 n. Chr. bietet der 1. Klemensbrief.[8] Als sein Verfasser gilt Klemens, Leiter der römischen Gemeinde. Anlass zu diesem Brief gab ein Streit in der Gemeinde von Korinth, der über die Frage der Amtsdauer der Gemeindebeamten ausgebrochen war. Kle-

7 Karte aus: Geschichte des Christentums Bd. 1, 151.

8 Zu Autor, Brief und aktueller Forschungsliteratur vgl. *Hofmann, Johannes:* Clemens von Rom, in: LACL 154–155.

mens hob in seinem Schreiben die Sukzession des Amtes hervor und sieht die Ämter hierarchisch von Gott über Christus durch die Apostel an die Gemeindeleiter verliehen. Dabei bestimmen zwei Elemente die Berufung von Amtsträgern: die Zustimmung der Gemeinde und die Einsetzung durch Amtsträger. Amtsträger können prinzipiell nicht abgesetzt werden. Klemens begründet sein hierarchisches Verständnis des Amtes mit Argumenten aus dem Ersten (Alten) Testament. Dieses lasen Korinth wie Rom als völkerchristliche Gemeinden in der griechischen Version der Septuaginta. Zum ersten Mal taucht im Klemensbrief auch die Bezeichnung *laikos* (Laie) im Gegensatz zu den Liturgen in einem kirchlichen Dokument auf. Mit diesem Schreiben interveniert die römische Gemeinde erstmals fassbar in einer anderen Ortskirche.

In derselben Zeit wie der Klemensbrief entsteht in Syrien die *Didache,* die älteste greifbare Kirchenordnung.[9] Um 100 n. Chr. verfasst, gliedert sich diese «Zwölfapostellehre» in vier Teile. Einer moralischen Unterweisung nach dem Vorbild der «Zwei Wege» (1–6) folgen liturgisch-spirituelle Weisungen über die Taufe (7), Fasten und Gebet (8), die Mahlfeier und das Leben in der Diasporasituation (9–10), eine Gemeindeordnung (11–15) und schliesslich eine eschatologische Ermahnung, auf den wiederkommenden Christus zu warten (16). Die Didache kennt Dauerämter und Wanderprediger. Sie zeigt sich überzeugt, dass es Geist und Amt braucht, um Sektierertum abzuwenden. Jüdische Ethik verbindet sich in der Zwei-Wege-Lehre mit Jesus-Logien. Die Gemeinde kennt – wie die Apostelgeschichte – Bischöfe und Diakone. Sie vernetzt sich mit anderen durch Lehrer, Apostel und Propheten, worunter bedeutsame Autoren, verbindende Leitfiguren wie Paulus und Wanderradikale[10] zu vermuten sind.

---

9 Zum Werk (mit der neueren Forschungsliteratur): *Steimer, Bruno:* Didache, in: LACL 194–195.

10 Das Phänomen urkirchlicher Wanderradikaler studiert eingehend *Tiwald*, Wanderradikalismus.

Die frühkatholische Kirche (2. Jahrhundert) 1.3

Das Netz der frühen christlichen Gemeinden breitet sich im 2. Jahrhundert trotz staatlichen Verfolgungen in verschiedenen Teilen des Imperiums weiter aus. Um 200 n.Chr. wird auch Nordafrika um Karthago eine vitale Ortskirche mit einem Dutzend Gemeinden aufweisen, in Gallien gelangt der neue Glaube der Rhône entlang bis Vienne und Lyon, und an Rhein und Mosel entstehen die nördlichsten Gemeinden der *religio christiana* in Köln und Trier.

Aufstieg einer orientalischen Religion 1.3.1

Womit erklärt sich der unaufhaltsame Aufstieg einer zunächst verachteten und zunehmend verfolgten Religion aus einem Randgebiet des Römischen Imperiums? Es gibt äussere und innere Gründe für die schnelle Expansion der entstehenden Kirche. Die äusseren Faktoren liegen in günstigen Gegebenheiten des Imperiums. Die anhaltende politische Stabilität unter machtvollen Kaisern lässt das Weltreich wirtschaftlich prosperieren, was den Austausch von materiellen und geistigen Gütern von Britannien bis Mesopotamien erlaubt. Zudem ermöglichen die Seewege und das gut ausgebaute Strassennetz von 80 000 km eine hohe Mobilität der Gesellschaft. An den Handelswegen mischt sich die städtische Bevölkerung zunehmend multikulturell und multireligiös. Derselbe Wirtschaftsraum, die Koine als gemeinsame Weltsprache und dieselbe staatliche Ordnung fördern Austausch, Vernetzung und Expansion der neuen Religion auch nach deren Trennung vom Diasporajudentum, das damals rund 10 Prozent der Bevölkerung stellte.

Religiös kommen den christlichen Kirchen zwei Umstände entgegen: Im Laufe des 2. Jahrhunderts zeichnet sich eine neue Gefährdung des Imperiums ab. Das Wachstum des Imperiums kam zum Stillstand, die Kaiser führten an der Donau Krieg gegen die germanischen Markomannen, und die Aussengrenzen des Reiches gerieten erstmals ins Wanken. Im Inneren des schwächelnden Weltreiches wuchs die Verunsicherung und öffnete Menschen für Mysterienreligionen. Auch christliche Antworten zu Welt und Geschichte, Lebenssinn und Heil fanden zunehmend offene Ohren. Was der neuen Religion ungünstig zusetzte, war zunächst ihr schlechter Ruf bei Kaisern und Intellektuellen, die im Christentum einen krank machenden Aberglauben und eine subversive Strömung sahen. Zudem erschien die monotheistische Vorstellung eines Gottes, der real Mensch wurde und den Verbrechertod starb, der römisch-griechischen Antike absurd. Indem die neue Religion sich sowohl von der Hochreligion distanzierte wie auch den Kaiserkult ablehnte, provozierte sie die religiöse Toleranz des römischen Staates, der die beiden verbindenden Kulte als Bürgerpflicht zumindest pro forma einforderte.

Der Aufstieg der frühen Kirche drohte jedoch auch durch innere Gefährdungen gelähmt zu werden. Dazu gehören dualistische und asketische Strömungen, die christliche Gemeinden in einigen Regionen polarisieren und zu strafferen Leitungsstrukturen führen.

1.3.2 Gnosis und Gnostizismus

Das griechische Wort *gnosis* meint eine Erkenntnis im Sinne einer ganzmenschlichen Erfahrung. Im 2./3. Jahrhundert treten zunehmend Gruppen auf, die Gnosis als Geheimwissen vermitteln, das Befreiung und Erlösung verheisst. Der neue weltanschauliche Trend, Lebensgefühl und geistige Mode-Erscheinung zugleich, erfasste vor allem mittelständische und intellektuelle Schichten. Die Gnosis nährte sich aus griechischen, orientalischen, jüdischen und christlichen Quellen. Ihre Fragen entsprangen einem verfeinerten Lebensgefühl, das durch materielle Sicherheit, Wohlstand und eine rege geistige Kommunikation ermöglicht wurde. Als Bewegung werden die verschiedenen Strömungen und ideellen Systeme Gnostizismus genannt. Sie stellen die erste grosse Prüfung christlicher Gemeinden dar.

Exkurs

Das gnostische Denken

Die verschiedenen gnostischen Strömungen teilen die Wirklichkeit dualistisch in die jenseitige Lichtwelt des *Pleroma* und das finstere Diesseits. Die geistige Welt ist gut, die materielle böse. Das «Selbst» oder der pneumatische Wesenskern des Menschen ist als Funke des göttlichen Lichts in den Kerker des Leibes und der geschaffenen der Welt verbannt, wo ihn biologische und astrologische Gesetze beherrschen. Sexualität versklavt den Menschen und setzt durch Zeugung weitere Seelen in Körpern gefangen. Befreiende Erkenntnis geschieht in der Erinnerung des Selbst, das durch Geisteskraft erlöst wird. Der Gnostizismus formuliert diese theologischen, kosmologischen und anthropologischen Lehren in Mythen. Sie bilden den Kernbestand eines elitären Geheimwissens.

Gnostischer Dualismus

Realität des Geistes, Lichtes und des ewigen Heiles

Realität der Erde, der Materie und des Todes

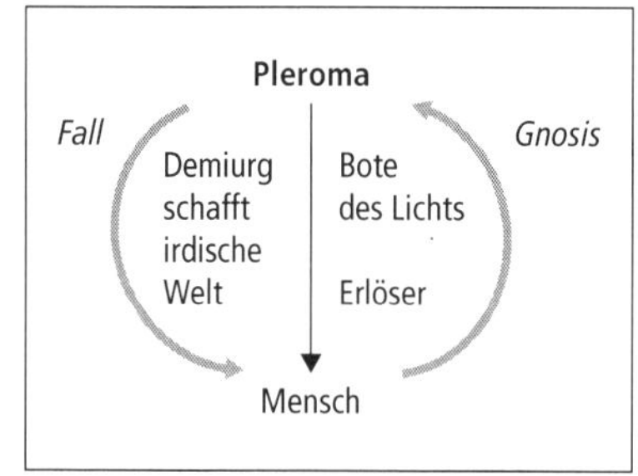

Grafik 2

Die pessimistische Weltschau gnostischer Systeme betrachtet die erfahrbare Wirklichkeit als krank, schlecht und entwürdigend. Gnostiker wollen nicht eine Veränderung dieser Realität, sondern lehren die innere Flucht aus dieser Welt. Was greifbar ist, stammt vom Bösen: Politik, Krieg, Wirtschaft, Reichtum, Sexualität. Wer sich auf die materielle Welt einlässt, der stirbt, und wer sie verlässt, lebt. Selbstfindung steht der Selbsttäuschung gegenüber. Ein Bote des Lichtes tritt in die irdische Welt, weckt im Menschen die Sehnsucht nach Erlösung und lehrt den Weg der Erkenntnis, die den Geist aus dem Irdischen in die Welt des Heiles zurückführt.

Christliche Gruppen, die der Faszination der Gnosis erlagen, begannen einen Doketismus zu vertreten: Jesus konnte als göttliche Erlösergestalt nach gnostischer Sicht keinen materiellen Leib annehmen, da er sich sonst beschmutzt hätte. Um dennoch als Bote des Lichtes in die Welt zu kommen, nahm er nur zum Schein einen Leib an, um der Menschheit die erlösende Botschaft zu bringen. So lehrten Doketisten, Simon von Cyrene sei am Kreuz gestorben, und Jesus hätte sich vor der Kreuzigung in die Sphäre des Lichtes zurückgezogen. Auch die biblische Heilsgeschichte erfuhr eine Umdeutung: Der alttestamentliche Gott Jahwe wurde als Feind des Lichtes zum Demiurgen (Weltenschöpfer) abgewertet, der die irdische Welt als Gefängnis der Seelen schuf. Die Schlange sei nicht die Verführerin Adams und Evas gewesen, sondern sie allein habe das Pfuschwerk Jahwes erkannt und den Menschen in diese Erkenntnis eingeweiht. So könne auch Jesus als Bote des Lichtes nicht der Sohn Jahwes sein. Solche Lehren rückten Altes und Neues Testament in einen unversöhnlichen Widerstreit zueinander.[11]

1.3.3 Eine christliche Gnosis?

Gnostische Strömungen, die sich biblischer Bilder und kirchlicher Praktiken bedienten, liessen eine vermeintlich christliche Gnosis entstehen, von der sich Gemeinden zunehmend entschieden absetzten.

Christliche Gnosis	Kirchliches Christentum
• Christus ist Erscheinung des Göttlichen	• Christus, Sohn Gottes, wird real Mensch
• das Heil ist jenseitig und zeitlos	• das Heil tritt in die Geschichte ein
• die Schöpfung ist eine Katastrophe	• die Schöpfung ist Werk Gottes
• Flucht aus der Welt	• Gestaltung der Welt
• Befreiung von der Materie	• Annahme der materiellen Realität
• Selbsterlösung	• Erlösung durch Christus
• Kreuz wird ausgeklammert	• Kreuz und Auferstehung

Der gnostische Christus bringt die erlösende Lehre als Bote des Lichtes. Sie zielt hin auf die Loslösung von der Welt. Nach gnostischer Auffassung hat Christus die Aufgabe erfüllt, indem er die Welt von sich stiess. Gnostische Christen versuchten, kirchliche Ämter zu übernehmen und das Evangelium in dualistischem Sinne zu deuten. Sie bezeichneten sich selbst als Pneumatiker, als die «vom Geist Erfüllten». Die Nichtgnostiker wurden als Psychiker bezeichnet, als unerleuchtete Seelen. Der gnostischen Betrachtungsweise kam das griechische Denken zugute, das sich kaum vorstellen konnte, dass sich Gott in positiver Weise und leibhaft auf die Welt einlasse. Gnostische Christen suchten ihren Glauben zu legitimieren, indem sie Geheimbotschaften Jesu an auserwählte Kreise verbreiteten. Auf solch geheimen Lehren basierten eigene apokryph gewor-

11 Zum Doketismus in der frühen Kirche und seinen Vorstellungen: *Müller*, Frühchristliche Inkarnationsvorstellungen.

dene Evangelien wie das Philippus- und das Thomas-Evangelium.[12] An historischen Erklärungen waren die Gnostiker nicht interessiert. Die Umdeutungen ergaben sich durch das andere, eben «geisterfüllte» Verständnis.

Markion und seine Gemeinden 1.3.4

Nur aus den Schriften katholischer Gegner (Justin, Irenäus, Tertullian, Origenes) informiert, wissen wir wenig über die Person und das Leben jenes christlichen Gnostikers, der die Gemeinden des 2. Jahrhunderts rund um das Mittelmeer bewegte. Markion von Sinope war Reeder und Überseehändler am Pontus. Er schloss sich um 140 n. Chr. der römischen Gemeinde an, mit der er jedoch 144 n. Chr. brach; danach wurde er missionarisch tätig. Seine dualistische und antijüdische Lehre hatte beträchtlichen Erfolg: Markioniten lassen sich im Westen bis ins 4. Jahrhundert und im Osten auch nach 400 n. Chr. noch nachweisen. Miteinander vernetzt und straff organisiert, stellten Markions Gemeinden in ihrer Opposition zur entstehenden Grosskirche eine erste Form der Kirchenspaltung dar.

Markion vereinte zehn Paulusbriefe, das Lukasevangelium und die Apostelgeschichte, aus denen er alttestamentliche Bezüge strich, zu einem ersten kleinen Kanon. Das Alte Testament lehnte er als Willensäusserung des Schöpfergottes ab, da es den Demiurgen Jahwe verehre. Der ferne und unbekannte Gott des Guten offenbare sich erst in Christus auf überraschende Weise, befreie vom jüdischen Gesetz und lehre, durch radikale Askese und völlige sexuelle Enthaltsamkeit der üblen Schöpfung zu entsagen. Markions Erfolg rief von Ägypten bis Gallien heftige Reaktionen hervor. Clemens von Alexandrien verurteilte den Kleinasiaten als «einen gegen Gott kämpfenden Giganten»[13].

12 Vgl. *Markschies/Schröter*, Antike christliche Apokryphen, und *Lührmann*, Fragmente apokryph gewordener Evangelien.

13 *Clemens von Alexandrien*, Stromateis 3,25,2; zum ägyptischen Kirchenlehrer siehe Abschnitt 1.7.2.

1.3.5 Erste Schritte zur Grosskirche

In ihrem Kampf gegen solche Strömungen vernetzten sich christliche Gemeinden des 2. Jahrhunderts zunehmend, entwickelten straffere Gemeindestrukturen und bildeten ein hierarchisches Ämterverständnis aus. Der Bischof wurde zum Garanten des rechten Glaubens und scharte die wahre Gemeinde wie ein Hirte um sich. Die überragende Stellung eines zunehmend monarchischen Hirtenamtes heisst Monepiskopat. Zur Sicherung einer gesunden Tradition griff Irenäus von Lyon zum Motiv der apostolischen Sukzession (*successio apostolica*)[14]: Nicht selbsternannte Lehrer wie Markion, sondern die von den Aposteln eingesetzten Schüler und ihre Nachfolger sichern die verlässliche Glaubenslehre. Gemeinden konstruierten Bischofslisten, die auf einen Apostel zurückgingen. Die bekannteste Liste war jene der Bischöfe von Rom. Auch die frühe Bildung eines neutestamentlichen Kanons, der die Schriften für die gottesdienstlichen Lesungen festlegt, erfolgt zunächst im Zeichen der gnostischen Abwehr. Der heutige Kanon des Neuen Testaments steht um 200 n. Chr. weitgehend fest. Im «Canon Muratori» fehlen zu jener Zeit einzig der Hebräer-, Petrus-, Jakobus- und 3. Johannesbrief. Die Apokalypse wurde erst zur Zeit Cyprians von Karthago (um 250) definitiv als kanonisch anerkannt.

Theologisch wurden die jüdischen Wurzeln der Kirche, die Bedeutung des Ersten bzw. Alten Testaments, die Würde der Schöpfung und die reale Inkarnation Gottes in Jesus Christus verteidigt. An Letzterer halten kurzgefasste Bekenntnisse des Glaubens (*symbola*) fest. Origenes und Clemens von Alexandrien suchten in konstruktiver Weise den vollkommenen Christen als «wahren Gnostiker» zu erweisen. Gnostisch-dualistisches Gedankengut lebte dagegen im Manichäismus weiter[15] und bewegt Westeuropa in hochmittelalterlichen Strömungen neu.

---

14 Vgl. *Irenäus von Lyon*, Gegen die Häresien III, 3,1–3: in: BKV 3, 211–213 (= «Was wahre Tradition ist»).

15 Dazu eingehender Abschnitt 1.8.1.

Exkurs

Die frühe Entwicklung des symbolum[16]**:**
Formelhafte Bekenntnisse des Neuen Testaments zu Christus (Apg 8,37; 1 Kor 12,13 und 15,3–5; Röm 10,9; Phil 2,11), zu Gott Vater und Sohn (1 Kor 8,6) und zum Heiligen Geist (2 Kor 13,14; 1 Kor 12,4) sind noch keine Glaubensbekenntnisse im gattungskritischen Sinn. In der Tauffeier wird das Bekenntnis zu den drei göttlichen Personen fragend-dialogisch entfaltet. Sowohl in Rom (Justin) wie in Gallien (Irenäus) und in Afrika (Tertullian) bekennen Täuflinge auf die drei Hauptfragen ihren Glauben an den Vater, den Sohn und den Heiligen Geist. Im Laufe der Zeit erweitern Zusätze diese Fragen nach den göttlichen Personen. Im Westen setzt sich das altrömische Taufsymbol durch, *symbolum apostolorum* genannt, dessen zwölf Sätze je einem Apostel zugeschrieben wurden.[17] Die Konzilien der Reichskirche werden das Credo ab 325 theologisch entfalten.

Ignatius von Antiochien und Irenäus von Lyon 1.3.6

Zwei bedeutsame Autoren des 2. Jahrhunderts prägen die Theologiegeschichte bis heute. Die Echtheit der späten Überlieferung vorausgesetzt, schrieb Ignatius von Antiochien am Orontes[18] seine sieben Briefe bald nach 110 n. Chr. Während der Christenverfolgung unter Kaiser Trajan verhaftet und nach Rom gebracht, wo er den Märtyrertod gefunden haben soll, richtete der Bischof als Gefangener unterwegs Schreiben an verschiedene Gemeinden: von Smyrna aus an Ephesus, Magnesia, Tralles und Rom, aus Troas an Philadelphia, Smyrna und dessen Bischof Polykarp. Diese Briefe machen bemerkenswerte christologische Aussagen und vertreten ein hierarchisches Gemeindemodell. Jesus Christus wird gegen doketistische Tendenzen als Gott und wahrer Mensch bekannt. Durch die wahre Inkarnation Gottes in einen irdischen Leib wird die gesamte Wirklichkeit der Schöpfung in das Heilshandeln Gottes einbezogen. Mit Blick auf die Leitung christlicher Gemeinden vertritt Ignatius den monarchischen Episkopat, der sich im Lauf des 2. Jahrhunderts in den meisten christlichen Gemeinden durchsetzen wird. Die Ämtertrias

16 Vgl. ausführlicher: *Bruns, Peter:* Symbol/Symbolerklärung, in: LACL 660–662.
17 Vgl. *Hippolyt*, Traditio apostolica 21: mit Kommentar in DH *10.
18 Den Forschungsstand fasst zusammen *Prostmeier, Ferdinand Rupert:* Ignatius von Antiochien, in: LACL 346–348; mit Werkausgaben und reicher Fachliteratur.

stellt den einen *Episkopos* über die Presbyter und die Diakone. Ignatius betont die auf den Bischof zentrierte Struktur der Kirche, um die rechte Lehre zu erhalten. Einige Forscher vermuten auch heute eine spätere Abfassung der Briefe als Pseudoepigrafen ab 150. Das *Corpus Ignatianum* bleibt jedoch so oder so eine wichtige Quelle des 2. Jahrhunderts für die katholische, die anglikanische, die altorientalischen und orthodoxen Kirchen, die das Bischofsamt mit Irenäus von Christus eingesetzt sehen. Der Brief an Smyrna nennt die Kirche erstmals «katholisch» im Sinn von weltumfassend.[19]

Gegen Ende des 2. Jahrhunderts profiliert sich ein anderer Bischof kleinasiatischer Herkunft als theologischer Autor. Irenäus war in seiner Jugend Schüler Polykarps von Smyrna.[20] Zur Zeit Kaiser Mark Aurels wurde er Presbyter in Lyon und folgte 178 n.Chr. dem Märtyrerbischof Pothinus im Amt nach.[21] Der Vermittler zwischen Rom und dem kleinasiatischen Christentum geht als antignostischer Schriftsteller in die Geschichte ein. Neben einer kurzen «Darstellung der apostolischen Verkündigung» sind von ihm fünf Bücher «Entlarvung und Widerlegung der fälschlich so genannten Gnosis» erhalten. Das Werk wurde griechisch verfasst und ist als «Adversus haereses» nur lateinisch gesamthaft überliefert. Irenäus ist ein Theologe der Heilsgeschichte: Gott ist der Schöpfer der Welt. Der Sündenfall des Adam führt durch göttliches Erbarmen in der Väterzeit und im Bund mit Mose zu einer neuen Geschichte Gottes mit den Menschen, die durch die Propheten interpretiert ihre Erfüllung in Christus findet. Diese heilsgeschichtliche Schau lässt keinen Platz für den Dualismus, indem sie vom Gott der einen Schöpfung ausgeht, in die der eine Sohn hinabsteigt, um sie vom Sündenfall zu erlösen und sie zum einen Gott heimzuholen. Gegen gnostische Theologen, die sich auf Geheimlehren abstützten, argumentiert Irenäus mit der apostolischen Sukzession, in der die Apostel die wahre Lehre den Gemeindevorstehern (Episko-

---

19 Die Briefe des Ignatius finden sich übersetzt in: Die apostolischen Väter: BKV 35, 107–156, 150.

20 Zur Person, ihrem Werk und dem Forschungsstand vgl. *Hamm, Ulrich:* Irenäus von Lyon, in: LACL 351–355.

21 Zu Pothinus: *Richard/Pelletier*, Lyon et ses origines 125.

pen) anvertraut hätten. Bevor Irenäus um 200 n.Chr. starb, suchte er als Bischof der Lyoneser Gemeinde auch die heimischen Kelten zu missionieren, deren «barbarischen Dialekt» er deswegen lernte.

Die phrygische Sekte des Montanismus 1.3.7

Zur Zeit des Irenäus von Lyon breitete sich in seiner Heimat Kleinasien eine Bewegung aus, die sich «Neue Prophetie» nannte und ab 170 n.Chr. von Phrygien bis Gallien, Rom und Nordafrika gelangte. Ihre Anhängerschaft suchte angesichts des nah erwarteten Weltendes ein radikales Christsein in strenger Askese, mit Fasten als Wachdienst für den kommenden Herrn und mit sexuell enthaltsamem Leben. Ihr Anführer Montanus[22] trat als letzter Prophet vor der Parusie Christi und als zweiter Johannes der Täufer auf. Seine ekstatische und charismatische Botschaft fand in Maximilla und Priscilla zwei Gefährtinnen, die ebenfalls prophetisch wirkten. In weltflüchtiger Radikalität lösten Montanisten ihre Ehen auf und ersehnten sich das Martyrium. Den Gemeinden der entstehenden Grosskirche warfen sie vor, in Verfolgungen zu nachsichtig gegenüber Flüchtigen zu sein. Als prominenter Konvertit wird Tertullian um 207 n.Chr. zur zweiten Generation des Montanismus stossen. Als scharfzüngiger Jurist in der afrikanischen Christenverfolgung verschont, bezichtigt er die Grosskirche ebenfalls der Laxheit und verfasst zunehmend polemische und asketische Schriften. Mit extremen Formen der Askese und Weltflucht zeigten Montanisten erstmals in der christlichen Geschichte, wie eine eschatologisch erhitzte Weltuntergangsstimmung zu radikalen Verzichten auf Familie, Besitz und – in provozierten Martyrien – sogar auf das Leben antreibt.

In der Auseinandersetzung um den Montanismus berief die Grosskirche zum ersten Mal Synoden ein. Sie versammelten zunächst noch Bischöfe betroffener Regionen. Zeigten sich einzelne Gemeindeleiter angesichts charismatischer und asketischer Auswüchse überfordert oder wichen sie gar selbst von der rechten Lehre ab, hatten die Bischöfe der Nachbarge-

22 Vgl. *Baumeister, Theofried:* Montanus, in: LACL 508–509 (mit aktueller Literatur).

meinden die Ordnung wiederherzustellen. Als die montanistische Bewegung sich gegen die Hierarchie der örtlichen Gemeinden stellte, wurde sie von kleinasiatischen Synoden exkommuniziert, d. h. aus der Gemeinschaft der Kirche ausgeschlossen. In Phrygien halten sich Montanisten bis ins 6. Jahrhundert, als Kaiser Justinian sie auch in ihrem Kernland ausrottete.

1.3.8 Die christlichen Gemeinden Ende des 2. Jahrhunderts

In einem Weltreich von 4 Mio. Quadratkilometern und rund 60 Mio. Menschen bleibt die neue religiöse Bewegung aus dem Orient noch immer unbedeutend. Sie zählt Ende des 2. Jahrhunderts noch keine 100, meist kleine Gemeinden. Für Afrika lassen sich ein Dutzend Gemeinden nachweisen, die sich meist küstennah von Ägypten bis Karthago befinden.
Abb. 3[23] Syropalästina weist rund zwanzig Gemeinden auf. Die Hälfte

23 Karte aus: Geschichte des Christentums Bd. 1, 310.

der ganzen Kirche lebt im kleinasiatisch-griechischen Raum. Westeuropa zeigt eine noch bescheidene Präsenz mit ersten Gemeinden an der Handelsroute von Neapel über Rom nach Arles und über Vienne nach Köln. Das Wachstum wird sich allerdings trotz Verfolgungen fortsetzen und beschleunigen. Zur Zeit der Konstantinischen Wende werden bereits 10 Prozent der Reichsbevölkerung christlich sein.

Die Kirche im Bann der Christenverfolgungen (3. Jahrhundert) 1.4

Seit Ende des 1. Jahrhunderts flackerten immer wieder Verfolgungen von Christinnen und Christen auf. Es handelt sich zunächst um Pogrome, die von der Bevölkerung provoziert und von den Behörden organisiert wurden. Kaiser Neros Verfolgung gegen die Gemeinde von Rom geht diesen ersten Pogromen 64 n. Chr. als atypischer Prolog voraus: Der grössenwahnsinnige Kaiser verfolgte nicht primär einen neuen Glauben, sondern brauchte Sündenböcke für den Brand Roms, der ihm mitten in der Stadt Raum für seine Paläste schuf.

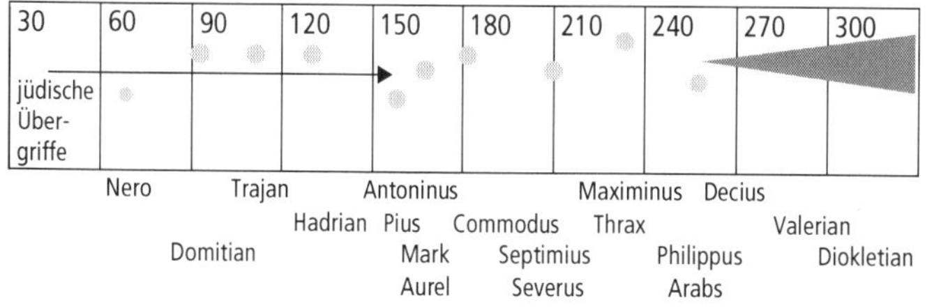

Grafik 3:
Die Grafik zeigt die grösseren Christenverfolgungen auf, die bis 250 regional und zeitlich begrenzt auftreten und danach zunehmend systematische Formen annehmen. Die Namen verzeichnen die verantwortlichen Kaiser.

Hintergründe der staatlichen Verfolgungspolitik 1.4.1

Die Zeit der oft blutigen Verfolgungen erstreckte sich von der Herrschaft Domitians (81–96) über zwei Jahrhunderte. Es blieb zunächst aber bei sporadischen und regional begrenzten Zwangsmassnahmen. Erst ab 249 n. Chr. kann von systematischen Verfolgungen der Staatsgewalt gegen die Kirche im ganzen Imperium die Rede sein. Periodisch organisiert, hatten diese das Ziel, die christliche Religion auszulöschen. Kaiser Decius leitete diese Phase ein, und Kaiser Diokletian scheiterte mit der grössten Verfolgung, die 303 einsetzte, worauf Konstantin und Licinius mit ihrer Toleranzvereinbarung von 313 reichsweit eine neue Ära einläuteten.

Die römische Religionspolitik interessierte sich nur beschränkt für die Überzeugungen der verschiedenen Kulte und Heilslehren. Was das Christentum anrüchig machte, war die historische Stiftergestalt Jesus. Der Galiläer wurde nach der römischen Rechtsordnung als Krimineller verurteilt und schändlich hingerichtet, was seine Anhängerschaft in ein subversives und kriminelles Licht rückte. Solange unsichtbare Götter oder monotheistisch der eine unsichtbare Gott verehrt wurden, blieb eine Religion in himmlischen Sphären und damit unbestimmt. Indem sich die Kirche auf die historische Person Jesu berief, machte sie sich politisch verdächtig.

Intellektuelle und Statthalter, die sich näher mit der christlichen Lehre und Praxis beschäftigten, kamen bereits um 100 n. Chr. zur Überzeugung, dass die neue Religion eine geistige Krankheit oder ein «Wahnsinn» sei.[24] Die Bevölkerung, die der Hochreligion anhing, fürchtete ihrerseits, dass die Verweigerung kultischer Opfer den griechisch-römischen Olymp provoziere und die Rache der Götter heraufbeschwören würde.

1.4.2 Plinius der Jüngere und Trajan

Ein aufschlussreicher Briefwechsel zwischen dem Provinzstatthalter von Bithynien am Schwarzen Meer und Kaiser Trajan zeigt um 112 n. Chr. erstmals die rechtliche Unsicherheit, mit der ein ausgesprochen juristisch denkendes Staatswesen vor der expandierenden neuen Religion stand. Plinius der Jüngere zögerte angesichts antichristlicher Anklagen aus dem Volk und erbat sich in der Christenfrage Weisungen von seinem Kaiser: Bewirkt das Alter einen Unterschied im Strafmass? Bewirkt Reue Straffreiheit? Genügt der Christenname für eine Anklage, oder muss ein Verbrechen vorliegen? Das bisherige Vorgehen des Statthalters bestand darin, dass er über Angeklagte nach mehrmaligem Fragen das Urteil fällte: Straf-

24 *Tacitus* spricht von einer religiösen Perversion (Annales 15,44), *Sueton* ebenfalls von einem «verderblichen Aberglauben» (Vita Neronis 16,2) und *Plinius* von einer ansteckenden Krankheit (Briefe 10.96).

freiheit bei der Leugnung und Todesstrafe beim Geständnis, Christus anzuhangen. Trajans Antwort zeugt von nicht minderer Verlegenheit. Der Kaiser stellt fest, dass es keine allgemeingültige Norm gibt, nach der gehandelt werden könnte. Er rät dazu, keine besondere Fahndung aufzunehmen, auf anonyme Anzeigen nicht einzutreten und Angeklagten bei Absage an den Christusglauben Straffreiheit zu gewähren.[25] Tatsächlich sollten fortan in verschiedenen Provinzen des Reiches Tumulte des Volkes gegen die Christen den römischen Staatsapparat zum Eingriff zwingen.

Tertullians Anklage gegen die Verfolger 1.4.3

Indem Christinnen und Christen die Schutzgötter des Imperiums nicht verehrten, riefen sie nach Ansicht der römischen Obrigkeit deren kollektive Strafe auf das Reich: Erdbeben, Kriege, Epidemien, Dürrezeiten, Überschwemmungen und Hungerkatastrophen. Der afrikanische Rhetor Tertullian schreibt um 200 n. Chr. in seiner Verteidigung der christlichen Kirche:

> «Wann immer ein Unglück geschieht […] Wenn der Tiber die Mauern überflutet, wenn der Nil die Felder nicht überflutet, wenn der Himmel sich nicht rührt, wenn die Erde sich bewegt, wenn eine Hungersnot, wenn eine Seuche wütet, gleich schreit man: *christiani ad bestias* – die Christen vor die Löwen.»[26]

Um 160 n. Chr. als Sohn eines römischen Offiziers in Karthago geboren, wandte sich Tertullian nach der Bekehrung zum Christentum in aller Schärfe gegen die behördliche Verfolgung. Sein «Apologeticum» (= Verteidigungsrede) greift den römischen Staat wegen seiner unklaren Haltung gegenüber den Christen an: Eine Verurteilung aufgrund der Selbstbezeichnung «Christ» stelle ein Unrecht dar, weil die Rechtsprechung Vergehen erfordert. So fordert der juristisch versierte Autor Prozesse, in denen die Kläger das angebliche subversive und unmoralische Doppelleben der Christen rechtlich sauber nachweisen. Nicht Christinnen, sondern die

25 *Plinius der Jüngere*, Briefe 641–643.
26 *Tertullian*, Apologeticum 40,1–2; 42–43: BKV 24, 147–154.

römische Gesellschaft handle verwerflich, wenn sie im Circus tötet, abergläubische Praktiken liebt, Prostitution und sexuelle Ausbeutung betreibt, Kinder abtreibt oder aussetzt.

Gerade die hier anklingende gesellschaftlich abweichende Lebensweise (*diversitas morum*) setzte die Christinnen und Christen der Verdächtigung aus, Staatsfeinde zu sein und «das Menschengeschlecht zu hassen»[27]: Wer Römer ist, kann nicht Christ sein – denn Christen sind keine Römer, weil sie sich gegen römische Lebensart wehren, die öffentliche Ordnung stören und den Staat durch Verweigerung der Kaiserverehrung, politischer Ämter und des Militärdienstes untergraben. Staatliche Behörden wurden aufgefordert, Ruhe und Ordnung zu sichern, indem sie gegen die christliche «Sekte» vorgingen. Die Geheimhaltung des inneren Gemeindelebens nährte wilde Spekulationen und Gerüchte: Die Gläubigen würden sich zwar Bruder und Schwester nennen, in ihren Zusammenkünften jedoch sexuelle Orgien, Inzest, Kannibalismus und Ritualmord praktizieren. Religiös verehrten sie den Kopf eines Esels und zeigten sich dadurch als zynische Atheisten.[28]

Christinnen und Christen entscheiden sich für	Das bedeutet Abkehr von jeder Form von	Extreme Verstösse gegen dieses Ethos bedeuten Gemeindeausschluss, konkret bei:
Gewaltverzicht Friedfertigkeit	Gewalt in Heer, Justiz, Arena, Theater, Sklaverei …	Mord
Solidarität: materiell und karitativ	Habgier, Korruption in Politik, Wirtschaft und Privatleben	Raub
reine Beziehungen in der Ehe und im Witwen-/Jungfrauenstand	Untreue, Prostitution, freizügigen Schauspielen und sexuellen Übergriffen auf Sklavinnen	Unzucht

Stützte sich die ethisch anspruchsvolle Glaubenspraxis, auf die Taufbewerbende von den Gemeinden vorbereitet wurden, auf neutestamentliche Vorgaben (1 Kor 6), spitzte sich im Zuge

27 So der Historiker *Tacitus*, Annales 15,44,2–5

28 Die Quelle dafür ist das apologetische Werk Octavius des *Minucius Felix*: BKV 14 (Frühe christliche Apologeten II), oder in der Reklamausgabe, Hg.: Kytzler, Kapitel 8–9.

der Verfolgungen ein viertes Kapitalvergehen zu, das für gefallene Gläubige *(lapsi)* vielerorts Gemeindeausschluss bedeutete:[29]

Entscheidung für Gottverbundenheit im Alltag (Gebetsleben)	Abkehr von antikem Synkretismus, Götteropfer und Kaiserkult	Ausschluss bei Glaubensabfall

Gesellschaftliche Motive scheinen im Hass gegen die Christen eine grössere Rolle zu spielen als religiöse: Das Fernbleiben der Gläubigen von allen Kulthandlungen und von Events in Theater und Amphitheater, das Verbot von Armeedienst und allen Berufen, die mit Gewalt oder anderen Kulten zusammenhingen, heimliche Zusammenkünfte und das Verbergen der zentralen Glaubensmysterien gab Vorurteilen und Verleumdungen reiche Nahrung.

Systematische Verfolgungen von Decius bis Diocletian 1.4.4

Nachdem sich das Christentum in der ersten Hälfte des 3. Jahrhunderts kraftvoll ausbreiten konnte, änderte sich die Lage 250 n. Chr. schlagartig. Das Imperium schlitterte in eine Krise: Von 235 bis 284 kämpften über 30 Kaiser um die Macht. Wirtschaftliche Probleme, leere Staatskassen und Epidemien setzten dem Römischen Reich zu. Militärische Rückschläge an der Grenze zu den Persern und den Germanen verunsicherten die Soldatenkaiser. Kaiser Decius (249–251), der aus dem Balkan stammte, erklärte sich diese Turbulenzen mit dem Zorn der vernachlässigten Götter (*neglegentia deorum*) und verordnete religionspolitisch erstmalig den allgemeinen Bekenntniszwang: Alle Bürger hatten den Göttern zu opfern, und Verweigerung wurde mit dem Tod bestraft. Das erstarkende und zunehmend auch in höheren Schichten attraktive Christentum geriet damit zum ersten Mal reichsweit ins Visier der kaiserlichen Restaurationspolitik.

29 Das anspruchsvolle Ethos und die Busspraxis, die bei kapitalen Verstössen eine einmalige Rekonziliation ermöglichte, thematisiert erstmals ausführlich *Tertullian*, De poenitentia. Zu Tertullian siehe Abschnitt 1.4.7.

Per Edikt verlangte Decius von allen Reichsbewohnern Bittopfer mit Weihrauch und Wein (*supplicatio ture ac vino*) für die altrömischen Götter vor einer Opferkommission ihres Wohnortes, wofür sie eine Bestätigung (*libellus*) erhielten. Das galt christlichen Gemeinden als Glaubensverrat. Gläubigen drohten von Seiten des Staates massive Strafen: Gefängnis, Folter, Vermögensentzug, Zwangsprostitution, Verbannung oder der Tod. Wer in der Arena oder im Gefängnis starb, wurde als Märtyrerin oder Märtyrer verehrt. Wer die Verfolgung mit Bekennermut überlebte, gehörte fortan zu den Bekennern (*confessores*). Zahlreiche Christen hielten dem Druck nicht stand. Die «Gestrauchelten» (*lapsi*) hiessen je nach Verstoss *sacrificati*, wenn sie ein Vollopfer für den Kaiser oder die Götter vollzogen, *thurificati*, wenn sie nur Weihrauch darbrachten, oder *libellatici*, wenn sie durch Bestechung eine schriftliche Opferbestätigung erlangten.

Opfer der ersten systematischen Verfolgungen wurden die Bischöfe der grössten Zentren: Fabian in Rom, Alexander in Jerusalem und Babylas in Antiochien, während ihre Kollegen Cyprian von Karthago und Dionysios von Alexandrien flohen. Ein prominentes Opfer unter den Theologen wurde der grosse Theologe Origenes in Tyrus. Das pastorale Problem des Umgangs mit den *lapsi*, zu denen auch prominente Bischöfe gehörten, drohte vielerorts lokale Gemeinden und auch die Grosskirche zu entzweien.

Kaiser Valerian (253–260) stellte die Verfolgungen zuerst ein, um sie nach militärischen Erfolgen an der Grenze allerdings wieder aufzunehmen. Ein erstes Edikt verlangte im Jahr 257 vom Klerus Götteropfer, verbot christliche Versammlungen und den Besuch der Friedhöfe. Ein zweites Edikt zwang 258 auch Senatoren und christliche Beamte zu Opfern. Prominente Märtyrer dieser Verfolgungen wurden die Bischöfe Cyprian von Karthago und Sixtus von Rom. Kaiser Gallienus (260–268) stellte die repressive Politik seines Vaters ein, da Martyrien den Gemeinden vielerorts neuen Zulauf bescherten. Die Kirche erhielt ihre Kultstätten und Friedhöfe zurück. Die friedliche Koexistenz von Staat und (offiziell nicht erlaubter) christlicher Religion dauert unter Kaiser Aurelian (270–275) an, der persönlich Monotheist war und den «unbesiegten Sonnengott» (*Sol invictus*) verehrte.

Auch Kaiser Diokletian (284–305) änderte am religionspolitisch toleranten Kurs zunächst nichts. Die Neuordnung des Reiches als Vierkaiserherrschaft (Tetrarchie) ging allerdings einher mit einer Rückkehr zu altrömischen Idealen. Die konservative Reformpolitik und die religiöse Restauration trafen unweigerlich die Kirche des Reiches: 298 wurden Christen aus dem Heer entlassen. 303 verordnete ein erstes Verfolgungsedikt die Zerstörung der Kirchen und das Verbrennen der heiligen Schriften, verbot christliche Versammlungen und entzog Christen alle Ämter, Würden und Rechte. Weitere Edikte trafen den Klerus, der verhaftet und zum Opfer gezwungen wurde, um schliesslich die ganze Reichsbevölkerung dem Opferzwang zu unterstellen. Verweigerern drohten Folter und Tod.

Die Kaiser des Westreiches führten die letzten Edikte nicht mehr durch. Im Ostreich, Ägypten und Nordafrika jedoch gab es viele Todesopfer. Als 305 Diokletian und Maximian von der Herrschaft zurücktraten, setzte Augustus Galerius (305–311) die Verfolgung im Osten fort, während Constantius Chlorus sie im Westen ruhen liess. Angesichts seines Scheiterns beendete Galerius die Verfolgungen im April 311. Sein Toleranzedikt fand die Zustimmung aller Mitregenten: Dadurch wurde das Christentum eine erlaubte Religion (*religio licita*), musste sich aber der staatlichen Ordnung (*disciplina Romana*) unterstellen. Christinnen und Christen waren verpflichtet «zu ihrem Gott für unser Heil, für das des Staates und ihr eigenes zu beten»[30].

Martyriumsliteratur und -spiritualität 1.4.5

Was vor 251 nur zeitweise und oft nur lokal drohte, wurde durch die systematischen Verfolgungswellen zur generellen Gefährdung jedes Gläubigen: Christ oder Christin sein bedeutete, jederzeit vor Gericht gezogen, verurteilt und gequält werden zu können. Das Risiko der Taufe und des christlichen Lebens prägte sich tief in die Spiritualität der Grosskirche ein.

30 *Lactantius*, De morte persecutorum 34; *Eusebius*, Historia ecclesiastica VIII, 17,3–10.

Gemeinden suchten die bewegenden Martyrien und das Glaubenszeugnis ihrer Mitglieder zu dokumentieren.[31] Erhalten gebliebenen sind *Acta*, offizielle Akten der Behörden, gekaufte Gerichtsprotokolle oder von Beobachtern nach dem Prozess abgefasste Notizen zur Information der Gemeindemitglieder. *Passiones* oder *Martyria* sind Berichte von Zeugen eines Martyriums und vereinzelt auch eigene Aufzeichnungen. Schliesslich schilderten auch Briefe von betroffenen Gemeinden an andere Gemeinden Leidensgeschichten. Später werden kirchliche Autoren des 4./5. Jahrhunderts Märtyrer und Martyrium in historiografischen, homiletischen, katechetischen oder poetischen Werken würdigen. Nach der von Diokletian verordneten Zerstörung kirchlicher Archive suchen Legenden oder *Gestae* oft phantasiereich nachzuzeichnen, was verehrte Glaubenszeugen erlitten hatten.

Exkurs

Die frühkirchliche Spiritualität des Martyriums

In den *Acta* und *Passiones* begegnet häufig das Motiv des Märtyrers, der aufgerufen ist, sich Christus gleichförmig zu machen: In einer Zeit der Verfolgung wird Nachfolge Christi zur *imitatio* des leidenden Jesus. Der Blick auf das Vorbild Jesu konnte und musste ermutigen, selbst konsequent und stark zu bleiben: «Wer mit dem Blut Christi erlöst und neu belebt worden ist», schreibt Cyprian, «darf nichts Ihm vorziehen, weil Er nichts uns vorgezogen hat, sondern unseretwegen vielmehr Übel den Gütern, die Armut dem Reichtum, die Knechtschaft der Befehlsgewalt und den Tod dem Leben vorgezogen hat»[32]. Die Liebe Christi zum Menschen ist es, die nachgeahmt werden will. Märtyrer betrachteten sich selbst oft als dazu erwählt, ihre Liebe zu Christus in der blutigen Nachfolge bezeugen zu können. Kurz bevor er auf dem Scheiterhaufen starb, betet Carpus: «Sei gepriesen, Herr Jesus Christus, der du mich Sünder gewürdigt hast, ein Gefährte deines Schicksals zu sein»[33]. Von Perpetua, Felicitas und Gefährten lesen wir, dass «das Volk, durch deren Haltung gereizt, nach ihrer Geisselung verlangte [...] Sie aber waren dankbar, dadurch einen Teil der Leiden Jesu selbst erfahren zu können»[34].

---

31 Einen ausführlichen Überblick vermittelt *Seeliger, Hans Reinhard:* Märtyrerakten, in: LACL 470–477; eine deutsche Sammlung bieten *Greschat/Tilly*, Frühchristliche Märtyrerakten.

32 Vgl. *Cyprian*, Ad Fortunatum I, 5: BKV 34, 345–351, 350.

33 Martyrium der hl. Carpus, Papilus, Agatonix 41: BKV 14, Apologeten – Märtyrerakten II, 25–29.

34 Passio Perpetuae 18: BKV 14, Apologeten – Märtyrerakten II, 40–56, 53.

Ein weiterer Aspekt der Martyrienliteratur besteht im Verständnis des Martyriums als sicherster Weg, zu Christus zu gelangen und mit ihm aufs Engste verbunden zu werden. Von der jungen Blandina berichtet die Gemeinde von Lyon, dass ihre Glaubensgeschwister und Leidensgefährten «in jener Schwester am Pfahl den gegenwärtig sahen, der sich um ihres Heiles willen hat ans Kreuz schlagen lassen und mit seinem eigenen Beispiel gezeigt hatte, dass alle, die um seinetwillen litten, auch Gefährten würden dem lebendigen Gott»[35]. Diese Gegenwart Christi im Märtyrer liess das Martyrium als Kampfplatz erscheinen, in dem Christus selbst gegen die Macht des Bösen antrat – und triumphierte. Durch diese ihnen verliehene Kraft werden Märtyrer und Bekenner (*confessores*) dann auch zu Vermittlern zwischen Gott und Menschen. Aus dieser Nähe zu Christus braucht Hippolyt, nachdem er seines Herrn wegen im Kerker war, die Handauflegung nicht mehr, um zum Diakon oder Priester geweiht zu werden, da er ja den Geist des Herrn sichtlich bereits besass.[36] Diese Überzeugung der frühen Kirche, dass Märtyrer Christus besonders nahestehen, wurde zur Grundlage für den sich allmählich entwickelnden Heiligenkult. Der Märtyrer verkörperte den vollkommenen Christen, der sich aus seiner Liebe zum Herrn gänzlich hingab (vgl. Joh 15,13). Wie Christus, so zeigen auch Märtyrer sich jener höchsten Liebe treu, die ihr Leben hingibt für ihre Freunde. Wie Christus, so konnten die Märtyrer zum Vorbild werden, das nachzuahmen war. «Durch die grenzenlose Liebe, die sie dem Herrn erweisen», schreiben die Smyrneser, «verdienen sie auch selbst unsere Liebe»[37].

Auf der anderen Seite warnen Autoren vor Verantwortungslosigkeit: Kein Gläubiger darf sich seinen Schlächtern ausliefern, wenn es sich vermeiden lässt. Tatsächlich hat die frühe Kirche ein solches Verhalten nicht nur als Gefährdung des Einzelnen, sondern auch der ganzen Gemeinde abgelehnt. Zudem hatten jede Christin und jeder Christ auch eine direkte Verantwortung gegenüber dem Verfolger, der nicht geistlichen Schaden leiden durfte durch das egoistische Streben nach einem Gut, sei es auch spirituell begehrenswert. Jeder Christ ist nicht nur Märtyrer, sondern zunächst Missionar – auch für seine Verfolger.

---

35 Martyrium Potins 11.

36 Vgl. *Hippolyt*, Traditio Apostolica 9: Fontes Christinai 1, 239 («Die Bekenner»).

37 Martyrium des Polykarp 17: BKV 14, Apologten – Märtyrerakten II, 9–20, 17–18.

1.4.6 Philosophische Angriffe auf das Christentum

Die entstehende Grosskirche hatte sich nicht nur inneren Gefährdungen durch Gnosis und Montanismus und den Gefahren politischer Verfolgungen zu stellen. Auch intellektuelle Attacken gegen die neue Religion forderten die christlichen Denker und Autoren heraus. Im späten 2. Jahrhundert griff der Philosoph Kelsos mit seiner Schrift «Wahre Lehre» das Christentum heftig an. Das Werk lässt sich nur bruchstückhaft aus der 248 n. Chr. verfassten Gegenschrift von Origenes rekonstruieren. Die älteste erhaltene Streitschrift gegen die christliche Religion entstand vermutlich bereits um 178 n. Chr. in Alexandrien. Dass Origenes noch 70 Jahre später literarisch energisch «*Contra Celsum*» schreiben muss, deutet auf die nachhaltige Wirkmacht solcher Kritik hin.[38] Die Schauergeschichten, die über die Christen erzählt werden, glaubt Kelsos nicht. Er bezeugt sogar Respekt vor der Martyriumsbereitschaft der Gläubigen. Seine Kritik setzt intellektuell an und klingt in vielen Punkten für distanzierte Gegner des Christentums auch heute noch aktuell:

- Die Religion fiel auf einen durchschaubaren Gründer herein, der göttliche Züge vermissen lasse. Der biblische Jesus erscheint dem Philosophen vielmehr als Magier, der das Volk mit simplen Tricks verwirrte. Kelsos will auch erfahren haben, dass Jesus aus der ehebrecherischen Verbindung eines römischen Soldaten mit einer jüdischen Frau entstammte. Der Zimmermann aus Nazaret könne nicht von jüdischen Königen abstammen, und er müsse deshalb drohen und schimpfen, weil er intellektuell nicht zu überzeugen vermöge. Die Idee, dass Gott im Teufel einen Widersacher habe, zeuge von einem primitiven Glauben. Die Lehre von der Auferstehung des Fleisches unterstelle Gott zudem ein unsinniges Verhalten wider die Naturordnung, die er selbst geschaffen haben soll.
- Vieles in den heiligen Schriften, von denen der Autor sowohl Texte des Alten wie des Neuen Testaments prüfte, erscheint dem Intellektuellen dumm, banal und unvernünftig. Sowohl das Bild des Schöpfers wie das der Menschwerdung zeige lächerliche Züge: Dass Gott nach dem Sechstagewerk

38 *Origenes*, Contra Celsum: BKV 52, Origenes II, 1–426.

der Schöpfung einen Ruhetag benötigt wie ein Handwerker, der von seiner Arbeit ermüdet ist, verspottet alles wahrhaft Göttliche. Lächerlich sei auch der Gott der Geschichte, dem das Alte Testament menschliche Leidenschaften wie Zorn zuschreibe. Der antike Philosoph findet es absurd zu glauben, dass sich die höchste Gottheit in einen menschlichen Körper begebe und darin zudem so unauffällig erscheint, dass man ihr das Göttliche nicht ansieht, und dass Gott sich mit Bösem abgebe und dem Leid aussetze. Auch sei nicht einzusehen, warum Gott dies erst so spät in der Geschichte tue und damit Menschen früherer Zeiten geringachte.

- Schon einige der antiken Philosophen kritisierten und verwarfen die Vielgötterei. Der christliche Monotheismus sei daher keineswegs originell. Das Christentum erweise sich dabei jedoch als eine Perversion des Judentums, das ohnehin schon eine verachtenswerte Religion sei. Vom Zauberer Moses aus Ägypten weggeführt, seien die Juden abgefallene Ägypter. Innerhalb dieser jüdischen Religion sei Christus aufgewachsen, so dass die Christen als abgefallene Juden zu betrachten seien. Die Geschichte dieses Abfalls hätte die Christen leichtgläubig, wenig einsatzbereit und unzuverlässig gemacht.
- Kelsos findet auch den exklusiven Heilsanspruch anmassend: Warum soll dieser Gott sich um die Juden und die Christen mehr kümmern als um die übrige Welt, der er keine direkten Boten sendet? Da alle Menschen auf verschiedenen Wegen Suchende und Findende seien, sei die Intoleranz der Christen nicht angebracht und unvernünftig. Auch die christliche Kritik am Kaiserkult versteht er nicht: Die Christen würden auch die Engel verehren, die etwas wie Zwischenwesen zwischen Himmel und Erde seien. Der römische Kaiser habe die gleiche Vermittlerfunktion, ein Gottgesandter, dem die Herrschaft auf Erden verliehen worden sei.
- Der Philosoph schliesst seine Kritik mit dem Appell an die christlichen Gemeinden, sich positiv am Staatsleben zu beteiligen. Würden alle Bürger des Imperiums sich so distanziert wie die Christen an der staatlichen Gemeinschaft beteiligen, müsste das Reich zugrunde gehen: Die Barbaren könnten die Macht übernehmen und jegliche Zivilisation und Weisheit vernichten, womit auch vom Christentum nichts übrig bliebe. Indem die Christen ihre mangelnde Bildung

nicht bedauerten, sondern in der Ignoranz vielmehr einen besseren Zugang zur Wahrheit sähen, untergrüben sie die Werte der antiken Gesellschaft.[39]

Exkurs

Kelsos' Kritik offenbart grundlegende philosophisch-theologische Schwierigkeiten der Antike, sich mit dem christlichen Glauben anzufreunden. Ein erstes Problem betrifft den Schöpfungsglauben. Nur ein Demiurg, ein unvollkommener Untergott kann nach der herrschenden Philosophie die Welt als göttliches Werk schaffen und den Geist in die Materie verbannen. Dass der gute, ewige und weise Gott selbst in die geschaffene Welt eintritt und als Gott Mensch wird, erscheint antiken Denkern ungeheuerlich.[40] Die Inkarnation, die Menschwerdung Gottes zu glauben war nach neuplatonischer Vorstellung absurd. Auch das geschichtlich-eschatologische Denken widerstrebt einer Antike, die das Weltgeschehen zyklisch sieht. Nur in einem linearen geschichtlichen Denken kann eine historische Gestalt wie Jesus so wichtig werden, weil Geschichte da unwiederholbar ist. Nach dem zyklischen Geschichtsverständnis, das Mythologien und Philosophen lehren, wiederholt sich alles in einem ewigen Kommen und Gehen. Die religiöse Toleranz der Antike tut sich auch schwer mit dem christlichen Absolutheitsanspruch: Dass eine Religion allen die Wahrheit zu verkünden vorgibt, wurde nicht verstanden. Dass diese Wahrheit zudem von einem geschichtlichen Menschen verkündet würde, der durch sein Gott-Mensch-Sein Angelpunkt der Heilsgeschichte sein sollte und erst noch am Kreuze gehenkt wurde, erscheint als Gipfel der Torheit. Gegen die Erhabenheit der christlichen Wahrheit spricht in den Augen Gebildeter auch die literarische Qualität der Bibel: Einige Schriften des Neuen Testaments waren für Intellektuelle ihres anspruchslosen Griechischs wegen schwer geniessbar. Gefährlich erschien vielen Gebildeten auch die soziale Umwertung in kirchlichen Kreisen: Jeder Mensch wurde unabhängig von Geschlecht, Stand und Bildung als Geschöpf Gottes angesprochen, also auch Arme, Diskriminierte, Ausgestossene. Indem der neue Glaube viele Arme und Ungebildete aus den untersten sozialen Schichten, Handwerker, Frauen und Sklavinnen anspreche, die Arbeit würdige und Bildung geringachte, gefährde er die Werte der römischen Zivilisation, die Bildung hochschätzt und sich nicht mit knechtischen Aufgaben besudelt. Wer behaupte, Frauen und Kinder verstünden mehr als ihre Gatten und Väter, trete eheliche und väterliche Autorität mit Füssen.

39 Vgl. *Lona, Horacio E.:* Die «Wahre Lehre» des Kelsos, Freiburg i. Br. 2005 (deutsche Übersetzung und Kommentar); *Pichler, Karl:* Streit um das Christentum. Der Angriff des Kelsos und die Antwort des Origenes, Frankfurt a. M. 1980. Textausgabe griechisch-deutsch (Fontes Christiani 50): Contra Celsum. 1–5, Hg.: Michael Fiedrowicz/Claudia Barthold, Freiburg i. Br. 2011–2012.

40 Zum gnostischen Weltbild siehe Abschnitt 1.3.2.

Bedeutende Apologeten 1.4.7

In den bedrängten christlichen Gemeinden traten angesichts populärer Verunglimpfungen, gelehrter Angriffe und politischer Verfolgungen ab 150 n. Chr. gebildete Verteidiger (Apologeten) ihres Glaubens auf. Sie richteten sich an Nichtchristen, den Kaiser, Beamte, Intellektuelle und die öffentliche Meinung. Um verstanden zu werden, bemühten sie sich um eine Sprache und eine Argumentation, die ihrer Umwelt vertraut war: jene der griechisch-römischen Kultur. Damit trat das Christentum auch intellektuell aus seiner eigenen Subkultur heraus und legte sein Glaubensverständnis hellenistisch Denkenden dar. Die Frucht ist eine eigentliche Theo-Logie, eine «Gottes-Rede», die in den philosophischen Begriffen der Griechen über Gott sprach. Von vielen Apologeten sind uns nur Name und wenige Zitate überliefert, die Eusebius in seine Kirchengeschichte einfügte. Von einigen sind uns wichtige Werke erhalten geblieben.

Justin der Märtyrer gilt als erster namhafter Apologet.[41] Er lehrte 140–150 an einer christlichen Philosophenschule in Rom und verteidigte seinen Glauben gegen jüdische und heidnische Attacken. Er entstammte einer heidnisch-griechischen Familie aus Neapolis, dem alttestamentlichen Sichem und heutigen Nablus in der Provinz Syria Palaestina und starb um 165 während der Verfolgung unter Kaiser Mark Aurel in Rom. Justin bleibt auch als Christ ein mittelplatonischer Philosoph. Als solcher beklagt er, dass Dichter den fragwürdigen antiken Götterglauben unbehelligt attackieren könnten, während einzig die Christen dafür verurteilt würden. Schon der hochgeschätzte Philosoph Sokrates habe die Scheinwirklichkeit des Götterglaubens durchschaut, worauf er als Atheist angeklagt und in den Tod gezwungen worden sei. Dies geschehe nun mit Christinnen und Christen, die nicht Atheisten seien und sich zum einzigen Gott bekennen. Justin sucht in seinen beiden Apologien an die Kaiser Antoninus Pius und

---

41 Den aktuellen Wissensstand zur Person, ihrem Denken und Werk skizziert mit reichen Literaturangaben *Vetten, Claus Peter:* Justin der Märtyrer, in: LACL 411–414.

Mark Aurel[42] sowie in weiteren Schriften gegen die Hellenen und die Juden eine positive Darstellung der Heilsgeschichte zu vermitteln. Wenn es auch für den Vater aller Dinge, für Gott, keinen angemessenen Namen gebe, so werde er doch von der Kirche als Vater der Menschen verehrt. Schon vor der Schöpfung als *logos* bei ihm, sei sein Erstgeborener und ewiger Sohn Mensch geworden. Das Christentum verkünde die Wahrheit dieses Mensch gewordenen *logos* und werde dadurch zur Religion, die alle anderen an Weisheit übertreffe. Der *logos* entspreche der Weltseele der Platoniker und sei schon immer am Werk, bei allen Völkern und in der Geschichte des Altes Testaments. Universal in allen Kulturen als *logos spermatikos* (= keimhafter *logos*) wahrnehmbar und von Gott suchenden Menschen erfahren[43], sei er mit ganzer Fülle in Christus erschienen. Das späte Kommen Gottes in menschlicher Gestalt entwerte die frühere Geschichte nicht, sondern mache sie zur Vorgeschichte, in der sich das gekommene Heil ankündige. Auf den schmählichen Tod Jesu sei schon in den Weissagungen hingewiesen worden. Im Übrigen werde das Kreuz überall in der Natur sichtbar, selbst das menschliche Antlitz, die Vögel, der Pflug wiesen die Form des Kreuzes auf. Über das Endgericht habe bereits die frühe Stoa ähnliche Vorstellungen gelehrt. Bezüglich der Auferstehung weist Justin darauf hin, dass der Glaube an ein Weiterleben nach dem Tod auch anderweitig Allgemeingut geworden sei. Selbst die Göttermythen würden die Auferstehung kennen. Die Auferstehung des ganzen Menschen lasse sich so verstehen, dass der menschliche Körper Same für eine neue menschliche Existenz sei. Auch politisch seien die Christen unbedenklich, da sie weder gegen den Staat arbeiteten noch Rebellen seien, sondern vielmehr für Kaiser und Beamte beten würden.

Ein unbekannter Autor verfasste um 190/200 n.Chr. wahrscheinlich in Alexandria ein «**Schreiben an Diognet**», das die Christinnen und Christen als Seele der Welt bezeichnet.[44] Wie die Seele den Leib belebt, so empfängt die Welt von

42 *Marcovich*, Iustini Martyris Apologiae pro christianis (kritische Edition der beiden Apologien).

43 Dazu *Justin*, 1. Apologie 22,2; 46,3.

44 Vgl. zum Werk *Wengst, Klaus:* Diognetbrief, in: LACL 200–201.

den christlichen Gemeinden Lebenskraft und Sinn. Der Verfasser scheint eine gebildete, sozial privilegierte und politisch integrierte Persönlichkeit zu sein. Der christliche Gott wird in glänzender Polemik von der Götterwelt der Griechen abgegrenzt, während die jüdische Gottesverehrung sich verwerflicher Bräuche bezichtigt sieht. Jesus wird weder dem Namen nach genannt noch in seine jüdische Geschichte integriert, sondern als «Sohn» vorgestellt, durch den Gott die Welt erschuf und sich in ihr mitteilt.

Die leidenschaftlichste und das Christentum am nachhaltigsten prägende Verteidigungsschrift ist aus der Feder **Tertullians** überliefert.[45] Als Rhetor in Karthago entfaltet er in seinem «Apologeticum» (um 197) und in dreissig weiteren Schriften all seine beruflichen Talente und seinen Scharfsinn. Er gilt als der erste lateinische Kirchenschriftsteller überhaupt.

Exkurs

Das Werk Tertullians

Seine Schrift «Ad nationes» führt der römischen Gesellschaft ihre sittliche und religiöse Verkommenheit vor Augen. «Adversus Judaeos» sucht den Juden die Messianität Jesu und die Vollendung des Gesetzes in ihm aufzuzeigen. Das «Apologeticum» bietet wertvolle Einblicke in das praktische Gemeindeleben der afrikanischen Kirche, zeigt das hohe Ethos der Gläubigen auf und erweist sie als vorbildliche Staatsbürger. Von Natur aus sind alle Menschen Geschwister, Christinnen und Christen seien es auch spirituell durch den einen Vater. «De idololatria» weist jede Form von Götzendienst zurück und fordert eine kompromisslose Abgrenzung in Berufen, Handwerken und Künsten. «Ad martyras» ermutigt Gläubige in Verfolgung und Gefängnis standhaft zu bleiben. «De spectaculis» verlangt auch Distanz zu Spielen und Freizeitaktivitäten, die mit antik-religiösen Stoffen und Ritualen verbunden sind. «De cultu feminarum» ermahnt Frauen, ihre natürliche Schönheit nicht mit Schmuck und Putz zu verstellen. «De baptismo» gewährt Einblick in die Taufpraxis, zu der nur reife, entschlossene Erwachsene zugelassen sind. «De oratione» ist eine praktische Gebetslehre, «De patientia» eine Tugendlehre und «De poenitentia» eine Beschreibung der kirchlichen Busspraxis. Zwei Bücher «Ad uxorem» (an die Ehefrau) preisen Schönheit, Glück und Einmaligkeit der christlichen Ehe. Die Schrift «De praescriptione haereticorum» sieht in der Grosskirche kraft apostolischer Tradition die alleinige Trägerin der christlichen Wahrheit. In der Folge wendet sich eine Reihe von Schriften

45 Einen guten Überblick bietet *Schulz-Flügel, Eva:* Tertullian, in: LACL 668–672.

gegen christliche Häretiker: gegen Praxeas, den Gnostiker Hermogenes, den Doketen Valentinus und in fünf Büchern gegen Markion. «De anima» setzt philosophischen Seelenlehren eine «theologische Psychologie» gegenüber, während «De resurrectione mortuorum» die Auferstehung mit Seele und Leib rechtfertigt. Tertullians Bekehrung zum Montanismus folgen asketische Schriften, die eine rigorose Abgrenzung gegen die Umwelt fordern und auch gegen die Grosskirche polemisieren: «De corona militis» verbietet den Kriegsdienst, «De fuga» verbietet die Flucht in Verfolgungszeiten, und «De virginibus» spricht sich gegen Vorrechte der Asketinnen aus. In «De pudicitia» verfeinert Tertullian seine Sündenlehre, «De ieiunio» verteidigt eine strengere Fastenpraxis, und «De monogamia» wirft der Grosskirche vor, zügellos eine zweite Ehe zu ermöglichen. «Ad Scapulam» droht dem Verfolger Scapula den Zorn Gottes an.[46]

1.4.8 Streit um die Ketzertaufe und Entwicklung des Bischofsamtes

Tertullian wandte sich um 200 n. Chr. energisch gegen verschiedene Häresien und Ketzergruppen, bevor er dann selbst zum Montanismus konvertierte. Mitte des 3. Jahrhunderts spitzte sich die Frage zu, wie die Grosskirche mit Konvertiten umzugehen habe, die aus häretischen Gruppen kamen: Mussten sie beim Übertritt zur katholischen Kirche neu getauft werden? In Nordafrika und im Osten wurden Gläubige häretischer Gemeinden wie Heiden und Ungetaufte behandelt, während Rom jede Taufe mit der trinitarischen Formel als gültig betrachtete und diese nun einzig durch Handauflegung des Bischofs wirksam machte. Der römische Bischof Stefan I. (254–257) suchte diese Praxis auch afrikanischen Ortskirchen aufzudrängen. Sein Amtskollege Cyprian berief eine Synode nach Karthago, die die römische Einmischung zurückwies und die erneute Taufe bei Übertritten verteidigte. Als sowohl Stefan von Rom wie auch **Cyprian von Karthago** in der Verfolgung von 258 starben, kam der «Ketzertaufstreit» ohne Annäherung zum Erliegen. Mit der Anerkennung der Ketzertaufe gesteht die römische Position indirekt anderen Gemeinschaften Kirchlichkeit zu. Damit zeigen sich schon in den frühen Zeiten der Kirche Vorformen «ökumenischen» Denkens. Dabei blieb eine gewisse Widersprüchlichkeit bestehen, indem andere Gemein-

46 Tertullians Werke sind deutsch online abrufbar unter: www.tertullian.org.

schaften nicht als legitime Kirche anerkannt und einige ihrer Sakramente dennoch als gültig gespendet akzeptiert werden. Die römische Position und Praxis im Ketzertaufstreit erkennt in der trinitarischen Taufe das alle Kirchen einigende Band.

Vor seinem Streit mit Stefan von Rom hatte Cyprian von Karthago dessen Vorvorgänger Cornelius (251–253) entschlossen unterstützt, als dieser als *lapsus* in der Verfolgung unter Kaiser Decius sich deswegen dem Gegenbischof Novatian gegenübersah. Der profilierte afrikanische Bischof und talentierte Theologe plädierte dabei für einen Mittelweg in der Bussfrage. Rückkehr und Wiederaufnahme von Abgefallenen sollten grundsätzlich möglich sein, wenn diese Busse leisteten. Gegen die Mittellösung entstand Opposition von rechts und links. Die Rigoristen wollten keine Nachsicht für Abgefallene, die Christus verraten hatten und daher den Namen «Christ» oder «Christin» nicht mehr verdienten. Die Laxisten plädierten für Barmherzigkeit und wollten alle Schwachgewordenen wieder in die Gemeinschaft aufnehmen. Da viele Gemeinden den Bekennern (*confessores*) als standhaften Zeugen dieselbe Vollmacht zur Wiedereingliederung Abgefallener zusprachen wie den Bischöfen, stellte sich die Vollmachtsfrage. Wer versöhnt? Wer hat die grössere Vollmacht, Bischöfe oder Bekenner, der Amtsträger oder Männer und Frauen mit dem Charisma des Starkmutes? Der Streit um die Vollmachtsfrage artete in der Folge zu einer Kirchenspaltung aus.

Cyprian, 248–258 Bischof von Karthago, verfasste unter verschiedenen Schriften auch ein Werk «De Ecclesiae Catholicae unitate» und ein Buch «De lapsis». Angesichts der Polarisierungen in afrikanischen Gemeinden im Streit um die Abgefallenen entwirft er sein Bild der Kirchlichkeit. Dabei sieht er erstens ausserhalb der Kirche kein Heil und zweitens die katholische Kirche dort versammelt, wo der legitimierte Nachfolger eines Apostels als Bischof waltet. Die afrikanische Synode von Karthago bekräftigt im Jahr 256, dass es ausserhalb der Kirche kein Heil gebe, weshalb es keine gültige Taufe in häretischen Kirchen geben könne. Folgerichtig plädiert sie im Ketzertaufstreit für die erneute Taufe bei Übertritten in die Grosskirche.

Während die Gemeinden des 1. Jahrhunderts noch kaum über das Wesen der Kirche reflektierten, sondern Fragen in pragmatischer Weise lösten, wird durch die Krisen des 2./3. Jahrhunderts die Kirche selbst zum Gegenstand der Theologie. Die Einheit der Ortskirche wird durch den Ortsbischof und die Einheit in der Grosskirche durch die Verbundenheit der Bischöfe untereinander verkörpert.

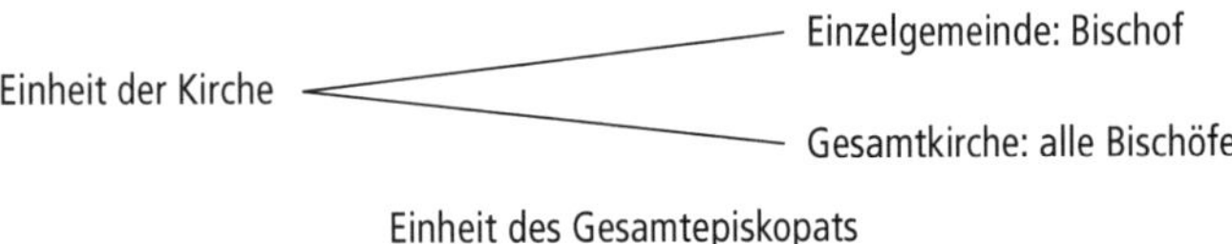

Einheit des Gesamtepiskopats

Petrus und die ihm nachfolgenden Bischöfe der Gemeinde von Rom sind nur erste in der Reihenfolge, nehmen aber nicht den ersten Rang innerhalb der Gesamtkirche ein. Erst 200 Jahre nach Cyprian etabliert sich der Primat Roms.

Exkurs

Hippolyt von Rom (170–235) lässt in seiner «Traditio apostolica» eine Kirchenordnung erkennen, die bereits klar zwischen Klerus und Volk unterscheidet. Die Laien wählen ihren Bischof, der von Amtskollegen geweiht wird und seinerseits den eigenen Klerus weiht. Im Volk bilden sich verschiedene Gruppen, die spezielle Dienste erfüllen, und Stände, die dabei auch eine eigene Lebensordnung wählen. Die Bekennerinnen und Bekenner (*confessores*) bilden eine Sondergruppe, denen die Gemeinde aufgrund ihrer Standhaftigkeit in der Verfolgung eine charismatische Gnade oder «Weihe» und Autorität zuschreibt.

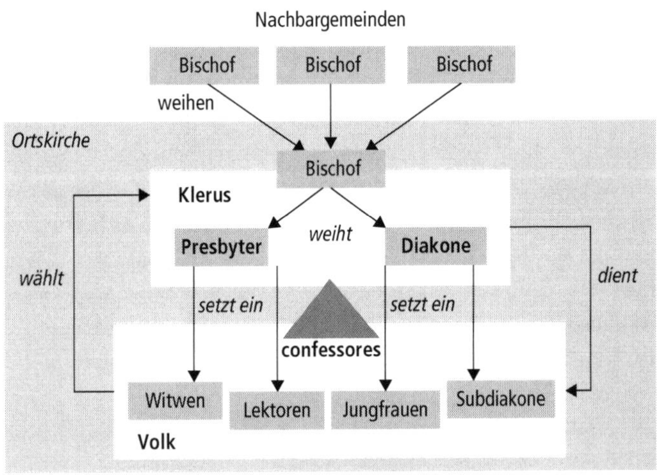

Grafik 4: Kirchenordnung in Rom um 230 n. Chr.

Christliches Alltagsleben im 2./3. Jahrhundert 1.4.9

Nachdem Weg und Entfaltung der frühen Kirche nachgezeichnet, ihre inneren und äusseren Gefährdungen skizziert, ihre Glaubensfragen angesprochen und berühmtesten Autoren kurz vorgestellt worden sind, blicken wir auf das praktische Leben der Christinnen und Christen, die ihren Glauben als Minderheit in einer multireligiösen Welt zu leben suchten.[47] Tertullian beschreibt den **Gottesdienst** am ersten Tag in seiner afrikanischen Gemeinde um 200 n. Chr. wie folgt:

> «Wir kommen zusammen zu inniger Gemeinschaft [...] und beten dabei auch für die Kaiser, für ihre Beamten und die Mächtigen, für den Bestand der Welt, für die öffentliche Wohlfahrt und für den Aufschub des Weltendes. Wir versammeln uns zur Verlesung der göttlichen Schriften, [...] nähren unseren Glauben aus diesen heiligen Worten, richten unsere Hoffnung empor und festigen unsere Zuversicht [...]! Den Vorsitz führen jeweils Ältere, die sich bewährt und den Ehrenplatz [...] durch das Zeugnis ihres Lebens erlangt haben [...] Wenn es auch eine Vereinskasse gibt, so wird sie nicht durch Eintrittsgelder gefüllt, so als Religion für Geld zu haben wäre. Ein bescheidenes Scherflein steuert jeder Einzelne bei, an einem bestimmten Tag im Monat, oder wann er will, und falls er überhaupt will oder eben kann. Niemand wird gezwungen, man zahlt aus freien Stücken. Davon wird [anders als bei den Verfolgern] nichts für Schmausereien und Trinkgelage oder unnütze Fressereien ausgegeben, sondern für den Unterhalt Armer, für Knaben und Mädchen, die kein Vermögen und keine Eltern haben, und für ans Haus gefesselte Alte, ebenso für Schiffbrüchige und für jene, die in Bergwerken oder auf Inseln oder in Gefängnissen für ihren Glauben büssen [...] ‹Seht›, sagen viele (von euch), ‹wie sie einander lieben›» [...] Dass wir einander Geschwister nennen? Wir sind auch euch Schwestern und Brüder, durch die Natur, unsere eine Mutter, wenn ihr oft auch unmenschlich seid und schlechte Geschwister! Doch mit wie viel Recht heissen und sind wir uns Geschwister – alle, die Gott als ihren einen Vater erkannt haben?»[48]

Bis ins frühe 4. Jahrhundert sind christliche Gemeinden vor allem in den Städten zu finden. Aufgrund ihrer dauernden Gefährdung war an eine offene **Mission** oder Werbung nicht

47 Der ganze folgende Teil stützt sich auf *Hamman*, Die ersten Christen.
48 *Tertullian*, Apologeticum 39.

zu denken. Bekanntschaft mit dem Christentum wurde vor allem auf nachbarlicher Basis geschlossen. Interessierte wurden schrittweise mit der Gemeinde vertraut gemacht. Wer sich in den Kreis der Taufbewerber und -bewerberinnen (Katechumenen) aufnehmen liess, wurde zuvor auf seine und ihre Motivation sowie seine familiäre und berufliche Situation geprüft. Dazu benötigten Taufbewerber und -bewerberinnen die Bürgschaft eines Bekannten. Nicht zugelassen wurde, wer beruflich mit heidnischen Kulten oder Mythologien und mit Gewalt in Berührung kam: Schauspieler, Gladiatoren, Offiziere, Frontsoldaten, staatliche Beamte, Lehrer, Prostituierte, Bordellbesitzer, Magier, Astrologen, Handwerker und Künstler im Dienst von Tempeln. Katecheten führten die sich um die Taufe Bewerbenden während 2 bis 3 Jahren in den Glauben ein. Ungetaufte waren zum Wortgottesdienst eingeladen und wurden vor der Eucharistiefeier mit einem besonderen Segen hinausgeschickt. Ausserehelicher Geschlechtsverkehr kam für den Katechumenen nicht mehr infrage, was bei der üblichen Gewohnheit nicht leicht durchzuhalten war. Freizeitaktivitäten wie Gewinnspiele, Theater-, Arena- oder Bäderbesuch waren aufzugeben. Im Gegensatz zu Sekten wünschten die Gemeinden jedoch keine Getto-Bildung, weshalb der Kontakt zu Nichtchristen nicht eingeschränkt wurde. Auch gab es keine bestimmten Kleider- und Essensvorschriften.

Die **Eucharistie** wurde bis ins 3. Jahrhundert vorwiegend in den Privathäusern reicher Gemeindemitglieder gefeiert. Plinius der Jüngere weiss 113 n. Chr., dass dies «vor der Morgendämmerung» geschieht.[49] Gesellschaftlich gesehen war eine Eucharistiefeier ein ungeheurer Vorgang, denn Reiche und Arme, Freie und Sklaven trafen sich da zu einem gemeinsamen Gottesdienst und zu einem gemeinsamen Mahl, das meist im Anschluss an die Eucharistie abgehalten wurde und oft eine Stiftung reicher Christen war. Die Agape bot Anlass zur Geselligkeit und zur Caritas.

Christinnen und Christen erfuhren ihren Tag, ihre Woche und ihr Jahr zunehmend von Rhythmen getragen, die der Glaube ihrer Zeit gab. Beim Anbruch des Tages und beim Einbruch der Nacht sammelten Gläubige sich im **Gebet**. Es waren

49 *Plinius der Jüngere*, Epistulae X, 96.

zwei Zeiten des Schweigens, der Schriftbetrachtung und eines Psalmgesangs. Tertullian empfahl, morgens den kommenden Tag kniend zu begrüssen: Zeichen der Anbetung und Verneigung vor Gott, dem ewigen Licht. Der oder die Betende richtete sich dabei gegen Osten, «von wo das wahre Licht kommt». Der Märtyrer Hipparch hatte sich ein Kreuz auf die Ostmauer seines Hauses in Samosata am Euphrat gemalt, vor dem er sieben Mal am Tag zu beten pflegte. Origenes empfahl Gläubigen, im eigenen Haus einen Ort für das Gebet einzurichten. Christinnen und Christen beteten auch bei Sonnenuntergang. Tertullian riet, sich dazu die Stirne mit dem Kreuz oder Tau zu bezeichnen. Nach der *Didache* hatten judenchristliche Kreise den jüdischen Brauch bewahrt, dreimal täglich zu beten, wozu sie das Herrengebet sprachen. Auch wer allein betete, durfte sich beim Beten des Vaterunsers in Gemeinschaft mit seinen Glaubensgeschwistern fühlen. Ein Jahrhundert später macht sich der lateinische Ordnungssinn daran, während des Tages Gebetszeiten festzulegen. Die *Traditio apostolica* und Tertullian nennen die «dritte», die «sechste» und die «neunte Stunde». Das Segensgebet vor den Mahlzeiten folgt jüdischem Brauch und dem besonderen Beispiel Christi. Durch die regelmässigen persönlichen Gebetszeiten, kurze Gebete in alltäglichen Situationen und das gemeinsame Beten in der Familie und der Gemeinde sollten Gläubige dem christlichen Ideal des «Betens ohne Unterlass» nachleben.[50]

> «Indem wir dem Gebete eine feste Form geben, [...] werden wir wenigstens dreimal am Tage Gott anbeten, der in drei Personen, Vater, Sohn und Hl. Geist, unseren Dank verdient. Dies geschieht [...] auch gemäss dem Brauche Israels und zusätzlich zum Pflichtgebet, das wir ohne besondere Ermahnung zu Beginn von Tag und Nacht verrichten. Für Gläubige ziemt es sich zudem nicht, eine Speise zu geniessen oder ein Bad zu nehmen, ohne ein Gebet vorausgehen zu lassen. Denn die Erfrischung und die Nahrung für die Seele sollen der des Leibes vorangehen, weil das Himmlische früher war als das Irdische. Wenn ein Bruder in dein Haus getreten ist, so sollst du ihn nicht ohne ein Gebet entlassen:

50 Quellen zur beschriebenen Gebetspraxis: *Tertullian*, De oratione 25–26.35; Apologeticum 16.24–26.39; Ad uxorem II, 5; *Clemens von Alexandria*, Stromateis VII, 7, Paidagogos II, 2.9; *Origenes*, De Oratione 31–32; Acta Hipparchi; Didache 8; Traditio apostolica 41.

‹Du hast – heisst es ja – deinen Bruder gesehen, du hast deinen Herrn gesehen›. Dasselbe gilt bei ankommenden Gästen: sie könnten ja vielleicht Engel sein.»[51]

Wer sich auf eine **Reise** begab, wurde von der ganzen Familie an den Hafen begleitet. Dort warteten die Angehörigen mit ihm, bis günstige Winde das Schiff auf die See hinaustrugen. Gemeindemitglieder gaben Wünsche für die Glaubensgeschwister mit auf den Weg. Das Bewusstsein, auch über grosse Entfernungen Geschwister im Glauben zu sein, und der Wunsch nach Einheit mit anderen Gemeinden liessen Briefe von Ort zu Ort mitreisen. Die Gemeinden schrieben einander, holten Rat ein und unterstützten einander, wo es nötig war. Besucher und Besucherinnen einer anderen Gemeinde liessen sich unterwegs neue Briefe anvertrauen. Gastfreundschaft wurde, von Modellen im Alten und Neuen Testament vielfältig ermutigt, als göttliches Gebot praktiziert. Bereits die Didache rät jedoch, sie reisenden Glaubensgeschwistern und -boten ebenso grosszügig wie klug zu gewähren.[52]

Was die **Arbeit** betrifft, suchten Gläubige in grösstmöglicher Nähe zu ihren Mitbürgerinnen und Dorfgenossen zu leben. Die meisten behielten den Beruf bei, den sie vor ihrer Hinwendung zum Glauben ausgeübt hatten. Nicht das tägliche Tun – der äusserliche Alltag – veränderte sich in der frühen Kirche, sondern der Geist, in dem sie lebten und handelten. So kann Tertullian den Kritikern an der Gemeinde sagen:

> «Wir wohnen mit euch in dieser Welt zusammen, besuchen das Forum, kaufen auf dem Fleischmarkt ein, wir benutzen eure Bäder, eure Kaufläden, Werkstätten, Gasthäuser, Jahrmärkte und den ganzen Handelsverkehr. Wir reisen auf denselben Schiffen, leisten mit euch Kriegsdienst, treiben Ackerbau und Handel, und wir bieten euch die Erzeugnisse unserer Arbeit und unserer Kunstfertigkeit öffentlich zum Gebrauche an. Da wir also mit euch und von euch leben, begreife ich nicht, weshalb wir als unnütz für eure Geschäfte erscheinen sollen.»[53]

51 *Tertullian*, De oratione 24–26.
52 Vgl. Didache 10–12.
53 *Tertullian*, Apologeticum 42.

Clemens von Alexandrien hält an der Maxime des Paulus fest, dass jeder Konvertit nach Möglichkeit im erlernten Beruf tätig bleibt:

> «Wir empfehlen dir zu arbeiten, wenn du ein Arbeiter bist, doch bete dabei zum Gott der Arbeit! Sei ein Seemann, wenn du dich aufs Seefahren verstehst, doch rufe dabei den himmlischen Kapitän an! Wenn du zum Glauben gekommen bist, während du im Heer Dienst geleistet, so höre auf den höchsten General, der dich richtig führt.»[54]

Keine Probleme boten die Arbeiten in der Landwirtschaft und auf dem Meer sowie die manuellen Berufe im Dienst der Allgemeinheit: jene der Bildhauer, Bäcker, Zimmerleute, Keramiker, Textilhersteller und Schneider – sofern sie nicht für heidnische Tempel arbeiteten. Die ärztliche Kunst stand auch einem Christen bestens an und erinnerte an Jesu heilende Taten. Alexander übte den Arztberuf in Lyon aus und wurde dabei stadtbekannt.[55] Tertullian und Flavian, einer der afrikanischen Märtyrer von 259, waren Rhetoren, was heute mit PR-Fachleuten übersetzt werden könnte. Der Handel gab im Allgemeinen kaum Anlass für Vorurteile. Er stellte im Gegenteil für eine grosse Zahl von Gläubigen eine unverzichtbare Einkommensquelle dar. Irenäus von Lyon leitete die Gemeinde einer Stadt, die hauptsächlich vom Handel lebte.

Mit Blick auf Schule und Bildung fragt Tertullian:

> «Wie können wir die weltlichen Studien verwerfen, ohne die es keine religiösen Studien geben kann? Die Literatur zu kennen ist unentbehrlich, wenn ihr Studium auch gut geprüft werden muss [...] Dem christlichen Schüler wird es leichter fallen als dem Lehrer, sich von all den Befleckungen fernzuhalten, welche das Schulwesen [...] mit sich bringt.»[56]

Im 3. Jahrhundert verstärkte sich die Zurückhaltung gegenüber den Lehrern profaner Geisteswissenschaften. Tatsächlich finden sich nur wenige christliche Grabinschriften, die Elementarschullehrer oder Professoren in Erinnerung rufen.

Während die römische **Gesellschaft** die verschiedenen Klassen klar voneinander abgrenzte und trennte, hoben

54 *Clemens von Alexandrien*, Protrepticus X, 100.

55 *Eusebius*, Historia ecclesiastica V, 1,49–51.

56 *Tertullian*, De idololatria 10.

christliche Gemeinden soziale Unterscheidungen auf: Herren und Sklavinnen, Arme und Reiche, Patrizierinnen und Hafenarbeiter, Analphabeten und Philosophen verbanden sich in einer Gemeinschaft, die alle einander «Schwester» und «Bruder» zu werden lehrte. In der römischen Gemeinde, die grossstädtisch geprägt war, streiften beim Herrenmahl die Wollmäntel der Handwerker die kostbaren Stoffe vornehmer Matronen. Waren die ersten Gläubigen noch Ausländerinnen und Leute der untersten Schicht, fanden um 100 mit Konsul Clemens und seiner Gattin Domitilla auch erste Angehörige des Kaiserhofes zu Glauben und Gemeinde. Das intellektuelle Niveau der Gemeinde und Justins Schule liessen um 140 Markion vom Schwarzen Meer her an den Tiber stossen. Der Schiffseigner und Überseehändler brachte 200 000 Sesterzen in die Gemeinde ein. Marzia, die Geliebte des Kaisers Commodus, stand in gutem Kontakt zur Gemeinde. Verschiedene Aristokraten Roms brachten zu dieser Zeit sich, ihre Familien und ihr Gut in die Gemeinde ein. Zur Zeit des Septimius Severus gehörten Christen nicht nur zum Hof, sondern waren auch in der kaiserlichen Prätorianergarde vertreten. Wie weit Geschwisterlichkeit alle sozialen Schranken überwand, zeigt das Beispiel der Bischöfe Pius und Callixtus: Beide waren einst Sklaven, was allerdings die vornehmen Cornelii, Pomponii und Caecilii nicht hinderte, den Segen von einem Leiter zu empfangen, der noch die Besitzmarke seines ehemaligen Herrn trug. Aristid erinnert daran, dass die Solidarität mit Glaubensgeschwistern so weit ging, dass man für Arme und Notleidende auch mal zwei bis drei Tage fastete, um seine Bedürfnisse zu decken.[57]

Die übliche **Freizeitgestaltung** in den Städten des Römischen Imperiums konnte Gläubige immer wieder vor Gewissensfragen stellen. Die Gemeinden von Tatian bis Tertullian verurteilten Feste und Schauspiele – so beliebt sie in der

57 Zur sozialen Realität der Gemeinden vgl. *Aristid*, Apologie 15; *Lukian*, Peregrinos 1, 13; *Cassius Dio*, Römische Geschichte 67; *Sueton*, Domitianus 15; *Eusebius*, Historia Ecclesiastica III, 17; *Tertullian*, De praescr. 30; Apolog. 37; Ad Scapulam 4; De corona 12 (zu Tertullians Werken siehe Abschnitt 1.4.7); *Hippolyt*, Philosophoumena IX, 12; *Irenäus*, Adversus Haereses IV, 30, 1; *Aristid*, Apologie 15.

Gesellschaft waren – wegen ihrer religiösen und moralischen Problematik. Körperliche Ertüchtigung fand in kirchlichen Kreisen sowohl Freunde wie auch Kritiker. Rom hatte gymnastische Übungen aus hygienischen und weniger aus sportlichen Gründen übernommen. Clemens von Alexandria dagegen zeigt sein hellenistisches Empfinden, indem er sportliche Ertüchtigung empfahl, wenn sie massvoll betrieben würde. Vor allem Männer und Junge sollten sich darin üben, denn sie erhalte die körperliche Gesundheit, fördere den Geist des Wettstreits und sei auch geistig-seelisch wohltuend. Kein Autor verurteilt die Jagd und schon gar nicht den Fischfang, der die Erwerbsquelle der ersten Apostel gewesen war. Spiele waren beliebte Freizeitunterhaltung im Imperium. Häufig und sehr verbreitet war das Würfelspiel, bei dem oft mit hohen Einsätzen gepokert wurde. Die Kirchen distanzierten sich von den Glücksspielen, von nutzlosem Zeitvertreib und Spielleidenschaft. Entschieden verworfen wurden alle Arten von Betrug.[58]

Nicht nur sonntags, sondern auch während der Woche suchten Christinnen und Christen sich zu treffen. Der Mittwoch und der Freitag – freiwillige **Fasttage** – wurden nach Möglichkeit mit einer morgendlichen Versammlung begonnen. Tertullian nennt die beiden Tage mit einem Wort der Militärsprache eine *statio*: eine Wache, eine wertvolle Zeit im Wochenlauf, um das Gewissen zu schärfen.

Während die römische Antike allgemein die Feuerbestattung pflegte, hielten christliche und jüdische Gläubige an der Erdbestattung fest. Innerhalb der Stadtmauern waren keine **Gräber** zugelassen. Verstorbene fanden ihre Ruhestätte meist an den Ausfallstrassen der Städte. Bis ins 3. Jahrhundert sind keine rein christlichen Friedhöfe nachzuweisen. Katakomben sind erweiterte Friedhofanlagen. Die unterirdisch angelegten Grabstätten wurden in weiches Tuffgestein geschlagen und durch Stollengänge verbunden, in deren Seitenwänden Begräbnisnischen (*loculi*) gegraben wurden. Es waren jedoch nicht die Christenverfolgungen, die den Anlass zum Bau von unterirdischen Grabanlagen gaben, denn es lassen sich auch heidni-

58 Vgl. zur Freizeitgestaltung: *Tertullian*, De spectaculis 18; De idololatria 16; *Clemens*, Paidagogos III, 10,49–52.

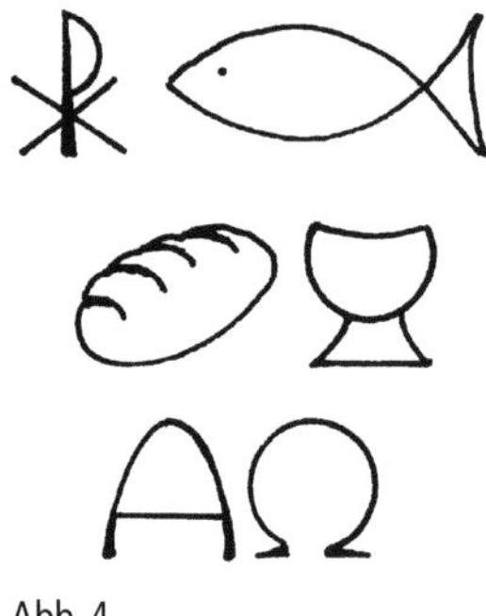

Abb. 4

sche Grabmäler in den Katakomben finden. In Verfolgungszeiten trafen sich Gläubige in den Friedhöfen und Katakomben nicht, um sich zu verbergen, sondern weil nach römischem Rechtsempfinden die Grabstätten tabu waren: Wo die Toten in ihrer Ruhe nicht gestört werden durften, konnten sich auch die Lebenden ungestört treffen. Ein weiterer Grund lag darin, dass die Christen begannen, die Heiligen an ihren Gräbern zu ehren. Man feierte Gottesdienste zu Ehren der Märtyrer und im Anschluss daran Freudenfeiern (*laetitiae*). An den Gräbern findet man zahlreiche frühchristliche Symbole (Abb. 4).

1.4.10 Die Busspraxis in der frühen Kirche

Die antiken Ortskirchen sahen die eigentliche Busse durch die Vorbereitung und Feier der Taufe geschehen. Die Frage einer Umkehr und Busse für schwere Sünder nach der Taufe sollte die Gemeinden jedoch zunehmend beschäftigen. Wegweisend wurde der «Hirt des Hermas», geschrieben in Rom um 140 n.Chr. Auf der Linie dieser Schrift sah die alte Kirche nach der Taufe eine einzige Busse vor, um Kapitalvergehen wie für Raub, Mord, Ehebruch und Glaubensabfall zu sühnen. Tertullian beschrieb die Bussdisziplin differenziert, die sich in drei Stufen vollzog: Das Bekenntnis legten sowohl öffentliche wie heimliche Sünder im persönlichen Gespräch mit dem Ortsbischof oder mit einem Presbyter ab. Je nach Grad der Verfehlung wurde der Schuldige für Monate oder Jahre von der Eucharistie ausgeschlossen, in der Gruppe der Büssenden aber zum Wortgottesdienst geladen, wo er die Gemeinde um ihr Fürbittgebet anflehte. Als Busswerke galten Gebet, Fasten und Almosengeben. In der Reichskirche wird sich die klassische Busszeit der vorösterlichen Fastenzeit herausbilden. Die volle Wiedereingliederung in die Gemeinde erfolgte in der Rekonziliation (Versöhnung): Nach Möglichkeit wurden Sünder nach Abbüssen ihrer Zeit am Gründonnerstag durch Handauflegung des Bischofs in die «*pax cum ecclesia*» (den Frieden mit der Kirche) und damit wieder ganz in die Gemeinde aufgenommen.[59]

59 Vgl. zum Ganzen: *Tertullian*, De poenitentia.

Die frühe Kirche betonte mit dieser öffentlichen Praxis den Gemeinschaftscharakter der Busse: Ein Verstoss gegen die Gesetze Gottes wurde immer auch als ein Verstoss gegen die Gemeinschaft der Kirche verstanden. Parallel dazu entwickelte sich im 4./5. Jahrhundert das permanente Katechumenat. Da niemand mit Sicherheit einen neuen schweren Sündenfall ausschliessen konnte, sparten Gläubige die einmalige Möglichkeit der zweiten Busse immer öfter auf das Lebensende auf. Damit wurde die Busse allmählich zu einem Sterbesakrament.

Die Wiederholbarkeit der Busse führten erst die irischen Mönchsmissionare des 5./6. Jahrhunderts in Gemeinden ein, auf deren Alltagsleben sie ihre klösterliche Busspraxis anwandten und zur Praxis der Privatbeichte entwickelten. Neu beschränkte sich diese wiederholbare Busse nicht mehr auf Kapitalfehler, sondern bezog sich bereits auf kleine und kleinste Verfehlungen im Alltag.

Konstantinische Wende (4. Jahrhundert) 1.5

Die religionspolitische Wende, die der Kirche im Jahr 313 dauerhaft Freiheit verschafft, steht im Zeichen der gescheiterten Verfolgungen und der Sympathien einiger Kaiser für den Monotheismus. Bereits die Religionspolitik Kaiser Domitius Aurelians (270–275), unter dem das Reich kurzfristig in einen römischen, gallischen und orientalischen Teil zerfiel, suchte die innere Einheit zu stärken, indem er den 25. Dezember zum Festtag des unbesiegbaren Sonnengottes (*Sol Invictus*) erklärte. Dazu soll ihn eine Vision vor der siegreichen Schlacht gegen die Goten inspiriert haben.

Konstantins Staatsstreich und Toleranzpolitik 1.5.1

Unter der Herrschaft des Diokletian verschärfte sich die Krise des Reiches innen- wie aussenpolitisch wieder. Dieser Schwäche begegnete Diokletian mittels einer Reichsreform. Er teilte das Imperium in eine östliche und eine westliche Hälfte auf, die von zwei Augusti als Ober- und zwei Cäsaren als Unterkaiser vereint geleitet wurden (Tetrachie). Diese Herrschaftsgebiete wurden wiederum in staatliche Verwaltungsbezirke

(Diözesen) unterteilt. Religiös setzten die Oberkaiser Diokletian und Maximian auf die Restauration des alten Götter- und des Kaiserkultes. 305 wurden sie als Augusti durch ihre Cäsaren Galerius und Constantius abgelöst. Als neue Cäsaren rückten Severus und Maximinus Daja nach. Bei dieser Wahl fühlten sich die bedeutenden Feldherren Konstantin, Maxentius und Licinius übergangen. Im Kampf um die Macht betrieben diese drei eine christenfreundliche Politik. Als der westliche Oberkaiser Constantius bereits 306 starb und Maxentius Serverus sich als Augustus durchsetzte, entschied sich Constantius' Sohn Konstantin zur gewaltsamen Eroberung der Macht. Er zog 308 mit seinen Truppen aus Britannien los, festigte seine Macht in Spanien und Gallien und besiegte im Oktober 312 Maxentius vor den Toren Roms in der Schlacht an der Milvischen Brücke. Diesen Sieg schrieb er der Hilfe Gottes und einer angeblichen Christusvision zu. Mit seinem Schwager Licinius, inzwischen Oberkaiser des Ostreiches, erliess er 313 die sogenannte Mailänder Konvention. Als «Toleranzedikt von Mailand» bekannt, verordnete sie Religionsfreiheit, erhob das Christentum ausdrücklich zur erlaubten Religion (*religio licita*) und drückte die Sympathien der beiden Kaiser für diese Form des Monotheismus aus. Die neue Religionspolitik ist im Brief an einen Statthalter überliefert. Darin heisst es wörtlich[60]:

> «Ich, Constantinus Augustus, und ich, Licinius Augustus, in Mailand glücklich vereint, um alle Probleme zu erörtern, welche die Sicherheit und das öffentliche Wohl betreffen, haben es für gut erachtet, an erster Stelle […] all das zu regeln, was die Ehrfurcht vor der Gottheit begründet: d. h., Christen wie allen die Freiheit und die Möglichkeit zu geben, der Religion ihrer Wahl zu folgen. Auf diese Weise soll alles, was an Göttlichem im Himmel wohnt, wohlwollend und geneigt sein uns selbst wie auch allen, die uns untertan sind. Deshalb haben wir als gut erachtet, in heilsamer und bester Absicht keinem einzigen die Möglichkeit zu verweigern, seine Seele an den Glauben der Christen zu binden oder an jenen, den er für sich als die besten erachtet. So soll die höchste Gottheit,

60 Der Brief des Licinius an den Statthalter Bithyniens vom Sommer 313 findet sich bei *Lactantius*, De morte persecutorum 48, 2–12 (Sources Chrétiennes 39).

der wir aus freiem Herzen Ehre erweisen, uns in allem ihre gewohnte Gunst und Ihr Wohlwollen bezeugen. Deine Exzellenz soll also wissen, dass wir alle früheren Einschränkungen ausnahmslos aufheben, die deine Beamten bisher betreffs Christen erhalten haben, und dass wir entschieden haben, alle Bestimmungen ausser Kraft zu setzen, die uns unglücklich und unserer Milde fremd erscheinen, um von nun an all jenen, die gewillt sind, der Religion der Christen zu folgen, die Erlaubnis zu geben, es frei und uneingeschränkt zu tun, ohne sich fürchten zu müssen oder belästigt zu werden [...]»

Als Konstantin 324 auch seinen Schwager Licinius militärisch besiegte, gefangen setzte und Monate später hinrichten liess, erlangte er die Alleinherrschaft im ganzen Imperium. Von der christlichen Religion versprach er sich eine neue ethische Kraft und die innere Einheit des Reiches. Machte die Kirche zu Beginn seiner Herrschaft 10 Prozent der Reichsbevölkerung aus, trat sie als kaiserlich geförderte Modereligion nun einen Aufstieg an, der sie innerhalb von sieben Jahrzehnten zur Staatsreligion verwandelte.

Exkurs

Das religiöse Profil des Flavius Valerius Constantinus

Der neue Alleinherrscher wurde um 280 im heute serbischen Niš geboren. Sein Vater Constantius I. Chlorus herrschte zunächst als westlicher Caesar (293), dann als toleranter Augustus (305) im Westreich. Er residierte mit seiner Familie in Trier und York. Auf dem Kontinent hatte er gegen eindringende Alemannen und Franken zu kämpfen. Konstantins Mutter Helena war Christin und möglicherweise als Schankwirtin einfacher Herkunft. Die Familie scheint einem monotheistischen «Sonnen-Synkretismus» zugeneigt gewesen zu sein. Konstantin hat sich nach einer Apollo-Vision in einem lothringischen Tempel den *Sol Invictus*, die Unbesiegbare Sonne zum persönlichen Schutzgott erwählt. Sein Sieg über Maxentius markiert eine weitere religiöse Entwicklung des Kaisers. Die ausschmückenden Erzählungen des Lactantius und Eusebius lassen Konstantin vor der Schlacht Christus als göttlichen Beistand wählen. Tatsächlich unterliess der Kaiser nach seinem Einzug in Rom das übliche Dankopfer auf dem Kapitol. Der Senat muss seinen monotheistischen Glauben anerkennen, indem er auf dem Triumphbogen – noch namenlos – von der einen «*divinitas*» (Gottheit) schreibt, die den Kaiser leitet.

1.5.2 Privilegierung der Kirche

Als Alleinherrscher setzte Konstantin religionspolitisch immer entschlossener auf die christliche Kirche: 321 führte er den Sonntag (*dies solis*) als arbeitsfreien Tag ein, um der Kirche das Feiern ihres Herrentages (*dies dominicus*) zu erleichtern. Der Kaiser liess für die Kirche repräsentative Bauten errichten, unter anderem auch eigene Prestigeprojekte wie die Peters- und Lateranbasilika in Rom, die Geburtskirche in Betlehem und die Grabeskirche in Jerusalem. Bischöfe und Klerus wurden finanziell und rechtlich privilegiert. Sie erhielten Einfluss auf die staatliche Gesetzgebung und konnten dadurch eine Verchristlichung der Gesellschaft einleiten.

Allerdings intervenierte in der Folge der Staat auch ins Leben der Kirche: Der Kaiser erwartete von ihr ideologische Unterstützung, suchte dogmatische Streitigkeiten der Kirche zu schlichten, berief dazu 325 das erste ökumenische Reichskonzil nach Nizäa und griff zudem in die Personalpolitik der Kirche ein.

Konstantin sah sich als Wiederhersteller des Reiches und als einen neuen Kaiser Octavianus Augustus. Er wollte den Hauptsitz des Imperiums zunächst nach Troja verlegen, wählte dann aber Byzanz, das er zu Konstantinopel ausbaute. Byzanz hatte einen Bischofssitz, der durch den kaiserlichen Zuzug aufgewertet wurde. Konstantinopel wurde zu Neu-Rom, womit der Konflikt im Keim angelegt war, der zur späteren Kirchenspaltung führen sollte. Konstantin fühlte sich als 13. Apostel und als «Bischof der Bischöfe», der die Kirche nun schützen sollte. Aber im Interesse seiner unerschrockenen

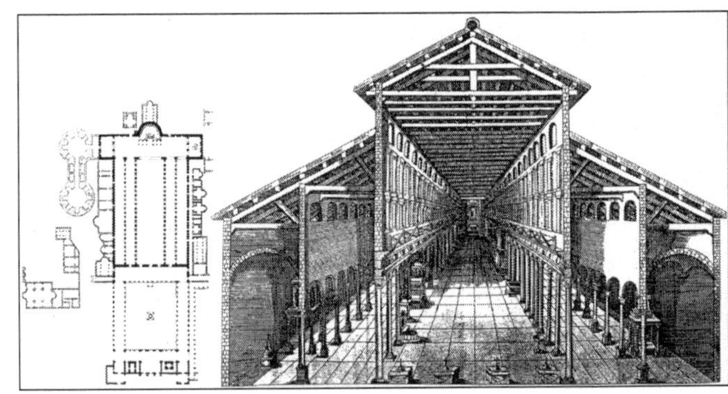

Abb. 5:
Skizze der Peterskirche in Rom, von Konstantin über einer heidnischen Nekropole gebaut, an deren Rand das Petrusgrab verehrt wurde.

Machtpolitik, die auch nicht vor Gewalttaten wie der Hinrichtung seines Schwagers Licinius und der Ermordung seiner Gattin Fausta und seines Sohnes Crispus zurückschreckte, liess er sich erst vor seinem Tod taufen. Indem das Taufwasser alle seine Schulden abwusch und der Kaiser damit in reiner Unschuld starb, kann die Ostkirche ihn denn auch bis heute als Heiligen verehren.

Aufstieg der Kirche zur Staatsreligion 1.5.3

Kaiserliche Münzen tragen ab 315 christliche Symbole und propagieren damit die neue Religion. Kurz darauf erscheint das Christusmonogramm auch auf den Feldzeichen der Legionen.

Konstantin verlieh den Bischöfen reiche Gaben und ermöglichte der Kirche, Testate anzunehmen. Damit begann diese sich ein schnell wachsendes Vermögen zu sammeln. Der Klerus kam in den Genuss juristischer Privilegien, die bischöflichen Gerichte erhielten zivile Jurisdiktionsgewalt, und die Bischöfe übernahmen gouverneursähnliche Funktionen.

Abb. 6:
Die obere Münze zeigt Roms Triumph über Israel 70 n. Chr.: «Iudaea capta» – dargestellt als Frau, gefangen und gedemütigt unter der römischen Militärmacht. Auf der unteren Münze führt Konstantins Sohn und Nachfolger Constantius II. ab 326 das Christussymbol wie bereits sein Vater in der Feldherrenstandarte: Fortan kämpft die römische Militärmacht im Zeichen Christi.

Das ab 326 über dem Bosporus als neue Reichshauptstadt «Konstantinopolis» ausgebaute Byzanz wurde 330 mit einer heidnisch-christlichen Zeremonie eingeweiht. Konstantins Religionspolitik verbot bestimmte Praktiken: Magie, Orakel aus der Befragung von Eingeweiden. Konstantins Sohn Flavius Claudius Constantius II., der 337–361 als Kaiser regierte, verschärfte diese Politik, untersagte religiöse Opfer, liess Tempel schliessen und verhängte 356 die Todesstrafe für Verstösse dagegen. Diese strenge Gesetzgebung war allerdings noch nicht rigoros durchsetzbar: Zu gross waren die Widerstände in verschiedenen Gebieten.

Als dessen Vetter Flavius Claudius Julianus (Kaiser 361–363) – Caesar in Paris und nach Siegen über Franken und Alemannen (Strassburg 357) von den Truppen 360 zum Augustus erhoben – Constantius II. 361 offiziell nachfolgte, suchte er eine altrömische Restauration einzuleiten. Vielleicht weckte das schockierende Massaker an der ganzen Familie, das sein Vorgänger 338 in Konstantinopel veranstaltete und in dem Julian nur zufällig verschont blieb, Zweifel an christlichen Werten. Julian klagte das Christentum jedenfalls in seinem Werk «Contra Galilaeos» an, nahm als Pontifex Maximus wieder altrömische Kulthandlungen vor und liess als Kaiser Übergriffe gegen Christen unbestraft. Der staatliche Versuch, zu den alten Göttern zurückzukehren, scheiterte nach Julians Tod auf dem Perserfeldzug (363).

Gratian, Julians Nachfolger, verschärfte die Massnahmen gegen heidnische Religionen und christliche Häretiker. 379 legte er als Kaiser (367–383) über den Westen mit Sitz in Trier den Titel des Pontifex Maximus ab. Flavius Theodosius I. (Mitregent im Osten ab 379, Kaiser 379–395) erklärte den Katholizismus schliesslich am 28. Februar 380 in Thessaloniki mit dem Dreikaiseredikt «Cunctos Populos» gemeinsam mit seinen Mit-Kaisern Gratian und Valentinian II. zur Staatsreligion.

Exkurs Das Dreikaiseredikt nennt die «Religion, die der göttliche Petrus den Römern überliefert hat» und die mit dem römischen Pontifex «gemäss apostolischer Weisung und evangelischer Lehre eine Gottheit des Vaters, Sohnes und Heiligen Geistes in gleicher Majestät und heiliger Dreifaltigkeit» verehrt, zum einzig gültigen Bekenntnis und Kennzeichen «katholischer Christen».[61]

Häretiker wurden künftig wie Heiden verfolgt. Alle Reichsuntertanen sollten sich zum Glaubensbekenntnis des Konzils von Nizäa bekennen, zunächst die Getauften, als Fernziel aber «alle Völker», um Reichsvolk und Kirchenvolk identisch werden zu lassen. Seit 388 wurden Tempel reichsweit geschlossen, vielfach zerstört oder in Kirchen umgewandelt. Jede heidnische Praktik wurde 392 verboten, römische Götterfeste verschwanden. Christen, Anfang des Jahrhunderts selbst noch verfolgt, werden zu Verfolgern – mit staatlicher Unterstützung und den gleichen Unterdrückungsstrukturen.

1.5.4 Christliche Prägung der Gesellschaft

Das alltägliche und gesellschaftliche Leben begann im 4. Jahrhundert bald dem christlichen Kalender zu folgen. Nachdem 321 der heidnische *dies solis* (Sonntag) als *dies dominicus* arbeitsfrei geworden war, wurden bald auch die christlichen Hauptfeste geschützt. Das wirtschaftliche Leben, Handel und

61 Text in Codex Theodosianum XVI: dazu *Barceló/Gottlieb*, Das Glaubensedikt des Kaisers Theodosius 409–423.

Gewerbe in den Städten wie auch politische Aktionen und das Gerichtswesen hatten an Sonn- und christlichen Festtagen zu ruhen – was der Kultur der christlichen Gemeinden wesentlich entgegenkam. Die Landwirtschaft vollzog dagegen erst im 5. und 6. Jahrhundert den Schritt zur Siebentagewoche mit Sonntagsruhe. Das Sonntags-Gesetz bewirkte nicht nur, dass das alltägliche und gesellschaftliche Leben sich nach einem jüdisch-christlichen Rhythmus abzuspielen begann, sondern erleichterte den christlichen Gemeinden auch ihre Missionstätigkeit in den Städten: Offene sonntägliche Versammlungen der Gemeinden wurden zu einem zentralen und öffentlichkeitswirksamen Zeichen der Glaubensgemeinschaft und ihrer Einheit.

Christliche Einflüsse sind auch in der Familiengesetzgebung auszumachen. So verbot das Gesetz den Ehebruch mit einer Sklavin. Die Ehescheidung wurde nicht ganz unterdrückt, jedoch erheblich behindert. Auch war es fortan verboten, die Familie eines Sklaven zu trennen. Erleichtert wurde die Freilassung von Sklaven, die in der Kirche und vor einem Vertreter des Klerus vollzogen wurde.

In die Gefängnisse zog etwas mehr Humanität ein. Die Gefängniswärter durften Häftlinge nicht mehr verhungern lassen. Die Gefangenen selbst sollten das Sonnenlicht einmal täglich sehen, und dem Klerus wurde ein Besuchsrecht in den Gefängnissen eingeräumt.

Die christliche Kirche sah sich zudem gefordert, ihre innere Solidarität und ihre karitativen Dienste auf die Not einer ganzen Gesellschaft auszuweiten. Die Erhebung der kleinen *religio illicita* (verbotenen Religion) zur imperialen Reichskirche unter Konstantins Nachfolgern bürdete der christlichen *caritas* nun die Probleme der ganzen Bevölkerung auf. Genügte bisher die innergemeindliche Sozialhilfe für Arme, Schutzlose, Arbeitsunfähige, Gefangene und Zwangsarbeiter sowie punktuelle Einsätze über die Gemeindegrenzen hinaus wie etwa in Seuchenzeiten oder in Roms Armenspeisung, musste die Kirche nun Institutionen entwickeln, mit denen sie ihre soziale Verantwortung umfassend wahrnehmen konnte. Kirchliche *caritas* oder *diakonia* entfaltete ein breit organisiertes Fürsorgewesen und liess bald soziale Anstalten entstehen, die das Massenelend der ausgehenden Kaiserzeit aufzufangen suchten. Es waren Einzelpersönlichkeiten, die ans frühchristliche Institut der Xenodochien (Fremdenherbergen) anknüpften und spezifische Anstalten gründeten: Ptochotrophien für Arme, Orphanotrophien für Waisen, Gerokomien für Betagte und Nosochomien für Kranke. Das benötigte Personal wurde aus der noch jungen mönchisch-asketischen Bewegung rekrutiert. Vor allem im Abendland räumten dann die prägenden Väter des Mönchswesens, Augustinus, Benedikt von Nursia und Cäsar von Arles, in ihren Klosterregeln den sieben Werken der Barmherzigkeit eine wichtige Bedeutung ein. Asketische Lebensformen spornten zu allgemeiner sozialer Verantwortung an. Basilius, Bischof im kappadozischen Cäsarea, liess eine eigentliche christliche Stadt erbauen, die mit einer Kirche, einem Kloster, einem Hospitium und einem Hospital ausgestattet war. Reisende, Kranke und Arme fanden entsprechende Aufnahme. Mönche dienten als qualifiziertes Personal. In Alexandrien verfügte der Bischof über 500 Krankenpfleger. In der Hafenstadt Ostia gab es eine spezielle Pilgerherberge.

Dennoch scheint eine tiefer greifende Christianisierung der Gesellschaft sich in Grenzen zu halten. Häufig bemühten sich Neugetaufte wenig darum, ihren Lebenswandel zu verändern. Die Gesetzgebung etwa verbot das Töten von Kindern, nicht aber deren Aussetzung. Auch das Verbot des Gladiatorenkampfs blieb im 4. Jahrhundert vielerorts toter Buchstabe. Die Zurückhaltung der Christen dem Militärdienst gegenüber verflüchtigte sich. Das späte Kaiserreich nahm zunehmend Züge eines totalitären Systems an. Die Justiz griff häufig zur Folter. Solchen Praktiken und politischen Gewaltexzessen suchten einige Bischöfe entgegenzuwirken. Ambrosius etwa verlangte im Jahr 390 von Kaiser Theodosius, der in Thessaloniki 7000 Personen töten liess, Busse zu tun, bevor er wieder zur Eucharistie trete.

1.5.5 Gottesdienst und Kirchenjahr

Mit dem Aufstieg der Kirche zur Modereligion des Imperiums drängten bald Hunderte und Tausende zur Taufe. Viele liessen sich mit dem Kreuz bezeichnen, in den Grundwahrheiten des Glaubens unterweisen und gesegnetes Salz reichen, blieben jedoch mit Absicht im Vorkatechumenat stehen, weil sie die Taufe möglichst nahe an den Tod rücken wollten.

Die meisten Bischöfe wandten die Aufmerksamkeit jenen zu, die in absehbarer Zeit getauft werden wollten. Diese schrieben sich zu Beginn der Fastenzeit in Bewerberlisten ein. Die vorösterliche Busszeit steckte den Rahmen der unmittelbaren Taufvorbereitung ab. Die Katechesen, die der Bischof oder sein Delegierter gab, legten nach und nach den Inhalt des Glaubens dar, indem sie Glaubensformeln oder ein Credo vertieften. Aus pädagogischen Gründen – Gelerntes sollte zunächst ins Leben umgesetzt und da geprüft werden – waren die Katechumenen an eine Schweigepflicht Nichtgetauften gegenüber gebunden (Arkandisziplin[62]). In liturgischen Versammlungen erhielten die Katechumenen Exorzismen und wurden mit dem Apostolischen Glaubensbekenntnis vertraut gemacht, das sie am Karsamstag sprechen sollten. Einige Ortskirchen hielten es ähnlich mit dem Vaterunser.

Der Ritus der Osternacht veränderte sich in der Reichskirche nicht wesentlich: Die Katechesen setzten sich in der Woche nach der Taufe fort. Deshalb unterscheiden Quellen zwischen den Taufkatechesen vor der Taufe und den mystagogischen Katechesen danach. Da Christsein nach dem Ende der Verfolgungen risikoarm geworden war, betonte die Tauftheologie nun die geschenkte Gabe Gottes.[63] Augustinus entfaltete in der Absicht, die Kindertaufe zu fördern, auch nachhaltig die Idee der Erbsünde.[64]

Durch den Zustrom von neuen Gläubigen in die Kirche nahm die Eucharistie immer festere Strukturen an. Im Wandel der Gemeinden zu einer Massenreligion wurde der Gottesdienst stark ritualisiert und in standardisierte Formen gegossen. Die neuen Basilikagebäude in den Städten des Reiches bildeten architektonisch einen prächtigen Rahmen, feierliche Kleider und reich verzierte liturgischen Objekte trugen das

---

62 Vom lateinischen *arcanum* = Geheimnis; die Geheimnisse nach aussen wahren.

63 Aufschlussreich sind die Katechesen des Jerusalemer Bischofs *Cyrill* (†383): BKV 41.

64 Zu Augustinus' pessimistischem Menschenbild und seiner Sicht der Erbsünde siehe Abschnitt 1.8.3.

Ihre zum Hofzeremoniell für den himmlischen König bei. Lesungen, Prozessionen und Predigten vermehrten sich. Dass die Gemeinden ihre neuen Versammlungsorte nach dem Modell profaner Mehrzweckhallen (Basiliken) bauten und sich nicht an der Tempelarchitektur orientierten, unterstreicht den *communio*-Charakter der Kirche: Das Gottesvolk versammelt sich in einem Audienzsaal des wahren Herrschers und Königs Christus. Allerdings sollten Kirchengebäude bald zwischen *quadratum populi* für die Gläubigen im Schiff und Altarraum für den Klerus unterscheiden und diese voneinander abgrenzen, wie das bis heute in katholischen und orthodoxen Kirchen geschieht.

Im 4. Jahrhundert differenzierten sich nicht nur die christlich geprägte Siebentagewoche, sondern auch das Kirchenjahr aus, das wir bis heute kennen. Bereits seit 200 n. Chr. hatten Gemeinden die Osterfreude auf die fünfzig folgenden Tage verlängert. Ein eigenes Pfingstfest als Feier der Geistbegabung wird erstmals im späten 4. Jahrhundert fassbar. Ziemlich früh schob man dem Osterfest zwei Tage des Fastens und der Vorbereitung vor – speziell für die Katechumenen, die in der Osternacht getauft werden sollten. Die vierzigtägige Fastenzeit vor Ostern etablierte sich ebenfalls erst nach dem Friedensschluss zwischen Staat und Kirche. Ursprünglich nur auf die letzte Woche vor Ostern beschränkt, dehnten sich nun die Fastenregeln auf die vierzig Tage aus und erinnerten an die vierzig Tage Jesu in der Wüste. Die intensive Taufvorbereitung verlieh der Fastenzeit der Gemeinde zusätzliches Gepräge.

Unter Konstantin konkurrierten noch zwei Weihnachtsfeste mit fixem Datum: Im Orient feierte die Kirche vor allem die Epiphanie am 6. Januar, das Erscheinen Gottes auf Erden – Jesu Geburt und Taufe. Der 6. Januar war ursprünglich das Datum eines ägyptischen Sonnenfestes. Im Abendland dagegen begann man um 330 den 25. Dezember als Geburtsfest Jesu zu feiern. Auf dieses Datum fiel zuvor das heidnische Fest des *Sol Invictus* und das Geburtsfest des Mithras, die man beide kurz nach der Wintersonnenwende feierte, als die Tage wieder länger wurden. Ende des 4. Jahrhunderts finden sich beide Feste in Ost und West: Im Abendland wurde Weihnachten für die Geburt Jesu in Betlehem, Epiphanie hingegen für den Besuch der Weisen, die Taufe und das erste Wunder in Kana reserviert.

Reliquienkult und Pilgerfreude 1.5.6

Nach dem Ende der Verfolgungen setzte eine überbordende Märtyrerverehrung ein. Über den Gebeinen einiger Glaubenszeugen entstanden riesige Basiliken, bei denen sich viele Gläubige bestatten liessen. In Rom waren die Peterskirche im Vatikan, San Paolo und San Lorenzo fuori le Mura besonders beliebt. Die Verehrung der Gräber von Aposteln und Märtyrerinnen führte zur «Translation» (= Übertragung) ihrer Reliquien aus den engen Katakomben in die städtischen Kirchen. Die Reliquienverbreitung veränderte das Verhältnis zu den Toten grundlegend: War es in der Antike bisher verboten, Verstorbene innerhalb der Stadt zu bestatten, fanden nun zunächst die Gebeine verehrter Heiliger und schliesslich von verstorbenen Angehörigen ihr Grab in bewohnten Städten. Reliquien machten aus den christlichen Versammlungsstätten «heilige Orte»: Verfolgte konnten beim heiligen Beschützer oder einer verehrten Beschützerin Zuflucht nehmen, woraus sich das Kirchenasyl entwickelte.

Das Bedürfnis nach Reliquien weitete sich auf Biblisches aus: Pilgernde besuchten die Lebensorte Jesu und suchten materielle Spuren von dessen Wirken. Eine bisher unbekannte Neugier führte zu immer sensationelleren «Entdeckungen»: das Kreuz Christi, Überreste des hl. Stephanus und Gräber der Apostel. Die gefundenen Reliquien wurden in der ganzen Grosskirche verteilt. Die Kaisermutter Helena selbst liess das Kreuz und weitere Erinnerungen an die Passion Jesu samt einer Schiffsladung Erde aus Jerusalem nach Rom bringen, um sie in der speziellen Kirche Santa Croce in Gerusalemme verehren zu lassen. Vom zunehmenden Interesse an Orten der biblischen Geschichte und des Lebens Jesu erzählt anschaulich ein wertvoller Reisebericht, den eine Pilgerin um 400 verfasste. Die Spanierin Egeria ist eine der wenigen christlichen Autorinnen der Antike, deren Werk uns erhalten geblieben ist.[65] Sie erzählt in ihrem Reisebericht über zwei besondere Orte des Alten und des Neuen Testaments:

65 Der Reisebericht ist greifbar in den beiden Standardausgaben *Égérie*, Journal de Voyage, und *Röwekamp*, Egeria.

«Als wir vom Berg Gottes [Sinai] hinuntergestiegen waren, gelangten wir um die zehnte Stunde zum Gebüsch. Es handelt sich um den Busch, aus dem der Herr im Feuer zu Moses gesprochen hatte. Er findet sich in der Umgebung zahlreicher Einsiedeleien und einer Kirche am Ende des Tales. Vor der Kirche liegt ein lieblicher Garten mit einer vorzüglichen und ergiebigen Quelle. In diesem Garten steht der Busch. Man zeigt hier auch auf der Seite den Ort, wo Mose sich befand, als Gott zu ihm sagte: ‹Löse die Riemen deiner Schuhe …› etc. Wie wir also zu diesem Ort kamen, war es bereits die zehnte Stunde [16 Uhr], und da der Abend schon nahte, konnten wir das Opfer nicht mehr feiern. Wir verrichteten jedoch ein Gebet in der Kirche und ebenso im Garten beim Busch. Es wurde der Abschnitt aus dem Buch Mose gelesen. Da es bereits Abend wurde, verzehrten wir das Essen auf der Stelle, im Garten, vor dem Busch zusammen mit den heiligen Männern. […]
Da ich mich erinnerte, dass der heilige Johannes nach dem Zeugnis der Schrift in Änon getauft hatte, nicht weit von Salim [Joh 3,23], fragte ich den Presbyter, wie weit entfernt dieser Ort liegt. Er antwortete mir: ‹Das ist zweihundert Schritt von hier; wenn ihr möchtet, führe ich euch sogleich dorthin, zu Fuss. Dieses Wasser hier im Dorf kommt von jener Quelle.› Sogleich machten wir uns auf, folgten ihm zu Fuss und gelangten durch eines der schönsten Täler, bis wir zu einem überaus hübschen Obstgarten kamen. In seiner Mitte zeigte er uns die Quelle eines guten und ganz reinen Wassers, das als Bach aus der Erde strömt. Vor der Quelle lag eine Art Becken, wo Johannes ohne Zweifel seines Amtes gewaltet hatte.»

Egerias Identität ist unsicher. Wahrscheinlich handelt es sich um eine vornehme Spanierin aus Galicien, die Ende des 4. Jahrhunderts als Religiose oder als Jungfrau eine Pilgerreise zu den heiligen Stätten unternahm und darüber eine ausführliche Rechenschaft an ihre Schwestern verfasste. Ihr Bericht liefert uns wertvolle Informationen über den Mittleren Osten und die Genese biblischer Erinnerungsstätten für neugierige Pilgerscharen.

1.5.7 Fortschritte der Evangelisierung

Im Innern des Römischen Reiches nahmen die Städte mehrheitlich den christlichen Glauben an. An vielen Orten zerstörten Christen, die sich nicht mehr daran erinnerten, dass ihre Vorfahren verfolgt waren, die letzten heidnischen Tempel: In Alexandrien geschah dies um 389, in Karthago um 399. Bischöfe unternahmen nun auch Anstrengungen, das umliegende Land zu evangelisieren, das meist nach wie vor Naturgottheiten verehrte. Als bekanntester Missionar der Landgebiete ging Martin, 370–397 Bischof von Tours, in die Geschichte ein.

Missionare stürzten Götterstatuen um, fällten heilige Haine, steckten Tempel in Brand und errichteten auf deren Asche Kirchen. Die Volksmenge liess sich massenhaft taufen. Dennoch hielt sich die traditionelle Religion im Untergrund des Christlichen, das sie nachhaltig einfärbte und prägte. Durch die Evangelisierung der Landgebiete entstanden immer mehr Pfarreien: eigenständige Territorien, die Priestern anvertraut waren, die der Bischof der Stadt abordnete. Die Bischofssitze selbst nahmen in den vor der Konstantinischen Wende wenig evangelisierten Gebieten nummerisch bedeutend zu. In Norditalien wuchsen die fünf bis sechs Bischofssitze vor Konstantin auf etwa 50 ums Jahr 400 an.

Ausserhalb der Reichsgrenzen erholte sich die Persische Kirche, um die Mitte des 4. Jahrhunderts hart verfolgt, wieder und reorganisierte sich nach dem Konzil von Seleukia (Bagdad) 410. Ihre grosse missionarische Aktivität wandte sich dem Osten zu: Gebieten am persischen Golf und in Zentralasien. Die armenische Kirche organisierte sich im 4. Jahrhundert und entwickelte das Armenische im 5. Jahrhundert zur Kultursprache, wozu der hl. Mesrop (†441) ein Alphabet schuf. Das Christentum fasste nun auch im Kaukasusgebiet Fuss: Der hl. Ninus, ehemals römischer Sklave, bekehrte Georgien, andere Gefangene evangelisierten Äthiopien und verbanden diese Kirche mit der alexandrinischen. Bischof Wulfila («Wölflein» †383) bekehrte erste Westgoten an der unteren Donau zum arianischen Bekenntnis.

Im 5. Jahrhundert nahm die Mehrheit der Kirchen ausserhalb des Reichsgebiets die Entscheidungen der Konzilien von Ephesus und Chalzedon nicht an. Die koptische Kirche Ägyptens, die nestorianische in Persien und die armenische Kirche nahmen eine getrennte Entwicklung und missionierten weitere Gebiete. Sie schreiben fortan ihre eigene Geschichte als vorchalzedonische Kirchen.[66]

1.5.8 Wertschätzung von Ehe und Ehelosigkeit (Zölibat)

Die entstehende Reichskirche setzte sich mit Blick auf die Ehe spirituell sowohl von der sexuellen Freizügigkeit der antiken Gesellschaft wie auch vom Sexualpessimismus platonisch-gnostischer Kreise ab. Sie teilte die jüdische Sicht der Ehe als gottgegebene Lebensform, schützte deren Einmaligkeit und ging bei deren Scheitern mit Betroffenen nach dem Beispiel Jesu barmherzig um. Während die Kirche die Unauflöslichkeit der Ehe postulierte, hielt die staatliche Gesetzgebung an einer Scheidungsmöglichkeit fest. Die Kirche gründete die Eheschliessung schon vor Konstantin wie der römische Staat auf den freien Konsens von Partnerin und Partner. Heirat wurde als Familienangelegenheit betrachtet, die nach Landessitte und geltendem Zivilrecht geschehen sollte. Vom jüdischen Brauchtum beeinflusst, segnete vielerorts der christliche Brautvater bei der Trauung das Paar. Im 3. Jahrhundert begann man, Kleriker in die häusliche Trauung einzubeziehen. Der Brautsegen bewahrte allerdings bis ins 10. Jahrhundert den Charakter eines Fruchtbarkeitssegens und wurde meist direkt im Brautgemach erteilt (*benedictio in thalamo*).

Ein ausgestalteter Sakramentsbegriff ist in der antiken Kirche noch nicht vorhanden. Bei der pastoralen Frage der Wiederverheiratung Geschiedener oder der Segnung neuer Partnerschaften lässt sich keine einheitliche Praxis feststellen. Eine spezielle Problematik ergab sich bei Sklaven. Die Kirche befürwortete, dass auch Sklaven heiraten durften, und anerkannte die Sklavenehe. Auch setzte sie per Gesetz durch, dass Sklavenfamilien nicht auseinandergerissen werden. Im Weitern trat die Kirche gegen die Abtreibung, Kindsaussetzung und Kinderprostitution ein.

Die Empfehlungen Jesu zur Ehelosigkeit sind keine Gebote, sondern richten sich an unverheiratete Jünger. Auch

66 Zur stufenweisen Abspaltung dieser Kirchen: Geschichte des Christentums Bd. 3, 120–157.432–461.491–518 sowie 1161–1305 [= «Die Kirchen im nichtgriechischen Osten (5.–6. Jahrhundert)»].

Paulus erwähnt die Ehelosigkeit als Lebensweise, ohne sie auf Amtsträger zu beziehen. Mit Berufung auf 1 Kor 7,32–34 begannen im 4. Jahrhundert jedoch Bischöfe sexuelle Enthaltsamkeit im Interesse eines «ungeteilten Dienstes» zu fordern. Erstmals wird diese Forderung, regional auf Spanien beschränkt, in den Akten der Synode von Elvira um 302 greifbar. Dort schreibt der Kanon 33 allen im Altardienst Stehenden vor, sich der Frauen zu enthalten, was konkret bedeutete, in der Ehe enthaltsam zu leben und keine Kinder mehr zu zeugen. Das Konzil von Nizäa lehnte eine ähnliche Forderung ab. Der römische Bischof Damasus I. (366–384) griff das Postulat von Elvira auf und hiess alle höheren Kleriker enthaltsam zu leben. Generell fand diese Vorschrift aber wenig Beachtung. Im Frankenreich forderte der Mönchsmissionar und Erzbischof Bonifatius den Zölibat im 8. Jahrhundert erfolglos. Er wurde denn auch erst in der Gregorianischen Reform des hohen Mittelalters in der Gesamtkirche eingeführt. 1139 erhob das 2. Laterankonzil die Priesterweihe zu einem Ehehindernis. Die Praxis der Ostkirchen dagegen rät bis heute Klerikern, vor der Weihe zu heiraten oder in den Mönchsstand einzutreten. Priester leben da idealerweise nicht allein, sondern mit Familie oder in einer Ordensgemeinschaft. Der Zölibat ist nur für Bischöfe gefordert, die aus dem Mönchsstand rekrutiert werden.

Konstantinische Wende – Glücks- oder Sündenfall? 1.5.9

Die Frage, ob die Konstantinische Wende als Glücks- oder als Sündenfall bezeichnet werden muss, ist immer noch umstritten. Die neue Situation, die durch Konstantin eintrat, ist zwiespältig. Die Kirche erfährt eine Privilegierung und eine Bevormundung durch den Kaiser, der ihre Einheit wahren wollte und sie in den Dienst des Staates stellte. Synoden und Konzilien nach der Wende erweisen sich als staatlich dirigierte und manipulierte Versammlungen, was aber eine freie theologische Debatte nicht ausschloss und erstmals die Grosskirche des Erdkreises (der *oikumene*) versammelte. Nach Konstantin wurde die Kirche zu einer Grosskirche, die ihr Leben und Feiern massentauglich machen musste, zugleich aber auch eine christliche Durchdringung der Gesellschaft bewirkte. Der

Wegfall des äusseren Druckes durch die Verfolgungen liess im Innern die theologischen Spannungen aufkommen, die sich vorwiegend um die Frage der Christologie drehten. Während 150 Jahren sollte die Kirche um ein gemeinsames Glaubensbekenntnis ringen.

Die Konstantinische Wende gab den Ausschlag dafür, dass die Kirche sich als *societas perfecta* gleichförmig organisierte wie der römische Staat. Hierarchen erhielten Insignien der weltlichen Herrscher, die Liturgie inspirierte sich in ihren Ausdrucksformen am kaiserlichen Hofzeremoniell, und die Reichskirche organisierte sich flächendeckend analog zu den staatlichen Provinzen und Diözesen.

1.6 Konzilsgeschichte der frühen Kirche (4.–5. Jahrhundert)

Schon in der Zeit der Verfolgungen suchten Ortskirchen gemeinsame Fragen des Glaubens oder der Kirchenordnung durch zunächst regionale Versammlungen zu lösen, die mit der Entwicklung der Grosskirche immer grössere Reichweite entwickeln sollten.

1.6.1 Synoden und Konzilien

Synode ist das griechische und Konzil das lateinische Wort für eine Ratsversammlung. Seit dem frühen 3. Jahrhundert versammelten sich Bischöfe benachbarter Gemeinden in informellen Treffen. Mit Entstehung von Kirchenprovinzen kam es dann zu Provinzialsynoden. Afrika entwickelte eine Synode aller afrikanischen Provinzen namens *concilium plenarium* (= Plenarkonzil). Durch die Ausbildung von Patriarchaten entstanden Versammlungen unter dem Patriarchen von Alexandrien, Antiochien und Rom, die Patriarchalsynoden genannt werden.

Als die Kirche unter Konstantin ihren raschen Aufstieg zur Reichskirche antrat, drängten gemeinsame Probleme und konkret der Arius-Streit zu einer ersten Reichssynode. Das erste «ökumenische Konzil» trat unter Konstantin in Nikaia (lateinisch Nicaea, deutsch Nizäa) zusammen. «Ökumenisch» bezeichnet dabei keine konfessionelle Qualität, sondern die Reichweite der Versammlung, die den ganzen «bewohnten Erdkreis» (die *oikumene*) oder eben die christliche Welt vertritt. Von Bischöfen durchgeführte Synoden im eigenen Sprengel sind Diözesansynoden.

Exkurs

Die Ostkirche unterscheidet seit dem 6. Jahrhundert zwischen «ökumenischen» und Partikular-Synoden. Sie zählt 7 ökumenische Synoden oder Konzilien und betrachtet alle folgenden, auch die westlichen Konzilien des Mittelalters als Partikularsynoden. Eine panorthodoxe «grosse und heilige Synode» wird seit 1930 vorbereitet und soll in den nächsten Jahren stattfinden. Die Westkirche nennt ihre abendländischen Gesamtkonzilien ab dem 12. Jahrhundert, nach dem Bruch mit der Ostkirche, ihrerseits ökumenisch. Die westliche Liste von 21 ökumenischen Konzilien zählt acht östliche Generalsynoden aus der Zeit zwischen 325–870, denen zehn mittelalterliche und drei neuzeitliche Konzilien folgen. Im Mittelalter tagten fünf Konzilien im Lateran (Rom), drei in Frankreich (Lyon, Vienne) und zwei am Schweizer Hochrhein (Konstanz, Basel). In der Neuzeit tagt ein wegweisendes Reformkonzil in Trient und die zwei jüngsten Konzilien im Vatikan.

Protestantische Kirchen anerkennen faktisch trotz dem Prinzip «*sola scriptura*» (die Schrift allein) die dogmatischen Beschlüsse der ersten vier ökumenischen Konzilien. Die 13 westlichen Konzilien des Mittelalters und der Neuzeit sind nur für die katholische Kirche verbindlich.

Die folgende Übersicht verzeichnet die bedeutenden Synoden der frühen Kirche und ihre zentralen Themen (A) und führt alle «ökumenischen Konzilien» der lateinischen Kirche in einer gesonderten Liste auf (B).

A Wichtige Synoden und Konzilien der frühen Kirche

Jahr	Ort	Erfolg
50	Jerusalem	Apostelkonvent; Öffnung zu den Völkern
261	Rom	gegen Modalismus des Sabellius: Trinitätslehre
264	Antiochia I	gegen Paul von Samosata (Monismus). Christus ist mehr als gottnaher Mensch: göttliche Person
268	Antiochia II	
269	Antiochia III	

um 302	Elvira (Spanien)	Kirchenordnung; u.a. erste Zölibatsforderung
303	Sinuessa	
313	Rom	gegen Donatus; kein Abwenden des Schismas
325	Nizäa (1. ökum. Konzil)	gegen Arius: Gottheit Christi, «wesensgleich» mit dem Vater; Kirchenordnung
335	Trier	Absetzung des Athanasios
340/1	Rom	Athanasios, Gegner des Arius, wird rehabilitiert
343	Serdika (Sofia)	gegen Eusebios-Anhänger; Rom Appellationsinstanz
353	Arles	erzwungene Verurteilung des Athanasius
359	Rimini	pro-arianische Entscheidungen
378	Rom	Gegen Häresien
381	Konstantinopel I (2. ökum. Konzil)	bekräftigt Nizäa; Gottheit des Geistes; Vorrang des Bischofs von Rom
386	Rom	Disziplin des Klerus
390	Rom	Jungfräulichkeit von Maria
391	Capua	gegen das Schisma in Antiochia
400	Toledo	gegen Priszillianisten: asketische, antihierarchische Bewegung in Spanien
411	Diospolis	rehabilitiert Pelagius, der Freiheit und Gutheit des Menschen betont
416	Mileu (Mila)	gegen Pelagius: Gnade und verderbter Mensch
417	Rom	rehabilitiert Pelagius
418	Karthago	gegen Pelagianer – Erfolg des Augustinus
430	Alexandria	gegen Nestorius, der Maria als Gottesmutter ablehnt (Jesus Mensch, nicht Gott)
430	Rom	
431	Ephesus (3. ökum. Konzil)	Maria ist Gottesmutter; Abspaltung nestorianischer Kirchen (Asien)
449	Ephesus	«Räubersynode»; rehabilitiert Eutyches und den Monophysitismus
451	Chalkedon (4. ökum. Konzil)	verurteilt Monophysiten: Christus mit 2 Naturen – Gott + Mensch in einer Person; Ostrom und Rom werden gleichrangig
465	Rom	stärkt kirchliche Disziplin
529	Orange	gegen Semipelagianismus, der Gnade und eigenes Tun für heilswirksam hält
553	Konstantinopel II (5. ökum. Konzil)	«Dreikapitelstreit» verurteilt 3 Theologen im Osten wegen Zwei-Naturen-Lehre

B Liste der «ökumenischen Konzilien» (katholische Sicht)

Nr.	Jahr	Ort	Erfolg
	ca. 50	Jerusalem	«Apostelkonzil»; biblisches Modell
1.	325	Nizäa I	Gottheit Christi
2.	381	Konstantinopel II	Bekräftigung von Nizäa; Gottheit des Geistes
3.	431	Ephesus	Gottesmutterschaft Marias
4.	451	Chalkedon	menschliche und göttliche Natur Christi in einer Person
5.	553	Konstantinopel II	Dreikapitelstreit
6.	680–681	Konstantinopel III «Trullanum»	verteidigt menschlichen Willen Christi gegen Monotheletismus
7.	787	Nizäa II	erlaubt Bilderverehrung
8.	869/70	Konstantinopel IV	exkommuniziert Photius; Rang der Patriarchate
9.	1123	1. Laterankonzil «Lateranense I»	Investiturstreit/Worms: Freiheit der Kirche; Verhältnis zum Staat
10.	1139	2. Laterankonzil	Folgen aus Schisma: Bischöfe nur mit päpstlicher Erlaubnis rechtmässig
11.	1179	3. Laterankonzil	Einheit nach Schisma; gegen Katharer; Verbote gegen Juden und Muslime
12.	1215	4. Laterankonzil	Kreuzzug; Seelsorge (Predigt, Sakramente); gegen Joachim von Fiore
13.	1245	1. Konzil von Lyon	gegen Kaiser Friedrich II., für Kirchenreform, gegen Mongolengefahr
14.	1274	2. Konzil von Lyon	Union mit Ostkirche; Papstwahldekret; hebt meiste Bettelorden auf
15.	1311–1312	Vienne	hebt Templerorden auf; Kirchendisziplin
16.	1414–1418	Konstanz	beseitigt Schisma; Einheit, Kirchenreform; verurteilt Hus u. Wyclif
17.	1438–1439	Basel – Ferrara – Florenz	Verhältnis Konzil-Papst 2. Union mit Griechen; Kirchenreform
18.	1512–1517	5. Laterankonzil	Kirchenreform halb-herzig: Steuerwesen, Predigt, Katechese
19.	1545–1563	Trient «Tridentinum»	Antwort auf Reformation (Gnade, Tradition, Amt, Sakramente), Reform der katholischen Kirche
20.	1869–1870	1. Vatikankonzil «Vaticanum I»	Position des Papstes: Primat, Unfehlbarkeit; provoziert Schisma der Alt-/Christkatholischen
21.	1962–1965	2. Vatikankonzil «Vaticanum II»	Moderne: Liturgie, Volk-Gottes, Ökumene, Welt, Gewissen, Religionen

1.6.2 Das Konzil von Nizäa (325)

Nach der Konstantinischen Wende kamen all die angestauten Fragen um Jesus Christus zum Durchbruch. Die theologische Reflexion suchte das Bekenntnis zu Jesus als Gottessohn mit dem Monotheismus zu vereinbaren. Im Verlauf der ersten zwei Jahrhunderte hatte sich eine Art Subordinationschristologie entwickelt, d. h., Christus wurde Gott untergeordnet. Im 3. Jahrhundert tauchten neue Erklärungsmodelle auf: Das eine sah am Anfang allein den Vater, der sich in der Geschichte als Sohn offenbart; nach einem anderen wurde Jesus als Mensch von Gott adoptiert und durchdrungen. Wesentlich an solchen Versuchen ist die Erkenntnis, dass das Bekenntnis zum einen Gott auch das Bekenntnis zu Christus einschliesst.

Zu heftigen Auseinandersetzungen in der Kirche führte im frühen 4. Jahrhundert der Antwortversuch des Arianismus. Arius war ein asketischer und angesehener Priester libyscher Herkunft in Alexandrien (†336), ein begabter Seelsorger und Theologe. Seine Predigt vertrat einen Subordinatianismus, nach dem der Vater allein Gott ist. Der Sohn existiert dagegen nicht seit Ewigkeit, sondern ist ein Geschöpf des Vaters. Als *logos* erschafft er den Kosmos. Christus ist demnach ein Mittelwesen, ein Untergott und ein Übermensch. Arius' Modell hatte etwas Faszinierendes an sich und kam dem griechischen Denken sehr entgegen, denn Gott wurde in seiner unerreichbaren Hoheit belassen. Er lässt sich nicht mit der Welt ein, sondern schafft den *logos*, der seinerseits den Kosmos schafft. In diesem Modell wurde der neuplatonische Emanationsgedanke aufgenommen und christlich interpretiert.

Wegen seiner Lehre wurde Arius 318 in Alexandrien nach heftigem Streit von seinem Bischof exkommuniziert. Wie sehr Arius aber den damaligen Zeitgeist erfasste, zeigte sich darin, dass er von vielen Bischöfen verteidigt wurde. Der Streit breitete sich in der ganzen Kirche aus und drohte sie zu spalten. Um die Einheit der Kirche oder noch mehr um die Einheit des Reiches besorgt, wollte Konstantin nicht zusehen und berief die Bischöfe des Imperiums zu einer Versammlung ein. Etwa 300 Bischöfe kamen auf Kosten des Kaisers in Nizäa zusammen. Es war jedoch primär eine Versammlung der Bischöfe des Ostens. Der Bischof von Rom liess sich durch Legaten vertreten, was sich bei Konzilien ausserhalb Roms zu einer Tradition entwickeln sollte. Eusebius berichtet über den würdigen Empfang der Bischöfe, von denen manche noch die Narben der letzten Verfolgungen an sich trugen. Die Tagesordnung des Konzils ist unbekannt, sein Ergebnis jedoch bedeutsam. Es ist ein knappes *Credo*. Das «Glaubensbekenntnis von Nizäa» weist die Lehre des Arius zurück: Jesus Christus wird als Sohn Gottes wesensgleich mit dem Vater erklärt, vor aller Zeit gezeugt und damit von Anfang an bei Gottvater. Wenn auch bei diesen Überlegungen das Spekulative im Vordergrund stand, so ist nicht zu übersehen, dass in der Auseinandersetzung ein pastorales Anliegen steckt: Arius sieht Jesus als ein Mittelwesen, während die Konzilsväter von Nizäa einen Mittler wünschten, der ganz bei Gott und ganz beim Menschen ist. Nizäa erteilt auch dem neuplatonischen Denkschema eine Absage.[67]

Die Auslegung des Nizänums stellte die Christenheit vor weitere Probleme, wobei grundlegende Spannungen zwischen Ost und West auftraten. Betonte der Westen die Gleichheit von Vater, Sohn und Geist, unterstrich der Osten die Abhängigkeit der Letzteren vom Vater.

Das Konzil von Konstantinopel (351) 1.6.3

In den Kontroversen nach Nizäa wirkten sich zunehmend sprachliche Schwierigkeiten aus und machten sich auch kirchenpolitische Spannungen bemerkbar. Es zeichnete sich eine Allianz zwischen den Patriarchaten Rom und Alexandrien gegen Konstantinopel ab, während der Orient mit Antiochia zwischen dem lateinisch-ägyptischen und dem griechischen Lager stand. Bischöfe und Theologen suchten fieberhaft nach Formeln, um theologisch einig zu werden. Eine 343 nach Serdika (Sofia) berufene Synode erzielte keine Klärung. Die westlichen Bischöfe riefen nach einer Appellationsinstanz, die der Bischof von Rom sein sollte. Auch mischten sich der Kaiser und seine Söhne in die theologischen Streitigkeiten ein. Theo-

67 Die Konzilsentscheidungen finden sich in DH *125–126 (Credo) und *127–129 (Kanones); zur vornizänischen Christologie und zur christologischen Position des Konzils vgl. eingehender: *Selvatico/Strahm*, Jesus Christus 213 ff.

dosius I. drängte schliesslich energisch auf eine Lösung und setzte auf das lateinisch-ägyptische Lager. Doch zeichnete sich auch innerhalb der Theologie ein Hoffnungsschimmer ab.[68] Der kappadozische Bischof Basilius der Grosse suchte die beiden unterschiedlichen Auffassungen zu vereinen, indem er die Göttlichkeit von Vater, Sohn und Heiligem Geist am einen Wesen Gottes teilhaben liess. Nach seinem Denkmodell gibt es ein einziges Wesen (*ousia*) Gottes, das sich in drei Existenzformen (Hypostasen) offenbart. Lateinisch wird von einer göttlichen Substanz in drei Personen gesprochen.[69]

Basilius' Vorschlag war geeignet, die theologische Kontroverse am zweiten ökumenischen Konzil zu beruhigen, das 381 n. Chr. in Konstantinopel tagte. Es bestätigte die Göttlichkeit des Heiligen Geistes. Auch der Osten konnte sich mit der einen göttlichen Hypostase in drei Personen einverstanden erklären.[70] In der Folge dieses Konzils konzentrierte sich die Fragestellung auf die Person Christi. Nizäa und Konstantinopel bekannten Jesus als den Sohn Gottes. Zu klären war nun, wie das Göttliche und das Menschliche in Jesus zusammenwirkten.

1.6.4 Konzil und Räubersynode von Ephesus (431 und 449)

Auf diese Frage suchten die ökumenischen Konzilien von Ephesus (431) und Chalzedon (451) Antwort zu geben. Den Streit entfachte Patriarch Nestorius von Konstantinopel, der sich in einer Predigt gegen die Verehrung Marias als *Theotókos* (Gottesgebärerin) wandte: Als Mutter des Menschensohnes sei sie lediglich Menschenmutter und Christusgebärerin. Kyrill von Alexandrien verteidigte die Lehre von der *Theotókos* und fand einen mächtigen Verbündeten im Patriarchen von Rom. Erneut drängte der Kaiser zu einem Reichskonzil. Es trat in Ephesus zusammen und verlief in verschiedenen Phasen. Eröffnet wurde es durch den ägyptischen Patriarchen

---

68 Zu den wichtigsten Schritten im Ringen zwischen Ost und West um die Lehre und um ein gemeinsames Bekenntnis vgl. DH *132–149.

69 *Basilius von Caesarea*, De Spiritu Sancto, verfasst 374/375, dazu Homilia 15–16.24 und 29.

70 Das Konstantinopolitanische Glaubensbekenntnis findet sich in DH *150.

Kyrill mit den eigenen Anhängern, während Patriarch Nestorius wohl in Ephesus war, jedoch nicht zur Versammlung erscheinen wollte, solange der Bischof von Antiochien und die Legaten von Rom fehlten. Kyrill liess feierlich die *Theotókos* verkünden und Nestorius exkommunizieren. Als Johannes von Antiochien eintraf, exkommunizierte das Gegenkonzil unter Nestorius und Johannes ihren voreiligen Amtskollegen Kyrill. Als die römischen Legaten eintrafen, verbündeten sich diese mit Kyrill und bestätigten die «Gottesgebärerin». Daraufhin griff der Kaiser durch. Er stellte Kyrill und Nestorius unter Hausarrest. Nestorius erholte sich nicht mehr von den Anfeindungen, worauf sich Kyrill und Johannes einander annäherten. Die Probleme lösten sich jedoch erst nach dem Tode der drei.[71]

Das Auftreten des Mönchsabtes Eutyches in Konstantinopel provozierte neue Auseinandersetzungen. Er lehrte nur eine Natur in Christus, da das Göttliche in seiner Person die menschliche Natur vollständig absorbiert hätte. Flavian, neuer Patriarch der Reichshauptstadt, enthob Eutyches seiner Ämter. Leo I., der lateinische Patriarch, sandte eine theologische Formel in den Osten, den «Tomus ad Flavianum», der zwei Naturen in einer Person zusammenwirken sieht und Christus als wahren Gott und wahren Menschen glaubt.[72]

Da Patriarch Dioskur von Alexandrien jedoch Eutyches protegierte, muss Kaiser Theodosius II. erneut ein Reichskonzil einberufen. Es trat im August 449 in Ephesus zusammen und ging als «Räubersynode» in die Geschichte ein. Dioskur von Alexandrien reiste mit einer Schar fanatischer Parteigänger an, eröffnete die Versammlung eigenmächtig und präsidierte sie. Dabei griff er Flavian an, der Leos Lehrschreiben vorlesen wollte. Dioskur verweigerte dies, rehabilitierte Eutyches und verurteilte Flavian. Die Verhandlungen wurden tumultartig, da sich gegen Dioskur eine Opposition formierte. Der bedrängte Patriarch liess darauf Soldaten in die Marienkirche stürmen. Flavian gelang die Flucht, starb aber an den Folgen der Verletzungen. Leo I. protestierte von Rom aus gegen das *latrocinium*, die «Räubersynode» von Ephesus. Der

71 Das Konzil von Ephesus und seinen Streit dokumentiert DH *250–273.

72 Das weitere Ringen und den *Tomus Leonis* dokumentiert DH *280–299.

gewalttätige Verlauf der Synode von Ephesus trug nicht zur Lösung des eigentlichen Problems bei. Bischöfe des Ostens riefen nach einem neuen Konzil unter kaiserlichem Schutz.[73]

1.6.5 Das Konzil von Chalzedon (451)

Tatsächlich lud das Kaiserpaar die Bischöfe des Reiches 451 nach Nizäa, verlegte die Versammlung dann aber nach Chalzedon, wo sie im Oktober jenes Jahres zusammentrat. Die ökumenische Synode hatte insofern einen eigenen Charakter, als sie ausserordentlich stark besucht war. Der Westen war erneut schwächer vertreten, da er bereits in die Wirren der Völkerwanderung schlitterte. Die römische Delegation beanspruchte allerdings den Vorsitz. Tatsächlich konnte sich auch theologisch Roms Christologie durchsetzen.

Die Konzilsväter versammelten sich unter Vorsitz der päpstlichen Legaten in der Kirche der hl. Euphemia zu Chalzedon. Dioskur wurde in die Opposition gedrängt. Die Atmosphäre war gespannt, da einander zwei unversöhnliche Parteien gegenüberstanden. Das Kaiserpaar schützte jedoch die römische Verhandlungsführung, die Dioskur den Prozess machte und ihn absetzen liess. Danach gelang es, die christologische Frage neu anzugehen. Dabei setzte sich die Theologie Leos I. durch. Das erweiterte Glaubensbekenntnis sieht in der Person Christi zwei Naturen aufs Engste zusammenwirken:

> «Ein und derselbe ist Christus, der einzig geborene Sohn und Herr, der in zwei Naturen unvermischt, unveränderlich, ungetrennt und unteilbar erkannt wird, wobei die Einung den Unterschied der Naturen nirgends aufhebt, sondern vielmehr die Eigentümlichkeit jeder Natur gewahrt bleibt und sich in einer Person und einer Hypostase vereinigt.»[74]

Die Formel des Konzils von Chalzedon bedeutete keine Hellenisierung der Christologie, sondern eher ein Absetzen von den damaligen Vorstellungen. Das Bekenntnis zu Jesus Chris-

---

73 Zum Ringen um die Lehre und zu den konfliktreichen Problemen in dieser Phase: Geschichte des Christentums Bd. 3, 3–84; *Selvatico/Strahm*, Jesus Christus 226–234; und zum Durchbruch in Chalzedon: ebd. 234–242.

74 DH *301–302; die Dokumentation zu Chalzedon sammelt DH *300–305. Zum Konzilsverlauf: Geschichte des Christentums Bd. 3, 90–119.

tus als wahrer Gott und wahrer Mensch löste das Heilsproblem des antiken Menschen, der Heilsgewissheit erhält durch Taufe und Leben im Gottmenschen Christus: Nur wenn das Ewige sich untrennbar mit menschlicher Vergänglichkeit verbindet, kann der Mensch ewiges Leben durch den Mittler Christus erhoffen. Das Konzil wertete theologisch einerseits den Personbegriff auf und liess andrerseits die antike Gottesvorstellung personaler werden.

Indem sich die römische Christologie an einem ökumenischen Konzil durchsetzte, konnte Leo I., von den Hunnen bedrängt und de facto Ersatzkaiser in Rom, seinen Primatsanspruch auch kirchenpolitisch vertreten. Er sah sich als Schiedsrichter unter den Patriarchaten und Bischöfen. Leo der Grosse formulierte seine Primatstheologie in Predigten aus: Dem römischen Bischof sei als Nachfolger des hl. Petrus die Sorge für die Einheit der Gesamtkirche anvertraut.[75] Der Kaiser bestätigte die Beschlüsse von Chalzedon und zwang sie dem ganzen Reich auf, während der römische Bischof nur die dogmatischen Formulierungen bestätigte. In der Folge des kaiserlichen Diktats spalteten sich monophysitische und nestorianische Kirchen von der Orthodoxie ab: Als «vorchalzedonische Kirchen» gehen die syrische, die persische, die koptische, die armenische und die äthiopische Kirche eigene Wege.[76]

Exkurs

Dank Chalzedon weiss Chur, dass es 451 Bischofssitz war. Bei einer Synode, die im Anschluss an dieses Konzil in Mailand tagte, unterschrieb der Bischof von Como in Vertretung von Asinio, dem Bischof von Chur.

Kirchenväter 1.7

Kirchenväter heissen zunächst die Bischöfe, die 325 am Konzil von Nizäa teilnahmen und da den orthodoxen Glauben

75 Leos Synodalbrief vom November 451, der den Vorrang des römischen Bischofssitzes (Heiliger Stuhl, Apostolischer Stuhl oder Petrusstuhl) begründet: DH *306.

76 Vom langwierigen Kampf um Chalzedon bis zur Entfremdung zwischen Teilkirchen unter Kaiser Justinian I.: Geschichte des Christentums Bd. 3, 120–210.421–518.

bezeugten. Im Laufe der folgenden Jahrhunderte werden alle theologischen Autoren als «Kirchenväter» benannt, auf die sich die katholische Lehre stützt.[77]

1.7.1 Bedeutung

Im Ringen um das Credo führte Basilius der Grosse 374 in seinem Werk «De Spiritu Sancto» erstmals eine Liste frühchristlicher Schriftsteller an, die seine Lehre stützten. Listen solcher «Väter» sowie «Vätertexte» als Beweis- und Argumentationsmittel (*argumentatio patristica*) wurden bei Autoren und an Konzilien dann üblich. Die zitierten Autoren verbanden die Evangelien mit den Apostolischen Vätern, kirchlichen Geboten und Entscheidungen der Konzilien und schufen so ein standardisiertes Korpus christlicher Lehren. Mit ihrer Erforschung beschäftigt sich die Patristik. Der Mönch Vinzenz von Lérins legte 434 erstmals eine Theorie der Väterbeweise vor: Katholisch ist, was auf der Basis von Schrift und Tradition «überall, immer und von allen geglaubt worden ist»[78]. Kirchenväter sind massgebende Autoren, die zur Einheit der Kirche beitragen und die theologische Tradition entfalten. Sie erfüllen dabei vier Kriterien: 1) *antiquitas* = sie haben in der christlichen Frühzeit gewirkt, 2) *sanctitas* = sie haben vorbildlich gelebt und werden verehrt, 3) *doctrina orthodoxa* = sie lehren den Glauben der Kirche, 4) *approbatio ecclesiae* = und finden dafür kirchliche Anerkennung.

Die vier überragenden lateinischen Kirchenväter ehrt die katholische Kirche im Mailänder Bischof Ambrosius, seinem afrikanischen Kollegen Augustinus von Hippo, dem gebürtigen Dalmatier Hieronymus und dem römischen Papst Gregor I. Sie wurden 1295 von Bonifatius VIII. zu den grossen Kirchenvätern des Westens ernannt. Unter den östlichen Bischöfen fanden gleiche Ehre Athanasios von Alexandria, Basilius der Grosse, Johannes Chrysostomus und Gregor von Nazianz – diese wurden 1568 von Papst Pius V. zu den grossen

77 Einen Überblick vermittelt *Leppin*, Die Kirchenväter.

78 *Vinzenz von Lérins*, Commonitorium II 5: «*quod ubique, quod semper, quod ab omnibus creditum est*». Das Werk ist deutsch übersetzt in: BKV, neue Serie 20.

östlichen Kirchenvätern erklärt. Als Kirchenväter gelten in der orthodoxen Kirche die wichtigsten Schriftsteller der jungen Christenheit bis ins 8. Jahrhundert hinein.

Afrikanische Kirchenväter 1.7.2

Die klassische «Bibliothek der Kirchenväter» widmet folgenden Autoren aus Nordafrika eigene Werkausgaben in deutscher Sprache[79]: Clemens von Alexandrien (140–216), Tertullian (160–220)[80], Origenes (185–253), Cyprian von Karthago (200–258)[81], Laktanz (250–325)[82], Athanasius (295–373)[83], Augustinus (354–430)[84], Cyrill von Alexandrien (†444)[85] und Fulgentius von Ruspe (468–533)[86]. Von den beiden Karthagern Tertullian und Cyprian war bereits die Rede. Augustinus würdigen wir in einem eigenen Kapitel eingehend. Hier sollen zunächst die beiden frühen Lehrer und Autoren aus Alexandrien näher vorgestellt werden.

Clemens (ca. 140–216)[87] lehrte Theologie in der ägyptischen Metropole Alexandria, wo geistige Auseinandersetzung in Höchstform betrieben wurde. In der griechischen Kirche war das spekulativ-theologische Denken weit präsenter als in der lateinischen Kirche, die eher pragmatisch und rechtlich dachte. Clemens war ein frühchristlicher Intellektueller, der sich in der Philosophie auskannte und dieses Wissen in den Dienst der christlichen Weisheit stellte. Er wirkte in der Schule von Alexandrien als Laientheologe und entwickelte eine christliche Philosophie, die mit der griechischen Philosophie des Altertums konkurrieren konnte. Seine bedeutendsten Werke sind der «Paidagogos», eine Anleitung, sich als Weiser

79 Die Geburtsjahre sind – wie für die meisten Autoren der Antike – approximativ. Digitale Fassungen der BKV finden sich auf der Homepage: www.unifr.ch/bkv/awerk.htm.
80 Vgl. *Schulz-Flügel, Eva:* Tertullian, in: LACL 668–672.
81 Vgl. *Hoffmann, Andreas:* Cyprian von Karthago, in: LACL 169–174.
82 Vgl. *Bruns, Peter:* Laktanz, in: LACL 443–446.
83 Vgl. *Heil, Uta:* Athanasius von Alexandrien, in: LACL 69–76.
84 Vgl. *Geerlings, Wilhelm:* Augustinus, in: LACL 78–98.
85 Vgl. *Münch-Labacher, Gudrun:* Cyrill von Alexandrien, in: LACL 174–178.
86 Vgl. *Schneider, Horst:* Fulgentius von Ruspe, in: LACL 274–276.
87 Vgl. *Wyrwa, Dietmar:* Clemens von Alexandrien, in: LACL 152–154.

zu verhalten, und der «Protreptikos», eine Mahnrede an die Heiden, sich von den Göttern abzuwenden: Christus wird als Logos vorgestellt, der zur wahren Erkenntnis führt.

Origenes (180–254) stammte aus einer christlichen Familie.[88] Sein Vater Leonidas wurde bei der Verfolgung unter Septimius Severus verhaftet und verurteilt. Origenes ermahnte seinen Vater, standhaft zu bleiben. Der hochbegabte Denker und Lehrer wurde Nachfolger des Clemens an der alexandrinischen Schule. Bei Ammonios Sakkas bildete er sich in neuplatonischer Philosophie aus. Als Mann der Kirche blieb der brillante Lehrer zugleich offen für die Heiden, weshalb ihn auch pagane Philosophen achteten. Nicht nur Katechumenen besuchten seinen Unterricht, sondern auch Interessenten.

Exkurs Eusebius will mehr als 2000 Schriften von Origenes gezählt haben und berichtet, sein reicher Schüler Ambrosius habe für ihn sieben Schnellschreiber, sieben Reinschreiber und einige Schönschreiber beschäftigt. Hieronymus listet 800 Bücher namentlich auf.[89] Die meisten davon widmen sich der Schriftauslegung. Ein Grossteil der Werke ist verloren, vieles nur in lateinischer Übersetzung erhalten.

Origenes war zunächst wie sein Vorgänger Clemens Laientheologe. Doch bei einer Reise ins Heilige Land gewann er die Freundschaft der Bischöfe von Jerusalem und Cäsarea, die ihn zum Priester weihten. Der Bischof von Alexandrien akzeptierte diese Weihe nicht und verbannte den Neupriester, der nun definitiv nach Cäsarea am Meer zog. Bei der Christenverfolgung des Decius wurde Origenes gefangen genommen und gemartert. Er blieb standhaft, überdauerte die Verfolgung und starb kurz danach an den Folgen der Folter.

Für den grossen Exegeten war die Bibel gleichsam Schrift gewordener *logos*, da durch sie der Mensch gewordene *logos* Jesus Christus spricht. Erfahrungen mit dem Menschen Jesus sind daher immer auch Gotteserfahrungen. Den Angriffen der Literaturästheten entgegnete Origenes, dass das Eigentliche der Heiligen Schrift nicht im Buchstaben liege; die Sprache habe vielmehr hinweisenden Charakter. Daher entwickelte er

88 Vgl. *Vogt, Hermann Josef:* Origenes, in: LACL 528–536.

89 Die genannten Zahlen finden sich *Hieronymus*, Adversus Rufum 2,22 sowie Epistula 33; und *Eusebius*, Historia ecclesiastica 6,23.

die Form der allegorischen Schriftauslegung, die sich an philologischen Methoden von Grammatiklehrern und Homer-Exegeten orientiert und der jüdisch-alexandrinischen Exegese eines Philon von Alexandrien folgt. Sie ermöglicht einen Umgang mit der Heiligen Schrift, der Exegese mit Spiritualität und Glaube mit Praxis verbindet: Origenes' Kommentare legen einen mehrfachen Schriftsinn aus: den somatischen (= historischen), den psychischen (= moralischen) und den pneumatischen (= theologisch-mystischen).[90] Diese Art der Schriftinterpretation wird im Mittelalter weiter verfeinert.

Schriftsinn	Dimension	Zeitebene	heutiges Fach
historischer	Heilsgeschichte	gestern	Exegese
moralischer	eigene Praxis	heute	Moral
theologisch-mystischer	Gottesbeziehung	heute – künftig	Dogmatik Mystik

Origenes legte seine Theologie nicht systematisch dar, sondern entwickelte sie primär im Stil von Homilien. Einige seiner Vorstellungen brachten ihn nach seinem Tode mit der Kirche in Konflikt: Kritiker warfen ihm vor, er sei halbwegs Gnostiker oder ein theologischer Phantast. Der fruchtbarste Autor vor der Konstantinischen Wende ist ein Christusmystiker. Seine Kirchenfrömmigkeit ist innig und realistisch zugleich. Die Kirche ist Braut Christi und Dirne. Durch das Sühneopfer Christi wird sie rein gewaschen. So eignet der Theologie des Origenes ein nüchterner Optimismus. Die Vorwürfe gegen den brillanten Denker setzten vor allem an seiner universalen Hoffnung an. Die Allversöhnung oder Apokatastasis glaubt nicht an die Ewigkeit der Hölle und sieht am Ende jedes vernunftbegabte Wesen in Gottes Herrlichkeit eingehen. Der Mensch sei als Geistwesen präexistent gewesen, habe sich von Gott entfernt und werde zu Gott zurückgeführt.

Exkurs

Hans Urs von Balthasar sieht Origenes lediglich einen kleinen Schritt zu weit gehen: Christinnen und Christen können die Allversöhnung nicht lehren, dürften

90 Die theoretische Begründung findet sich in *Origenes*, De principiis IV, 1–3.

und müssten sie jedoch hoffen, will man sowohl die menschliche Freiheit wie die biblische Botschaft ernst nehmen.[91]

1.7.3 Kirchenväter des Orients

Wer sich für die grossen Autoren Syropalästinas, Mesopotamiens und Kleinasiens interessiert, findet in der «Bibliothek der Kirchenväter» eigene Bände, die sich chronologisch den folgenden Vätern widmen: Gregor dem Wundertäter (210–275)[92], Methodius von Olympia (†311)[93], Eusebius von Cäsarea (263–340)[94], Gregor von Nazianz (330–390), Ephräm dem Syrer (306–373)[95], Epiphanios von Salamis (310–403)[96], Cyrill von Jerusalem (313–386)[97], Macarius dem Ägypter (4. Jahrhundert)[98], Basilius von Cäsarea (329–378)[99], Gregor von Nyssa (335–390)[100], Johannes Chrysostomus (349–407), Palladius (363–430)[101], Theodoret von Cyrus (393–466)[102], Gerontius (395–485)[103], Dionysius Areopagita (5. Jahrhundert)[104] und Johannes von Damaskus (650–749?)[105].

Kurz vorgestellt werden hier Johannes Chrysostomus und Gregor von Nazianz, während uns Basilius im Kapitel über das Mönchtum begegnen wird. **Johannes Chrysostomus** (*Chry-*

91 Vgl. zu Origenes' Lehre: *Vogt, Hermann Josef:* Origenes. Theologie des Wortes Gottes, in: *Geerlings*, Theologen der christlichen Antike 53–66. *McGinn*, Mystik im Abendland Bd. 1, 165–195; *Brox, Norbert:* Spiritualität und Orthodoxie. Zum Konflikt des Origenes mit der Geschichte des Dogmas, in: *Frank*, Pietas 140–154; zur Allversöhnungslehre aus heutiger Sicht: *von Balthasar*, Diskurs über die Hölle; *Senn*, Der Geist 203–205.

92 Vgl. *Schneider, Horst:* Gregor der Wundertäter, in: LACL 307—-309.

93 Vgl. *Pauli, Judith/Schmidt, Christiane:* Methodius von Olympia, in: LACL 502–503.

94 Vgl. *Ulrich, Jörg:* Eusebius von Cäsarea, in: LACL 241–245.

95 Vgl. *Bruns, Peter:* Ephräm der Syrer, in: LACL 221–224.

96 Vgl. *Löhr, Winrich:* Epiphanius von Salamis, in: LACL 226–228.

97 Vgl. *Röwekamp, Georg:* Cyrill von Jerusalem, in: LACL 178–180.

98 Vgl. *Fitschen, Klaus:* Macarius der Ägypter/Simeon, in: LACL 467–468.

99 Vgl. *Pauli, Judith:* Basilius von Cäsarea, in: LACL 114–120.

100 Vgl. *Dünzl, Franz:* Gregor von Nyssa, in: LACL 298–304.

101 Vgl. *Pollmann, Karla:* Palladius von Helenopolis, in: LACL 541–542.

102 Vgl. *Bruns, Peter:* Theodoret von Cyrus, in: LACL 683–685.

103 Vgl. *Röwekamp, Georg:* Gerontius, in: LACL 287.

104 Vgl. *Suchla, Beate Regina:* Dionysius Areopagita, in: LACL 203–205.

105 Vgl. *Volk, Robert:* Johannes von Damaskus, in: LACL 387–389.

sostomus = Goldmund) stammte aus einem christlichen Elternhaus in Antiochien.[106] Schon in jungen Jahren Christ geworden, suchte er anfänglich ein radikales Leben als Asket und Mönch in der Nähe seiner Vaterstadt. Dabei litt jedoch seine Gesundheit Schaden. Er wurde ein brillanter Prediger und schliesslich Bischof der Hauptstadt Konstantinopel. Dabei fürchtete er sich nicht, in seinen sozialen Predigten Luxus und Reichtum zu brandmarken, die rücksichtslos erworben und unbeeindruckt von der Not der Armen genossen werden. Folgenschwer wirkt über das Mittealter hinaus der massive Antijudaismus, den der wortgewaltige Kirchenvater vertritt. In seinem Buch «Peri hierosynes» («Über das Priestertum») zeichnete er ein hohes priesterliches Ideal.

Exkurs

Die Herzmitte priesterlicher Existenz ist für Chrysostomus die Leitung der Eucharistiefeier. Der Priesterdienst des Neuen Bundes ist dem alttestamentlichen Priesterdienst hoch überlegen. Von den Händen der Priester geht Heil aus. Dies verleiht dem Priester eine grosse Würde, übernimmt er damit doch eine geistige Vaterschaft und wird zum Seelenarzt. Die Würde des Priesters verpflichtet. In seinem Leben gibt es keinen privaten Bereich mehr: Er wird beachtet und beobachtet. Die priesterliche Verantwortung liegt in der Selbstverleugnung, denn Fehler können grosse Schäden anrichten. Er soll also würdevoll, jedoch nicht arrogant, demütig, aber nicht unterwürfig sein. Chrysostomus beschreibt neben der Leitung der Eucharistiefeier weitere Dienste: Als Homiletiker (Prediger) verkündet der Priester das Wort Gottes. Wenn Beredsamkeit allein nicht genügt, will das Reden dennoch gelernt sein: Rhetorische Begabungen können geweckt und so dem Dienst am Wort nutzbar gemacht werden. Bedingung dafür bleibt jedoch eine fundierte theologische Bildung. Darüber hinaus ist der Priester Kämpfer in der und für die Gemeinde. Er ist exponiert und oft der Kritik ausgesetzt. Er muss auch vermitteln können. Er soll ein guter Ökonom in der Gemeinde sein und getreu seine Funktion als Richter ausüben. Chrysostomus sieht auch die Gefahren im Priestertum. So warnt er vor klerikalem Neid und vor der seelischen Niedergeschlagenheit.

Gregor von Nazianz (330–390) war ältester Sohn Gregors des Älteren, dem Bischof in der Provinzstadt Nazianz, und der ängstlichen Christin Nonna.[107] Studien in Cäsarea, Alexandrien, Athen und Antiochien machten ihn zum Intellektuellen.

106 Vgl. *Dünzl Franz/Kaczynski, Reiner:* Johannes Chrysostomus, in: LACL 378–385.
107 Vgl. *Hartmann, Christoph:* Gregor von Nazianz, in: LACL 295–299

Als «ewiger Student» wurde er schliesslich gegen seinen Wunsch vom Vater zum Priester geweiht und in den Dienst der Ortskirche gedrängt. Das Gefühl der Überforderung trieb Gregor in die Flucht, um jedoch wieder nach Nazianz zurückzukehren. In zwei Reden rechtfertigt er sein Verschwinden und die Rückkehr. So schwer ihm sein Priestersein fiel, er konnte sich der Zuneigung der Gemeinde nicht versagen. Gregor gehört mit den beiden anderen Kappadoziern Basilius und Gregor von Nyssa zu den theologischen Wegbereitern des Konzils von Konstantinopel.[108] Ein Jahr zuvor (380) vom Kaiser zum Bischof der Hauptstadt berufen, scheiterte der begabte Redner an den kirchenpolitischen und dogmatischen Spannungen, trat noch während des grossen Konzils in seiner Stadt zurück und starb zehn Jahre später vereinsamt als Asket auf dem Landgut Arbala bei seinem Geburtsort Arianz.

1.7.4 Kirchenväter Europas

Die Reise durch die Welt prägender Theologen Europas führt vor allem durch Italien und Gallien. Zu den frühen Kirchenvätern zählen Justin der Märtyrer (2. Jahrhundert)[109], Irenäus von Lyon (†200)[110] und Hippolyt von Rom (170–235)[111]. Die Reihe setzt sich in der Reichskirche fort mit Hilarius von Poitiers (315–367)[112], Zeno von Verona (4. Jahrhundert)[113], Ambrosius von Mailand (333–397), Hieronymus (347–419), Sulpicius Severus (363–420)[114], Vinzenz von Lérins († vor 450)[115], Petrus Chrysologus (380–451)[116], Leo I. dem Grossen (400–461)[117,] Salvian von Marseille (400–480).[118] Sie endet in

108 Den Ausweg, den die drei Kappadozier aus dem Konflikt mit den «Pneumatomachen» erarbeiteten, zeichnet *Senn*, Der Geist 57–61, nach.

109 Vgl. *Vetten, Claus Peter:* Justin der Märtyrer, in: LACL 411–414.

110 Vgl. *Hamm, Ulrich:* Irenäus von Lyon, in: LACL 351–355. Die Lebensdaten lassen sich hier und im Folgenden nur approximativ festlegen.

111 Vgl. *Suchla, Beate Regina:* Hippolyt, in: LACL 336–339.

112 Vgl. *Durst, Michael:* Hilarius von Poitiers, in: LACL 333–336.

113 Vgl. *Dümler, Bärbel:* Zeno von Verona, in: LACL 731.

114 Vgl. *Schwarte, Karl-Heinz:* Sulpicius Severus, in: LACL 659–660.

115 Vgl. *Barth, Heinz-Lothar:* Vinzenz von Lérins, in: LACL 721.

116 Vgl. *Dümler, Bärbel:* Petrus Chrysologus, in: LACL 570–571.

117 Vgl. *Wyrwa, Dietmar:* Leo I. der Große, in: LACL 447–449.

118 Vgl. *Brox, Norbert:* Salvianus von Marseille, in: LACL 620–622.

den Völkerwanderungswirren bei Benedikt von Nursia (480–547)[119] und dem ersten Mönchspapst Gregor I. dem Grossen (540–604). Kurz vorgestellt werden von den vier grossen westlichen Kirchenvätern Ambrosius sowie Hieronymus. Gregor der Grosse wird als Mönchspapst im Kontext des frühmittelalterlichen Mönchtums gewürdigt.[120]

Ambrosius von Mailand kam als Kind einer römischen Familie in Trier zur Welt, erhielt – zurück in Rom – eine klassische Bildung und schlug die Beamtenkarriere ein.[121] Um 372 wurde er Provinzstatthalter in der westlichen Kaiserresidenz Mailand. Kaum getauft, wurde er 374 zum Bischof von Mailand gewählt. Der erfahrene Kirchenpolitiker, sensible Seelsorger und brillante Redner verfasste im Vierteljahrhundert seines Hirtendienstes eine Reihe exegetischer, dogmatischer, katechetischer und ethischer Schriften. Sein Briefkorpus umfasst zehn Bücher. Ambrosius übersetzte Werke des Origenes und Athanasius ins Latein und schlug damit Brücken zwischen östlicher und westlicher Theologie. Spirituell bedeutsam sind seine Werke über den Jungfrauen- und Witwenstand, seine Theologie der Menschwerdung Gottes und seine liturgischen Hymnen, von denen einige bis heute gesungen werden.

Als Zeitgenosse des Ambrosius stammte **Sophronius Eusebius Hieronymus**[122] aus Dalmatien, studierte in Rom, Aquileia und Trier, wo er die monastische Lebensform entdeckte, und wurde schliesslich in Antiochien zum Priester geweiht. Sein asketisches Wanderleben führte ihn über Konstantinopel nach Rom zurück, wo er als Sekretär des Bischofs Damasus auch adlige Asketinnen betreute (Marcella, Paula, Blesilla, Asella und Lea). Eine eigene eremitische Erfahrung in Syrien misslang 375–378, worauf Hieronymus, weitgereist mit Paula und deren Tochter Eustochium, 386 in Betlehem ein Männer- und Frauenkloster mit Pilgerherberge gründete. Als dessen Leiter wirkte der asketische Wissenschaftler bis zu seinem Tod im Herbst 419. Der Gelehrte schrieb ein exzellentes

119 Vgl. *Skeb, Matthias:* Benedikt von Nursia, in: LACL 124–126.

120 Siehe Abschnitt 2.1.4.

121 Vgl. *Markschies, Christoph:* Ambrosius von Mailand, in: LACL 19–28. Da auch die Werkausgaben.

122 Vgl. *Fürst, Alfons:* Hieronymus, in: LACL 323–330.

Latein, benutzte die pagane und die christliche Literatur der Antike, und er kannte die griechische, hebräische, aramäische und syrische Sprache. Wir verdanken Hieronymus u. a. eine kulturgeschichtlich interessante Briefsammlung, Mönchsromane, bibelwissenschaftliche Arbeiten (Kommentare und Textsicherung) und nicht zuletzt die für viele Jahrhunderte massgebende lateinische Bibelversion, die *Vulgata*.

1.7.5 Die Kirchenväter und die soziale Frage

Nicht wenige der brillanten Theologen, deren Werke Jahrhunderte prägen, zeichnen sich auch durch politische und soziale Wachheit aus. Im Westen lassen sich vor allem Ambrosius und Augustinus nennen, im Osten Basilius, Johannes Chrysostomus, Gregor von Nazianz und Gregor von Nyssa. Ihre Stellung zur sozialen Frage sei hier summarisch geschildert.

Die antike Welt kannte die Institution der Sklaverei. Ein Mensch lebt in der Abhängigkeit eines andern, gehört diesem wie das Vieh und anderes Eigentum. Wohl gab es für Sklavinnen und Sklaven minimale Schutznormen wie z. B. ein Tötungsverbot, auch gab es Sklaven als Hauslehrer und Sklavinnen mit «Familienanschluss». Die Kirche traf diesen Zustand an und stellte ihn nicht grundlegend infrage. In der Gemeinde selbst waren jedoch alle gleich, und auch die Klöster hoben die Sklaverei auf. Dennoch beschäftigten auch Gemeinden Sklaven. Doch forderte die Kirche generell, dass Sklaven als «Freie Christi» zu behandeln seien. Zudem förderte sie die Freilassung von Sklaven, die als *libertini* eine freie Existenz aufbauen konnten. Augustinus äussert sich zur Sklaverei in seinem «Gottesstaat»[123]: Dem Menschen ist die Herrschaft über die Tiere und die Schöpfung übergeben, nicht aber über andere Menschen. Sklaverei sei eine Folge der Sünde, stelle aber auch einen gewissen sozialen Ordnungsfaktor dar. Die schlimmste Form der Knechtschaft erfahren allerdings Sklaven der Begierde.

Bischöfe und Väter wie Basilius sind massgeblich an der Entwicklung sozialer Institutionen beteiligt. Kirchenväter äussern sich auch zu den grossen sozialen Unterschieden, die

123 Vgl. *Augustinus*, De Civitate Dei XIX, 15–16.

sich durch Inflation und die rigorose Besteuerung der Unterschicht verschärften. Dass der Reichtum sich in den Händen einiger weniger sammelte, provozierte in einem Staat, der sich nunmehr christlich verstand. Allgemein bildete die patristische Literatur folgende Maximen heraus: Reichtum verpflichtet, Privateigentum hat eine soziale Funktion, und den Armen zu helfen ist ein Akt der Gerechtigkeit, nicht ein Akt der Liebe. Grundsätzlich allerdings wurde das Privateigentum nie infrage gestellt. Der Eigentümer sei jedoch «Verwalter» über Güter, die nicht ausschliesslich ihm selbst gehörten; er verwalte gleichsam auch Eigentum der Armen. Konkret schlagen Autoren etwa vor, als «*pars Christi*» einen Erbteil für die Armen einzusetzen: Jeder teilt sein Gut nach der Anzahl erbberechtigter Söhne plus 1 auf und stellt diesen einen zusätzlichen Teil der Armenfürsorge zur Verfügung.

Einzelne Kirchenväter sahen in der Scheidung von Mein und Dein eine Folge des Sündenfalls: **Chrysostomus** postulierte daher, alle Güter sollen gemeinsamer Besitz und die Sklaven freigelassen werden. **Basilius** beschreibt den Reichtum mit seinen Auswüchsen und kritisiert den Luxus angesichts des Elends vieler Menschen. Er kritisiert auch Alkoholismus und Wucherzinse, die das Geld der Reichen vermehren und Schuldner ins Unglück stürzen. Auch **Gregor von Nazianz** erinnert an die anfängliche Gleichheit aller Menschen, um zum sozialen Ausgleich zu drängen. **Ambrosius** trat als Bischof stark für den sozialen Ausgleich ein und prangert in seinem Werk «De officiis» allerhand gesellschaftliche Missstände an, z. B. die Erbschleicherei der Kleriker oder das Zurückhalten von Lebensmitteln in Notlagen, um die Preise in die Höhe zu treiben.

Augustinus (354–430) 1.8

Augustinus lässt sich aus der Theologie und dem Verständnis der katholischen Kirche nicht wegdenken. Er war ein überragender Denker und trug viel zum Selbstverständnis der Kirche bei. Er gilt als der am deutlichsten prägende Kirchenvater der lateinischen Kirche. Über sein Leben und Denken informiert das immense Schrifttum persönlicher, theologischer und pastoraler Art, das er hinterlassen hat.

1.8.1 Biografisches

Augustinus stammt aus Tagaste in Nordafrika, war aber durch und durch Lateiner. Sein Vater Patricius war ein bürgerlicher Mann heidnischen Glaubens und in seinen Sohn vernarrt. Er liess ihm die beste Schulbildung zukommen. Monika, seine Mutter, war streng christlich erzogen, besass tiefe menschliche Fähigkeiten und liebte ihren Sohn nicht weniger als ihren Mann. Der Sohn studiert Geschichte und Latein, übt sich in lateinischer Prosa und hat ebenso Sinn für Poesie. Mit der griechischen Sprache tut er sich jedoch schwer, weshalb ihm das theologische Schrifttum des Ostens eher verschlossen bleiben sollte, wie Hieronymus sarkastisch bemerkte. Augustinus geniesst seine rege Sinnlichkeit und lebt seit dem 18. Altersjahr bis zu seiner Bekehrung fünfzehn Jahre im Konkubinat. Dieser Verbindung entspringt auch sein Sohn Adeodatus. Von seiner Geliebten nennt der Bekehrte später nicht einmal den Namen. Von Anfang an ist Augustinus ein Suchender und Fragender. Für die katholische Glaubenspraxis der Mutter hat er dabei nur ein Lächeln übrig, und die Heilige Schrift genügt seinen literarischen Ansprüchen nicht.

Seine religiösen Bedürfnisse sucht Augustinus zunächst in der Sekte der Manichäer zu stillen, worauf ihm seine Mutter Monika auch eine Zeit lang das Haus verbietet. Der Manichäismus war eine religiöse Strömung, die auf den Perser Mani zurückgeht. Die Sekte war straff organisiert und pflegte eine spätgnostische Form eines radikalen Dualismus: Um den Menschen aus seiner Verstrickung zwischen Gutem und Bösem, Geist und Materie, Übersinnlichem und Sinnlichem zu befreien, sendet Gott Propheten wie Buddha, Jesus und zuletzt Mani; Befreiung geschieht durch Absage an Bindungen und alles Sinnliche. Der in Augustinus schwelende Konflikt zwischen Geistigkeit und seiner regen Sinnenfreudigkeit machen ihn für die Lehre des Mani empfänglich, da ihn die radikale Askese anspricht. Er wird jedoch kein Auserwählter mit totaler Enthaltsamkeit, sondern bleibt ein Hörer. Als Zweifler und Denker stellt er auch kritische Fragen an den

Manichäismus. So überzeugt ihn die grundlegende Zwei-Götter-Lehre, das System zweier gegensätzlicher Ordnungen, nicht. Während Augustinus in einem denkerischen Loslösungsprozess steht, erkrankt einer seiner manichäischen Freunde auf den Tod. Als ihn christliche Angehörige taufen, wird dieser gesund und vollzieht auch innerlich die Taufe. Von diesem Ereignis erschüttert, fällt Augustinus in eine Depression, worauf er sich endgültig von der Sekte löst und als Lehrer und Philosoph lebt. Noch immer weist er die christliche Religion zurück, deren Lehre von der Inkarnation Gottes ihm widerstrebt. Mit der «fleischlichen» Kirche kann er nichts anfangen. Doch nicht nur religiöse Fragen beschäftigen ihn. Augustinus denkt auch an seine berufliche Karriere. Als Lehrer in Nordafrika hat er disziplinäre Schwierigkeiten. Er zieht nach Rom, wo er erneut als Lehrer wirkt und wieder Probleme mit Schülern bekommt. Da inzwischen Mailand Residenz des weströmischen Kaisers geworden ist, zieht Augustinus dorthin und liebäugelt mit einer Beamtenlaufbahn.

In der lombardischen Metropole imponiert ihm Ambrosius mit seinen Predigten. Der äusserst populäre Bischof zeigt beispielhaft, wie man Kirchenchrist sein und trotzdem vernünftig bleiben kann. Erste Kontaktversuche zu Ambrosius wollen nicht gelingen. Mittlerweile über 30, möchte Augustinus Christ werden. Da er sich ein christliches Leben nur enthaltsam vorstellen kann, sucht er Sinnenfreuden abzulegen. In seinem offenen Haus lehrt und diskutiert er mit Schülern und Freunden. Die Lebensbeschreibung des ägyptischen Eremiten Antonius lässt ihn sich der Sinnlosigkeit seines Lebens bewusst werden. Im Garten seines Freundes Alypius hört er, in Tränen aufgelöst, eine Kinderstimme singen: «*tolle, lege*» («nimm und lies»). In einem dort liegenden Band von Paulusbriefen fällt sein Blick auf folgende Stelle:

> «Lasst uns ehrenhaft leben wie am Tag, ohne massloses Essen und Trinken, ohne Unzucht und Ausschweifung, ohne Streit und Eifersucht. Legt als neues Gewand den Herrn Jesus Christus an, und sorgt nicht so für euren Leib, dass die Begierden erwachen.» (Röm 13,13–14).

Nach diesem eigentlichen Bekehrungserlebnis gibt er seinen Beruf auf und lässt sich als Katechumene einschreiben. An Ostern 387 empfängt Augustinus die Taufe. Die Mutter, die ihm nach dem Tode ihres Mannes nach Italien gefolgt war, stirbt dort, ebenso sein Sohn Adeodatus. Darauf kehrt Augustinus nach Afrika zurück. 391 kommt er nach Hippo Regius und wird vom dortigen Bischof zum Priester geweiht. 395 folgt er ihm im Hirtenamt nach und leitet die Gemeinde von Hippo während 35 Jahren. Seine Aufgaben sind vor allem liturgischer Art, tägliche Eucharistiefeier verbunden mit Predigt. Augustinus ist auch in Gesprächen und in seiner immensen Korrespondenz ein Seelsorger. Sein pastorales Engagement wird speziell gefordert, nachdem Alarich im Jahre 410 die Stadt Rom geplündert hat, was sich auch auf die römische Provinz Nordafrika auswirkt. Die allgemeine Not und Unsicherheit lässt viele nach der Taufe verlangen. In dieser Sache zeigt sich Augustinus als Hirte einer *Volkskirche*. Er erkennt, dass es in den Gemeinden nicht nur eine Elite, sondern auch Laue gibt, weshalb er dem Eindringen der Massen in die Kirche nicht wehrt. Obwohl Augustinus sich lieber dem Beten und Meditieren widmen würde, nimmt er die Alltagspflichten ernst, zeigt sich auch sozial-karitativ sensibel und ist oft unterwegs.

Exkurs Augustinus arbeitet als junger Bischof sein Leben in den 397–401 verfassten «Confessiones» selbstkritisch auf und notiert dazu vor seinem Tod, diese «Bekenntnisse» seien von allen Werken am besten aufgenommen worden. Die Bücher 1–9 skizzieren in sehr persönlicher Weise sein Leben vor der Taufe, Buch 10 seine Gottesbeziehung und die Bücher 11–13 sein Welt- und Menschenbild in der Auslegung der Schöpfungsgeschichte.

430 stirbt der wirkmächtigste lateinische Kirchenvater während des Vandaleneinbruchs in Nordafrika, kurz vor dem Konzil von Ephesus.

1.8.2 Augustinus und die Donatisten

In Nordafrika sah sich Augustinus mit einer Kirchenspaltung konfrontiert, die anfänglich nicht in theologischen Streitigkeiten gründete, sondern sich an Personalfragen entzündete. Nach der diokletianischen Verfolgung war Cäcilian zum Bischof von Karthago gewählt worden. Dem ordinierenden Bischof wurde vorgeworfen, ein *traditor* zu sein, d.h., in der Verfolgung heilige Bücher ausgeliefert zu haben. Die Gegnerschaft wählte deshalb Donatus zum Hirten. Rom suchte zu vermitteln, doch die donatistische Partei (*Pars Donati*) gab nicht nach. Die Ähnlichkeit beider Kirchen verunsicherte die Gläubigen zunehmend. Die donatistische Partei wuchs, und zur Zeit des Augustinus zählte Nordafrika etwa gleich viele Donatisten wie Katholiken. Sie unterschieden sich vor allem in ihrem Kirchenbild und im Sakramentenverständnis:

Donatisten	**Katholiken (Augustinus)**
verstehen sich als Kirche der Reinen und Märtyrer. Anders als die Katholiken nehmen sie nicht alle auf, die in die Kirche eintreten wollen.	sind nicht nur eine Kirche der Reinen, sondern auch der Sünder.
Nur wer heilig ist, kann Heiligkeit vermitteln. Unreine spenden Sakramente ungültig.	In den Sakramenten wirkt Christus unmittelbar, der Mensch ist nur Werkzeug. Die Gültigkeit des Sakraments ist nicht von der Würde des Spenders abhängig.

Innerhalb der Donatisten bildete sich ein radikaler Flügel, der auch politische und soziale Ziele verfolgte. Sie wurden als «Circumcellionen» (*qui circum cellas vagantur*), d. h. als «Herumtreiber», verschrien. Mit ihren Forderungen provozierten die Donatisten auch die Gegnerschaft des Staates. Von besonderer Wichtigkeit bei dieser Auseinandersetzung war die Frage, ob man auch mit Gewalt in Glaubensfragen vorgehen dürfe. Nach langem Zögern gestand Augustinus der Gewalt eine Funktion im Heilswillen Gottes zu, wenn sie einen heilsamen Zwang ausübe: Obwohl er ein gewaltsames Vorgehen gegen Andersgläubige im Extremfall begrüsst, lehnt Augustinus die Todesstrafe ab.

Kritik an den Pelagianern 1.8.3

Da die Seelsorge Augustinus mit mancherlei Problemen theologischer Natur herausforderte und er auf vielfältige Fragen ebenso umfassende wie überzeugende Antworten gab, wurde der Bischof von Hippo die massgebliche Autorität in der westlichen Kirche. Dies zeigt sich deutlich in der Auseinandersetzung mit dem Pelagianismus. Pelagius war ein britischer Laienchrist, kam nach Rom und lehrte dort in asketischen

Pelagianismus	Augustinus
– Seine theologische Anthropologie vertritt ein optimistisches Menschenbild: Der Mensch ist gut geschaffen, mit einem freien Willen und Verstand.	– Augustinus' Menschenbild ist pessimistisch: Von Natur aus ist der Mensch in Schuld geboren.
– Die Kinder kommen «gut» zur Welt. Die «Erbsünde» ist die schuldhafte Folge des schlechten Beispiels. Das Übel liegt in den gesellschaftlichen Umständen. Deren Veränderung ist Aufgabe des Menschen und der Kirche.	– «Erbschuld» wird im Zeugungsakt weitergegeben. Da die Menschen mit der Erbschuld belastet auf die Welt kommen, müssen sie in der Taufe von dieser Schuld befreit werden.
– Von Gott mit Willensfreiheit ausgestattet, kann jeder Gläubige seinem Gewissen folgend das Evangelium in die Tat umsetzen und sich Gott ebenbildlich zeigen.[124]	– Aus eigenem Können ist der Mensch nichts. Die Gnade ist alles, nur sie macht den Menschen frei. Die Gebrochenheit des Menschen wird vor allem in der Sexualität erfahrbar, da sie sich der menschlichen Beherrschung entzieht.[125]

Kreisen. 410 floh er vor Alarich nach Nordafrika und vertrat auch da ein anspruchsvolles christliches Ethos. Seine Kritik am lauen Christsein breiter Massen in der Reichskirche provozierte Bischöfe, die seine Verurteilung an verschiedenen Synoden erreichten. 418 bestätigte der Bischof von Rom nach langem Zögern die Exkommunikation des Pelagius durch seine afrikanischen Kollegen. Kurz darauf dürfte der auch von Augustinus und Hieronymus erbittert Verfolgte in Ägypten gestorben sein.

1.8.4 Nachhaltige Wirkung

Durch seine vielfältigen Werke bleibt Augustinus durch all die folgenden Jahrhunderte bis in die Gegenwart präsent. Er blieb im ganzen Mittelalter der Theologe schlechthin, bis Thomas von Aquin in einigen Positionen des grössten lateinischen Kirchenvaters Korrekturen anbrachte und das Menschenbild wieder aufwertete.

Auch die katholische Kirche ist Augustinus nicht überall gefolgt. So akzeptierte sie die strenge Prädestinationslehre des Bischofs nicht, sondern sieht alle Menschen durch Gottes

124 Zu Person, Denken und Werken des Pelagius: LACL 560–563.

125 Zu Augustinus' antipelagianischen Schriften: LACL 87–90 (Verzeichnis, Kommentar und Ausgaben).

Gnade zum Heil berufen. Wer diesem Ruf nicht folgt, verweigert sich in freier Verantwortung. Die Erbsündenlehre des Augustinus wurde zwar rezipiert, doch nicht in ihrer ganzen Schärfe übernommen. Nach der allgemein optimistischen Scholastik des Spätmittelalters übte Augustinus' Menschenbild wieder einen starken Einfluss auf die Theologie der Reformatoren aus. Sowohl der Augustiner-Eremit Martin Luther wie Calvins Prädestinationslehre sind Augustinus verpflichtet. Eine Eigenschaft von Augustinus' Theologie ist ihre Subjektivität. Dessen Theologie setzt beim Subjekt an und ist Meditation, Gebet und Philosophie in einem. Als Theologe ist Augustinus ein Beter mit einer aussergewöhnlichen Dialogfähigkeit mit Gott.

Eines seiner Hauptwerke ist die 22-bändige Geschichtstheologie «De civitate Dei», die in den Jahren 412–426 entstand. Anlass dazu war die Plünderung Roms durch Alarich. Der Fall Roms erschütterte das ganze Reich. Die «Heiden» betrachteten dieses bis dahin unvorstellbare Ereignis als Zeichen des Zornes der Götter über den Siegeszug der christlichen Religion und ihrer Politik.

Augustinus weist diesen Vorwurf zurück: Erstens habe es auch vor Christus Unglücke und Katastrophen gegeben, weshalb die frühere Religion nicht zu preisen sei. Die heidnischen Götter seien weder für dieses Leben (Buch 1–5) noch für das künftige von Vorteil (Buch 6–10). Zudem treffe das Schicksal Roms auch die Christen hart, weshalb auch sie getröstet werden müssten. Augustinus zeigt in den Büchern 11–22 auf, wie labil die Weltordnung ist. Die Geschichte erscheint als fortwährender Kampf zwischen *civitas dei* und *civitas terrena* im Ursprung (11–14), Verlauf (15–18) und am Ende (19–22). Dabei decken sich die *civitas dei* nicht mit der sichtbaren Kirche und die *civitas terrena* nicht mit dem Staat. Rom kann untergehen, Jesus Christus und sein Reich, seine Kirche jenseits der Geschichte, werden nicht untergehen. Die beiden Reiche sind in dieser Weltzeit nicht geschieden, sondern miteinander verquickt und ineinanderfliessend.[126]

Ein weiteres Werk mit grosser Wirkungsgeschichte ist «De Trinitate» aus den Jahren 399–419. Ein erster Teil sucht

126 Vgl. *Senn*, Der Geist 148–150.

die Einheit der drei göttlichen Personen biblisch (Buch 1–4) und philosophisch (Buch 5–7) aufzuzeigen. Augustinus zeichnet dann im zweiten Teil (Buch 5–18) eine sogenannte psychologische Trinitätslehre, indem er Analogien zwischen der Struktur des menschlichen Wesens und der göttlichen Trinität herstellt.[127]

1.9 Ursprünge und Entfaltung des Mönchtums

Der rasche Aufstieg der Kirche zur Staatsreligion geht im 4. Jahrhundert einher mit der Entstehung monastischer Lebensformen, die am Rand der Gesellschaft und ausserhalb der Gemeinden ein radikaleres Christsein zu leben suchten. Zunächst waren es individuelle religiöse Aussteiger, die sich in die Einsamkeit zurückzogen. Bald bahnten Pioniere der gemeinsamen Askese auch klösterlichen Lebensformen den Weg. Die Entdeckungsreise durch die Welt der frühen Wüstenväter, Mönche und Asketinnengemeinschaften beginnt in Ägypten und führt durch Syropälastina, Kleinasien und Griechenland nach Westeuropa. Dabei begegnen wir den folgenden Pionieren, Exponenten und Autoren monastischen Lebens:

Grafik 5

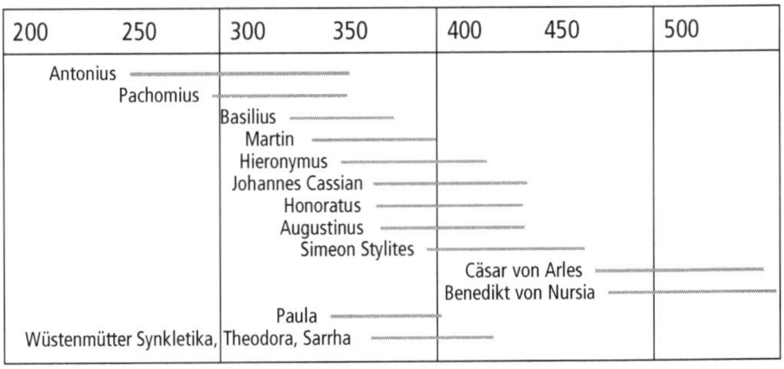

200 250 300 350 400 450 500

Antonius
Pachomius
Basilius
Martin
Hieronymus
Johannes Cassian
Honoratus
Augustinus
Simeon Stylites
Cäsar von Arles
Benedikt von Nursia
Paula
Wüstenmütter Synkletika, Theodora, Sarrha

1.9.1 Wurzeln und Grundformen

Schon die frühen christlichen Gemeinden ehrten jene, die «um des Himmelreiches willen» ehelos blieben. Die entsprechende Lebenswahl von Wanderradikalen und von Jung-

127 Vgl. dazu *Blank*, Gott und seine Schöpfung 24; *Senn*, Der Geist 62–64.

frauen in der Gemeinde konnte sich auf das Beispiel Jesu (Mt 19, 12; 22, 30) und des Paulus (1 Kor 7) berufen. Gruppen von Witwen (1 Tim 5) und die vier Töchter des Philippus als prophetisch begabte Jungfrauen (Apg 21) sind die ersten Indizien für ein gottgeweihtes Leben in der Gemeinde. Für das 2. und 3. Jahrhundert mehren sich Zeugnisse über Männer und Frauen, die ein asketisches und sexuell enthaltsames Leben wählen. Zur biblischen Motivation kamen soziale Motivationen hinzu: für Frauen etwa eine Alternative zur Ehe und familiären Unterordnung. Die geweihten Jungfrauen lebten weiterhin in ihrer Familie, nahmen am Gemeindeleben teil und trafen sich von Zeit zu Zeit im eigenen Kreis. Sie trugen keine besondere Kleidung, wählten oft persönliche Armut und nutzten ihre Kraft, um Arme und Kranke zu besuchen. Vom 3. Jahrhundert an existiert eine Verpflichtung, die jedoch privaten Charakter hatte und nicht lebenslänglich binden musste. Geistliche Schriftsteller der Zeit entwickelten eine Spiritualität der Jungfräulichkeit.[128]

Mit der Versöhnung von Staat und Kirche entfiel die Möglichkeit des Martyriums. Christ oder Christin zu werden brachte fortan kein Risiko mehr mit sich, und viele begannen an einer gewissen Verflachung zu leiden. Mehrere, die ein glühendes Glaubensleben führten und sich weniger in weltliche Sorgen verlieren wollten, begaben sich in die Wüste. Die Wüste (*eremos*) wurde zum Geburtsort des Mönchtums. Antonius (251–356) gilt nach der Lebensbeschreibung des Athanasius als Vater der Eremiten oder Anachoreten in der Wüste Ägyptens. Eine Vielzahl von Männern folgte seinem Beispiel. Im oberen Niltal gründete Pachomius (286–346) das monastische Gemeinschaftsleben (Zönobitentum[129]) für Männer, während seine Schwester Maria die erste Frauengemeinschaft aufbaute. «Mönchtum» wurde zum Sammelbegriff für alle, die die Welt verlassen, um sich ganz Gott zu weihen. Es entwickelte sich in zwei Grundformen: Anachoreten oder Eremiten suchten das einsame Leben in der Wüste, Zönobiten

128 Wegweisend wird für Jahrhunderte: *Ambrosius*, De virginitate: BKV 32, 305–393.

129 Zönobit leitet sich vom griechischen *koinos bios* (= gemeinschaftliches Leben) ab.

das gemeinsame Leben in Kolonien oder Klöstern, sei es in der Wüste oder stadtnah. Dieses erste Mönchtum verbreitete sich schnell in Ägypten, Palästina, Syrien und Mesopotamien. Es kam noch ohne genauere juristische Formen aus. Dass Wanderradikale oder Asketen sich zu klösterlichen Gemeinschaften zusammenschliessen, lässt sich auch in anderen Weltreligionen feststellen.[130]

1.9.2 Anfänge des Mönchtums in Ägypten

Die erste prägende Gestalt des Mönchtums ist **Antonius**, der als «Abt», «der Einsiedler» und «der Grosse» gefeiert wird (Fest 17. Januar). Um 251 in einer christlichen Familie Mittelägyptens geboren, sorgte er nach dem Tod seiner wohlhabenden Eltern 18-jährig für seine jüngere Schwester. Zwei Evangelienstellen (Mt 19,21 und Mt 6,34), die er kurz nacheinander im Gottesdienst hörte, bewegten ihn, sich radikal der Askese zuzuwenden. Er vertraute seine Schwester asketisch lebenden Frauen an und liess sich selbst in der Nähe seines Heimatdorfes Keman nieder, wo schon mehrere Asketen lebten. Auf der Suche nach grösserer Einsamkeit wechselte er dann in eine Grabesstätte und verbrachte schliesslich 29 Jahre in der verlassenen Verteidigungsanlage in einer Wüstenoase. Nachdem er als gereifter Eremit auf den einsamen Berg Kolzim (= *Dêr Mar Antonios*) unweit vom Roten Meer gezogen war, empfing er Asketen, Geistliche, Kranke und Ratsuchende. 337 soll er auf Bitten des Klerus nach Alexandrien gekommen sein, um gegen die Arianer aufzutreten. Antonius starb im Alter von 105 Jahren und wurde von den Schülern heimlich begraben. Sein Grab soll 561 entdeckt worden sein, worauf seine Gebeine via Alexandrien und Konstantinopel nach Frankreich gelangten.

Dass Antonius die folgenden Jahrhunderte als erster grosser «Mönchsvater» prägte, verdankt er der Lebensbeschreibung (Vita) aus der Feder des Patriarchen Athanasius von Alexandrien.[131] Kurz nach 356 verfasst, wurde sie bald

130 Vgl. *Ceming, Katharina:* Ursprünge des Mönchtums – Hinduismus, Buddhismus, Christentum, in Das Mönchtum, Hg.: José Sánchez de Murillo, Edith Stein Jahrbuch 8 (2002) 34–47.

131 *Athanasius*, Vita Antonii.

auch ins Lateinische übersetzt. Die Vita propagierte das Einsiedlerwesen im Osten und Westen. In Mailand und in Trier wurde sie vor 385 gelesen. Athanasius verkündet einen Eremiten, der die Hierarchie respektiert und die Häretiker bekämpft. Das Eremitenleben erscheint als kampfreicher Weg zur Vollkommenheit.

Exkurs

Quellen zu Antonius sind: mehrere Viten-Fassungen (lateinische, koptische, syrische, armenische, georgische Übersetzungen), sieben als echt anerkannte Briefe und 13 Briefe seiner Schüler.[132] Quellen zu Pachomius sind mehrere Viten in Koptisch, Griechisch, Lateinisch, Arabisch; Katechesen (Fragmente, in Koptisch), 11 Briefe in der lateinischen Übersetzung des Hieronymus, zudem die Regel in lateinischer Übersetzung und einige koptische und griechische Fragmente.[133]

Ist Antonius der Prototyp des Anachoreten oder Eremiten, wurde der Kopte **Pachomius** (*Pachom* = Adler) der eigentliche Pionier des zönobitischen Lebens. Um 290 bei Latopolis in Oberägypten geboren, wurde der Bauernsohn heidnischer Eltern in jungen Jahren für die römische Armee zwangsrekrutiert, liess sich in Theben von der praktischen Nächstenliebe christlicher Kreise beeindrucken und wurde nach der Entlassung aus dem Heer 308 selbst Christ. Nachdem er zunächst Siechen gedient hatte, wurde er für sieben Jahre Schüler des angesehenen Eremiten Palamon. Die Erfahrung, dass mehrere Eremiten, auf sich allein gestellt, überfordert waren, liess ihn ein erstes Klosterprojekt am Nil wagen, das jedoch scheiterte. Ein zweiter Versuch gelang 320–325 im verlassenen Dorf Tabennisi am Nilufer nördlich von Luxor. Pachomius versuchte dort mit Schülern nach dem Modell der Jerusalemer Urgemeinde (Apg 4,32–37) in Gütergemeinschaft zu leben, ohne Unterlass zu beten und ein Herz und eine Seele zu sein. Seine Anhänger stiegen bald in die Hunderte und Tausende. Der pachomianische Klosterverband (Koinonia) wuchs auf neun Männer- und zwei Frauenklöster, deren erstes von sei-

132 Neuere Werkausgaben und Literatur nennt *Puzicha, Michaela:* Antonius der Einsiedler, in: LACL 43–44.

133 *Pachomius*, Klosterregeln; Vita Pachomii in: BVK 31 (Athanasius, Anhang).

ner Schwester Maria geleitet wurde.[134] Pachomius erlag als Generalabt seiner Kongregation 347 einer Epidemie unter den Mönchen im Hauptkloster Pbow. Hieronymus übersetzte im Jahr 404 die ursprünglich koptischen Texte der Frühzeit nach einer griechischen Fassung ins Lateinische (u. a. Regeln und Briefe des Pachomius).

Exkurs Das pachomianische Ideal lässt die Mönche in einem zentralistisch verbundenen und regierten Verband leben. Jedes Kloster wird patriarchal geleitet, in Stämme gegliedert und in Familien geteilt. Die Autorität von Generaloberem, Klosterabt und Hausvorsteher ist im eigenen Bereich absolut. Streng geregelte gemeinsame Rhythmen lassen die Mönche ein grosses Arbeits- und Gebetspensum bewältigen. Zweimal täglich treffen sie sich zum Stundengebet, einmal zum Gottesdienst und zudem zu geistlichen Vorträgen und biblischen Lesungen. Die Arbeit beschäftigt die einen intern (Flechten, Krankendienst, Küche), andere extern (Acker). Die «Brüder» tragen ein ärmelloses Mönchsgewand mit Kapuze, Überwurf und Sandalen. Als Pachomius 346 stirbt, existieren neun Männer- und zwei Frauenklöster, die weiterhin einem Generalobern folgen, der sie visitierte und ihre Oberen ernannte. Die Mönche zählen zu diesem Zeitpunkt insgesamt 2000–3000. Die Pachomianer mehrten ihre Klöster, ihre Zahl (bis 7000) und ihren Reichtum durch den Besitz von Ländereien und Nilschiffen. Zweimal im Jahr, an Ostern und am 13. August, trafen sich die Mönche zu einer grossen Zusammenkunft in Tabennisi. Hier legten die einzelnen Klosteroberen Rechenschaft über ihre Amtsführung ab.

Berühmt wird Ägypten bis in unsere Tage jedoch durch eine Reihe von Wüstenvätern und einige Wüstenmütter, deren Weisheit in den «Apophthegmata Patrum» gesammelt ist.[135]

Exkurs Unter den Wüstenvätern ragen Gestalten hervor wie Macarius, Isaias und Paulus. In zweiter Generation sind es Altvater Abraham, Isidor und Paphnutius (†394). In der dritten Generation sind Johannes Colobos (†409) und Mose der Äthiopier (†407) sowie deren Erben Arsenius der Grosse (†449) und Poimen. Viele dieser Väter betreuten grössere Eremitenkolonien. Um 400 war die nitrische Wüste gemäss der *«Historia Lausiaca»* des Palladius von 5000 Mönchen bewohnt, die Kellien von 500 und die Sketius gänzlich «überbevölkert». Eremiten bauten sich

134 Karten für das christliche Mönchtum insgesamt bietet *Laboa*, Mönchtum in Ost und West; zur pachomianischen Klosterwelt in Ägypten spezifisch: ebd. 69.

135 Vgl. AP.

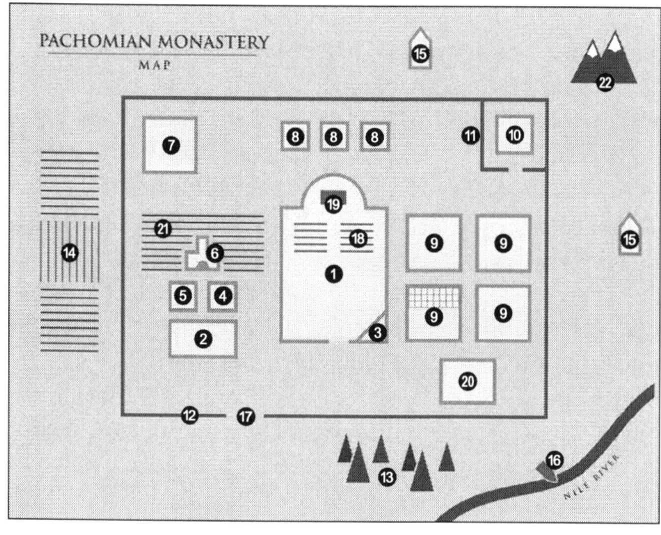

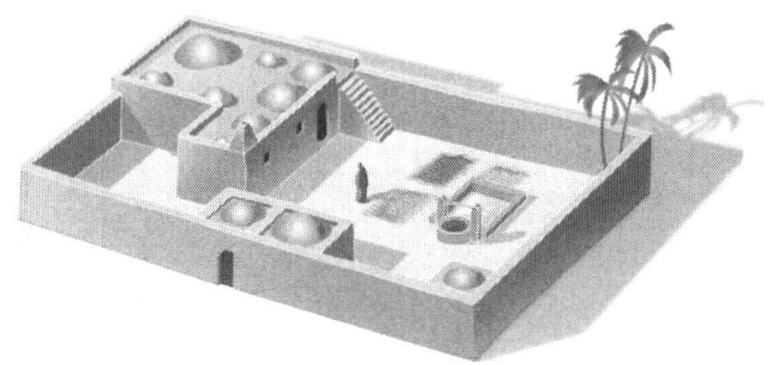

Abb. 7:
1. Synaxis (kirche)
2. Essenssaal
3. separater Raum
4. Küche
5. Bäckerei
6. Ofen
7. Krankenstation
8. Geräteräume
9. Wohn- und Schlafräume (mit Zellen)
10. Gästehaus
11. interne Klausurmauer
12. äussere Klausurmauer
13. Plantagen in Flussnähe
14. Felder
15. abgelegene Einsiedelei
16. Bootsanleger am Nil
17. Klosterpforte
18. Sitzreihen
19. Altar
20. Lagerhalle
21. Garten
22. Felshänge zwischen Niltal und Wüste

in Sichtweite Hunderte solcher Zellen, je mit Empfangsraum, Ziehbrunnen, Palmen, Garten und beheizbarem Wohnraum. Als «Wüstenmütter» sind Theodora, Synkletika und Sarrha erst in jüngsten Jahren näher erforscht worden.[136]

1.9.3 Klosterwelten und Hyperaskese in Syropalästina und Kleinasien

Ähnlich wie in Ägypten begannen sich auch in der Wüste **Sinai** im 4. Jahrhundert Eremiten zu sammeln, die allein lebten und sonntags gemeinsam Eucharistie feierten. Egeria traf eine hohe Zahl von ihnen und vier Kirchen am Berg, der als

136 Vgl. *Bagin/Thiermeyer*, Meterikon, eine Quellensammlung zur «Weisheit der Wüstenmütter». Dazu *Heine*, Spiritualität von Asketinnen; *Ziegler*, Die Wüstenmütter.

der Sinai des Mose gilt. Das von Kaiser Justinian erbaute Katharinenkloster aus dem 6. Jahrhundert bewahrt die Kontinuität des frühen Sinaimönchtums bis heute. In **Palästina** war das Mönchtum meist mit den Heiligen Stätten verbunden. Meister und Schüler hausten in «Lauren», monastischen Niederlassungen, deren Mönche während der Woche in isolierten Zellen lebten, sich am Sonntag aber in Gemeinschaftsgebäuden mit einer Kirche versammelten.

Syrien sah bereits im 2. Jahrhundert asketische Bewegungen, die die Ehe ablehnten und streng asketisch lebten. Im 4. Jahrhundert nahm die Zahl der in Gemeinschaft lebenden Einsiedler und Mönche stark zu. Die Berge um Antiochia, die Wüste Chalkis und die Gegend um Edessa und Cyrus wurden monastische Zentren. Ursprünglich in primitiven Zellen um die Zelle eines Meisters angeordnet, entstanden allmählich Klöster mit bis zu 400 Mönchen. Johannes Chrysostomus und Ephrem von Nisibis förderten eine missionarische Ausrichtung dieses Mönchtums.

Das Eremitentum nahm bisweilen die Züge eines asketischen Wettkampfes an. Mönche suchten sich in verschiedenen Formen von der irdischen Realität abzuheben und dem Himmel oder dem Paradies durch spezielle Lebensweisen näher zu kommen. Gerade Syrien und Kleinasien waren anfällig für Formen von «Hyperaskese»: **Dendriten** lebten auf Bäumen, **Inklusen** liessen sich in Höhlen einmauern, **Styliten** richteten sich ihre Bleibe auf einer Säule ein. Der berühmteste dieser Säulensteher war Simeon der Stylit (390–459), der am Ende in einer Höhe von 20 Metern lebte. Andere Asketen suchten als **Adamiten** unbekleidet an die Unschuld im Paradies anzuknüpfen, und **Wanderasketen** wählten die heimatlose *Xeniteia* oder Fremdlingschaft. Häufig hatte die Weigerung der Mönche zu studieren auch zweifelhafte dogmatische Abenteuer zur Folge. Manche Weltflucht trug dualistische Züge. Ein Hauch Paradies leuchtet im «Tierfrieden» auf, den Eremiten aller Religionen unter Wildtieren fanden.[137]

---

137 Zur Hyperaskese vgl. LThK³ 7, 399; TRE 23, 150–193; in Form einer genüsslichen Erkundungsreise durch den Nahen Osten nachgezeichnet bei *Zander*, Als die Religion noch nicht langweilig war.

Nicht immer waren es religiöse Motive, die einzelne Menschen veranlassten, als Mönch das Leben zu gestalten. Viele waren «Aussteiger» aus Familie, Milieu, Gesellschaft, waren solche, die ausscherten. Benedikt von Nursia zählt einige spezielle Gruppen auf, die sich aus diesem Grunde entwickelt hatten: Gyrovagen und Sarabaiten: Vagabunden Gottes, die ursprünglich dem Beispiel der Apostel folgen wollten, dann aber immer mehr der Disziplinlosigkeit verfielen und auf Kosten anderer lebten.[138] In Kleinasien richtete sich die Synode von Gangra (355) gegen Exzesse eines Eustathios und seiner Schüler, die als Kirche der «Reinen» ausserhalb der Städte lebten. Sie praktizierten extreme Armut und Keuschheit – weil Jesus das angeblich von allen fordere. In der Folge wurden Ehepartner und Kinder verlassen, Sklaven setzten sich von ihren Herren ab. **Eusthatianer** weigerten sich, Sakramente von verheirateten Priestern zu empfangen und verdammten kirchliche Feste ebenso wie kirchlichen Besitz. In Antiochien, Konstantinopel und Ägypten waren 380 auch gemischte Lebensformen anzutreffen: Eine Witwe oder Jungfrau ohne Familie tat sich mit einem männlichen Asketen zusammen und lebte mit ihm unter einem Dach. Man nannte sie verächtlich «Agapeten».[139]

Basilius der Grosse und das griechische Mönchtum 1.9.4

Für Konstantinopel übergehen antike Schriftsteller asketische Frühformen – zu denen Doppelklöster gehören – und küren Isaak den Syrer zum ersten Klostergründer der Hauptstadt (um 382). Die Zahl der Klöster wächst in der Metropole nach 400 schnell. Eine Sonderform bildeten die Akoimeten («Schlaflose»): Mönche, die sich Tag und Nacht im ununterbrochenen Gotteslob ablösen. Dieses Ideal lebt bis heute in Klöstern mit ewiger Anbetung weiter.

Basilius, Bischof von Cäsarea, suchte mit seinen «Regeln» monastische Erfahrungen in Ägypten, Palästina und Syrien in

138 Beschrieben und kritisiert durch Benedikt von Nursia, vgl. *Holzherr*, Benediktsregel 68–76.

139 Eine Karikatur dieser Lebensform zeichnet *Hieronymus* in: Epistula 22, 14; 125, 6.

eine Synthese zu bringen, sie mit einer geistig und karitativ engagierten Lebensweise zu verbinden und exzentrischen Formen zu vorzubeugen.

Exkurs 329/30 wurde Basilius im kappadozischen Cäsarea in eine vornehme Familie geboren. Seine Grossmutter war die hl. Makrina die Ältere, Schülerin des ersten grossen Bischofs der Gegend, Gregors des Wundertäters. Der Vater war ein angesehener Rhetor, seine Mutter Emmelia die Tochter eines Märtyrers. Zwei Brüder, Gregor von Nyssa und Petros von Sebaste, wurden ebenfalls Bischöfe, seine Schwester Makrina die Jüngere eine angesehene Asketin. Nach strenger Erziehung im Elternhaus besuchte Basilius höhere Schulen in Cäsarea, Konstantinopel und Athen, wo er Freundschaft mit Gregor von Nazianz schloss und den künftigen Kaiser Julian traf. Nach vier Studienjahren kehrte er um 356 als Rhetor in die Heimat zurück. Trotz allen Erfolgen gab Basilius seine politische Laufbahn auf, folgte dem asketischen Ideal des Eustathios von Sebaste und zog sich auf das einsame Landgut Annisi seiner Familie zurück. Von Bischof Dianeios von Cäsarea getauft, bereiste er dann ein Jahr lang Ägypten, Syrien, Mesopotamien, wo er berühmte Einsiedler und Mönchssiedlungen besuchte, um seine Güter dann an die Armen zu verteilen und sich mit ein paar Gefährten in die nahe Wüste zurückzuziehen. Dort legte er Origenes' Werke aus und verfasste eine elementare Regel für das mönchische Gemeinschaftsleben. 360 nahm er als Zuhörer an der Synode von Konstantinopel teil, wurde 362 zum Priester und 370 zum Bischof von Cäsarea geweiht, und als Metropolit von Kappadozien suchte er die Kirchenspaltung in Antiochien zu überwinden, kämpfte in Kontakt mit Bischöfen von Alexandrien und Rom um das Bekenntnis von Nizäa und starb 379.[140]

Im Unterschied zur militärisch anmutenden Klosterordnung des Pachomios besteht die Basilius-Regel aus praktisch-spirituellen Anweisungen im Frage-Antwort-Stil: Das «Kleine Asketikon» ist in der lateinischen Version des Rufus von Aquileia erhalten, das «Grosse Asketikon» sammelt «längere» und «kürzere Regeln». Basilius' Regeltexte orientieren sich entschieden am Evangelium und zeigen auch neuplatonische und stoische Einflüsse. Sein Mönchsleben radikalisiert das biblische Doppelgebot von Gottes- und Nächstenliebe. Es lehrt Nachfolge in monastischer Gemeinschaft und im Dienst der

140 Zur Person, Werk und Forschungsstand vgl. *Pauli, Judith:* Basilius von Cäsarea, in: LACL 114–120.

Kirche. Eigentliche Regel ist das Evangelium, das für den klösterlichen Kontext durch praktische «Regeln» ausgelegt und kommentiert wird. Ideal des Mönchs ist die Urgemeinde von Jerusalem. Gütergemeinschaft und Arbeit jedes Asketen ermöglichen den Erwerb des eigenen Lebensunterhalts und Werke der Nächstenliebe. Als Gegenwehr zu einem falsch verstandenen Asketentum verteidigt Basilius die Kunst der Medizin mit der Begründung, Heilpflanzen seien Teil der Schöpfung Gottes und damit dem menschlichen Gebrauch anvertraut. Krankheit müsse nicht einfach still duldend ertragen werden, Fatalismus sei fehl am Platz. Auch Verheiratete können der Gemeinschaft beitreten, wenn sie bereit sind, sich zu trennen und in Enthaltsamkeit zu leben. Gehorsam gegenüber dem Oberen wird ähnlich wie bei Pachomius stark betont: Der Vorsteher (*proestos*) hat das Charisma der Unterscheidung und die Aufgabe, das Evangelium als oberste Regel im Leben jeden Tages zu interpretieren und anzuwenden. Basilius' Gemeinschaften zeichnen sich durch ihr gemeinsames Leben, ihr asketisches Masshalten, ihre Bildung und ihren Dienst für die kirchliche Gemeinde unter dem Bischof aus. Illustrativ ist «Basilias»: sein grosses soziales Werk vor der Stadt mit Armenhäusern, Herbergen, Hospital. Die Basiliusregel bleibt bis heute Grundlage des orthodoxen Mönchtums und prägt über die Benediktsregel, die viele Elemente daraus übernommen hat, auch das abendländische Mönchtum nachhaltig.[141]

Frühes Mönchtum und Asketinnen im Abendland 1.9.5

Nach der Konstantinischen Wende macht sich auch im Westen vielerorts ein asketischer Exodus aus der städtischen Gesellschaft bemerkbar: Frauen zogen sich in ihre Villen zurück, Männer traten äusserlich wie Propheten der Vorzeit auf, Asketen wechselten auf Mittelmeerinseln und aufs offene Land. Vielgereiste Kirchenmänner aus dem Osten wie Athanasius und Hieronymus machten im Westen Propaganda für das monastische Leben. Um 350 existierten in Rom mehrere Gemeinschaften, die von Frauen aus der gehobenen Gesell-

141 Vgl. *Basilius von Caesarea*, Mönchsregeln.

schaft gegründet worden waren. Für sie wurde eine Liturgie der Jungfrauenweihe oder der Schleierübergabe entwickelt, die sich an Symbolen aus der Trauung inspirierte.

In Gallien verliess **Martin** (†397) die römische Armee am Rhein, floh mit Hilarius aus Poitiers, sammelte bei Mailand eremitische Erfahrungen, wechselte auf die ligurische Insel Gallinara und bezog dann unweit von Poitiers bei Ligugé eine Einsiedelei. Mit Schülern gründete er dort um 360 ein Kloster, die erste uns bekannte gallische Gründung, die in ihrer Anordnung einer orientalischen Laura ähnelte: Mönche lebten in verstreuten Zellen und Höhlen und versammelten sich zum Gottesdienst in einem zentralen Oratorium. Nach seiner Wahl zum Bischof von Tours errichtete sich Martin drei Kilometer vor der Stadt am Ufer der Loire das Kloster Marmoutier. Die Mönche lebten auch da in Hütten oder Felsgrotten, beteten miteinander im Oratorium und assen eine gemeinsame Mahlzeit täglich. Eine Regel gab es nicht: Das charismatische Vorbild des *abbas* genügte.[142]

Die älteste *Nonnenregel*, die uns aus dem Westen überliefert ist, stammt ebenfalls aus Gallien – aus der Feder des Bischofs Cäsarius von Arles (†542).[143]

Augustinus (354–430) wünschte nach seiner späten Bekehrung, als Mönch zu leben, und wandte als Bischof die Grundzüge monastischen Lebens auf seinen Klerus an. Damit entsteht eine neue religiöse Ausrichtung, die Annäherung von Priester- und Mönchsideal, die im Lauf des Mittelalters zum Pflichtzölibat für Weltpriester führen wird. Die *Augustinusregel* besteht aus einem kurzen *praeceptum*, dem ein Statutenbuch unbekannter Herkunft folgt: der *ordo monasterii* mit einem Kalender und einem Stundenplan für Gottesdienst, Mahl- und Ruhezeiten. Augustinus verbindet präzise formale Bestimmungen mit spirituellem Reichtum. Die Regel wird im 12. Jahrhundert von den Prämonstratensern und nach 1200

---

142 Quelle zu seinem Leben: *Sulpicius Severus*, Leben des Martin von Tours; eine moderne Biografie bietet *Mensing*, Martin von Tours.

143 Das Werk ist kritisch ediert und französisch übersetzt: *Césaire d'Arles*, Œuvres monastiques.

von den Augustiner-Eremiten, den Trinitariern, Mercedariern und Dominikanern übernommen.[144]

Der aus dem heutigen Rumänien stammende **Johannes Cassian** (360–435) gründete nach monastischen Erfahrungen in Betlehem und einer Studienreise zu den Einsiedlern Ägyptens zwei Klöster in Marseille: Saint-Victor für Männer und Saint-Sauveur für Frauen. Seine beiden Werke «Institutiones monasticae» und die «Collationes» – auf Bitte von Bischöfen und Inselmönchen verfasst – vermitteln östliche Erfahrung ins Abendland. Für Cassian liegt in der *discretio* oder Unterscheidungsgabe die erste Tugend des Mönchs.[145]

Je eigene Lebensformen prägen das **Inselmönchtum**, das sich seit Ende des 4. Jahrhunderts vor der ligurischen und südfranzösischen Küste ausbildete. Berühmt wurde kurz nach 400 Lérins vor Cannes, dessen Inselkloster weit nach Gallien ausstrahlte. Sein Gründer **Honoratus** (†430) verpflichtete Mönche zum zönobitischen Leben und zum Arbeiten. Für Fortgeschrittene standen Einsiedeleien bereit. Lérins gewann ein starkes spirituelles und intellektuelles Profil und bringt berühmte Bischöfe hervor. Honoratus selbst starb als Bischof von Arles 430.[146]

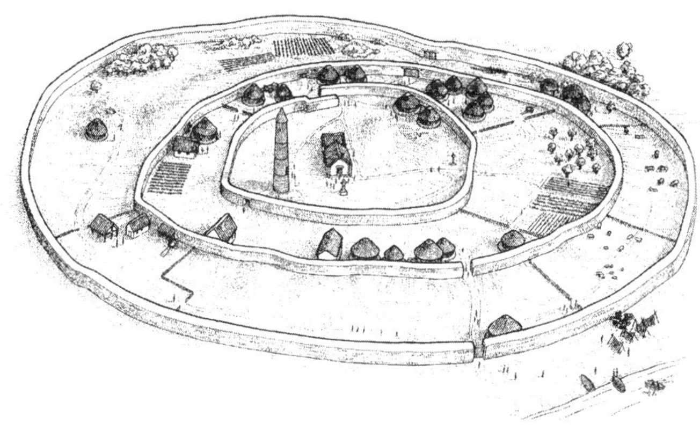

Abb. 8: Irische Klosteranlage Nendrum, wie sie bereits im 5. Jahrhundert südöstlich von Belfast am Strangford Lough entstand. Alle Bedürfnisse der Gemeinschaft haben ihre Räume und Zeiten: Der Pförtner hütet den Zugang zum Kloster, der äusserste Ring dient der Viehzucht und Feldwirtschaft, der zweite den Gästen, Mönchen und dem Gartenbau, der innerste enthält die Kirche, Rundturm, Abthaus und Skriptorium mit Bibliothek.[147]

144 Eine moderne Ausgabe bietet *Augustinus von Hippo*, Regel für die Gemeinschaft, kommentiert von Tarsicius Jan van Bavel.

145 *Johannes Cassian*, Gott suchen – sich selbst erkennen.

146 Zu Person, Werk und Literatur: *Kaspar, Clemens:* Honoratus von Arles, in: LACL 340–341.

147 Bild aus *Duffy*, History of Ireland, 50.

In Irland, das von Patrick aus Wales und anderen Missionaren im 5. Jahrhundert christianisiert wird, entwickelt sich eine eigene, überaus strenge Art von Mönchsleben.

Der Umbrer **Benedikt von Nursia** (ca. 480–547) wird die monastische Erfahrung aus Ost und West im beginnenden Mittelalter in eine Synthese fassen, die ihn zum bestimmenden Mönchsvater des Abendlands macht.[148]

Zum Weiterlesen

Grundlagenwerke zur Antike

Die Geschichte des Christentums. Religion – Politik – Kultur, Hg. der deutschen Ausgabe: Norbert Brox:
Bd. 1: Die Zeit des Anfangs (bis 250), Freiburg i. Br. 2003;
Bd. 2: Das Entstehen der einen Christenheit (250–430), Freiburg i. Br. 1996;
Bd. 3: Der lateinische Westen und der byzantinische Osten (431–642), Freiburg i. Br. 2001.

Geschichte der christlichen Spiritualität, Bd. 1: Von den Anfängen bis zum 12. Jahrhundert, Hg.: Bernard McGinn/John Meyendorff/Jean Leclercq, Würzburg 1993.

Ökumenische Kirchengeschichte, Hg.: Bernd Moeller/Thomas Kaufmann/Raymund Kottje/Hubert Wolf, Bd. 1: Von den Anfängen bis zum Mittelalter, Darmstadt 2006.

Weiterführende Literatur zu Schwerpunkten

Albrecht, Ruth: Die Anfänge des weiblichen Mönchtums. Ein Überblick, in «... weil sie mehr liebte». Frauen im frühen Mönchtum. Tagungsberichte der Beuroner Tage für Spiritualität und Mystik, Beuron 2002, 9–21.

Gasser, Albert: Spaziergang durch die Kirchengeschichte, Zürich 2001.

Hamman, Adalbert G.: Die ersten Christen, Stuttgart 1985.

Heine, Maria: Die Spiritualität von Asketinnen. Von den Wüstenmüttern zum städtischen Asketinnentum im östlichen Mittelmeerraum und in Rom vom 3. bis zum 5. Jahrhundert, Münster 2008.

Jensen, Anne: Frauen im frühen Christentum, Bern 2002.

Kulturgeschichte der christlichen Orden in Einzeldarstellungen, Hg.: Peter Dinzelbacher/James Lester Hogg, Stuttgart 1997.

Kuster, Niklaus: Das Kloster, Freiburg i. Br. 2011.

Laboa, Juan María (Hg.): Mönchtum in Ost und West. Historischer Atlas, Regensburg 2003.

148 Zu Benedikt von Nursia und seinem Mönchtum siehe Abschnitt 2.1.3.

McGinn, Bernard: Die Mystik im Abendland, Bd. 1: Ursprünge, Freiburg i. Br. 22001.

Prinz, Friedrich: Von Konstantin zu Karl dem Großen. Entfaltung und Wandel Europas, Düsseldorf/Zürich 2000.

Zander, Hans Conrad: Als die Religion noch nicht langweilig war. Die Geschichte der Wüstenväter (KiWi 833), Köln 2004.

Mittelalterliche Kirche 2

Die frühe Kirche bleibt trotz Abspaltungen nach dem Konzil von Nizäa weiterhin auf dem Weg einer Grosskirche, die sich im römischen Ost- und Westreich «orthodox» (rechtgläubig) und «katholisch» (allumfassend) nannte. Im frühen Mittelalter tritt diese Kirche in neue geografische und kulturelle Räume: in den **germanischen** Raum in Westeuropa, der sich mit der lateinischen Kirche verbindet, und in den **slawischen** Raum in Osteuropa. Die germanisch-lateinische Kirche entfremdet sich, durch die slawischen Völker von Ostrom und dessen Kirche getrennt, von der griechisch-orthodoxen Welt. 1054 überwarfen sich die beiden Kirchen in einem Schisma, dessen Trennung bis heute andauert. Der Blickwinkel konzentriert sich im Folgenden auf Westeuropa und die abendländische Kirche. Sie missioniert im Gefolge der Völkerwanderung den ländlichen Raum, sieht eine erste mittelalterliche Blüte in der «karolingischen Renaissance» und – nach einem «dunklen Jahrhundert» – den Aufstieg der deutschen Reichskirche unter den Ottonen. Ein klärender Machtkampf und das neue Zusammenwirken zwischen Kaiser und Papst erlauben es der lateinischen *Christianitas* im Hochmittelalter, die überlegene islamische Welt in Kreuzzügen anzugreifen. Im Westen blühen Städte und in ihnen eine bürgerliche Kirche auf: Universitäten, Bettelorden und prachtvolle Kathedralen zeugen von ihrer Grösse. Der Niedergang von Kaiserreich (*Imperium*) und Papsttum (*Sacerdotium*) im Spätmittelalter stürzt die lateinische Kirche in eine Krise, die wegen verpasster Reformen schliesslich in die Kirchenspaltung der Reformationszeit mündet.

Völkerwanderung (4.–6. Jahrhundert) 2.1

Als Odoaker, germanischer Feldherr in Roms Diensten, 476 den letzten weströmischen Kaiser Romulus Augustulus absetzte, schlug die Stunde der jungen Völker, die ein zerbrechendes Imperium beerbten. In wenigen Jahrzehnten sah der

Bischof von Rom im ganzen Abendland germanische Königreiche entstehen, von denen einige weiterhin ihre Stammesgötter verehrten und andere das arianische Bekenntnis übernahmen. Die eben noch bestimmende kaiserliche Reichskirche musste sich grundlegend neu orientieren.

2.1.1 Neue Völker bringen das Römische Westreich zu Fall

Der radikale Umbruch, den das Abendland ab 400 erlebte, wurde aus Zentralasien angestossen. Von Chinas Expansion vertrieben, drang das asiatische Reitervolk der Hunnen nach Südrussland vor und bedrängte die Reiche der Goten, die sich am Schwarzen Meer eingerichtet hatten. Um 375 geschlagen, übersiedelten die Ostgoten zunächst nach Dalmatien, und nach der Absetzung des letzten Weströmischen Kaisers erstreckte sich ihr neues Reich über Italien bis Sizilien (493–534). Nachdem die Westgoten Rom bereits 410 geplündert hatten, zogen sie nach Südfrankreich und Spanien. Zwei weitere Germanenvölker, die wie die Goten aus dem polnischen Raum kamen, errichteten ihre Reiche kurz nach 400 auf römischem Boden: die Burgunder zwischen junger Loire und Oberrhein und die Wandalen in Nordafrika.

Exkurs Wichtiges Zentrum der Burgunder wurde neben Vienne und Lyon die alte Bischofsstadt Genf. Die Legende von der Thebäischen Legion und die Gründung des Klosters St-Maurice initiieren eine Wallfahrt, die dem attraktiven Martinskult in Tours einen eigenen Burgunder Pilgerort entgegenstellt.

Aus Norddeutschland wanderten die Sueben nach Galizien und Portugal, die Angeln setzten mit Teilen der Sachsen nach Britannien über, und die Langobarden zogen über Osteuropa nach Norditalien. Die Mehrheit der Sachsen besetzte das heutige Ostdeutschland, während die Thüringer ihr Reich in Deutschlands Mitte und die Alemannen im Süden aufbauten.

Exkurs Paulus Orosius, der als Presbyter vor den Wandalen aus dem portugiesischen Braga nach Hippo floh, deutete um 417 den drohenden Zusammenbruch des Römischen Reiches als Chance für die Mission: «Wer weiss: Vielleicht konnten die Barbaren nur deshalb ins Römische Imperium eindringen, damit überall – im Osten und im Westen – die Kirchen Christi sich mit Hunnen, Sueben, Wandalen,

Burgundern und anderen Völkern füllen und unzählige Gläubige hinzufügen. Müsste man dann nicht die göttliche Barmherzigkeit preisen und feiern, die dank unseres Zusammenbruchs so vielen Völkern die Wahrheit offenbarte, mit der sie anders nicht in Kontakt gekommen wären?» – Zehn Jahre zuvor hatte Augustinus noch gehofft, die Kirche könnte die vielen Barbarenvölker ausserhalb des Imperiums erreichen: Gott habe Abraham ja versprochen, «alle Völker in seinem Samen zu segnen».[149]

Westliche Kirchen und der Aufstieg der Franken 2.1.2

Nachdem der westgotische Bischof Wulfila erste Stämme seines Volkes schon um 350 arianisch missioniert hatte, nahmen auch die Ostgoten, Sueben, Wandalen und schliesslich die Langobarden das arianische Bekenntnis an.[150] Es wurde ein Glücksfall für die katholische Kirche Roms, dass das kleine Volk der Franken sich auf gallischem Boden von der katholischen Bevölkerung bekehren liess. Der König des nordgermanischen Stammesverbands nahm im Kampf gegen die Westgoten nicht deren arianische Variante des Christentums, sondern das Bekenntnis seiner burgundischen Gattin Chrodehild an. Diese war unter Einfluss des gallischen Bischofs Remigius von Reims katholisch geworden. Gregor von Tours deutet Chlodwigs Bekehrung wie jene Kaiser Konstantins im Zeichen eines militärischen Sieges. In der Entscheidungsschlacht gegen die Alemannen bedrängt, habe der Frankenkönig Christus angerufen (496). Nach seinem Sieg folgte ihm der Adel in Reims und danach das ganze Volk ins Taufwasser. Kurz darauf besiegte Chlodwig die Burgunder (500), die in den folgenden Jahren ebenfalls katholisch wurden, und unterwarf die französischen Westgoten (507). Seine Söhne eroberten das Thüringerreich (531) und besiegten die Ostgoten (539). Weite Teile Italiens und Nordafrikas wurden von

149 *Orosius*, Historiarum adversum paganos libri VII, 42, deutet die Geschichte von Adam bis ins Jahr 417 aus christlicher Sicht. *Augustinus*, der Orosius als Flüchtling aufnahm, äussert sich zur Mission mit einem Kommentar zu Gen 22,18 in Contra Cresconium VI 61,74. Vgl. eingehend: *Alonso-Núñez, José Miguel:* Die Auslegung der Geschichte bei Orosius, in: Wiener Studien 106 (1993) 197–213.

150 Zum Arianismus in germanischen Reichen: Geschichte des Christentums Bd. 3, 237–291.

Ostrom zurückerobert.[151] Kaiser Justinian, der Athens Philosophenschule 529 schliessen liess, unterwarf sich die arianischen Wandalen in Nordafrika (535) und beendete die Herrschaft der Ostgoten in Italien (553). Die Langobarden, die als letzter germanischer Stamm der Völkerwanderung über die Alpen drangen, brachten jedoch Nord- und Mittelitalien erneut unter arianische Herrschaft, um erst allmählich das Bekenntnis des Papstes anzunehmen (558–774).

Rom konnte erleichtert mitverfolgen, wie die katholischen Franken unter König Dagobert I. (629–639) bereits ganz Europa von der Oder bis zu den Pyrenäen und von den Südalpen bis zur Bretagne beherrschten. Die Siegerreligion der Franken brachte im späten 7. Jahrhundert sowohl die spanischen Westgoten wie die Langobarden dazu, vom arianischen zum katholischen Bekenntnis zu wechseln. Mit der Expansion der Franken über die Pyrenäen und der Unterwerfung des Langobardenreichs dehnten sie ihre Herrschaft bis Zaragoza und Benevent (774) aus. In diesen Jahren gingen die Päpste mit der neuen fränkischen Dynastie der Karolinger ein historisches Bündnis ein, das als lateinisch-germanische «Allianz von Thron und Altar» das Abendland bis weit in die Neuzeit bestimmen sollte.

Entschied sich der Machtkampf zwischen den germanischen Königreichen konfessionell und national zugunsten der katholischen Franken und damit der Kirche Roms, trugen missionarische Initiativen das Ihre zum Aufbau eines römisch-germanischen Abendlandes bei. Im ausgehenden 6. Jahrhundert begannen die in der Spätantike missionierten Iren, von den Umbrüchen der Völkerwanderung verschont, mit der Festlandmission, und kurz danach entsandte Gregor I. (596–610) als erster Mönchspapst römische Benediktiner nach England, um die Angelsachsen zu christianisieren. Mönchsmissionare aus Britannien werden das noch germanische Mitteleuropa zwischen dem Friesland und den Alpen für die Kirche Roms gewinnen.

---

151 *Gregor von Tours*, «Zehn Bücher Geschichten», Bd. 1, Darmstadt [8]2000; *Becher, Matthias:* Chlodwig I. Der Aufstieg der Merowinger und das Ende der antiken Welt, München 2011.

Benedikt von Nursia – Mönchsvater des Abendlandes 2.1.3

In den Umbrüchen der Völkerwanderung entsteht in Mittelitalien ein neues monastisches Lebensmodell, das auf innere und äussere Stabilität setzt: ein klösterliches Leben fern der turbulenten Welt, das sich in festen Ordnungen und Rhythmen ganz auf die gemeinsame Gottsuche ausrichtet. Als autarke Alternativwelt sollen Klöster gleichsam das Modell der Jerusalemer Urgemeinde in stillen Tälern und auf einsamen Bergen leben.

Benedikt (480–547) stammte aus dem Kastellstädtchen Nursia (heute Norcia) in den Sibillinerbergen. Nach Studienjahren in Rom und einer eremitischen Zeit in Subiaco gründete er da erste Klöster und liess seine Benediktsregel dann auf Monte Cassino reifen. Sie verarbeitet die bedeutendsten monastischen Quellen bis zum 6. Jahrhundert, namentlich die Regelwerke des Basilius und des Johannes Cassian, der «ägyptischen Väter» (Wüstenmönchtum), von Augustinus sowie eine «Regula Magistri» aus Mittelitalien. Letztere, anonym und ebenfalls im 6. Jahrhundert entstanden, ist die wichtigste Vorlage für Benedikt, hängen doch drei Viertel seiner Regel von ihr ab. Während dieser Magister aber das klösterliche Leben in allen Einzelheiten festschreibt, wünscht Benedikt Anpassungen an Ort- und Zeitverhältnisse. Die strenge Vertikale Abt–Mönche wird ergänzt durch die Horizontale gemeinschaftlich gelebter Liebe.[152]

Benedikts Regel wird als monastisches Programm Jahrhunderte prägen und bleibt bis heute eine der wichtigsten geistlichen Lebensordnungen. Sie lehrt in der Zeit der Völkerwanderung eine innere und äussere *stabilitas*. Eine ausgeprägte Trennung von der Welt reduziert das Leben ausserhalb der Gemeinschaft auf ein Minimum. Benediktinische Klöster erscheinen im frühen Mittelalter «als eine Art himmlische Stadt [...], die sich hier auf Erden konkretisiert, ganz und gar autark unter allen Aspekten: spirituell und kulturell, ökonomisch, sozial, aber auch und v. a. liturgisch und kirchlich»[153].

---

152 Eine Lebensskizze mit Zeitbild, lateinisch-deutschem Regeltext und eingehendem Kommentar bietet *Holzherr*, Benediktsregel.

153 *Sensi*, Itinerari del Sacro 189 (Übersetzung: Niklaus Kuster).

Bei aller Distanz zur bewegten gesellschaftlichen Welt werden die Mönche des hl. Benedikt im Frühmittelalter zu den Lehrern Europas, die dem Abendland das antike Erbe vermitteln und nach den Wirren der Völkerwanderung die neue germanisch-lateinische Christenheit aufbauen.

2.1.4 Gregor I. der Grosse (540–604)

Die markanteste Gestalt auf dem Petrusstuhl seit Leo I. dem Grossen (Amtszeit 440–461) entstammte einer römischen Senatorenfamilie, studierte als junger Mann Rechtswissenschaft und stieg zum Stadtpräfekten Roms auf.[154] Auf dem Gipfel ziviler Macht wechselte er überraschend in eine monastische Lebensweise. Papst Pelagius II. rief den hoch gebildeten und politisch erfahrenen Mönch jedoch in seinen Dienst, liess ihn 579 zum Diakon weihen und sandte ihn als Nuntius an den byzantinischen Kaiserhof. 586 in sein römisches Kloster unweit des Kolosseums zurückgekehrt, wurde Gregor Ratgeber des Papstes und 590 zu dessen Nachfolger gewählt. Sein Pontifikat stand im Zeichen von Kriegswirren, Naturkatastrophen, Hungersnöten und der Bedrohung durch die arianischen Langobarden. Gregor verdiente sich den Titel «der Grosse» durch sein Wirken als «Konsul Gottes» auf politischer und karitativer Ebene, durch Reform des Klerus und Förderung des Mönchtums, durch missionarische Initiativen auf Sardinien, Sizilien und Korsika sowie zur Evangelisierung der Angelsachsen. Als Kirchenvater prägte Gregor das Mittelalter durch seine Bibelkommentare und Homilien, seine «Dialoge» und die Pastoralregel.

Exkurs In seiner «Regula pastoralis» denkt Gregor I. über die Würde des Bischofs- und Priesteramtes nach: Echter Gehorsam leistet dem Ruf Gottes durch die Kirche Folge. Wer das Amt nicht annimmt, flieht vor der Verantwortung. Als spiritueller Mann erträgt ein Bischof die äussere Unruhe und kann selbst, innerlich versöhnt, anderen Versöhnung vermitteln. Seelsorger sind jedem Menschen der Nächste durch mitleidende Liebe und geben sich zugleich mehr als alle der Betrachtung hin. Die Sorge für das Innere und Äussere sind in Einklang zu bringen. Der Pries-

154 Zu Gregors Leben und Werk mit Quellenausgaben und Literaturhinweisen vgl. *Fiedrowicz, Michael:* Gregor I., der Große, in: LACL 292–295.

ter steht in der Spannung zwischen Schweigen und Reden. Als Seelsorger ist er ein Mann der Verkündigung. Nicht auf den eigenen Nutzen bedacht, muss der Prediger auch harte Wahrheiten ansprechen, soll diese jedoch einfühlsam vermitteln. Nicht viele Worte zählen, da auch das Schweigen spricht. Der Priester bekämpft Laster, nicht aber die Menschen, die sie begehen. Hilft er anderen, gewinnt er oft auch Hilfe im Umgang mit eigenen Schwächen und Fehlern.[155]

Der Mönchspapst propagierte sein grosses Leitbild, den umbrischen Abt Benedikt von Nursia, in seinen «Dialogen», deren zweites Buch die Vita des Mönchsvaters enthält.[156] Gregor I. stellte damit dem gallischen Mönchsbischof Martin von Tours und den strengen irischen Mönchsklöstern ein italienisches Vorbild entgegen, das jedoch erst unter den römisch orientierten Karolingern seinen Siegeszug durch ganz Europa antreten sollte.

Gregor der Grosse wurde im 9. Jahrhundert zum Komponisten der gregorianischen Musik gekürt. Geschichtlich lässt sich nachweisen, dass Roms *Schola cantorum* in Gregors Zeit zurückreicht, deren Repertoire jedoch erst seit dem 8. Jahrhundert überliefert ist. Mittelalterliche Bilder stellen die Legende dar, nach der der Heilige Geist als Taube auf der Schulter dem Papst die Gesänge ins Ohr gurrt. Gregors I. Verdienst liegt vielmehr im Ordnen bestehender Gesänge. Gregor I. darf jedoch als nachhaltigster Missionspionier unter den mittelalterlichen Päpsten gelten: 595 gab er den Auftrag, in Marseille angelsächsische Sklaven aufzukaufen, um sie in den christlichen Glauben einzuführen und dann als Missionare in ihre Heimat zurückzusenden. Der Widerstand des römischen Klerus liess den Plan scheitern, so dass Gregor das Werk schliesslich im Frühjahr 596 mit Mönchen seines eigenen Andreasklosters auf dem römischen Mons Caelius anging. Die Mission unter Propst Augustin war von intensiver päpstlicher Diplomatie in Gallien begleitet. Im Frankenreich wurde

155 Vgl. *Gregor der Große*, Regula pastoralis, Hg.: Georg Kubis; zur Wirkungsgeschichte: *Floryszczak*, Die «Regula pastoralis» Gregors des Großen.

156 Vgl. *Gregor der Große*, Buch II der Dialoge. Eine neue Kontroverse zur Authentizität der Dialoge diskutiert *Wollasch*, Benedikt von Nursia 7–30. Zur Bedeutung und zum Erfolg der Mönchsregel vgl. *Holzherr*, Benediktsregel 11–37.

Augustin zum Bischof geweiht und setzte mit merowingischer Unterstützung im Frühjahr 597 ins Königreich Kent über. Mit der Taufe König Ethelberts an Ostern 601, dem Bau der Kathedrale Canterbury und des dazugehörenden Klosters St. Peter und Paul erreichte Gregors Mission ihren ersten Durchbruch. Die angelsächsische Kirche wurde in der Folge von benediktinischen Zentren aus römisch geprägt. In enger Zusammenarbeit mit Rom wird der neue Typus des Missionsbenediktiners seine Erfolgsgeschichte auf dem Kontinent bei Bonifatius, dem Apostel Germaniens, fortschreiben.

2.2 Aufbau germanischer Kirchen (6.–7. Jahrhundert)

Nachdem die entstehende Kirche im 1. Jahrhundert den Schritt aus ihrer jüdisch-semitischen Welt in den griechischen Kulturraum gewagt und sich im 2. Jahrhundert zu einer eigenständigen Religionsgemeinschaft aus ein paar Dutzend städtischen Gemeinden entwickelt hatte, kleidete sie sich im 3. Jahrhundert in Nordafrika und im Abendland in ein lateinisches Kleid. Das 4. Jahrhundert markierte das Ende der Verfolgungen und den Aufstieg zur antiken Reichskirche. Das Zusammenbrechen des Imperiums im Westen stürzte auch die Kirche im 5. Jahrhundert in eine Krise. Noch immer war sie, wenn nun auch flächendeckend organisiert, eine weitgehend städtische Religion. Die Germanenvölker mieden die Städte, und im Zuge ihrer Mission nahm der christliche Glaube in Westeuropa eine ausgeprägt ländliche Gestalt an.

2.2.1 Kirchliches Leben in ländlichen Gemeinden

Wie sehr die antike Reichskirche eine weitgehend urbane Realität blieb, zeigt die Bezeichnung *pagani* für Heiden, was wörtlich «Landbewohner» bedeutet. Um die germanische Lebenswelt mit ihrer ländlichen Religiosität zu gewinnen, riet Gregor I. seinen Mönchsmissionaren in England, die christliche Religion an den traditionellen Kultstätten der Angelsachsen zu verwurzeln. Auch auf dem Kontinent pflanzte sich das christliche Gemeindeleben mit der Bekehrung der Franken und ihrer Expansion in eine dörfliche Welt ein.

Welche Wege Gregor der Grosse der Angelsachsen-Mission weist, zeigt ein Brief an den Missionsleiter Augustin:

> «Zerstört möglichst wenige heidnische Tempel und vernichtet vielmehr nur ihre Götzenbilder, besprengt sie mit Weihwasser, baut Altäre und bringt Reliquien in die Kultorte, so dass die Tempel – wenn sie solide gebaut sind – neu genutzt werden können und da, wo man Dämonen huldigte, fortan der wahre Gott angebetet werde. Das Volk kann, wenn es seine Kultorte nicht zerstört sieht, den wahren Gott an den vertrauten Versammlungsorten ihrer Ahnen anbeten. Und während sie gewohnt waren, zu Ehren der Dämonen eine grosse Zahl von Rindern zu opfern, soll man an den gebräuchlichen Festtagen nichts ändern: So sollen sie am Weihetag oder an den Festen heiliger Märtyrer, deren Reliquien in den Kirchen ruhen, um die Kirche herum leichte Hütten aus Astwerk bauen, wie sie es rund um die heidnischen Tempel zu tun pflegten, und sie sollen das Fest mit einem religiösen Mahl feiern [...] Indem ihnen so erlaubt ist, ihre Freude in der vertrauten Weise auszudrücken, wird man sie leichter dazu bringen, die innere Freude zu kennen, denn – kein Zweifel – nichts kann selbst derben Seelen auf einen Schlag genommen werden. Ein Berg wird nicht in eilenden Sprüngen, sondern langsamen Schrittes erklommen.»[157]

In der germanischen Kultur gelten das adlige Familienoberhaupt, der Grossgrundbesitzer und der König auch als Träger des Sakralen. Der Grundherr bestimmte die Religion seines Machtbereiches, stiftete Kirchengebäude und beauftragte Priester mit dem Heilsdienst. Viele neue Pfarreien entstanden aus Eigenkirchen adliger Herren, in denen sich Dorfgemeinschaften zum Gottesdienst zusammenfanden. Pfarrer auf dem Land waren meist ihrem Grundherrn verpflichtet, hatten eine Familie und bestritten ihren Lebensunterhalt aus Abgaben und eigener landwirtschaftlicher Arbeit. Gottesdienste an bestimmten Festen und am Sonntag verbanden sich öfter mit Märkten und Dorfversammlungen. Die Verkündigung richtete sich weniger an das Individuum, sondern kollektiv an die Gruppe. Gläubige entrichteten den Zehnten und durften als Gegenleistung Taufen, Gebet, Segnungen, das Feiern der Messe und eine kirchliche Bestattung beanspruchen. Dienten zunächst gut erreichbare Kirchen der Bevölkerung einer gan-

157 *Gregor der Große*, Epistulae XI, 56.

zen Region oder eines Tales, entstanden allmählich durch Stiftungen Filialkirchen ohne Tauf- und Bestattungsrecht, die sich mit der Zeit verselbständigten und eigenständige Pfarreien wurden.

Exkurs Die ältesten Pfarrkirchen der Schweiz waren dem Nationalpatron der Franken geweiht und sind Martinskirchen. Mit dem Fortschreiten der Missionierung werden Peterskirchen gestiftet. Sie spiegeln den benediktinischen Einfluss, der seit Bonifatius in Mitteleuropa prägend wird und sich am Apostelfürsten und seinem Nachfolger orientiert. Die Insel Ufenau im Zürichsee steht illustrativ für die Entwicklung einer mittelalterlichen Pfarrei. Bereits in gallorömischer Zeit ein Kultort für die keltische Bevölkerung, zerfiel der Tempel in der Zeit der Alemanneninvasion ab 480. Im 7. Jahrhundert entstand die Martinskirche auf dem höchsten Punkt der Insel. Sie diente als Zentrum einer Urpfarrei, die die Uferdörfer von Wädenswil über Altendorf bis Stäfa umfasste. Im frühen 10. Jahrhundert verwüsteten die Ungarn die ganze Gegend und zerstörten auch die Martinskirche. Das Frauenkloster Säckingen gab die Insel dem noch jungen Kloster Einsiedeln zu Lehen, und die Benediktiner entsandten den Mönch Adalrich als Leutpriester. Dessen Mutter, die Schwabenherzogin Reginlinde, stiftete die neue Pfarrkirche St. Peter und Paul (um 926) und liess die renovierte Martinskapelle mit einer Klause für sich selbst versehen. Nachdem sich bereits im 10. Jahrhundert Stäfa von der Mutterpfarrei gelöst und eine eigene Pfarrkirche erbaut hatte, setzte sich dieser Prozess im Hochmittelalter fort. Tochterpfarreien rund um das Seebecken erleichterten den wachsenden Dörfern das religiöse Leben. Die benediktinische Ufenau, nur über See erreichbar, wurde Wallfahrtsziel, und ihre Kirchen sind heute beliebt für Hochzeiten und Konzerte.[158]

2.2.2 Die irische Festlandmission

Irland war ab 432 im Norden durch Patrick aus Wales und zeitgleich im Süden durch die fränkisch-englischen Missionare Palladius, Secundinus und Auxilius christianisiert worden.[159] Auf der grünen Insel blühte abseits der Völkerwanderung und ihrer Wirren eine Kirche auf, die nur wenige Bischofssitze kannte, da sie fast flächendeckend durch Paru-

158 *Gut/Ziegler*, Ufnau, zeichnet die Geschichte der Insel eingehend nach.
159 *Duffy*, History of Ireland, Dublin 41–42, mit Karte der fassbaren Missionare (39).

chialklöster geprägt wurde. Diese verfügten neben der inneren Kirche über eine äussere für das Volk. Nährten prachtvoll gestaltete Evangeliare die monastische Gottsuche, dienten grosse Steinkreuze mit zahlreichen biblischen Szenen der anschaulichen Katechese für die Landbevölkerung.[160] Der Abt war auch Hirte des umliegenden Gebietes. Gebildete Mönche vermittelten der Bevölkerung Glaubenswissen und christliche Ethik. Dazu wandten sie die Klosterregeln auf das Leben von Laien an. Ahndeten klösterliche Bussbücher Regelverstösse zunächst intern, wurden diese allmählich für Laien erweitert. Regelmässiges Bekennen begangener Fehler und therapeutische Strafen führten zur neuen Bussform der Privatbeichte, die mit den irischen Mönchsmissionaren auf den Kontinent kam und auch da die antike Form einmaliger Busse durch regelmässige Beichte ablöste.[161]

Die Übervölkerung vieler irischer Klöster drängte missionarische Mönche zur «Pilgerschaft für Christus» (*peregrinatio pro Christo*). Unzählige Zwölfergruppen verliessen ihre Heimat, um ab dem 5. Jahrhundert in Schottland, im 6. Jahrhundert auch in Frankreich Klöster zu gründen und dann zur Mission des noch paganen Mitteleuropas zu schreiten. Berühmt wird Kolumban der Jüngere (550–615), der mit seiner Gruppe das nördliche Frankenreich durchwanderte, in den Vogesen mehrere Klöster gründete, eine eigene Klosterregel verfasste, sich erfolglos in der Alemannenmission am Zürich- und Bodensee versuchte und schliesslich über die Alpen nach Bobbio zog, um von da aus die arianischen Langobarden zu bekehren.[162] Einer seiner Gruppe, Gallus, blieb als Eremit im Steinachtal am Bodensee zurück.[163] Weitere irische Missionare wirkten in Süddeutschland und Bayern. Bis heute wer-

160 Zu den ihren Paruchialklöstern vgl. *Angenendt*, Das Frühmittelalter 203–223; zur irischen Kirche in dieser Zeit ausführlich *Richter*, Irland im Mittelalter.

161 Den vielfältigen Einfluss der irischen Mission schildern *Löwe*, Die Iren und Europa, und *Müller*, Wie irische Mönche Mitteleuropa mit dem Evangelium erreichten.

162 Vgl. *Saint Colomban*, Règles et pénitentiels monastiques; *Columban von Luxueil*, Mönchsregeln.

163 Vgl. *Schär*, Gallus.

den Fridolin in Säckingen, Pirmin vom Elsass bis Innsbruck, der «Frankenapostel» Kilian in Würzburg und Virgil in Salzburg verehrt.[164]

2.2.3 Die angelsächsische Mönchsmission und Bonifatius

Prägte die irische Mission den Kontinent bis weit ins 7. Jahrhundert, folgten bald angelsächsische Mönchsmissionare ihrem Vorbild. Nicht mehr irische Klöster mit ihren strengen Regeln und ihrer Bussdisziplin, sondern benediktinische Spiritualität begann ab 700 die mitteleuropäische Kirche nachhaltig zu prägen. Als «Apostel der Friesen» ging der angelsächsische Benediktiner Willibrord (658–739) in die Geschichte ein. Wie die Iren vor ihm kam er mit elf Gefährten 690 auf den Kontinent; er wirkte im Westfriesland und wurde 695 Bischof von Utrecht. Die letzten Jahre verbrachte er in dem von ihm gegründeten Kloster Echternach.[165]

Unter den englischen Missionaren, die seinem Beispiel folgten, ragt Winfreth oder Bonifatius (673–755) hervor, der sich ab 673 als Angelsachse der Sachsenmission im Osten des Frankenreiches verschreiben wollte.[166] Sein Missionseifer liess den Mönch Winfreth ab 716 zunächst unter den Ostfriesen wirken, die sich im Konflikt mit den Franken jedoch deren Religion verweigerten. Nach erfolglosen Monaten in sein englisches Stammkloster Nursling zurückgekehrt, wählten die Mönche Winfreth zu ihrem Abt. Für eine zweite Expedition sicherte er sich durch eine erste Romreise ab. Papst Gregor II. gab dem Abt 718 den programmatischen Namen Bonifatius (lat. für «der Gutes tut») und entsandte ihn mit höchster Vollmacht in den deutschen Raum. Bonifatius wirkte erneut unter den Friesen, wurde auf einer zweiten Romreise vom selben Papst zum Missionsbischof geweiht (722) und zog dann zwölf Jahre lang durch Hessen, Thüringen und Sachsen. Gregor III.

164 Vgl. *Bautz, Friedrich Wilhelm:* Fridolin, in: BBKL 2, 125–126; *Antoni*, Bischof Pirmin; *Angenendt*, Monachi Peregrini; *Walter*, Kilian; *Dopsch/Juffinger*, Virgil von Salzburg.

165 Vgl. *Alkuin*, Lebensbeschreibung des hl. Willibrord.

166 Vgl. *Lutterbach*, Bonifatius; *Imhof/Stasch*, Bonifatius; zudem *Angenendt*, Frühmittelalter 268–283.

ernannte ihn zum Erzbischof über das weite deutsche Missionsgebiet (732), worauf Karl Martell ihm auch einen fränkischen Schutzbrief ausstellte. Der «Apostel der Deutschen» koordinierte sein unermüdliches Wirken immer enger mit Rom und den weltlich Mächtigen. Eine dritte Romreise verschaffte ihm 738 den Titel eines *Legatus germanicus*, eines päpstlichen Gesandten für Deutschland. Der wandernde Missionserzbischof organisierte die Kirche Mitteleuropas nach römischen Massstäben und provozierte dadurch zunehmend Opposition im fränkischen Klerus. Als Erzbischof war er Oberhirte der von ihm gegründeten Bistümer Regensburg, Freising, Passau, Salzburg, Würzburg, Eichstätt und Erfurt. Nach der «Vita sancti Bonifatii» soll der Missionar die Macht seines Gottes mit handfesten Mitteln ausgedrückt haben, indem er etwa in Geismar bei Fritzlar die dem germanischen Thor/Donar geweihte Eiche vor dessen Verehrern fällte, um mit dem Holz ein Oratorium zu Ehren des hl. Petrus zu bauen. Mit 82 erlitt der Mönchsmissionar mit 52 Gefährten beim dritten Versuch, die Friesen zu bekehren, das Martyrium und wurde in seinem Lieblingskloster Fulda begraben. Am Grab des *Apostolus Germaniae* trifft sich heute noch die deutsche Bischofskonferenz zu ihren herbstlichen Vollversammlungen.

Aufstieg der islamischen Weltmacht 2.2.4

Die Auswanderung Mohammads (571–632) und seiner Anhänger aus der arabischen Handelsstadt Mekka in die Oasenstadt Medina (622) markiert nicht nur den Beginn der islamischen Zeitrechnung, sondern auch die erfolgreiche Sammlung und Einigung der Nomadenstämme auf der arabischen Halbinsel mit Hilfe eines streng monotheistischen Glaubens. Zwei Jahre vor seinem Tod wurde der «Prophet Allahs» als Führer von ganz Arabien anerkannt. Omar, zweiter Nachfolger des Propheten als «Herrscher aller Gläubigen», begründete 634 ein theokratisches Reich, dessen Oberhaupt künftig sowohl militärisch wie zivil und juridisch der Kalif (= Nachfolger) war. Das neue islamische Machtgebilde expandierte mit schlagkräftigen Truppen rasch im Nahen Osten und um das südliche Mittelmeer. In schneller Folge fielen Damaskus (635), Jerusalem (637), Ägypten (641), Persien (644) und weite Teile Nordafrikas (bis 650) unter die Macht des Kalifen. Konstantinopel wehrte an fünf Sommern in Folge (674–678) die Eroberung durch eine islamische Flotte ab und hielt dadurch Europas Ostflanke in christlicher Hand. Im Westen allerdings standen die Zeichen nach der Jahrhundertwende auf Sturm. 698 fiel das byzantinisch beherrschte Karthago, und 711 überschritten muslimische Truppen die Meerenge von Gibraltar, während Allahs Gläubige gleichzeitig im Fernen Osten den Indus erreichten. Ein Jahr später geriet das Westgotenreich auf der spanischen Halbinsel unter islamische Herrschaft. Toledo wurde das arabische Machtzentrum in Europa. 100 Jahre nach Mohammads Tod stiessen muslimische Truppen ins Frankenreich vor, wo sie in Tours und Poitiers 732 geschlagen und über die Pyrenäen zurückgeworfen wurden.

Die islamische Welt wurde zu einem Vielvölkerstaat mit einheitlicher Sprache (arabisch) und Religion. Im regen Austausch mit den alten Kulturen Asiens und dank seiner beherrschenden Stellung im Mittelmeer entwickelte sich eine islamische Supermacht, die dem Abendland in vielen Belangen bis ins Spätmittelalter hoch überlegen war: Arabische Städte und Bücher bezeugen den Glanz dieser Hochblüte in Architektur und Städtebau, in Philosophie und Medizin, in Seefahrt und Militärtechnik.[167] Die immer bedrohlichere Umklammerung sowohl des Oströmischen Reiches wie auch Westeuropas weckte zunehmend Ängste in der christlichen Welt. Der Sieg über muslimische Truppen in Tours und Poitiers rückte die Franken ins Blickfeld des Papstes, der von Norden durch die Langobarden bedrängt wurde und im Süden die islamische Grossmacht fürchtete. Der oströmische Kaiser, bis anhin Schutzherr der Päpste, sah sich in Konstantinopel selbst zunehmend bedrängt: politisch durch das Vorrücken des Islams und kirchlich durch den Bildersturm, der die orthodoxe Welt zu spalten drohte.[168] Das Papsttum suchte sich einen neuen, natürlichen Verbündeten im Abendland, wo es nach

167 Einen guten Überblick bietet *Watt*, Kurze Geschichte des Islam; *ders.*, Einfluss des Islam.

168 Zum Bildersturm in der orthodoxen Welt siehe Abschnitt 2.4.5.

dem antiken Imperium Romanum in Westeuropa ein mittelalterliches Kaisertum zu stiften gedachte: ein römisch-fränkisches Imperium.

Kennzeichen der fränkischen Kirche 2.2.5

Im germanischen Frühmittelalter ist der Einzelne in seine Sippe und diese in ihren Stamm eingegliedert. Sippe und Stamm sind sowohl Rechts- wie Religionsgemeinschaften. Die adligen Führer bestimmen Kult, Recht und Frieden wie auch über Heirat, Beruf und Besitz der Mitglieder. Der König steht an der Spitze eines grossen Stammesverbands und hat auch sakrale Bedeutung. Eine analoge Gefolgschaftsstruktur bildet sich in der merowingischen Kirche aus: Adlige Bischöfe und Äbte bestimmen über Kleriker und Mönche. Zudem integrieren Adelsfamilien Kleriker in ihre Gefolgschaft, um sich eigene Gottesdienste zu sichern. Die Stiftung eigener Klöster fördert das Familienheil zusätzlich. Mit dieser betont familiären Ausprägung der Eigenkirchen wendet sich das germanische Christentum von der Antike ab, die die Taufe auf die individuelle Entscheidung des Erwachsenen gründete und Glaubensgemeinschaft in interkulturell offenen, bunt gemischten Stadtgemeinden lebte. Höhere Kirchenämter wurden zunehmend von hochgeborenen Adligen eingenommen und – wie Pfarrpfründen auch – an Familienmitglieder weitervererbt. Äbte bedeutender Klöster und wichtige Bischöfe waren nicht selten kirchliche Gefolgsleute des Königs, die dessen Macht stützten und auch selbst waffengeübt waren. So war Milo, Bischof von Trier und Reims (†757), etwa Sohn des Trierer Bischofs Luitwin und entstammte wie seine Nachfolger der mächtigen Adelsfamilie der Widonen, die den Pippinen den Aufstieg zur Königswürde ermöglichten. Karl Martell verlieh ihnen zusätzlich zur Diözese Trier auch das Bistum Reims, dessen Güter die Familie nun wie Eigengut behandelte.

Bei aller Vereinnahmung kirchlicher Stellen und Güter für adlige Familienpolitik schritt die Christianisierung der Gesellschaft voran. Die angelsächsischen Missionare förderten Kathedralklöster, in denen der Bischof mit seinen Klerikern ehelos und gemeinschaftlich lebte. Jedes grössere Dorf erhielt im 8. Jahrhundert eine eigene Kirche, meist bescheidene Holzbauten von kleinem Grundriss. Flächendeckende Seelsorge auf dem Land liess die christlich-heidnische Mischreligion zurücktreten: Jedes Kind wurde getauft, alle Gläubigen lernten Vaterunser und Credo, die Gemeinden versammelten sich zur Feier des Sonntags und der Feste. Gewissensprüfung und Beichte formten die Alltagspraxis nach christlichen Grundsätzen, und die Kirche begann den Menschen von der Geburt bis zur Bestattung, in Freude und Trauer, durch Alltag und Feste zu begleiten.

Die Herrscher des Frankenreiches riefen Bonifatius als «Abgesandten des hl. Petrus» zur Reform der fränkischen Kirche über den Rhein. Er berief 742 das erste *Concilium Germanicum* ein. Dieses forderte – noch erfolglos – ein «reines Priestertum» und dazu erstmals den Zölibat für den fränkischen Klerus. Bischöfe hatten Synoden abzuhalten, die Firmung zu spenden und die Seelsorge des Pfarrklerus zu beaufsichtigen. Kirchenmänner sollten keine Waffen mehr tragen, mussten auf das Jagen verzichten und hatten heidnische Bräuche mit Hilfe des weltlichen Arms auszurotten. Erstmals wurde für Mönche und Nonnen die Benediktsregel gefordert. Folgesynoden verboten Eheleuten die Neuverheiratung zu Lebzeiten des Partners.[169]

2.3 Von den Karolingern zur Ottonischen Reichskirche (8.–10. Jahrhundert)

Die Karolinger kamen durch einen Staatsstreich an die Macht. Führte Karl Martell noch als Maiordomus (Hausmeier, Palastvorsteher) die Regierungsgeschäfte und Feldzüge im Frankenreich, schritt sein Sohn Pippin der Jüngere zur Entmachtung der politisch kraftlosen Dynastie der Merowinger. Damit die Absetzung König Childerichs III. nicht als Sakrileg erschien, wandte sich Pippin klugerweise an den Papst, um das fehlende

169 Ein Gesamtbild von Kirche und Leben im Frühmittelalter bietet *Angenendt*, Geschichte der Religiosität im Mittelalter, mit eigenen Kapiteln zu Familie, Gemeinde, Liturgie, Alltagsethos, Sterben und Jenseitssorge. Zum Frankenreich der Merowinger: *Angenendt*, Frühmittelalter 169–203.

Geblütsrecht durch eine kirchliche Salbung zu ersetzen. Papst Zacharias antwortete den Gesandten, um die gottgewollte Ordnung zu erhalten, sei es besser, den real Mächtigen König zu nennen, statt einem machtlosen König zu folgen. So liess Pippin sich von der Reichsversammlung in Soissons 751 zum König wählen und von den fränkischen Bischöfen nach alttestamentlichem Vorbild salben, nachdem er den letzten Merowingerkönig in ein Kloster geschickt hatte. Wahl, kirchlicher Segen und feierliche Salbung begründeten einen neuen Art Königstypus: *Dei gratia*, von Gottes Gnaden herrschen solche Könige künftig wie ein neuer David – als Gesalbte Gottes und Vertreter des Himmelskönigs Christus.

Drei Jahre später reiste Papst Stefan II. nach Frankreich, um Pippins Hilfe gegen die Langobarden zu erwirken. Er salbte den König und seine Söhne Karl und Karlmann in Saint-Denis bei Paris nun auch petrinisch und verlieh dem König den Ehrentitel «Schutzherr der Römer» (*Patricius Romanorum*). Als Gegenleistung erhielt er ganz Mittelitalien bis zum Po als eigene Herrschaft zugesprochen (Pippinsche Schenkung). Faktisch fiel dem Petrusnachfolger nach der fränkischen Eroberung des Langobardenreiches die Herrschaft über Rom und Ravenna zu, der Grundstock des späteren Kirchenstaates. Der Papst übte fortan zur geistlichen auch noch weltliche Macht aus. Die Legende der «Konstantinischen Schenkung» suchte die neue Territorialherrschaft des Papstes in der Antike zu verankern: Papst Silvester hätte Kaiser Konstantin vom Aussatz geheilt und dafür das Weströmische Reich erhalten. Die Fälschung diente dazu, die Römische Kirche aus der byzantinischen Umklammerung zu lösen und das Papsttum zu erhöhen. Zugleich legitimierte sie die neue Allianz mit den Franken. Das Bündnis von 754 zwischen fränkischem König und Papsttum bestimmte die kirchliche und die weltliche Politik über Jahrhunderte: Deutsche Könige und Kaiser werden im Hochmittelalter zahlreiche Italienzüge unternehmen und die Päpste ihre weltliche Macht ausbauen.

2.3.1 Karl der Grosse und ein neues römisches Imperium

Als Pippin 768 starb, folgte ihm sein Sohn Karl (742–814) zunächst mit dem Bruder als «König der Franken» und nach Karlmanns frühem Tod (771) als Alleinherrscher nach.[170] Der Hofbiograf Einhard beschreibt Karl als gross gewachsenen Mann mit länglicher Nase und fränkischem Schnurrbart: ein König, der viel ass, jedoch mässig war im Trinken. Rhetorisch geschickt, sei er auch lernbegierig gewesen und hätte fliessend Latein gesprochen. Neben seiner Ehefrau hatte er Nebenfrauen und folglich legitime wie illegitime Nachkommen. Karl begann 772 die Sachsen zu unterwerfen, drang bis an die Elbe vor und zwang seinem Widersacher Widukind 785 den Frieden und die Taufe auf. Die Christianisierung der besiegten Sachsen erfolgte danach von den Bistümern Bremen, Verden, Minden, Paderborn, Münster und Osnabrück aus. 773–774 unterwarf Karl südlich der Alpen das Langobardenreich, wurde dadurch *rex Francorum et Langobardorum* und löste Pippins Schenkungsversprechen an den Papst ein. In den Neunzigerjahren schlug Karl die Awaren im Donauraum und verleibte seinem Reich die Gebiete von der Odermündung bis zur Adria ein. 795 errichtete er südlich der Pyrenäen als Puffer gegen den Islam die Spanische Mark. Im Jahr 799 reichte Karls Herrschaft von der Ostsee bis an den Ebro und von der Bretagne bis nach Umbrien.

Dieser Machtzuwachs gipfelte an Weihnachten des Jahres 800 in der Krönung Karls des Grossen zum abendländischen Kaiser. Leo III. errichtete ein neues abendländisches Imperium, indem der Papst fortan in der Nachfolge der imperialen Antike die römische Kaiserkrone an den christlichen Herrscher des Abendlandes verlieh. Karls Hauptpfalz Aachen wurde zur *Roma Secunda*, zum zweiten Rom. Die Krönung im Petersdom brüskierte Byzanz, die bisherige Schutzmacht des Papstes. Ein ehrgeiziges Heiratsprojekt sollte den Affront überwinden, indem Kaiser Karl I. die byzantinische Kaiserin Irene selbst zu gewinnen suchte. Obwohl dies nicht gelang, kam es 812 zu einer Einigung. Byzanz anerkannte das westliche Kaisertum Karls des Grossen, wertete jedoch seinen eige-

170 Leben und Werk des ersten Frankenkaisers schildert eingehend: *Hägermann*, Karl der Grosse.

nen Patriarchen im Gegenzug zu einem ökumenischen, gleichsam einem östlichen Papst auf. Die Spannungen zwischen der lateinischen und der griechischen Kirche verschärften sich vom 8. bis zum 11. Jahrhundert derart, dass es zum Grossen Schisma von 1054 kam.

Lebensrealität im Karolingerreich 2.3.2

Das fränkische Herrschaftsgebiet war ausserhalb Italiens dünn besiedelt, und es fehlte eine Städtekultur. Weite Teile des Landes waren bewaldet und in der Hand von Grossgrundbesitzern. Das Staatsgebilde beruhte auf persönlichen Beziehungen und war ständig in Gefahr, auseinanderzubrechen. Das Verhältnis des Adels untereinander und zum König war anfällig für Spannungen, denn Adelssippen suchten die eigene Macht zu stärken. Karl der Grosse wollte den Adel an sich binden, indem er dessen Besitz vermehrte. Kriegerische Expansion in alle Richtungen deckte den wachsenden Landbedarf. Durch Schenkung oder Verleihung von Besitz durch den Kaiser wurden Fürsten, Grafen, Bischöfe und Äbte in ein Vasallenverhältnis gebracht. Sie wurden zuständig für den Schutz ihrer Territorien, boten Truppen auf und lieferten Abgaben an die Krone.

Das Gros der fränkischen Bevölkerung bestand aus Halbfreien und Sklaven. Aus der Antike übernommen, waren Letztere Teil des Besitzes und handelbar. Grundhörige Bauern (*coloni*) bewirtschafteten die Domäne anderer selbständig, hatten als Gegenleistung für das Land aber einen Teil der Produkte abzuliefern. Die Freien (*franci*) lebten von der Bearbeitung eigener Güter, oft am Rande des Existenzminimums. Sie waren jedoch zum Heeresdienst verpflichtet, mussten ihre Ausrüstung selbst bezahlen und gerieten durch monatelange Kriegszüge nicht selten in die Verarmung. Die fränkischen Annalen berichten zudem von häufigen Hungersnöten, Missernten und Seuchen. Die meisten Menschen lebten in Dörfern, deren Häuser aus Flechtwerk und Lehm bestanden. Auf den Tisch kamen Früchte, Getreide und Eier, an Festtagen das Fleisch von Hühnern und Schweinen, in reichen Familien auch Wild und Fisch.

Die fränkische Kirche inkulturierte sich in die gesellschaftliche Realität: Die Bischöfe stammten meist aus dem

Adel, verfolgten Machtinteressen, führten Krieg und überliessen die Verkündigung oft untergebenen Klerikern. Die einfachen Priester rekrutierten sich aus den Freien und den Halbfreien. Minimalanforderungen an ihren Dienst waren Kenntnis der Sakramente und des Chorals, des Lesens und Urkundeschreibens. Dorfpriester hatten die Grundgebete zu lehren, die Gebote und das Evangelium in der Volkssprache zu verkünden, Kinder zu taufen und Verstorbene zu bestatten und mussten die lateinische Sprache einigermassen beherrschen. Zum Lebensunterhalt erhielten sie ein Stück Land, züchteten Vieh und pflanzten Getreide an. Der Zölibat setzte sich als Forderung «eines Dienstes mit reinen Händen» erst unter Priestern in Kathedralklöstern durch. Neben solchen Kanonikergemeinschaften mehrten sich auch die Mönchsklöster, die meistens Stiftungen waren. Nicht immer wählten Mönche und Nonnen das monastische Leben aus spiritueller Sehnsucht. Klöster dienten der Versorgung überzähliger Nachkommen oder als Zufluchtsstätte für vornehme Witwen, verstossene Adelsfrauen oder reumütige Herren. Die grossen Reichsabteien wurden unter Karl dem Grossen und seinem Sohn Ludwig dem Frommen (814–840) zu Stätten der Bildung und zu Wiegen der «karolingischen Renaissance»: Sie machten das Wissen der Antike neu fruchtbar, überlieferten sowohl profane wie patristische Werke und verbreiteten diese im ganzen Reich.

Der einfache Gläubige war meist kaum gebildet und auch des Lesens unkundig. Der Glaube nährte sich von Bildern, Verkündigung und symbolreichen Kulthandlungen. Auch biblisches Wissen wurde durch Darstellung von Szenen in Fresken, Ikonen und Mosaiken vermittelt. Solche Bilder sind die früheste Form der sogenannten Armenbibel (*biblia pauperum*). Die ausgeprägte Heiligenverehrung entwickelte vielerorts subtile Form des Polytheismus, und magische Vorstellungen liessen sich nur schwer überwinden.

Karl der Grosse selbst verstand sich als neuer Augustus und neuer Konstantin. Seine Münzen nennen als Programm die Verbreitung der *religio christiana* und die Erneuerung des spätantiken Kaiserreiches (*renovatio Romani imperii*). An der Aachener Hofschule sammelte sich die kulturelle Elite des Reiches: Gelehrte, Dichter, Architekten und Künstler. Von

Aachen aus unternahm der Westgote Benedikt von Aniane ab 814 auch jenes Reformprogramm, das alle Klöster des Reiches auf die Benediktsregel verpflichtete und in den Dienst der karolingischen Kirchenreform stellte. Das Kloster St. Gallen, nach dem Aachener Musterplan erbaut, steht beispielhaft für den Ordnungssinn, die Macht und die vielfältigen Kulturleistungen einer Reichsabtei des 7.–9. Jahrhunderts.[171]

Das «dunkle Zeitalter» (saeculum obscurum) 2.3.3

Die erste Blütezeit der germanisch-lateinischen Kirche, die unter den Karolingern ganz Westeuropa zwischen Pyrenäen und Ostsee erfasste, dauerte unter Karls Sohn Ludwig dem Frommen an. Um die Mitte des 9. Jahrhunderts verlor Westeuropa jedoch seine politische Einheit, indem Kaiser Ludwigs drei Söhne das Reich unter sich aufteilten: Ludwig der Deutsche wurde König über Ostfranken, Karl der Kahle über Westfranken und Lothar I. über das Rheinland, Burgund und Norditalien. Das mittelfränkische Reich Lothars spaltete sich ab 880 in mehrere burgundische und italienische Fürstentümer auf. 911 starb der ostfränkische Zweig der Karolinger aus. Der politische Zerfall, durch Einfälle der Ungarn im Osten, der Normannen im Norden und der Sarazenen im Süden beschleunigt, führte vielerorts zur Anarchie. Nach dem Wegfall der königlichen Zentralgewalt flammten die Adelskämpfe von neuem auf. Auch Rom stürzte in chaotische Zustände. Das Papstamt wurde zum Spielball des römischen Adels.

Das 10. Jahrhundert geht als dunkelste Zeit des Papsttums, als *saeculum obscurum*, in die Annalen ein.

Exkurs

Den Begriff *saeculum obscurum* prägte der Kirchenhistoriker und Kardinal Cesare Baronio (1538–1607) in seinen *Annales ecclesiastici*. Die Epoche wird heute von einigen Autoren auf 880–1046 ausgedehnt: Von 45 Päpsten dieser Zeit wird

171 Zur Abtei St. Gallen und ihrer Geschichte: *Ochsenbein*, Kloster St. Gallen im Mittelalter. Im deutschen Messkirch wird das karolingische Musterkloster des St. Galler Klosterplanes zur Zeit mit mittelalterlichen Methoden neu aufgebaut: www.campus-galli.de; zum karolingischen Idealplan eines Reichsklosters: *Tremp*, Klosterplan.

ein Drittel abgesetzt, ein weiteres Drittel entweder umgebracht oder mit Gewalt vertrieben.

Zwischen 880 und 960 zählt Rom 24 Päpste auf dem Petrusthron, von denen die Mehrheit durch Intrigen an die Macht kam und gewaltsam aus dem Amt schied. Den Auftakt machte die Vergiftung von Johannes VIII. (882). Einen ersten skandalösen Höhepunkt setzte die «Kadaversynode», an der Stefan VI. im Januar 897 die Leiche seines Vorgängers Formosus aus dem Grab holte, päpstlich einkleidete, in der Laterankirche aburteilte und als Verbrecher in den Tiber werfen liess. Stefan VI. selbst wurde Monate später im Gefängnis erwürgt. Ebenso starb Leo V. nach dreissig Tagen im Amt durch Mord (903), und Johannes X. kam in einem Kerker der Engelsburg zu Tode (929). Sergius III. (904–911) ernannte seine Geliebte, die Grafentochter Marozia, zur Stadtherrin (*senatrix*) von Rom und zeugte mit ihr den künftigen Papst Johannes XI., dessen Amt und junges Leben in Hausarrest endeten (935). Johannes XII. (955–963), ein Enkel Marozias, galt in Rom als einer der lasterhaftesten Päpste. Politisch bedeutsam wurde er durch die Krönung des sächsischen Königs Otto I. zum römischen Kaiser. Kaum hatte der Kaiser Rom befriedet und verlassen, verbündete sich Johannes XII. mit dessen Gegner Berengar von Friaul, so dass Otto I. zurückkehren, ein Strafgericht abhalten, den Papst absetzen und die Römer zum Eid zwingen musste, künftig keinen Papst mehr ohne Zustimmung des Kaisers zu wählen. Tatsächlich vermochte erst die neue deutsche Kaiserdynastie der Ottonen das Papsttum aus der Krise zu führen.

Exkurs Eine mittelalterliche Legende aus dem 13. Jahrhundert erzählt von einer *Päpstin Johanna*, die als Mädchen aus Hessen in Mainz studiert, in Fulda Mönch und in Rom als Johannes Anglicus berühmt wird, wo Kardinäle sie zum Papst wählen, dessen wahres Geschlecht bei einer Prozession durch eine Frühgeburt zum Vorschein kommt. Der Dominikaner Martin von Troppau situiert die historisch unwahrscheinliche Geschichte 1277 ins dunkle Jahrhundert. Der als alte Quelle bemühte «Liber pontificalis» weist in einem einzigen Manuskript auf Johanna hin, und zwar in einer Randglosse, die erst im 13. Jahrhundert hinzugefügt wurde. Während Johannas Geschichte – von Boccaccio bis Bertold Brecht literarisch wiederholt aufgegriffen und Thema mehrerer Kinofilme sowie eines modernen

Musicals[172] gemacht – ins Reich der Phantasie gehört, wartet Rom durchaus mit realen Frauen auf, die die Papstgeschichte markant mitprägten, allen voran die bereits erwähnte Grafentochter Marozia (Mariuccia) von Tusculum. Liutprand von Cremona bezichtigt sie der Pornokratie, doch muss die «*senatrix et patricia Romanorum*» eine überaus fähige Politikerin gewesen sein: Zunächst Gattin des Markgrafen Alberich I. von Spoleto, dann des Grafen Guido von Tuszien und schliesslich Hugos von Vienne, König von Burgund und Italien, beherrschte sie 914–932 eine Reihe von Päpsten, von denen – wie gesagt – Johannes XI. ihr Sohn und Johannes XII. ihr Enkel war.[173]

Aufstieg der deutschen Reichskirche 2.3.4

Nach dem Aussterben der Karolinger im ostfränkischen Reich wählten die Stammesherzöge aus ihrem Kreis zunächst 911 den Franken Konrad I. zum König und nach dessen Tod Ende 918 den Sachsenherzog, der als Heinrich I. erster «deutscher König» wurde (919–936). Es gelang ihm, die Herzogtümer Franken, Sachsen, Schwaben und Bayern zusammen mit Lothringen in ein neues Reich zu vereinen und zugleich die einfallenden Ungarn abzuwehren. Sein Sohn Otto I. (912–973) schlug Letztere auf dem Lechfeld bei Augsburg 955 entscheidend, griff danach in die Wirren der italienischen Politik ein und wurde 962 in Rom durch Papst Johannes XII. zum Kaiser gekrönt.

Kirchenpolitisch zeichnet sich die neue Epoche der Ottonen durch mehrere Verdienste aus. Otto I. führte das Papsttum aus der Krise des *saeculum obscurum*, indem er fähige Kandidaten in die Petrusnachfolge wählen liess, und er bezog nördlich der Alpen von ihm ernannte Äbte und Bischöfe gezielt in die neue Reichskirche ein: Als ehelose Reichsfürsten vererbten sie grosse Lehensherrschaften nicht an Söhne, wodurch der König nach ihrem Tod wieder über diese Territorien verfügen konnte. Unter Otto II. (955–983) erreichte die

---

172 «Die Päpstin – Das Musical», komponiert von Dennis Martin (Fulda 2011); der Film «Die Päpstin» der Regisseurin Sönke Wortmann (D/GB 2011) schildert das dörfliche Leben einer Priesterfamilie, die Realität einer Domschule und eines Benediktinerklosters sowie das Rom des 10. Jahrhunderts durchaus anschaulich.

173 *Häuptli, Bruno W.:* Marozia, in: BBKL 22, Nordhausen 2003, 808–811; populäre Romane: *Walz*, Herrin der Päpste; *Berger*, Die heimliche Päpstin.

Mission im Norden von Bremen aus Dänemark, Schweden und Norwegen. Seine Heirat mit der byzantinischen Prinzessin Theophanu bewirkte 972 eine kurzfristige Annäherung an Byzanz. Als Otto II. in Rom 28-jährig starb, regierte seine Witwe selbst als Kaiserin acht Jahre lang das ottonische Reich. Mündig geworden, erstrebte Otto III. (980–1002) ein christliches Imperium, das Italien, Deutschland, westslawische Gebiete und das Burgund vereinte. Der junge Kaiser wollte zudem seine Residenz nach Rom verlegen, starb jedoch vor dem Erreichen seines Zieles.[174] Die Einsetzung von Bischöfen und Äbten durch den König und deren Doppelfunktion als Hirten und Landesherren legten den Grundstein der späteren geistlichen Landesfürsten, unter denen die mächtigen Erzbischöfe von Köln, Mainz und Trier seit dem Hochmittelalter zum engen Kreis der sieben Kurfürsten zählen, die den deutschen König und römischen Kaiser zu wählen (küren) hatten.

Exkurs

In der Schweiz illustriert Chur die Vereinnahmung eines Bischofs für das Reich beispielhaft: Aufgrund seiner strategisch günstigen Lage erlangte der Churer Bischofssitz für die deutschen Könige derart grosse Bedeutung, dass sie den Diözesanhirten in ihr reichskirchliches Lehenssystem einbezogen und mit Gütern an den Alpenpässen beschenkten. Der Bischof setzte zur Verwaltung dieser Güter Ministerialen ein. War der Bischof durch die Lehen an den Kaiser gebunden, so blieben die Ministerialen ihrerseits dem Bischof verpflichtet. Politisch hatte der Bischof die Aufgabe, speziell die Pässe Septimer, Julier und San Bernardino als Verbindungswege nach Süden zu sichern. Im Bedarfsfall musste er auch militärisch eingreifen. Eine ähnliche Funktion wurde dem Abt von Disentis zugeeignet, der die Lukmanierroute zu kontrollieren hatte. Die Situation des Bischofs von Chur war immer wieder durch Aufstände und Anarchie gefährdet. Noch immer herrschte weitgehend das Faustrecht. An den Alpenpässen drohten Überfälle auf Reisende. In den Jahren der Sarazeneninvasion geriet der Septimerpass zeitweise unter muslimische Kontrolle. Als Landesherr war der Bischof in seinen geistlichen Funktionen beeinträchtigt, doch verdankte das Volk ihm auch politisch-sozialen Schutz: Nur wo sein Arm hinreichte, liessen sich Recht und Sicherheit einigermassen garantieren.[175]

174 *Althoff*, Die Ottonen.

175 Vgl. *Bühler*, Chur im Mittelalter.

Die Amtseinsetzung von Bischöfen und Äbten durch Kaiser, Könige und Fürsten stiess als *Laieninvestitur* zunehmend auf kirchliche Kritik. Auch den König, der sich als «Gesalbter Gottes» sakral verstand, ordnete das sich entwickelnde Kirchenrecht dem Laienstand zu. Die Kritiker einer Verquickung von weltlicher und geistlicher Macht erhielten im 11. Jahrhundert Unterstützung aus einem Reformmönchtum, das in der kleinen Burgunder Abtei Cluny unscheinbar begann, innerhalb weniger Jahrzehnte zu einem erstrangigen Machtfaktor in Europa heranwuchs und zur nachhaltigen Reform der Gesamtkirche führte.[176]

Wettlauf zwischen Ost und West in der Slawenmission 2.3.5

Erfolgreiche Missionsversuche sowohl der römischen wie der byzantinischen Kirche setzten in Osteuropa erst ein, als die Wanderungsbewegungen der Slawen (5.–7. Jahrhundert) zur Ruhe kamen und zur Staatenbildung führten. Die Konkurrenz der beiden Grosskirchen bei der Slawenmission wird zum Morgenländischen Schisma von 1054 beitragen.

Karl der Grosse liess nach den Sachsenkriegen (772–804) zur Sicherung der östlichen Reichsgrenze erste Slawenstämme missionieren und tributpflichtig machen. Das Bistum Würzburg errichtete dazu Kirchen im Gebiet der Wenden. So entstand unter Heinrich II. 1007 das Bistum Bamberg als Basis für die weitere Missionierung der Slawen. Otto I. erreichte an der Synode von Ravenna 968 die Gründung des Erzbistums Magdeburg zur Mission der Nordslawen in Brandenburg und an der Elbe. Aufstände bewirkten jedoch Rückschläge, so dass die Christianisierung bis ins 12. Jahrhundert auf sich warten liess. Sie setzte erst unter Erzbischof Adalbero von Bremen (1123–1148) erfolgreich ein.

Patriarch Photios I. von Konstantinopel initiierte die byzantinische Mission in Osteuropa. Auf Bitten von Fürst Rastislav sandte Kaiser Michael III. dazu 864 die beiden Brüder Kyrill und Methodius von Saloniki als Missionare ins Grossmährische Reich. Um die Bibel und die Liturgie ins Altslawische zu übersetzen, entwickelten sie die kyrillische

176 Siehe dazu Abschnitt 2.4.

Schrift. Gleichzeitig suchte auch Passau ab 860 in Mähren missionarisch Fuss zu fassen. Der bayerische Episkopat trat der byzantinischen Mission entschieden entgegen und erreichte, dass Mähren nach Erzbischof Methodius' Tod 885 zur römischen Liturgie wechselte. Böhmen orientierte sich unter dem Přemyslidenherzog Wenzel I., seit 929 König Heinrich I. tributpflichtig, ebenfalls nach Westen. Das Martyrium des Prager Bischofs Adalbert (997), einem Freund von Kaiser Otto II., vertiefte die Anbindung an das ottonische Reich. Im 12./13. Jahrhundert verbreiteten sich die Prämonstratenser in Böhmen und Mähren und verankerten das junge Königreich in der lateinischen Tradition.

Zur Missionierung der Slowenen schritten nach 750 die Bistümer Passau und Salzburg. Die Christianisierung der Serben erfolgte dagegen von Byzanz aus unter Fürst Mutimir (um 850–891). Sowohl die katholische wie die orthodoxe Kirche suchten Khan Boris I. von Bulgarien unter ihre Hoheit zu bringen. Dieser erstrebte ab 852 eine Zusammenarbeit mit König Ludwig dem Deutschen und rief fränkische Missionare in sein Land. 863/864 zwang ihn der byzantinische Kaiser Michael III. jedoch mit militärischen Mitteln, die Allianz mit Ostfranken aufzukündigen. Obwohl es 865 byzantinischen Missionaren gelang, den Fürsten zu taufen, mühte dieser sich kurz darauf wieder um einen Pakt mit dem Ostfränkischen Reich. Diesen verhinderte Kaiser Michael III. 866 erneut mit einer militärischen Drohung. Bulgarien wurde 971 definitiv eine byzantinische Provinz. Die Russische Kirche unterstellte sich 988 dem Patriarchat Konstantinopel, nachdem Grossfürst Vladimir von Kiew die byzantinische Prinzessin Anna geheiratet hatte und sich taufen liess. 1001 gelang es der römischen Kirche, sowohl Ungarn wie Polen in seine Strukturen einzubinden. Silvester II. erlaubte die Krönung Stefans I. zum König von Ungarn und gab der ungarischen Gesandtschaf unter Abt Astricus auch gleich die Krone mit.[177]

Das Grosse Schisma von 1054 trennte die slawische Welt kirchlich definitiv in zwei Richtungen: Die abendländisch-lateinische Kirche setzte sich in Ostdeutschland, Polen, Balti-

---

177 Ein Gesamtbild aller Missionsbestrebungen bietet der Mittelalterhistoriker der Universität Paderborn: *von Padberg*, Christianisierung im Mittelalter.

kum, Böhmen und Mähren, Kärnten, Slowenien, Kroatien und Dalmatien durch. Die griechisch-orthodoxe Prägung behauptete sich in Bulgarien, Serbien, Bosnien und Russland.

Gregorianische Reform (11. Jahrhundert) 2.4

Das beginnende Hochmittelalter sieht nicht nur die Ost- und die Westkirche definitiv auseinanderbrechen, sondern auch das Papsttum in einer tiefen Krise. Die neue Dynastie der Ottonenkaiser und eine kirchliche Reformbewegung, die vom Mönchtum ausgeht, erneuern die Amtskirche und verleihen dem Petrusamt wieder Kraft. Im Laufe des 11. Jahrhunderts bildet sich die lateinische *Christianitas* unter einem starken Kaiser und einem machtbewussten Papst neu aus. Im «Investiturstreit» ringen die beiden Spitzen der Kirche um das Zusammenwirken der beiden Gewalten, des «weltlichen und des geistlichen Schwertes».

Cluny und ein neues Mönchtum 2.4.1

Die nachhaltigste Kirchenreform des Mittelalters ging von Frankreich aus. Kurz nachdem eine Synode bei Laon 909 unter vielen Missständen auch den beklagt hatte, dass in Klöstern Laienäbte mit Frau und Kindern, Dienstherren und Jagdhunden wohnten, gründete Herzog Wilhelm von Aquitanien im burgundischen Cluny 910 ein Kloster, das er vor jeder Einmischung durch weltliche und geistliche Herren schützte, indem er es «den heiligen Aposteln Petrus und Paulus schenkte».[178] Faktisch bedeutete dies, dass der Stifter die Gründung mit allen Gütern dem Schutz des Petrusnachfolgers anvertraute. Exemtion heisst diese direkte Unterstellung unter den Papst. Die Abtei lebte nach der Benediktsregel, verbot den Mönchen Privatbesitz und setzte den Akzent auf feierliche Liturgie. Andere Klöster in Burgund, Frankreich, Italien, Deutschland und Spanien folgten dem Beispiel, schlossen

178 Die Urkunde ist abrufbar unter www.uni-muenster.de/Fruehmittelalter/Projekte/Cluny/CCE/, Dokument BB 0128; zur glanzvollen Geschichte der Gründung: *Wollasch*, Cluny – «Licht der Welt».

sich Cluny an oder wurden durch Cluniazenser gegründet. Waren Benediktinerklöster bisher autonom, entwickelte Cluny erstmals einen Klosterverband, der nach 200 Jahren bereits mehr als 1200 Klöster in ganz Europa zählte. Der Abt von Cluny wurde zu einem Grossabt, dessen Einfluss im wachsenden Klosterverband bald bis Nordspanien, England und bis Mittelitalien reichte.

933 leitete auch Bischof Adalbero von Metz im lothringischen Gorze eine Reform ein, die sich streng nach der Benediktsregel richtete. Sie strahlte bereits im 10. Jahrhundert bis Fulda, Magdeburg und Regensburg aus. Anders als Cluny arbeitete der Gorzer Klosterverband eng mit Bischöfen und Landesherren zusammen. Der deutsche König Heinrich II. entsandte Mönche dieser Reform, um auch Reichsabteien wie St. Gallen zu neuer Blüte zu bringen.[179]

2.4.2 Kirchenreform im Zeichen der Freiheit und Reinheit

Clunys Gründungsidee der kirchlichen Freiheit wurde durch Cluniazensermönche im 11. Jahrhundert auf die Gesamtkirche übertragen: Sie machten «*libertas ecclesiae*», **Freiheit der Kirche** vor jeder Einmischung weltlicher Fürsten und Könige, zu einem zentralen Reformanliegen. Cluny verbreitete auch die erste Friedensbewegung Europas, die den «Gottesfrieden» (*Treuga Dei*) propagierte. Wer als Christ leben und bestattet sein wollte, durfte weder unbewaffnete Personen (speziell Geistliche, Bauern und Händler) angreifen noch Kirchen, Klöster, öffentliche Plätze und Strassen bedrohen. Zudem waren bewaffnete Fehden und Kämpfe in den Fastenzeiten, an hohen Feiertagen und wöchentlich von Donnerstagabend bis Montag untersagt.

Ein weiteres Reformanliegen betraf den Kampf gegen die Priesterehe, den **Nikolaitismus**. Als «Nikolaiten» werden in Anlehnung an die Apokalypse Unzüchtige bezeichnet (Offb 2,14–15). Reformprediger und Theologen wandten den Begriff auf verheiratete oder im Konkubinat lebende Priester an. Bereits Bonifatius hatte ein Zölibatsgesetz im Frankenreich postuliert, ohne seine Forderung durchsetzen zu kön-

179 Zu dieser Reform: *Hallinger*, Gorze–Kluny.

nen. Der spätantike Klerus lebte oft in Gemeinschaften, war gebildet und verankerte seine Askese im geistlichen Leben. Viele frühmittelalterliche Pfarrer lebten auf dem Land auf sich gestellt, waren sozial als Pächter von Lehen und Pfründen landwirtschaftlich tätig und hatten wie andere Dorfgenossen eine Gattin und Kinder. Das Volk unterschied auch im Klerus zwischen Konkubinariern und Verehelichten. Erst die cluniazensische Reformbewegung sagte der Priesterehe den Kampf an. Mönchische Ideale verbanden sich dabei mit archaischen Kultideen: Gottesmänner hatten den Dienst am Altar mit «reinen Händen» zu verrichten.

Ein drittes Reformziel richtete sich gegen den Kauf geistlicher Ämter, die **Simonie**. Der Begriff ist der Apostelgeschichte entlehnt, wo Simon Magus eine Gabe des Heiligen Geistes von Petrus erkaufen wollte (Apg 8,18–24). In der Reichskirche bestimmten Abhängigkeiten und Geschenke die Vergabe der meisten geistlichen Ämter: Dabei unterschied man blosse Geschenke (*munus a manu*) von Fürsprache Einflussreicher (*munus a lingua*) und von versprochenen Dienstleistungen und Gefolgschaft (*munus ab obsequio*). Da das ganze System der Reichskirche simonistisch durchdrungen war, kam diese Reformforderung einer Kampfansage an die weltliche Herrschaft der Kirche gleich. 100 Jahre nach dem Ende des *saeculum obscurum* schickte sich das Papsttum selbst an, das Reichskirchentum aus den Angeln zu heben. Mit der Forderung, alle Weihen durch simonistische Bischöfe und alle Sakramente nikolaitischer Kleriker für ungültig zu erklären, drohten radikale Reformer die gesamte Seelsorge zusammenbrechen zu lassen.

Reformpäpste und der Streit um die Laieninvestitur 2.4.3

Von den Cluniazensern angestossen und in ganz Europa verbreitet, erfasste die Reformbewegung Mitte des 11. Jahrhunderts auch das Papsttum in Rom. 1059 beschloss die Lateransynode erste drastische Reformschritte: Klerikern mit Ehefrau oder Partnerin drohte die Exkommunikation, und jede Art der Laieninvestitur (Empfang eines Kirchenamtes aus Laienhand) wurde verboten. Nikolaus II. erliess im gleichen Jahr ein Dekret, das die Papstwahl einzig den Kardinälen übertrug:

Dabei hatten zunächst Roms Kardinalbischöfe zu beraten, die Kardinalpriester und -diakone den besten Kandidaten mitzuwählen, Klerus und Volk von Rom die erfolgte Wahl zu bestätigen.

Exkurs Das Papstwahldekret von 1059 reagiert auf die Kirchenpolitik des Kaisers Heinrich III., der auch das Papsttum wie eine Eigenkirche behandelte: 1046 bewegte der Salierkaiser die Synode von Sutri, drei einander rivalisierende Päpste abzusetzen: Gregor VI., Silvester III. und Benedikt IX. Der Kaiser setzte seinen Kandidaten durch: Bischof Suidger der noch jungen Diözese Bamberg wurde Klemens II., verschaffte der Cluniazenser Reform Einfluss in Rom und gewährte dem Kaiser als *patricius Romanorum* das Vorschlagsrecht für künftige Papstwahlen. Heinrich III. nutzte dieses Designationsrecht, um in kurzer Folge drei weitere deutsche Päpste durchzusetzen: Bischof Poppo von Brixen als Damasus II. (1048), Bruno von Toul in Lothringen als Leo IX. (1049–1054) und Bischof Gebhard von Eichstätt als Viktor II. (1055–1057).

Gregor VII. (1073–1085), ein ehemaliger Cluniazensermönch, erneuerte an den römischen Fastensynoden von 1074 und 1075 die Verbote von Priesterehe, Simonie (Ämterkauf) und Laieninvestitur. Eine Pariser Synode lehnte die Zölibatspflicht umgehend als unerträglich ab. Mit seinem «Dictatus Papae» von 1075 stellte Gregor VII. die päpstliche Macht über die kaiserliche: Der Papst setze Bischöfe ein und ab, könne auch Kaiser absetzen, werde selbst aber von niemandem gerichtet. Im Zusammenwirken von geistlicher und weltlicher Gewalt sah Gregor VII. das *Sacerdotium* höhergestellt als das *Imperium*. Der Papst war als Nachfolger Petri und Stellvertreter Gottes auf Erden höchste Macht über allen Machthabern. Um die *libertas ecclesiae*, die Freiheit der Kirche, sicherzustellen, war die Selbstvergabe der Ämter durch die Kirche nach kirchlichen und nicht nach politischen Interessen durchzusetzen.

Als entschiedener Gegenspieler Gregors VII. trat der Sohn Heinrichs III., der deutsche König **Heinrich IV.** auf. Sein Kampf gegen den Papst liess die Zeitgenossen den Atem anhalten. Unbeeindruckt von den Beschlüssen der römischen Synode von 1075 und deren Verbot der Laieninvestitur, vergab Heinrich IV. weiterhin kirchliche Ämter und bestimmte neue Bischöfe für die italienischen Machtzentren Mailand und Spoleto. Einer Drohung des Papstes begegnete der König mit einem Reichstag zu Worms 1076, der die Rechtmässigkeit der tumultartig erfolgten Wahl von Gregor VII. bestritt. Der Mönchspapst schleuderte darauf den Bannstrahl gegen den König, exkommunizierte ihn und entband die Untertanen vom Treueid. Durch diesen noch nie erlebten Schachzug geriet Heinrich IV. in arge Bedrängnis: Wer dem Gebannten von den Reichsbischöfen, Äbten, Fürsten und Laien noch folgte, drohte sein eigenes Heil zu verwirken. Über den Sommer und Herbst 1076 wandten sich selbst die zuvor getreuen Reichsbischöfe vom König ab. Ein deutscher Fürstentag bei Mainz drohte Heinrich IV. im Oktober 1076 mit der Wahl eines neuen Königs, sollte ihm die Befreiung vom Kirchenbann bis Februar 1077 nicht gelingen. Zudem wurde der Papst nach Augsburg eingeladen, um da am Fest Maria Lichtmess mit den Fürsten über die Königsfrage zu entscheiden. Heinrich IV. zog darauf mitten im Winter über die Alpen dem Papst entgegen. Er traf ihn in der Burg Canossa, wo sein Taufpate Abt Hugo von Cluny und Markgräfin Mathilde von Tuszien als Gastgeberin zu vermitteln suchten. Nach dreitägiger Busse in Asche und Schnee erwirkte Heinrich IV. die Loslösung vom Kirchenbann. Dennoch wählten die Fürsten im März 1077 Rudolf von Schwaben zum Gegenkönig. Da Heinrich IV. den Papst bedrohte, wurde er 1080 erneut exkommuniziert, worauf er in Brixen Klemens III. zum Gegenpapst wählen liess, den Gegenkönig militärisch besiegte, 1083 nach Italien zog, Gregor VII. in der Engelsburg belagerte und sich 1084 vom Gegenpapst zum Kaiser krönen liess. Als Gregor VII. sich mit Hilfe der Normannen befreien konnte, musste er wegen normannischer Plünderungen vor dem Volkszorn aus Rom fliehen und starb Jahre später im Exil von Salerno.

Eine dauerhafte Lösung im epochalen Ringen zwischen Päpsten und weltlichen Herrschern gelang erst eine Generation später. 1107 verzichtete der englische König Henry I. (1100–1135) auf die Investitur mit Ring und Stab, doch gestattete der Papst ihm, dass kanonisch gewählte kirchliche Amtsträger noch vor der Weihe den Lehenseid auf den König ablegen sollen. Der deutsche König Heinrich V. erklärte sich 1111 bereit, für kirchliche Ämter die volle Wahlfreiheit zuzugestehen, wenn die Amtsträger auf alle weltlichen Herrschaftsrechte (Regalien) verzichten würden. Die Folge wäre eine politisch und wirtschaftlich arme Kirche. Papst Paschalis II. war damit einverstanden, doch die geistlichen Fürsten verweigerten sich dieser Lösung.

Der Gelehrte Ivo von Chartres wies der definitiven Lösung einen Weg, indem er zwischen Investitur (geistliche Amtseinsetzung durch Ring und Stab) und weltlicher Belehnung (Überreichung des Zepters) unterschied. Diesem Kompromiss folgte im September 1122 das Wormser Konkordat zwischen Heinrich V. und Papst Kalixt II. Deutsche Bischöfe und Äbte konnten künftig nach kirchlichem Recht frei gewählt werden, wobei die Anwesenheit des Königs oder seines Vertreters eine Art Veto garantierte: Denn die Belehnung mit königlichen Gütern und weltlicher Macht (die «Regalieninvestitur») erfolgte vor der Weihe. Die Bischöfe blieben damit bis in die Zeit Napoleons Reichsfürsten. Das Erste Laterankonzil bestätigte 1123 das Wormser Konkordat, ebenso das Simonieverbot und die Pflicht zum Priesterzölibat.

Exkurs 1139 trifft das Zweite Laterankonzil die bis heute gültige Regelung bezüglich Pflichtzölibat, wonach Bischöfe, Priester, Diakone und Subdiakone nicht gültig heiraten können. Wird ein Verheirateter geweiht, hat er enthaltsam zu leben. Kurz darauf verfasste der Mönch Gratian eine Rechtssammlung, die als «Decretum Gratiani» (um 1142) Grundlage des Kirchenrechts wird. Es verpflichtet den Priester zum täglichen Stundengebet. In der westlichen Kirche bürgerte sich allmählich die tägliche Eucharistiefeier ein, was die Enthaltsamkeit beeinflusst, denn auch in den Ostkirchen sind die Priester gehalten, an Sonn- und Festtagen Enthaltsamkeit zu üben. Wo aber täglich Messe gefeiert wird, ist auch ständige Enthaltsamkeit verlangt. Wer als höherer Kleriker heiratet, darf seine Funktion nicht mehr ausüben. Wer verheiratet ist, muss enthaltsam wie Bruder und Schwester leben, muss seine Frau unterhalten, und diese darf nicht mehr heiraten. Die neuen Zölibatsvorschriften wurden von breiten Kreisen des Klerus zunächst ignoriert, wie für Deutschland die Synoden von Erfurt, Mainz und Passau zeigen. Auch viele Bischöfe hielten sich nicht daran. Den Pflichtzölibat der Weltpriester wirksam durchzusetzen, wird erst der Trienter Reform im ausgehenden 16. Jahrhundert gelingen.

2.4.4 Eremitische Sehnsucht und stille Klöster

Im Ringen um die Macht von Staat und Kirche, in dem auch Reformklöster wie die Cluniazenser wirtschaftlich reiche und politisch bedeutsame Zentren wurden, zog es immer mehr religiös Suchende in die Einsamkeit. Das 11. Jahrhundert sieht eine eigentliche Blütezeit der Eremiten in Wäldern und von Reklusen, Frauen, die sich im Schutzbereich eines Klosters einmauern liessen. Die neu boomende Gottsuche in stiller Einsamkeit und Weltflucht führte bald auch zu neuartigen Klostergründungen.

998 gründete Romuald von Ravenna die Eremitenkongregation von Camaldoli unweit der Tiberquellen: Sie verbindet bis heute eine Abtei mit einem «Eremo», einem eigentlichen Eremitendorf im nahen Bergwald. Der Orden der **Kamaldulenser** ist heute über Europa hinaus verbreitet und zählt zehn Klöster auf drei Kontinenten. Während die weissen Mönche Romualds ihre Einsiedlerzellen mit Werkstatt und Garten zu lieblichen Eremitendörfern fügen, organisiert ihr französischer Zwillingsorden seine Zellen in streng gegliederte Kartausen. Bruno von Köln gründete diesen zweiten Eremitenorden 1084 in der Berg-Einsamkeit der Chartreuse bei Grenoble. Es wurde zum Mutterkloster der **Kartäuser**, die heute ebenfalls über Amerika, Europa und Asien verbreitet sind und neben 18 Männer- auch vier Frauenklöster aufweisen. Die Strenge ihrer Lebensweise in absoluter Stille, die je sieben Stunden täglich dem Gebet, der Arbeit und dem Schlaf widmet, macht die Kartäuser und Kartäuserinnen (seit 1150) zum einzigen Orden der katholischen Kirche, der nie einer Reform bedurfte.

Ein Zeitgenosse Brunos, der Benediktinerabt Robert von Molesme, gründete 1098 das Kloster Cîteaux, in dem die Benediktsregel wieder rein und in Distanz zur zivilisierten Welt gelebt werden sollte. Der Erfolg des burgundischen Reformklosters führte bald zu ersten Filialklöstern, unter denen Clairvaux mit seinem charismatischen Abt Bernhard zu einer rasanten Expansion des Ordens in Europa beitrug. Anders als die reichen Cluniazenser mit ihrer prachtvollen Liturgie verbanden die **Zisterzienser** eine schlichte Feier der sieben täglichen Gebetszeiten und des Gebets nach Mitternacht mit einer kargen Lebensweise, Handarbeit und Selbstversorgung in abgelegenen Wäldern. Rodungsarbeit, Entwässerung von Sümpfen und Kultivierung wilder Landstriche machen den Orden, der ähnlich wie Cluny einen Klosterverband mit Generalabt und Generalkapitel bildete, zum Pionier der Landwirtschaft und der technischen Entwicklung.

Auch seelsorglich ausgerichtete Gemeinschaften wurden vom Reformeifer erfasst. Seit der Karolingerzeit wurden Priester bei Dom- und Stiftskirchen zu einem gemeinsamen und ehelosen Leben als «Chorherren» motiviert. Der Name leitet sich von ihrer Verpflichtung ab, neben dem Seelsorge- und Schuldienst auch die Gebetszeiten gemeinsam in der Kirche zu verrichten. Synodenbeschlüsse (*canones*) regelten ihre Lebensweise, weshalb sie **Kanoniker** genannt werden. Im 11. Jahrhundert wählten immer mehr Chorherren die Augustinusregel und verpflichteten sich zu einem strengeren Gemeinschaftsleben und zu persönlicher Besitzlosigkeit. Sie heissen im Gegensatz zu den «Säkularkanonikern» die regulierten Chorherren oder «Regularkanoniker» (Augustiner). Ihre Gemeinschaften gründeten berühmte städtische Schulen wie die der Viktoriner in Paris, führten Hospitäler, betreuten Wallfahrtszentren und liessen sich auch auf dem Alpenpass des Grossen St. Bernhard nieder, wo sie seit 1050 ein grosses Hospiz führen.[180]

2.4.5 Das grosse Schisma zwischen Ost- und Westkirche

Um die Jahrtausendwende war das Oströmische Reich um Konstantinopel durch den unaufhaltsamen Vormarsch des Islams zu einem Mini-Imperium geschrumpft. Teile Griechenlands, Süditalien, Sizilien, Nordafrika, der nahe Osten und Kleinasien standen unter muslimischer Herrschaft. Zum äusseren Druck kamen schwere innere Erschütterungen in der byzantinischen Kirche hinzu, die Hoffnungen auf westliche Unterstützung schwinden liessen. Eine erste Entfremdung geschah im *Bilderstreit*. 730 verbot Kaiser Leon III. per Gesetz, religiöse Bilder kirchlich zu verwenden, ahndete Verstösse mit Gefängnis und provozierte einen Bildersturm (Ikonoklasmus). Da die göttliche Person Jesu nicht darstellbar sei, würden Bilder zwangsläufig das Menschliche überbetonen, und zudem fördere der Bilderkult auch Formen des Aber-

180 Überblicke über die Ordensgeschichte vermitteln *Dinzelbacher/Hogg*, Kulturgeschichte der christlichen Orden; *Melville*, Mittelalterliche Klöster, sowie kompakt *Kuster*, Das Kloster.

glaubens. Das Zweite Konzil von Nizäa erlaubte und regelte die Verehrung von Bildern (787), doch verbot eine Synode von 815 Bilder erneut, bis sich die Bilderfreunde (Ikonodulen) an einer Synode von Konstantinopel 843 definitiv durchsetzten. Ihr Vordenker war Johannes von Damaskus, der Bild und Urbild unterschied: Wie der unsichtbare Gott in Jesus menschlich sichtbar wurde, verweise die Ikone als Abbild Christi auf den auferstandenen Gottessohn. Nicht das Bild an sich werde dabei verehrt, sondern das dargestellte Heilige, das in ihm aufleuchte.

Für eine zweite Belastung des Verhältnisses zwischen Ost- und Westkirche sorgte im 9. Jahrhundert der Wettlauf in der Slawenmission. Ein spezieller Konfliktherd wurde Bulgarien, wo die Missionare beider Kirchen aufeinanderstiessen. Wohl verkündigten sie dasselbe Evangelium, doch die unterschiedliche kirchliche Ausprägung gab Anlass für Streitigkeiten. Papst Nikolaus I. erklärte Bulgarien zum alleinigen Missionsgebiet der lateinischen Kirche. Um seinen Forderungen Nachdruck zu verleihen, griff er die liturgische Praxis der Ostkirche an.

Das Vierte Konzil von Konstantinopel löste 870 eine dritte Krise, nachdem Patriarch Photios vehement Roms Vorrang unter den Patriarchaten bestritten hatte. Unter Leitung römischer Legaten beendete die Synode das byzantinische Schisma und legte die Rangfolge der Patriarchate fest: Rom, Konstantinopel, Antiochien, Alexandrien, Jerusalem.

Exkurs

Patriarch Photios war vom Hof 858 als Kommandant der kaiserlichen Leibwache an die Stelle des Patriarchen Ignatius gesetzt worden, worauf 867 Papst Nikolaus I. in die Krise der Ostkirche intervenierte, Photios als illegitimes Oberhaupt erklärte und selbst von einer östlichen Synode unter Photios exkommuniziert wurde. Kaiser Basilius I. setzte Photios ab und den alten Patriarchen Ignatius wieder ein, konnte die Krise aber nicht beenden. Das Vierte Konzil von Konstantinopel exkommunizierte Photios samt seiner Partei.

Dass es 200 Jahre später dennoch zum definitiven Bruch zwischen der Ost- und der Westkirche kam, erklärt sich mit politischen und theologischen Gründen. Als Papst Leo IX. (1049–1054) seine Hand nach den süditalienischen Gebieten der Byzantiner ausstreckte, liess Patriarch Michael Kerullarios lateinische Kirchen und Klöster in Konstantinopel schliessen. Im Frühjahr 1054 gelangte eine römische Delegation zu Verhandlungen an den Bosporus. Der Kaiser empfing sie ehrenvoll, der Patriarch aber frostig. Als keine Einigung in umstrittenen theologischen Fragen erzielt wurde, konkret in Fragen des Credo (Einfügung des *Filioque* in der Westkirche), des päpstlichen Primates, der Verwendung ungesäuerten Brotes in der Eucharistie, der Fastenpraxis und der Priesterehe, legte Kardinal Humbert a Silva Candida am 16. Juli 1054 vor versammeltem Volk die Bannbulle über Michael Kerullarios und alle seine Anhänger auf den Altar der Patriarchalkirche Hagia Sophia nieder. Darauf exkommunizierte der Patriarch seinerseits den Kardinal und seine Partei, d.h. die lateinische Kirche: An einer Synode in Konstantinopel wurde die Exkommunikationsbulle am 24. Juli feierlich verbrannt. Der Name des Papstes wird seither in der orthodoxen Liturgie nicht mehr erwähnt.

Lateinische Kirche	Byzantinische Kirche
Priesterzölibat	Priesterehe
Eucharistie mit ungesäuertem Brot	Eucharistie mit gesäuertem Brot
Firmung ist Aufgabe des Bischofs	Firmung, integriert in Taufe, vom Priester erteilt
Fasten auch an Samstagen der Fastenzeit	Fasten nie an Samstagen und Sonntagen
Alleluja-Gesang entfällt in der Fastenzeit	Alleluja-Gesang auch in der Fastenzeit
Credo: Der Heilige Geist «ex Patre **Filioque** procedit» – geht vom Vater und Sohn aus, der den Geist mitsendet.	Credo: Der Heilige Geist «ex **Patre** procedit» – geht allein vom Vater aus. Es gibt kein zweites Ursprungsprinzip in Gott.

Exkurs

Ostkirchliche Theologie, Glaubenspraxis und Mönchtum

Wesentliche glaubensmässige Unterschiede zur lateinischen Kirche sind nicht vorhanden. Wenn die Ostkirchen die **Eucharistie** nur an Sonn- und Feiertagen feiern, mindern sie die Bedeutung des Sakramentes nicht: Die Eucharistie bleibt das Mysterium schlechthin. Die Realpräsenz wird stark betont, doch verzichten die Ostkirchen im Gegensatz zu den Lateinern auf rationalisierende Erklärungen zur Verwandlung von Brot und Wein. Es ist der Heilige Geist, der verwandelt, wie er auch das Taufwasser und das heilige Öl zu verwandeln vermag. Die eigentliche Wandlung geschieht in der Epiklese, in jenem Teil des Hochgebetes, der um die Herabkunft des Heiligen Geistes bittet. Die Einsetzungsworte des Abendmahlsberichtes geben nur eine deutende Erklärung. Für das griechische Verständnis ist das Gebet immer wirksam, es braucht keinen Indikativ wie bei den Lateinern. In der Eucharistie verdichtet sich die ganze Heilsgeschichte; sie ist gleichsam Heilsgeschichte im Zeitraffer.

Ekklesiologisch vereint die **Kirche** das himmlische und das irdische Gottesvolk. Deshalb kommt den Heiligen und Maria grosse Bedeutung zu. Die Kirche wird geleitet durch die Bischöfe, die als Hirten grössere Autonomie geniessen als ihre Kollegen in der westlichen Kirche. Ohne Bischof gibt es keine Kirche. Die Patriarchensitze werden auf einen Apostel zurückgeführt und haben symbolische Vorrangstellung: Andreas als Begründer des Sitzes von Konstantinopel wird als Urapostel betrachtet, da er nach johanneischer Darstellung als Erster zu einem Jünger Jesu berufen wurde. Er kommt daher zeitlich wie symbolisch in der Nachfolge Jesu vor Petrus. Die östliche Petrusverehrung blieb ohne juristische Konsequenzen.

Was für das **Mönchtum** der westlichen Kirche die Benediktusregel, war für die Ostkirche die Basiliusregel. Die Ostkirche unterscheidet aktive und kontemplative Mönche im gleichen Kloster. Der Vollmönch (*monachos*) lebt allein (*monos*) mit dem alleinigen Gott. Gott zu schauen ist sein Ziel. Deshalb ist er freigestellt von körperlicher Arbeit und braucht sich um materielle Güter nicht zu kümmern. Die Aufgabe des Halbmönchs besteht darin, durch seine Arbeit und Sorge dem Vollmönch das gottgeweihte Leben zu ermöglichen. Jedes Kloster ist selbständig. Der Zusammenhalt mit der Kirche wird gewahrt durch die Feier der Eucharistie und die Verbindung mit dem Bischof. Grosse Bedeutung erlangten die Mönche als Seelsorger, vor allem als Beichtväter. Sowohl Laien- wie Priestermönche konnten ursprünglich kraft der Heiligkeit ihres Lebenswandels die Absolution erteilen. Mit der Zeit beschränkte sich diese Vollmacht auf die Priestermönche. Oft war der Laienmönch (Starez) weiter für das seelsorgliche Gespräch gefragt. Da das Bischofsamt auch in der Ostkirche Ehelosigkeit erfordert, gehen die Bischöfe aus dem Mönchstum hervor. Zum bekanntesten Zentrum entwickelte sich der Berg Athos: Klöster verschiedener Nationen, auch solche der lateinischen Kirche, bilden auf der Halbinsel eine Mönchsrepublik. Frauen ist der Zutritt strengstens untersagt. Neben den zönobitischen (gemeinschaftlichen) finden sich idiorhythmische Klöster, bei denen die Mönche ihr Leben eigenständig gestalten, sich aber zu den Gottesdiensten treffen.

In der Ostkirche wird das ganze **Volk** einbezogen. Allerdings sind Frauen stärker zurückgesetzt als in der lateinischen Kirche. Im Gegensatz zu dieser ruft die orthodoxe Tradition aber alle Gläubigen auf, die evangelischen Räte (= Armut, Keuschheit, Gehorsam) zu befolgen, wenn auch auf unterschiedlichen Verwirklichungsstufen. Im Mönchtum wird die vollkommenste Stufe erreicht, alle andern Lebensstände leben die Räte nach eigenen Bedingungen. Die Liturgie drückt eine Verschwisterung aller Gläubigen und die Erlösung der Geschöpfe in sinnenfälligen Zeichen, Riten und Prozessionen aus. In der familiären Frömmigkeit der orthodoxen Kirchen ist die Ikone nicht wegzudenken. Vor ihr werden die Hausgebete verrichtet, und ein brennendes Licht symbolisiert ihre Verehrung.[181]

2.5 Die Zeit der grossen Kreuzzüge (12. Jahrhundert)

Die neue Stärke des Papsttums und sein selbstbewusstes Auftreten weltlichen Mächten gegenüber ermöglichten ab 1095 europäische Unternehmungen, die die lateinische Christenheit in den Kampf gegen die islamische Welt führen. Von Päpsten ausgerufen und von christlichen Herrschern geleitet, ziehen insgesamt sieben grosse Kreuzzüge in den Nahen Osten und nach Nordafrika. Durch sie vereinen sich innerchristliche Gegner im Kampf gegen den äusseren Feind, entstehen neue Orden, boomt der Pilgergeist und verändert sich die Spiritualität.

2.5.1 Christliches Rittertum und Kreuzzüge

Kreuzzüge sind bewaffnete Kriege des christlichen Abendlandes, die sich im Hochmittelalter gegen «Ungläubige und Ketzer» richteten, speziell gegen Muslime im Orient und in Spanien sowie gegen Katharer in Südfrankreich. Als «heilige Kriege» vom Papst ausgerufen, setzten sie eine Lehre von gottgefälliger Gewalt voraus, die sich markant von der frühen Kirche abhebt: Konnten Soldaten vor der Konstantinischen Wende Christen werden, verboten Gemeinden jedoch Christen den freiwilligen Armeedienst. Augustinus suchte in der bedrohten Reichskirche nach Gründen für einen *bellum iustum* (= gerechter/ethisch gerechtfertigter Krieg): Für gerecht hält er einzig solche Kriege, die – als letztes Mittel von der legitimen Autorität ausgerufen – der Verteidigung dienen und grössere Übel abwenden. Im frühen Mittelalter veredelte die Kirche mit ihrer Dreiständelehre militärische Gewalt: Die betenden Mönche und Kleriker (*oratores*) hatten das Heil des

181 Einen guten Abriss der orthodoxen Kirchengeschichte bieten *Döpmann*, Die orthodoxen Kirchen, im Spiegel der Quellen; *Thon*, Geschichte der orthodoxen Kirche, und für die Zeit von 1274–1700: *Bryner*, Die orthodoxen Kirchen.

ganzen Gottesvolkes zu sichern, die arbeitenden Bauern (*laboratores*) hatten es zu ernähren, und der Adel hatte deren Schutz notfalls mit Waffengewalt (*bellatores*) zu gewährleisten. Die Segnung von Waffen und kirchliche Ritterweihen verfeinerten das Bild des christlichen Ritters im Dienst Gottes.

In der Kreuzzugsidee verbanden sich politische und militärische mit religiösen Motiven, die sich auf Jerusalem richteten: Für mittelalterliche Christen war eine Wallfahrt nach Jerusalem der Inbegriff des Pilgerns. Jerusalem übertraf die Bedeutung Roms, war es doch die Stadt des Leidens Jesu, seiner Auferstehung und der Urgemeinde der Apostel. Jerusalem galt als Mittelpunkt der Welt und hatte eine eschatologische Bedeutung: Von Jerusalem würde die Erneuerung der Welt ausgehen, und hier würde Christus am Ende der Zeit wiederkommen. Wer nach Jerusalem pilgerte, gewann einen Lohn, der alle anderen Busswallfahrten weit übertraf: den Erlass aller zeitlichen Sündenstrafen.

Diese religiösen Motivationen vermischten sich mit handfesten politischen Zielen, als Urban II. im November 1095 auf der Synode von Clermont das Novum einer bewaffneten Wallfahrt propagierte: Anlass dazu bot ein Hilferuf aus Konstantinopel, in dem der oströmische Kaiser um militärische Unterstützung gegen die vorrückenden Türken bat. Diese gefährdeten auch die Pilgerroute ins Heilige Land. Der französische Papst, früher Abt in Cluny, beanspruchte das Recht der Christen auf den Besitz der heiligen Stätten in Palästina. Da dieses sich in den Händen von Ungläubigen befand, erschien ein Waffengang als Akt christlicher Verteidigung und damit als «gerechter Krieg». Zog man früher unbewaffnet ins Heilige Land, so rief der Papst nun zu einer Verbindung von gerechtem Krieg und Wallfahrt auf: «Das Kreuz auf sich nehmen» konnten im bewaffneten Unternehmen sowohl Ritter wie das ganze Volk Gottes, das den Kreuzzug unterstützte.[182] Der gemeinsame Kampf gegen einen äusseren Feind sollte ab 1096 nicht nur innerchristliche Fehden im Abendland überwinden helfen, sondern auch der bedrohten Ostkirche zu Hilfe eilen und das schmerzliche Schisma von 1054 überwinden. Soziale

182 *Auffahrt*, Irdische Wege und himmlischer Lohn, untersucht die Kreuzzüge religionswissenschaftlich.

und wirtschaftliche Motive trugen das Ihre bei, dass die Kreuzzüge zu einem Massenphänomen wurden. Kinderreiche Familien in Adel und Bauernstand verfügten über beschränkte Güter: Meist übernahm der älteste Sohn die Herrschaft oder den Hof, die Jüngeren hatten nach anderen Existenzformen zu suchen. Arme erhofften sich im Heiligen Land Glück und Reichtum, und Abenteuerlustige versprachen sich Abwechslung vom harten oder monotonen Leben zu Hause.

In Frankreich durch einen französischen Papst lanciert, war der **Erste Kreuzzug** (1096–1099) weitgehend ein französisches Unternehmen. Der Wanderprediger Pierre d'Amiens provozierte im Frühling 1096 zunächst einen «Bauernkreuzzug»: Gegen 70 000 Bewaffnete aus der unteren Bevölkerung Mittelfrankreichs zogen schlecht ausgerüstet los, schritten unterwegs zu Judenprogromen in Rouen und in Städten des Rheinlandes, liefen im Orient jedoch als ungeordnete Scharen in die Messer der Türken. Unter der militärisch straffen Führung der Grafen Gottfried von Bouillon, Robert von der Normandie und Raimund von Toulouse zogen ab August 1096 Tausende von Rittern und bewaffneten Pilgern in den Orient. 1098 fiel Antiochien nach monatelanger Belagerung und am 15. Juli 1099 Jerusalem nach fünfwöchigem Ansturm. Nach einem Blutbad unter den Muslimen und Juden wie auch unter koptischen und syrischen Christen in der Stadt wurde das christliche Königreich Jerusalem errichtet. Gottfrieds Bruder Balduin von Bouillon wurde sein erster König (1100–1118). Die eroberten Territorien bildeten drei weitere Kleinstaaten: das Fürstentum Antiochien sowie die Grafschaften Edessa und Tripolis.

Von der schlagkräftigen Expedition der Franzosen überrumpelt, erholte sich die islamische Welt nur langsam vom erlittenen Schock: 1144 gelang es Emir Imad ad-Din Zengi von Aleppo, Edessa zurückzuerobern, was den **Zweiten Kreuzzug** provozierte (1147–1149). Von Bernhard von Clairvaux im Auftrag des Papstes propagiert, stand das erfolglose Unternehmen unter der Leitung des Staufers Konrad III. und des französischen Königs Ludwig VII.

Nachdem Sultan Saladin 1187 die Kreuzfahrer bei den Hörnern von Hattin vernichtend geschlagen und Jerusalem zurückerobert hatte, vereinigten sich die drei mächtigsten

Herrscher des Abendlandes zum **Dritten Kreuzzug** (1189–1192). Kaiser Friedrich I. Barbarossa ertrank in einem Flüsschen Kleinasiens, und den Königen Richard I. Löwenherz von England und Philipp II. von Frankreich gelang es lediglich, Akko zurückzuerobern und einen Küstenstreifen in Palästina zu sichern. Innozenz III. lancierte darauf den **Vierten Kreuzzug** unter päpstlicher Ägide (1202–1204). Er wurde von Venedig jedoch gegen Konstantinopel geleitet. Der Papst rief daher ab 1213 zu einem **Fünften Kreuzzug** auf, der sich unter seinen Nachfolgern 1217–1229 dahinzog. Er endete in einem Waffenstillstand zwischen Kaiser Friedrich II. und Sultan Muhammad al-Kamil, der den Christen Jerusalem, Betlehem und Nazaret für zehn Jahre übergab.[183] Dazwischen brachen 1212 in einem charismatischen «**Kinderkreuzzug**» gegen 30 000 Jugendliche und einfache Leute aus Frankreich und dem Rheinland auf, um nach dem Vorbild des singend eroberten Jericho waffenlos zum Erfolg zu kommen: Sie endeten auf Sklavenmärkten Nordafrikas oder als Mädge und Knechte in Italien.

Als die Türken 1244 die Kreuzfahrer endgültig aus Jerusalem vertrieben und die christliche Wallfahrt unterbanden, suchte Frankreich in zwei weiteren Kreuzzügen die muslimische Macht mit Schlägen gegen Nordafrika zu brechen: Der **Sechste Kreuzzug** (1248–1254) Ludwigs IX. richtete sich erfolglos gegen Ägypten, und ein **Siebter Kreuzzug** brachte dem König 1270 den Tod in Tunesien. Mit dem Fall von Akko endete 1291 die «fränkische Herrschaft» im Nahen Osten.

Einen eigenen Typus des Kreuzzugs bildete Spanien aus. Bis zur Jahrtausendwende gelang es den christlichen Kleinkönigen im Norden, ein Drittel der iberischen Halbinsel zurückzugewinnen. Die im 9. Jahrhundert aufkommende Pilgerschaft zum angeblichen Grab des Apostels Jakobus in Compostela trug dazu bei, dass das christliche Abendland die **Reconquista** (= Wiedereroberung) Spaniens unterstützte. Der Apostel wurde 844 als *matamoros* (= Maurentöter) zum Patron im «Heiligen Krieg» des christlichen Nordspaniens gekürt. Als 1085 mit Toledo die alte westgotische Königsstadt und maurische Hochburg südlich von Madrid fiel, trat die Recon-

183 Zu Verlauf und Folgen aller Kreuzzüge: *Jaspert*, Die Kreuzzüge, mit vielen Karten; *Riley-Smith*, Grosser Bildatlas der Kreuzzüge.

quista in ihre zweite Phase. In Südspanien riefen die Almoraviden, marokkanische Berber, als neue Machthaber den Dschihad gegen die Christen aus, worauf die christlichen Könige ihre Reihen schlossen und 1212 in der Schlacht von Las Navas de Tolosa einen Durchbruch im Kampf um das Reich von Córdoba errangen. Dieser blutige Sieg im beidseitigen Religionskrieg leitete die dritte Phase der Reconquista ein, die 1492 mit dem Fall Granadas endete. Das siegreiche «katholische Königspaar» Ferdinand von Aragón und Isabella von Kastilien wiesen sowohl Mauren wie Juden aus dem neuen spanischen Grossreich aus. Ab 1156 trugen vier iberische Ritterorden die Reconquista tatkräftig mit: die Orden von Alcántara, Calatrava, Santiago und Montesa. Die Päpste unterstützten den christlichen Kampf ideell mit Ablässen, und Frankreich entsandte eigenen Truppen.

2.5.2 Ritter- und Hospitalorden

Die Kreuzzüge des Hochmittelalters entfalteten nicht nur die christliche Ideologie heiliger Kriege, sondern führten auch zu neuen Formen engagierter Spiritualität. Zu ihnen gehörten religiös-soziale Institutionen wie die Hospital- und militärischen Ritterorden.[184] Zwanzig Jahre nach der Eroberung Jerusalems entstand eine Gemeinschaft von Laien (1119), die sich an die Regularkanoniker des Heiligen Grabes band. Ihre Mitglieder versuchten, notfalls auch mit Waffengewalt, für die Sicherheit der Christen in der Heiligen Stadt und bald auch in den Kreuzfahrerstaaten Syriens und Palästinas zu sorgen. Die Bezeichnung Templer leitet sich vom *templum Salomonis* her, wie die Kreuzritter die Aqsa-Moschee nannten, die damals als Palast des Kreuzfahrerkönigs diente und der Gemeinschaft 1220 überlassen wurde. Das spirituelle Programm des entstehenden **Templerordens** wird in einem Brief des ersten Meisters Hugo von Payens fassbar. Er sieht ihre Berufung darin, sich in Friedenszeiten durch die Askese selbst zu besiegen und in Kriegszeiten «die Feinde des Friedens zu schlagen». Um seine Aufgabe zu erfüllen, sollte der entstehende Laienorden

184 Profil und Entwicklung dieser Orden schildert *Demurger*, Die Ritter des Herrn.

dem Gebet weniger Raum geben als Mönche und Kanoniker. Bernard von Clairvaux verfasste eine «Lobrede auf die neue Ritterschaft» und pries die Tempelritter als neuartige Mönchssoldaten: Sie übten legitime Gewalt aus, da sie für Christus stritten und seine Diener – Glieder am Leib Christi – schützten. Die Templer gelobten Gehorsam, vollkommene Keuschheit und Armut. Ihre Regel (1128) orientierte sich am Leben der Regularkanoniker sowie einigen Gebräuchen der Zisterzienser. Der Templerorden finanzierte seine Mission im Orient mit zahlreichen Niederlassungen in Europa und wurde derart reich, dass der französische König ihn 1312 durch das Konzil von Vienne wegen angeblich häretischer Neigungen aufheben liess, um seine Güter zu konfiszieren.[185]

Die Anfänge der **Johanniter** liegen ebenfalls in Jerusalem. Der zweite Ritterorden entstand um 1180 als Pflegegemeinschaft im Hospital «Johannes der Täufer», wo Pilger- und Krankensorge sich mit dem Schutz der Anvertrauten verband. Im Bestätigungsschreiben verpflichtet Papst Luzius II. die Jerusalemer Hospitaliter auf die Regel des hl. Augustinus. Sie unterschieden in ihren Reihen zwei Gruppen, Priester und Laien, mit je eigenen Aufgaben. Beide gelobten vollkommene Keuschheit, Gehorsam und Armut. Auch die Johanniter verbreiteten sich über Europa und lebten gemeinschaftlich in ihren Kommenden, wenn nicht Bettelgang oder andere Aufgaben sie zu reisen zwangen. Jeder Luxus in Kleidung und jede persönliche Bereicherung war ihnen von der Regel untersagt. Nach dem Fall der Kreuzfahrerstaaten verlegte der Spital- und Ritterorden seinen Hauptsitz zunächst nach Zypern, dann auf Rhodos und ab 1530 nach Malta. Seither heisst er auch Malteserorden. Durch Napoleon von Malta vertrieben, ist der Orden heute mit über 13 000 Rittern und Damen ein souveränes Völkerrechtssubjekt mit Sitz des Grossmeisters in Rom.

Auch die **Deutschordensritter** entstanden um 1180 im Heiligen Land, bevor ihnen die neue Aufgabe zukam, die slawischen Heiden zurückzudrängen. Wie die Johanniter und die Templer errichteten die Ritter des Deutschen Ordens Kloster-

185 Zum Vienner Konzil und seiner Politik: *Wohlmuth*, Conciliorum oecumenicorum decreta 333–401.

burgen, geboten über befestigte Städte und regierten weite Territorien in Osteuropa als Landesherren im Ordenskleid.

Mit dem Untergang der römischen Antike in der Völkerwanderung brach im Abendland auch das städtische Spitalwesen weitgehend zusammen. Im Frühmittelalter waren es die Klöster, die Kranke im Zeichen des Doppelgebotes der Christus- und Nächstenliebe pflegten und dafür neue Strukturen entwickelten. Der St. Galler Klosterplan sieht dazu ein Arzthaus und einen eigenen Spitalbau vor. Fanden hier zunächst nur eigene Mönche Aufnahme, profitierten schnell auch Kranke und Leidende aus den Dörfern von der ärztlichen Kunst und der Klosterapotheke. Die Entstehung des **Antoniterordens** steht beispielhaft für die weitere Entwicklung des Spitalwesens im Hochmittelalter: Die Wallfahrt zu den Reliquien des Mönchsvaters Antonius, die im 11. Jahrhundert ins Benediktinerpriorat Saint-Antoine-en-Viennois südlich von Lyon gelangten, liess 1083 ein Hospital für Pilgernde und Mutterkornbrand-Kranke entstehen: Die Pflegegemeinschaft wuchs schnell, gründete bald weitere spezialisierte Spitäler und expandierte nach England, Italien und Deutschland. 1245 nahm Innozenz IV. die Brüder als Kanoniker unter den Schutz des hl. Petrus und gestattete ihnen, nach der Augustinusregel zu leben. Konflikte mit den Mönchen führten 1297 zur definitiven Trennung vom Benediktinerorden. Der selbständige Antoniterorden zählte im 14. Jahrhundert 300 Häuser. Gleichzeitig spannten weitere neue Orden wie die Johanniter und die Deutschherren ein Netz von Hospitälern über Europa. Der Heiliggeist-Orden des Guido von Montpellier kam im Spätmittelalter auf 740 Spitäler. Die im 16. Jahrhundert gegründeten Barmherzigen Brüder des hl. Johannes von Gott führen noch heute rund 200 Häuser mit 40 000 Betten.

2.5.3 Pilgergeist

Lange bevor die neu aufblühende Stadtkultur mit ihrer bürgerlichen Mobilität die agrarisch-sesshafte und feudal-geordnete Gesellschaftsstruktur des Mittelalters aufbrach, überwand die Pilgererfahrung geografische Horizonte ebenso wie Standesgrenzen. Wer zu Fuss oder per Schiff nach Rom, Jerusalem, Compostela, Canterbury oder Marburg pilgerte, sah sich unabhängig von Herkunft und Beruf unterwegs meist denselben Strapazen und Gefahren ausgesetzt. Bauern wie Ritter erlebten beim Erreichen des Ziels nach bestandenen Abenteuern ähnliche Emotionen. Nicht von ungefähr hat der Europarat 1987 den Jakobsweg zum ersten Kulturweg Europas erhoben, weil er seit 1200 Jahren Menschen aus allen Teilen des Abendlandes zu einer einzigen Schicksalsgemeinschaft verbindet.

Die wichtigsten Pilgerwege des christlichen Mittelalters waren die *Via Romea* oder *Francigena* nach Rom, die *Via Jacobea* nach Compostela und die Land- und Seewege nach Jerusalem.[186] Seit dem 4. Jahrhundert besuchten Gläubige das «Heilige Land». Selbst die Völkerwanderung unterband den Strom der Pilgerzüge nie ganz. Der Ausdruck *Terra sancta* (= heiliges Land) wurde aus dem Ersten Testament (Weish 12,3) übernommen, und damit die Vorstellung von Jerusalem als Mitte der Welt aus der jüdischen Tradition, die den Tempel als Nabel der Welt und irdische Wohnstätte Gottes und die Zionsstadt als Ort der beginnenden Schöpfung und als Grabstätte Adams ehrte. In der Kreuzzugszeit kommen Weltkarten auf, die Jerusalem markant als Mitte des Erdkreises darstellen. Der Cluniazenserabt Petrus Venerabilis (†1156) bezeichnete Jesu Grab als Herz der Welt.[187] Bernhard von Clairvaux rief dazu auf, alle Stätten von Jesu Wirken zu besuchen. Die Franziskaner übernahmen ab 1217 die Wallfahrtsbetreuung an vielen Stätten des heiligen Landes und entwickelten volkstümliche Bräuche wie den Kreuzweg, um die Schritte der Nachfolge Jesu vor Ort symbolisch nachzuvollziehen. Wie stark der Wunsch christlicher Pilgernder nach den Stätten Jesu blieb, zeigt noch Ignatius von Loyola (†1556), der gerne lebenslang in Jerusalem geblieben wäre.

In Europa selbst zogen neben Rom und Compostela, die als Orte mit berühmten Apostelgräbern alle anderen Wallfahrtsziele an Attraktivität übertrafen, auch Wallfahrtskirchen grosser Heiliger die Massen an: Martins Grab in Tours, Thomas Beckets Grab in Canterbury und Elisabeths Schrein in

---

186 Der folgende Abschnitt stützt sich auf *Angenendt*, Geschichte der Religiosität im Mittelalter 208–212, und *Caucci von Saucken*, Pilgerwege.

187 Vgl. *Petrus Venerabilis*, Sermones 2: PL 189, 987 C.

Marburg waren ebenso Ziel Tausender von Pilgernden wie Dome, die durch importierte Reliquien ausgezeichnet wurden: Köln mit den Drei Königen, Trier mit St. Matthias, Paris mit der Heiligen Lanze in der Sainte Chapelle und Loreto mit dem von Engeln übertragenen Haus Mariens stehen beispielhaft für Pilgerzentren, die selbst von Päpsten bis heute besucht werden. Wer auf ein grosses Pilgerziel zuging, besuchte unterwegs auch die Wallfahrtszentren zahlreicher Heiliger von nationaler, regionaler und lokaler Bedeutung. Heiligengräber aufzusuchen versprach Heilung und Hilfe in Not für sich oder andere, Verdienste, Busserlass für Straffällige und Abenteuer – und für Frauen in spezieller Weise Freiheit im sonst eingeschlossenen Adels- oder monotonen Familienleben.

2.5.4 Evangelische Armutsbewegungen

Die Kreuzzüge brachten Tausende von Rittern und einfachen Pilgernden an die Stätten von Jesu irdischem Leben. Verehrte die Epoche der Romanik Christus als Weltenherrscher und König der Könige, weckten die Wege durchs Heilige Land eine neue Sensibilität für die irdische Geschichte des Gottessohnes. Die Menschlichkeit Jesu, in den Evangelientexten betrachtet, führte im 12. Jahrhundert einerseits zu einer Freundschaftsmystik bei den Zisterziensern und andererseits zu neuen Formen radikaler Nachfolge in einem Wanderdasein nach dem Vorbild der Apostel.[188]

Als ein erstes Beispiel lässt sich Norbert von Xanten (1082–1134) nennen. Bevor er den Orden der **Prämonstratenser** gründete, der sein Gemeinschaftsleben und seine Seelsorge nach Massgabe der Augustinusregel organisierte, führte er mit Gefährten ein radikales Wanderleben nach den evangelischen Räten. Als Hofkaplan im Dienste des Kölner Erzbischofs und Heinrichs V. hatte er sich im Investiturstreit vom Kaiser getrennt, um zunächst als Reformprediger durch Westfalen zu ziehen. Von der Synode in Fritzlar 1118 wegen seines armen und unsteten Lebensstils und seiner Kritik am Klerus gerügt, verliess er Deutschland und zog fortan als Wanderprediger in apostelgleicher Armut durch Frankreich.

188 Vertiefend: *Kuster*, Wanderradikale 46–81.

«Glücklich über seine Begleiter durchzog Norbert die Burgen, Dörfer und Städte. Er predigte, versöhnte die Zwieträchtigen und wandelte verhärtete Fehden unter Feinden in Frieden [...] Brachte man ihm Gaben, verschenkte er sie an Arme und Aussätzige. Er vertraute unbesorgt darauf, dass er von Gottes Gnade alles Lebensnotwendige erhalten werde [...] Seine Art zu leben war neu und erregte Staunen [...] Nach der Vorschrift des Evangeliums trug er weder Reisetasche noch Schuhe, auch kein zweites Kleid. Ihm genügten ein paar Bücher und das Messgewand im Gepäck.»[189]

In St-Gilles traf er Papst Gelasius II., der ihm erlaubte, das Evangelium überall zu predigen. Barfuss und von zwei Laienbrüdern begleitet, rief er vom Languedoc bis Poitou zur Christusnachfolge auf. Als der Wanderprediger im kalten Winter seine Begleiter verlor, berief der Bischof von Laon ihn Ende 1119 zum Propst des Stiftes St. Martin, was der Reformer aber mit der Begründung ablehnte, er habe sich «vorgenommen, nach bester Erkenntnis rein nach dem Evangelium und der Lehre der Apostel zu leben»[190]. Im Frühling 1120 gelang es dem bischöflichen Schutzherrn, Norberts Sehnsucht nach zeitweiser Einsamkeit zur Gründung eines Klosters im nahen Tal von Prémontré zu bewegen. 1121 wuchs da eine Gemeinschaft, die Ende desselben Jahres 100 Novizen, Männer und Frauen zählte. Norbert wählte für diese und weitere Gründungen die Kanonikerregel. Er selbst blieb seiner Berufung zum Wanderprediger treu, riss weiterhin Volksmassen in seinen Bann und gewann Novizen für den entstehenden Orden. Von diesem erhoffte er sich eine Reform der Kirche von unten. Prémontré ernährte zudem bis zu 500 Arme und Kranke, für die neben dem Doppelkloster ein Hospital entstand. Der Papst anerkannte den Orden 1126. Im gleichen Sommer trat Norbert am Reichstag von Speyer auf, wo er gegen seinen Willen zum Erzbischof des kaiserlichen Magdeburg gewählt wurde. Am 18. Juli betrat er seine künftige Residenzstadt barfuss und im ärmlichen Ordenskleid. Er begann die Erzdiözese im Geist der gregorianischen Reform zu erneuern, predigte

189 Vita sancti Norberti 6, deutsch: *Hertel*, Leben des heiligen Norbert; hier wie auch das folgende Zitat aus dem Lateinischen übersetzt von Niklaus Kuster.

190 *Elm*, Norbert von Xanten 9.

weiterhin unter dem Volk und überlebte Mordanschläge seitens des Domkapitels.[191]

Für die neue Armutsbewegung hiess evangelisch leben: wie die Apostel allen Besitz verkaufen, das Geld den Armen geben und wandernd den Frieden predigen. Waren es zunächst Kleriker wie Robert von Arbrissel (1045–1117) und Norbert von Xanten, die sich beide schliesslich von ihren Bischöfen zu Klostergründungen bewegen liessen, folgten bald auch Laien diesem Ideal. Die neue Lebensform evangelischer Wanderprediger war implizit eine Kritik an der Kirche, am Lebensstil des Klerus und an seinem Reichtum. Weil sich mit kirchlichen Ämtern meist auch politische Macht verband, stellte die Armutsbewegung das ganze kirchlich-gesellschaftliche System infrage. Um 1150 starb Eon von Stella, zunächst Laieneremit und dann Wanderapostel, in der Klosterhaft von Saint-Denis: Die Synode von Reims hatte ihn verurteilt, weil er die Kirchenhierarchie und die Heiligenverehrung als unbiblisch verurteilte. Die Anhänger der Armutsbewegung werden in den Quellen zunehmend als «*rustici*», «*illitterati*» und «*idiotae*» bezeichnet: Leute, die über keine theologische Bildung verfügten.

Innerhalb der jüngeren Armutsbewegung erzielten die **Waldenser** eine Breitenwirkung im Volk, die der Amtskirche gefährlich erschien, Verfolgungen nach sich zog und schliesslich zur Bildung einer eigenständigen Kirche führte. Am Anfang steht der Lyoner Kaufmann Valdès, den Jesu Rat an den Reichen (Mk 10) in eine Sinnkrise stürzte. Er verliess 1179 Haus, Familie und Zunft, um nach dem Vorbild der durch Galiläa ziehenden Apostel arm zu leben, auf die Wanderschaft zu gehen und zu predigen. Bald schlossen sich ihm andere Laien an, Männer und auch Frauen. Die «*Pauperes Christi*» (= «die Armen Christi») lasen das Evangelium in der Volkssprache und verkündeten es mit Wort und Tat. Dafür suchten sie den Segen ihres kirchlichen Hirten, doch der Lyoner Erzbischof Guiskard verdächtigte die «Armen Christi» der Ketzerei. Papst Alexander III., der Valdès 1179 am Dritten Laterankonzil prüfen liess, erlaubte der Laienbewegung 1180

191 *Elm*, Norbert von Xanten, bietet ein modernes Lebensbild des Ordensgründers.

das Wanderleben in evangelischer Armut, band die Predigttätigkeit aber an die Erlaubnis des Ortsbischofs. Weil sich der neue Erzbischof Johannes ab 1181 gegen die Waldenserbewegung stellte, ging diese zu scharfer Kirchenkritik über und berief sich nun auf ihre direkte Nachfolge Christi. Um 1200 bereits über ganz Südfrankreich, Norditalien und Teile Deutschlands verbreitet, wurde Valdès' Bewegung von der römischen Kirche verfolgt und zum Aufbau einer eigenen Kirche gezwungen. Sie hielt an den Sakramenten der Taufe, Eucharistie und Busse fest, band die Vollmacht zur Sakramentenspendung aber nicht an eine Weihe, sondern an eine apostelähnliche Lebensweise. Ähnlich wie die Katharer unterschieden sie zwischen *perfecti* (= Vollkommene) und *credentes* (= Gläubige) oder *amici* (= Freunde). Trotz heftigster Verfolgungen konnte sich die Waldenserkirche in Norditalien, Sizilien, Rom und Teilen des übrigen Europas halten. In der frühen Neuzeit schloss sie sich der Genfer Reformation an, bildet jedoch mit rund 50 000 Mitgliedern innerhalb der reformierten Kirche bis heute eigene Gemeinden, u. a. in Zürich, und sie führt in Rom eine eigene Theologische Fakultät.[192]

Innozenz III. – Laienpredigt und Weltherrschaft 2.5.5

Eine Wende im Umgang mit der Armutsbewegung trat erst durch Innozenz III. ein. Mit 37 Jahren zum Papst gewählt, regierte Lothar von Segni von 1198–1216 und brachte dem Papsttum höchste Macht und glanzvolles Ansehen.[193] Der Grafensohn hatte in Paris und Bologna studiert und galt als bester Kirchenrechtler der Zeit. Glanzvoller Höhepunkt seines Pontifikats war das 4. Laterankonzil vom Herbst 1215. Es versammelte über 70 Patriarchen und Metropoliten, 400 Bischöfe und 900 Äbte, Prioren und weltliche Gesandte in Rom. Das Konzil rief zum Fünften Kreuzzug auf, dogmatisierte die katholische Abendmahlslehre, schrieb allen Gläubigen die österliche Beichte beim eigenen Pfarrer und jährlich einen Kommunion-

192 *Audisio*, Die Waldenser, zeichnet die Geschichte dieser Kirche bis in die Gegenwart nach.

193 Den Papst als Schlüsselperson des Hochmittelalters beleuchten die Beiträge in *Frenz*, Papst Innozenz III.

empfang vor, verpflichtete Juden zum Tragen eines Erkennungszeichens und verbot neue religiöse Orden.

Innozenz III. war gewillt, die religiöse Armutsbewegung in die Kirche zu integrieren. Bereits zu Beginn seines Pontifikats gelangen ihm erste Schritte. Widersetzten sich seine Vorgänger jeder Form von Laienpredigt, unterschied der brillante Jurist auf dem Petrusstuhl nun zwischen Glaubenspredigt (*praedicatio*) mit dogmatischem Inhalt und Mahnpredigt (*exhortatio*) mit sittlichem Inhalt. Innozenz III. erlaubte der evangelischen Armutsbewegung die *exhortatio*, die keine theologische Bildung voraussetzte. Damit brachte er Gruppen der Waldenser in die Kirche zurück, die er als «katholische Arme» förderte. Die grosse Mehrheit der Waldenser hatte jedoch bereits eigene kirchliche Strukturen aufgebaut. Sie wurden ab 1209 im Albigenserkreuzzug Südfrankreichs mitverfolgt. Die Neuregelung der Predigtfrage sollte bald auch der franziskanischen Bewegung zum Durchbruch verhelfen. Eine weitere Innovation des Papstes wurde modellhaft für die aufkommenden Bettelorden: In der Lombardei hatte sich im 12. Jahrhundert eine sesshafte Form der Armutsbewegung entwickelt: Frauen und Männer gaben ihr adliges oder bürgerliches Leben auf, verzichteten auf Privatbesitz und lebten von gemeinschaftlicher Arbeit in einer Art Handwerkergenossenschaft. Als «Humiliaten» suchten sie dem «armen und demütigen Christus» zu folgen. Um Kirchentreue bemüht, wandten sie sich gegen häretische Gruppen und praktizierten dazu auch die Laienpredigt. Deswegen traf sie 1184 derselbe Kirchenbann, den Luzius III. gegen Katharer und Waldenser verhängte.

Innozenz III. integrierte die Humiliatenbewegung 1201 wieder in die Kirche, indem er sie in drei Orden organisierte: Der Dritte Orden sammelte Laien, die ohne Regel und Gelübde engagiert nach dem Evangelium leben wollten; der Zweite Orden bot ehelosen Laien eine gemeinsame Lebensform an, ohne sie zu Mönchen und Nonnen zu machen. Der Erste Orden umfasste Priester, die ihre Seelsorge gemeinsam und in evangelischer Armut ausüben wollten. Dem neuen Modell, eine spirituelle Bewegung in drei Orden zu organisieren, werden im Laufe des 13. Jahrhunderts alle grossen Bettelorden folgen: die zur Zeit Innozenz' III. entstehenden

Franziskaner und Dominikaner ebenso wie die später von der Römischen Kurie zu Seelsorgeorden umgeformten Laiengruppen der Augustiner-Eremiten und Karmeliten. Sie alle verbanden pastoral tätige Brüdergemeinschaften des Ersten Ordens mit kontemplativen Schwestern im Zweiten Orden und engagierten Laien mit oder ohne Familie in einem Dritten Orden.

Innozenz III. gilt auch politisch als der machtvollste Papst des Mittelalters. Er erweiterte den Kirchenstaat in Mittelitalien um die Hälfte, entschied den Thronstreit im Kaiserreich zugunsten seines Schützlings Friedrichs II. und machte sich in Europa zum Oberlehensherr über Sizilien, Aragon, Portugal, England und Bulgarien. Sein Machtbewusstsein spiegelt sich im neuen Titel «*vicarius Christi*» (lat. für Stellvertreter Christi), den Kirchenväter auf alle Getauften bezogen hatten und Innozenz III. nun für den Papst allein reservierte. Da Christus das Licht der Welt war, so empfingen alle Könige und der Kaiser wie der Mond ihr Licht allein vom Stellvertreter Christi, d.h. von der päpstlichen Sonne.

Kathedralen und Bettelorden (13. Jahrhundert) 2.6

Das Vierte Laterankonzil stellte 1215 eine seelsorgliche Notlage fest: Überall in Europa entstanden Städte, deren bürgerliche Kultur die agrarische Feudalgesellschaft der «Ritter, Mönche und Bauern» zunehmend in eine Krise stürzte. Die Amtskirche hatte wie der Adel auf die neuen sozialen, wirtschaftlichen, politischen und kulturellen Herausforderungen zu reagieren. Was sich in der Armutsbewegung seit Jahrzehnten angekündigt hatte, rief nach einer grundlegenden Neuausrichtung der Pastoral: städtische Seelsorge und Predigt, Bildung für breitere Schichten und Laienspiritualität.

Eine günstige Klimaerwärmung und verbesserte Techniken in der Landwirtschaft bewirkten, dass sich Europas Bevölkerung zwischen 1000 und 1300 mehr als verdoppelte: Rodungen schafften neue Anbauflächen, der Räderpflug und die Dreifelderwirtschaft steigerten den Ertrag, Mühlen bewirkten eine erste Mechanisierung. Der demografische Aufschwung führte nach dem agrarisch geprägten Frühmittelalter zu einem

Neuerwachen der Städte, das in Italien schon ab 1000 und nördlich der Alpen etwas später einsetzte.[194] *Incastellamento* heisst im mediterranen Raum die Bildung von befestigten Siedlungen um Burgen oder Kirchen, die zu Städtchen anwuchsen und sowohl Adel wie Bauernstand anzogen. *Inurbamento* nennen Historiker diese Abwanderung vom Land in die Stadt. Die schnell wachsende Bürgerschicht bildete Handwerksberufe und eine effiziente Arbeitsteilung aus. Der Wechsel von der Tausch- zur Geldwirtschaft erleichterte den Fernhandel. Gewerbe und Handel machten die Städte reich und liessen Stadtstaaten entstehen. Mobilität und Bildungsdurst erweiterten die Horizonte der Menschen. Die Kirche hielt zunächst kaum Schritt mit dem schnellen Wandel: Ungebildete Priester vermochten den Ansprüchen einer zunehmend selbstbewussten Bürgerschaft nicht zu genügen, und gebildete Mönche blieben in ihren Abteien ausserhalb oder am Rand des turbulenten Stadtlebens. Eine wirksame Antwort auf die neue städtische Realität fand die Kirche in der Förderung der Bettelorden und im Aufbau der Universitäten.[195]

2.6.1 Franz und Klara von Assisi

Als Franz von Assisi im Mai 1209 mit elf weiteren Laien vor Innozenz III. stand, erkannte der Papst die Zeichen der Zeit. Hatte der Benediktinerkardinal Giovanni von San Paolo der Gruppe zuvor vergeblich eine der beiden klassischen Lebensformen religiöser Laien aufzudrängen versucht – das weltabgeschiedene Leben von Eremiten oder Mönchen –, liess der Papst sich auf ein Experiment ein: Brüder, die allesamt aus einer aufstrebenden Kleinstadt kamen, sollten das Evangelium apostelgleich leben und lebenspraktisch verkünden dürfen. Aus der neuen Stadtkultur stammend, sandte der Papst sie *ad experimentum* (= auf Probe) als Wanderprediger in die

194 Die demografische Entwicklung durch 2000 Jahre zeichnet aufschlussreich nach: *Weigl*, Bevölkerungsgeschichte Europas.

195 Umfangreiche Einblicke ins Werden und Leben der mittelalterlichen Städte nördlich der Alpen vermittelt *Isenmann*, Die deutsche Stadt.

Städte Mittelitaliens zurück.[196] Das Experiment gelang und feierte ungeahnte Erfolge. In wenigen Jahren wuchs die Bewegung der Minderbrüder (Franziskaner) auf Tausende von Gefährten und verbreitete sich ab 1217 über ganz Europa.

Der Gründer der Franziskaner wurde 1182 als Giovanni, Sohn des Pietro Bernardone geboren. Mit dem Rufnamen Francesco erinnerte der Vater, Luxuskaufmann in der umbrischen Stadt Assisi, an erfolgreiche Textilimporte aus Frankreich. Franziskus wurde selbst Textilkaufmann und Modeexperte. Er genoss sein privilegiertes Leben und wurde zum Anführer von Jugendfesten. Mit 16 Jahren erlebte er die Revolte seiner Stadt gegen die staufische Fremdherrschaft: Adel und Bürger von Assisi zerstörten die Kaiserburg und errichteten eine Kommunalordnung. Die neue städtische Demokratie wird Franziskus Jahre später in seiner Bruderschaft radikalisieren: Schloss die Stadtkommune den Bauernstand und die Frauen von der neuen Freiheit aus, werden die Franziskaner unter sich Adlige und Bürger, Städter und Bauern, Männer und Frauen in radikaler Geschwisterlichkeit gleichstellen.

Als der Adel Assisis sich der Kommunalordnung widersetzte und nach Perugia ins Exil ging, artete der Bürgerkrieg zum Städtekrieg aus. Franziskus geriet 1202 in einer Schlacht am Tiber in Kriegsgefangenschaft und kehrte nach einem Jahr schwerkrank aus Perugias Kerker zurück. Eine tiefe Sinnkrise führte nach zwei Jahren zum Ausstieg aus seinem bürgerlichen Leben. Erfahrungen mit Aussätzigen und ein mystisches Erlebnis in der ärmlichen Landkirche San Damiano liessen ihn zunächst zwei Jahre als Freund der Ärmsten vor den Stadttoren leben, bis ihm im Frühling 1208 bei einer Messfeier das Evangelium von der Apostelsendung (Mt 10) zum Berufungserlebnis wurde. Fortan zog er als neuer Jünger Christi durch Assisi, suchte «Frieden in die Stadt und die Häuser zu bringen», Ausgeschlossene zurückzubringen und die Botschaft vom einen gemeinsamen Vater aller zu verkünden. Er gewann bald Gefährten aus allen Schichten, sicherte der jungen Bruderschaft 1209 die Unterstützung des Papstes und

196 *Kuster*, Freiheit in der Kirche 37–38; eingehender: *Alberzoni*, Francesco e la Chiesa romana 79–108.

sandte seine Brüder in den folgenden Jahren bis Spanien und Syrien, Marokko und Ungarn. Die eigentliche Regel der Minderbrüder war das Evangelium, der einzige Meister Christus, der «wahre Leiter der Heilige Geist».[197] 1211 öffnete sich die Bewegung für Schwestern, die sich mit Klara von Assisi für ein sesshaftes Leben in «Herbergen unweit der Städte» entschieden.[198] Folgte das Wanderleben der Brüder dem Vorbild der Apostel in Galiläa (Lk 10) und ihrer Sendung «bis an die Grenzen der Erde» (Apg 1,8), orientierten sich die Schwestern an Marta und Maria von Betanien (Lk 10), hielten San Damiano offen für Gäste aller Art und lehnten lange Zeit klösterliche Strukturen ab. Gegen die zielstrebige Ordenspolitik der Römischen Kurie, die Dutzende neuer Frauengemeinschaften in eine strenge Klausur drängte, verteidigte Klara die Originalität ihrer Berufung und verfasste gegen Ende ihres Lebens als erste Frau eine Ordensregel für Frauen, die «Lebensform der Armen Schwestern».[199]

Exkurs Die frühe Geschichte der Waldenser zeigt viele Parallelen zur Entstehung des Franziskanerordens. Die jüngere der radikal-evangelischen Wanderbewegungen folgt derselben Grundoption: Laien lassen sich vom Evangelium betreffen, verzichten auf allen Besitz und nehmen das Leben armer Wanderprediger auf. Als «kleine Brüder», die «der Armut und den Fussspuren Jesu folgen», überzeugen sie das Volk mit schlichter Predigt und ihrer «*vita apostolica*». Während die Waldenser jedoch mit der Amtskirche wegen der Predigtfrage in Konflikt geraten, findet Franziskus darin vierzig Jahre später Sympathie bei seinem Bischof. Erfuhren die Waldenser päpstliche Anerkennung lediglich für ihren Lebensstil, nicht aber für ihre Verkündigung, erlaubte Innozenz III. im Mai 1209 den Minderbrüdern die lebenspraktische Laienpredigt in Stadt und Erdkreis. Liess Valdès Gefährtinnen ebenso wie seine Gefährten predigen, verzichteten Klaras Schwestern ab 1211 auf ein Wanderleben. Während die beiden Waldenserzweige – die «Armen von Lyon» und die «Armen Lombarden» – im Konflikt mit der Amtskirche ihre

197 *Thomas von Celano*, Zweite Lebensbeschreibung 193: Franziskus-Quellen 404.

198 *Jacques de Vitry*, Brief aus Genua: Klara-Quellen 1004 (hier aus dem Lateinischen übersetzt von Niklaus Kuster).

199 Deutsch übersetzt und kommentiert in Klara-Quellen 42–73 (mit historischer Situierung).

Kritik am Klerus verschärften, gelang es Franziskus dank Verzicht auf verbale Kirchenkritik, seine Brüder mit dem Segen der Bischöfe und tatkräftiger päpstlicher Unterstützung frei wirken zu lassen[200].

Frühe Geschichte der Waldenser		**Frühe Geschichte der Franziskaner**	
1173/76 Lyon	Der reiche Kaufmann Valdès entdeckt die «*vita apostolica*» (Mt 10, Mk 10): Güterverzicht, Wanderpredigt	Der reiche Kaufmannssohn Franziskus findet seine Berufung in Mt 10/Mk 10: Güterverzicht, Wanderpredigt	1206/08 Assisi
1176	Gefährten und Gefährtinnen schliessen sich an	elf Gefährten schliessen sich der «*vita apostolica*» an	1208
	Erzbischof Guiskard von Lyon bereitet der Gruppe Laien Probleme und klagt sie beim Papst an	Bischof Guido I. von Assisi begleitet die Brüder wohlwollend und setzt sich in Rom für sie ein	1209
1179 Rom	Die Überprüfung am Laterankonzil entlässt Valdès *ohne* Predigterlaubnis	Innozenz III. approbiert eine *Urregel* und erlaubt Brüdern Mahnpredigt	1209 Rom
1180 Lyon	Legat Heinrich approbiert *propositum*: evangelische Armut, ohne Predigt	Brüder wirken als arme Laienprediger «*ad experimentum*»	
1181	Konflikte in der Heimatdiözese werden unter neuem Bischof Johannes schärfer: Predigt- und Frauenfrage	Bischof Guido stellt den Schwestern ein Landkirchlein zur Verfügung	1212 Assisi
	Bewegung nennt sich «*Pauperes spiritu*» oder «*Pauperes Christi*»	Bewegung nennt sich «*fratres minores*» – «*sorores minores*»	1215
1182/83	aus Lyon ausgewiesen, zieht Valdès mit Gefährtinnen und Gefährten durch Frankreich: Buss- und Reformpredigt	Brüder durchziehen predigend Italien, Schwestern leben sesshaft in «*hospitia*» Busspredigt und Reform im Tun	
	Sympathie des Volkes für die neuen Apostel – die den reichen Klerus zunehmend kritisieren	Sympathie des Volkes für die neuen Apostel – die sich verbaler Kritik an der Amtskirche enthalten	
1184	Das Konzil von Verona verurteilt die Waldenser	Päpstliche Empfehlung an Bischöfe Schutz durch Kardinalprotektor	1219 1220
1205	schnelles Wachstum und schnelle Ausbreitung Spaltung der Bewegung: «Arme Lombarden»: Urgemeinde «Arme von Lyon»: Wanderpredigt	schnelles Wachstum und schnelle Ausbreitung Spannung zwischen zwei Tendenzen • Stadtgemeinschaften, Bildung • Wanderradikalismus, Armut	

200 Die folgende Tabelle findet sich ausführlicher in *Kuster*, Wanderradikale 72–73.

Frühe Geschichte der Waldenser		Frühe Geschichte der Franziskaner	
1208–1229 1215	Der Kreuzzug gegen Albigenser trifft Katharer und Waldenser; definitive Exkommunikation (Konzil)	Approbation der Regel	1223
	eigener Weg einer neuen Kirche: Bildung von Gemeinden, Ämtern, Synoden, eigene Theologie	Klerikalisierung und Entfaltung eines neuen Ordens in der Kirche: Pastoral, Bildung, Mission, Diplomatie	1226/39
	trotz Verfolgung Ausbreitung über Norditalien, Frankreich, Deutschland	mit reicher Privilegierung durch Rom Konvente in allen Städten Europas	
1532/55	Waldenser überleben in Réduits und schliessen sich dem Calvinismus an	Lyon anerkennt Franziskaner als für die Kirche unverzichtbaren Bettelorden	1274

2.6.2 Dominikus und die Bettelorden

Während der Franziskanerorden zu Lebzeiten des Franziskus (1182–1226) auf 7000 Brüder wuchs, die mehrheitlich Laien waren und von ihrer Arbeit lebten, gründete der Spanier Domingo de Caleruega, lateinisch *Dominicus* (1170–1221), von Anfang an einen Predigerorden von Priestern, die in selbstgewählter Armut als Gegenleistung für Predigt und Seelsorge ihren Lebensunterhalt von der Bevölkerung erbettelten. Diese Gründung wurde zum neuen Modell der städtischen Bettelorden (Mendikanten). Dominikus war ursprünglich Kanoniker im spanischen Stift von Osma. Als er seinen Bischof Diego nach Frankreich begleitete, kam er da mit Katharern und Waldensern in Kontakt. Die Hilflosigkeit der Amtskirche, die der evangelischen Armuts- und der Ketzerbewegung hoch zu Pferd mit Gewalt begegnete, weckte in ihm den Wunsch, mit ebenso armen Wanderpredigern und radikaler Orientierung am Evangelium das Feuer der «Häresie» gleichsam mit Feuer zu bekämpfen. Dazu sammelte Dominikus gebildete Gefährten, die als Theologen und Prediger nicht nur die «Ketzer» widerlegen, sondern auch den Klerus reformieren konnten. 1216 erlangte Dominikus von Papst Honorius III. die Anerkennung seiner Gründung als «Ordo Praedicatorum». Anders als den Franziskanern galt den Predigerbrüdern der Dienst am Wort als vorrangig, weshalb ihnen von Anfang an die Lehrpredigt aufgetragen wurde.

Sie boten sich damit als neue Kraft an, die das Seelsorgeprogramm des eben abgeschlossenen Laterankonzils zu erfüllen versprach: qualifizierte Seelsorge und Predigt in den Städten Europas durch einen zentral geleiteten, papsttreuen und mobilen Priesterorden.

Die Dominikaner entwickelten das neue Erfolgsmodell urbaner Orden: Sie organisierten sich in städtischen Konventen, bauten ein effizientes Studiensystem auf und passten ihre Lebensordnung in regelmässigen Ordensversammlungen (Generalkapiteln) den sich wandelnden Zeitbedürfnissen an. Die Päpste förderten den klerikalen Eliteorden mit gezielten Seelsorgeprivilegien, die schon bald zu Konflikten mit dem Weltklerus führten. Ab 1240 folgten auch die weit zahlreicheren Franziskaner dem Erfolgsmodell der Prediger, und in der zweiten Jahrhunderthälfte orientierte die Römische Kurie auch junge Bussorden von Laien – die Augustiner-Eremiten der Toskana und die Karmeliten – um zu klerikalen Seelsorgeorden nach dem Modell der Predigerbrüder.[201] Eine Vielzahl weiterer, kleinerer Bettelorden, die sich in ganz Europa verbreiteten, belastete die städtische Gesellschaft derart, dass das Zweite Konzil von Lyon sie 1274 mit Bettel-, Novizen- und Seelsorgeverbot belegte und dadurch zum Aussterben zwang.[202] Im deutschen Raum verschwanden dadurch Dutzende von Konventen der «Sackbrüder».

Als Dominikus 1221 in Bologna starb, zählte sein Predigerorden bereits 60 städtische Konvente in acht Provinzen. Im gleichen Jahr gründeten die Dominikaner ihren ersten deutschen Konvent in Köln. Ende Jahrhundert werden es mehr als 90 Konvente in Deutschland sein. 1231 übertrug Papst Gregor IX. dem Orden die neu organisierte päpstliche Inquisition und damit den flächendeckenden Kampf gegen Ketzer und Häresien. Im gleichen Jahr trat Alexander von Hales als Universitätsprofessor in Paris in den Franziskanerorden ein. Dadurch kam dieser als erster Bettelorden zu einem universitären Lehrstuhl. Die Pariser Dominikaner folgten bald mit eigenen Professoren: ab 1245 mit dem Aristoteliker und

201 Zur Geschichte der einzelnen Orden: *Schwaiger/Heim*, Orden und Klöster.

202 Der Text des Lyoner Dekrets «Religionum diversitatem nimiam» findet sich in *Wohlmuth*, Conciliorum oecumenicorum decreta 326–327.

	Franziskaner	Dominikaner	Augustiner	Karmeliten
Gründerpersönlichkeit Gründergruppe	Franz von Assisi (Laie)	Dominikus (Kanoniker)	Eremiten der Toskana	Eremiten am Karmel
Ideal	Friedenssendung der Apostel in Galiläa und nach Ostern (weltweit)	Gelehrte Predigt und Ketzerbekehrung – Kirchenreform	Einsiedlerleben	Askese am Karmel Kontemplation
Regel	Franziskanerregel (approbiert 1223)	Augustinusregel und eigene Konstitutionen	Augustinusregel 1243 und Konstitutionen	Albert von Vercelli (1214, neu 1253)
Entwicklung	Wanderbewegung Stadtkonvente ab 1228, Klerikalisierung 1239, Diplomatie, Inquisition	Missionsbewegung Stadtkonvente ab 1217, Inquisition ab 1231, Lehre an Universitäten	1244 Laieneremiten 1256 Union mit anderen Eremiten zu einem Bettelorden	1156 Berg Karmel 1238 Europa Konvente ab 1247 Klerikalisierung
Prägende Professoren/Autoren	Bonaventura (†1274) Duns Scotus (†1308)	Albert der Grosse (†1280) Thomas von Aquin (†1274)	Ägidius von Rom (†1316) Martin Luther	(Reform im 16. Jh.); Juan de la Cruz Teresa de Avila
Erster Papst	Nikolaus IV. (1288–92)	Innozenz V. (1276)	–	–
Reformen	Spiritualen (14. Jh.) Observanten (15. Jh.) Kapuziner (16. Jh.) getrennt von Minoriten	Observanten (14./15. Jh.) Fusion im Orden	Observanten (14./15. Jh.) Fusion im Orden	Observanten (15. Jh.) Unbeschuhte (16. Jh.)

Profil und frühe Entwicklung der vier klassischen Bettelorden

Naturwissenschaftler Albert Magnus (1200–1280) und ab 1256 mit Thomas von Aquin (1225–1274), dessen Werke die Scholastik bis ins 20. Jahrhundert prägten.

2.6.3 Religiöse Frauenbewegung und Beginen

Das Beispiel der Waldenser zeigt, dass sich bereits im 12. Jahrhundert Frauen nicht weniger von der evangelischen Armutsbewegung erfassen liessen als Männer. Diese Vitalität der neuen religiösen Frauenbewegung erklärt sich nur teilweise aus der sozialen Situation der Frau im Hochmittelalter: Kriege und Kreuzzüge sorgten für einen Frauenüberschuss; adlige und bürgerliche Frauen verweigerten Unterordnung und unfreies Leben in einer Ehe oder einem Nonnenkloster; junge Witwen und verstossene Ehefrauen waren nicht selten schutz- und perspektivenlos in ihrer Gesellschaft; kinderreiche Familien brachten oft die Mitgift für jüngere Töchter nicht auf, um sie in einer Ehe oder einer Abtei unterzubringen. Die Anfänge der Bettelorden offenbaren auch genuin spirituelle und positive Motivationen für Frauen, das Ideal evangelischer Nachfolge auf sich selber zu beziehen.

Während Dominikus schon vor der Gründung seines ersten Männerkonventes dominikanische Nonnen in einem Klausurkloster sammelte und den weiblichen Zweig mit den Predigern eng verband, bestärkte Franziskus seine Gefährtin Klara, ihre Lebensform eigenständig zu entfalten, sich mit anderen Schwesterngemeinschaften in der Nachfolge des armen Christus zu vernetzen und sich mit den Brüdern gegen päpstliche Klausurpolitik zu verbünden.

Die römische Kurie stand der evangelischen Frauenbewegung ratlos gegenüber und versuchte in patriarchaler Sorge, religiöse Frauen klösterlich zu organisieren und den neuen männlichen Bettelorden anzuvertrauen, nachdem die klassischen Orden der Prämonstratenser und Zisterzienser die Aufnahme neuer Nonnen verweigerten. Die Römischen Kurie setzte alles daran, neu entstehende Gemeinschaften «armer Frauen» in Konvente von Klausurnonnen zu verwandeln: zunächst in Mittelitalien und dann in ganz Europa. Klara von Assisi ihrerseits wurde 1263, zehn Jahre nach ihrem Tod, durch Papst Urban IV. zur Patronin eines Nonnenordens erklärt, dem anzugehören sie sich erfolgreich gewehrt hatte und dessen Mitglieder sich in der Folge Klarissen nennen.[203]

Angesichts des Widerstands männlicher Orden gegen den weiblichen Ansturm und aus eigenem emanzipatorischem Impuls schlossen sich vielerorts religiöse Frauen eigenständig zusammen und entwickelten Lebensmodelle ohne kirchliche Approbation. Als europäische Bewegung religiös und sozial

203 Zur bewegten Geschichte des Klara-Ordens: *Schmies*, Klara von Assisi.

motivierter Frauen sind die **Beginen** zu nennen. Sie blieben entschieden semireligios[204], bildeten also einen Stand zwischen den Religiosen und den Laien, führten ein gemeinsames Leben in weltlicher Umgebung und orientierten sich ohne Gelübde an den evangelischen Räten. Die aktive Frauenbewegung erstarkte vor allem in den wirtschaftlich blühenden Gebieten Europas: als Humiliaten in Norditalien und mit Beginenhäusern in Südfrankreich, den Beneluxstaaten, im Rheingebiet und in Süddeutschland. Mystikerinnen unter den Beginen, die als volkssprachliche Meisterinnen und Autorinnen grossen Widerhall unter Laien fanden, zogen zunehmend den Argwohn der Inquisition auf sich. So verbrachte die Begine Mechthild von Magdeburg (1207–1282), Autorin von «Fliessendes Licht der Gottheit», ihre letzten zwölf Lebensjahre im Schutz des Zisterzienserinnenklosters Helfta. 1311/12 verbot das Konzil von Vienne die Lebensform der Beginen.[205] Religiöse Frauen konnten sich fortan nur noch als Tertiarinnen der Franziskaner oder Dominikaner – unter Schutz und Aufsicht der Bettelbrüder – gemeinschaftlich eine gewisse Freiheit wahren. Katharina von Siena (1347–1380) ist als Meisterin eines religiös-sozialen Kreises und prophetische Wanderpredigerin das berühmte Beispiel einer dominikanischen *Mantellata*. So hiessen Mitglieder des dominikanischen Dritten Ordens (Terziarinnen), die ebenfalls einen schwarzen Mantel über weissem Kleid trugen.

Übersteigerten Formen in der Frauenmystik des 13./14. Jahrhunderts begegneten vor allem die Dominikaner korrigierend – und Schwesternseelsorger wie Johannes Tauler und Heinrich Seuse liessen sich ihrerseits von Mystikerinnen anregen. Die Frauenbewegung trug wesentlich zur Entstehung religiösen Schrifttums in der Volkssprache bei. Bis ins hohe Mittelalter setzte Bildung die Beherrschung des Lateins voraus. Nichtlateiner hatten keinen Zugang zur Welt der Bücher und des Wissens. Wohl fertigten die Waldenser in Westeuropa ers-

---

204 Zum Begriff der neueren Frauenforschung: *Elm*, Semireligiosentum 198–200.

205 *Wohlmuth*, Conciliorum oecumenicorum decreta 373–374, dokumentiert die Beschlüsse zur Nonnen- und Beginenpolitik des Konzils.

ten Bibelübersetzungen in die Volkssprache an. Die eigentliche Wende führten jedoch religiöse Frauen herbei. Vor allem dominikanische Frauenkonvente entwickelten theologische Bedürfnisse, forderten eine anspruchsvolle Betreuung ein, begannen eigene Erfahrungen in der Volkssprache zu beschreiben und entfalteten eine spirituelle Erbauungsliteratur. Es handelte sich um eine Theologie des Herzens, die bemerkenswerte Werke der Braut- und Passionsmystik hervorbrachte.

Katharer, Ketzer und die Inquisition 2.6.4

Das Misstrauen, das die katholische Amtskirche theologisch ungebildeten Laien entgegenbrachte, die eigene religiöse Erfahrung schriftlich verbreiteten, wurzelt in der traumatischen Erfahrung der Waldenser- und Katharerkrise. Waren Erstere ein vitaler Teil der evangelischen Armutsbewegung, der zur ersten frühreformatorischen Kirchenspaltung führte, bildeten Letztere im gleichen Raum die grösste mittelalterliche Sekte. Die Bezeichnung Katharer (gr. *katharoi* = die Reinen) lebt bis heute im Begriff Ketzer weiter.

Kreuzritter und Pilgernde kamen mit geistigen Strömungen des Balkans in Berührung und brachten so auch das Gedankengut der **Bogomilen** in den Westen. Die Sekte ging auf den bulgarischen Dorfpriester Bogomil zurückging. In Opposition gegen die byzantinische Kirche erachtete sie die reale Welt als Werk und Wirkfeld des Teufels. Alles Leibhafte und Materielle setze die Seele irdisch gefangen. Christliche Ideen, gnostisch gedeutet, verbanden sich zu einer Erlösungslehre neumanichäischer Prägung. Jesus, Sohn des guten Gottes und nicht Jahwes, führe in die Freiheit der geistigen Welt. Im Westen bezeichneten die **Katharer** sich als *christiani* und *boni homines (gute Menschen)*. Absage an die Teufelswelt des Mammon und des Fleischlichen erforderten Abkehr von Ehe, Sexualität, Politik und Macht. Wegen ihrer Verflechtung mit der Welt wurde die katholische Kirche als Verfälscherin der Botschaft Jesu gebrandmarkt. Die Katharer selbst unterschieden zwei Gruppen wahrer Christen: Die *bons hommes* und *bonnes femmes* bildeten die Elite, lebten ehelos, hielten strenge Fastenzeiten, zogen predigend umher und verweigerten jeden Dienst im Staat, während die einfachen Gläubigen (*credentes*) heirateten und die Aufnahme unter die Vollkommenen (*perfecti*) auf das Lebensende aufschoben. Als eine Art Geheimbund organisiert, verwarfen die Katharer kirchliche Sakramente, Fegefeuer und Heiligenkult. Stattdessen bot ihnen das «*consolamentum*» (Tröstung) nach langer Vorbereitung eine einmalige Geisttaufe, Erlass aller Sünden und Zugang zum ewigen Heil. Dazu wurden den Entschlossenen die Heilige Schrift und die Hände aufgelegt. Die Amtskirche nannte diese Zeremonie *haereticatio* (Einketzerung) und ahndete sie mit Einkerkerung. Strenges Fasten, die *endura*, bereitete auf den Ritus vor und wurde bisweilen zur aktiven Sterbehilfe verlängert, um Getröstete vor dem Rückfall in Sünden zu bewahren. *Convenenza* hiess das Versprechen der *boni homines* an *credentes*, ihnen vor dem Tod das *consolamentum* zu spenden. Bis dahin gingen die einfachen Gläubigen ihrer gewohnten Beschäftigung nach und unterstützten die Wandermissionare. Der Kreuzestod Jesu erschien den Katharern als Racheakt des alttestamentlichen Gottes und Sieg des Bösen. Die Rettung sahen sie denn auch darin, dass der Geist Jesu – von Tod und Leib befreit – auferstand.

Die Katharer verstanden sich als die wahre Kirche, die das Bischofsamt kannte und eigene Konzile abhielt. Im Papsttum sah sie das Tier aus dem Abgrund und den Antichrist. Die Katharer verbreiteten sich zwischen 1150 und 1250 in Südfrankreich, Norditalien, im Rheinland, in England und in Spanien. 1209 lancierte Innozenz III. den Albigenser-Kreuzzug (die Stadt Albi war eine Katharer-Hochburg). Blutige Feldzüge löschten bis 1229 einen Grossteil der Bewegung im südfranzösischen Kernland aus. Ab 1231 spürte die neu eingerichtete päpstliche Inquisition in ganz Europa Ketzergruppen systematisch auf und brachte hartnäckige Sektenanhänger mit Hilfe des weltlichen Armes auf den Scheiterhaufen. Einzelne Katharergemeinden hielten sich in entlegenen Schlupfwinkeln bis ins frühe 14. Jahrhundert. 1342 wurde letztmals ein Katharer in Florenz verhaftet.

Der Name **Inquisition** leitet sich vom lateinischen *inquirere* (= aufsuchen, aufstöbern) ab. Er bezeichnet das programmierte und koordinierte Vorgehen von Kirche und Staat gegen alle, auf die der Verdacht der Ketzerei fiel. Papst Alexander III. (1159–1181) forderte die Bischöfe auf, bei Anzeigen aktiv gegen Irrlehrer vorzugehen. Während sich Kreuzzüge gegen «Ungläubige» (Muslime und Juden) richteten, hatte die Inquisition Abweichler und Abgefallene (Renegaten) im Visier. Das Kirchenrecht sah seit dem «Decretum Gratiani» in jeder Häresie einen schweren Angriff auf die dogmatische und gesellschaftliche Struktur der Kirche. Die Ketzerverfolgung liess sich daher sowohl vom Gemeinwohl wie vom individuellen Seelenheil her begründen. Ziel war nicht der Tod, sondern die Bekehrung der Verfolgten. Tatsächlich sollte die Inquisition im Lauf der Jahrhunderte 3–10 Prozent der Angeklagten zu Tode bringen. Luzius III. (1181–1185) und Kaiser Friedrich I. Barbarossa erliessen eine erste Gesetzgebung zur Verfolgung und Bestrafung der Ketzer. 1199 erklärte Innozenz III. die Häresie zur Majestätsbeleidigung, was nach Römischem Recht Schnellverfahren erlaubte. 1215 verlangte das Vierte Laterankonzil die Bestrafung jener Fürsten, die nicht gegen Ketzer vorgingen. 1229 legte Gregor IX. das Inquisitionsverfahren gesamtkirchlich fest: Die Kirche hatte die Untersuchung zu führen und der weltliche Arm ihr Urteil zu vollstrecken.

Die nun in ganz Europa entstehenden Inquisitionstribunale waren anfänglich Wandergerichte. Als Inquisitoren fungierten primär Dominikaner, in Deutschland und Italien auch Franziskaner. Die Bevölkerung wurde aufgerufen, Ketzer und Verdächtige anzuzeigen. Denunzianten erhielten einen Drittel des Besitzes von Verurteilten. Es genügten zwei Zeugen, Todfeinde der Angeklagten ausgenommen. Inquisitoren waren Untersuchungsbeamte und Richter in einem. Wies das Verhör, das auch Foltermethoden zuliess, schuldiges Verhalten nach, hatten Angeklagte die Schuld zu bekennen und Irrlehren zu widerrufen. Wer Reue zeigte, kam mit angemessener Strafe davon: Kennzeichnung mit gelbem Kreuz, Busswallfahrt, Haft. Blieb ein Angeklagter hartnäckig, folgte die Verurteilung: lebenslange Haft oder Todesstrafe und Güterkonfiskation. Die öffentliche Urteilsverkündigung und Vollstreckung beschloss den Prozess. Die Inquisition widmete sich nicht nur Glaubensdingen, sondern ging auch gegen Magie, Alchemie und sittliche Perversionen aller Art vor.

Einzelne Bischöfe und Franziskaner übten scharfe Kritik an der Inquisition, deren Gewalt in Glaubensdingen ihnen im Widerspruch zum Evangelium erschien: Riet Jesus nicht, auch

Unkraut wachsen zu lassen bis zum Ende der Zeiten? Dominikus sprach sich gegen eine Todesstrafe in Glaubensfragen aus. Dessen ungeachtet behielt die Inquisition ihren festen Platz in der Kirche und in einzelnen Staaten bis ins 19. Jahrhundert. Auch die Reformation verlor ihre Unschuld im gewaltsamen Vorgehen gegen die Täufer. Die Römische Kurie benannte die Inquisition 1908 in «Sanctum Officium» (Heiliges Amt zur Wahrung der Glaubens- und Sittenlehre) um, dessen Nachfolge seit 1965 die heutige «Kongregation für die Glaubenslehre» antrat.[206]

2.6.5 Universitäten und Kathedralen

Während des ganzen Früh- und bis ins hohe Mittelalter war Bildung das Monopol des Klerus. Es bildeten sich zwei Arten von Schulen heraus: die Klosterschulen der Mönche und Kathedralschulen an Bischofssitzen, die meist von Kanonikern geführt wurden. Aus ihnen erwuchsen in den grossen Metropolen Europas im Laufe des 12. Jahrhunderts die ersten Universitäten. War der Unterricht in Klosterschulen eher auf die geistlich-geistige Bildung von Mönchen ausgerichtet, die im sogenannten *Trivium* Latein (Grammatik, Logik und Rhetorik) lernten und im *Quadrivium* die Ordnung der Zahlen (Arithmetik), des Raumes (Geometrie), der Klänge (Musik) und des Kosmos (Astronomie), um das Wissen in den Dienst von Gottesdienst, Kontemplation und klösterlicher Tätigkeiten zu stellen, antworteten die bischöflich-städtischen Schulen auch auf die Bedürfnisse der Politik und den Bildungsdurst des aufstrebenden Bürgertums. Neben der «monastischen Theologie» entwickelte sich so die «scholastische Theologie», die ihre Wissensgebiete ausweitete, systematisch aufbaute und durch Disputationen weiterentwickelte. Entstanden spezialisierte Fakultäten zunächst noch verstreut (Medizin in Salerno 1057 und Rechtsschulen in Bologna 1088), vereinten die ab 1150 entstehenden Universitäten allmählich mehrere Fakultä-

206 Biografie und Methoden eines berühmten Inquisitors schildert *Seifert, Petra:* Das Buch der Inquisition. Das Originalhandbuch des Inquisitors Bernard Gui, Augsburg 1999. Die Inquisition durch 800 Jahre bewertet gesamthaft *Angenendt*, Toleranz und Gewalt 263–294 (mit Statistiken).

ten, die in Dialog miteinander traten: neben Theologie und Philosophie auch Medizin und Jurisprudenz.

Dominierte in der mittelalterlichen Theologie bisher das Studium der Heiligen Schrift, der Kirchenväter und des Kirchenlehrers Augustinus, brach nun ein heidnischer Philosoph in das Denken ein: Aristoteles. Thomas von Aquin, der seine Theologie aristotelisch grundlegte, nannte ihn denn auch schlicht «den Philosophen». Während die Dominikaner mit Thomas «Aristoteliker» wurden, versuchten gelehrte Franziskaner in der Tradition des Augustinus das positive Erbe der platonischen Philosophie zu retten. Beide Orden brachten jedoch schon früh grosse Naturwissenschaftler hervor wie den deutschen Dominikaner Albert den Grossen (†1280) und den englischen Franziskaner Roger Bacon (†1292), der u. a. die Brille erfand. Zum nachhaltigsten Theologen der Hochscholastik wurde Thomas von Aquin (1225–1274), dessen «Summa theologiae» sich allmählich als Klassiker durchsetzte und bis heute zitiert wird. Paris entwickelte sich neben Cambridge und Oxford zur Elite-Universität Europas. Ihre theologische Fakultät bekam das Gewicht eines inoffiziellen Lehramtes. 1270–1277 suchten Erlasse des Pariser Erzbischofs Étienne Tempier dem kritischen Wissensbetrieb der Universität Grenzen zu setzen. Er verurteilte über 200 Thesen, die – auf die Philosophie gestützt – der theologischen Lehre widersprachen, u. a. zur Schöpfung der Welt, Sterblichkeit der Seele, Allmacht Gottes, Freiheit des menschlichen Willens, Moral, Engellehre und Eucharistie.

Genoss die Universität Paris, von Papst und französischem König privilegiert, den Ruf der führenden theologischen Fakultät, machte Kaiser Friedrich I. Barbarossa Bologna zum Mekka für Rechtswissenschaft, während Oxford führendes Zentrum der Naturwissenschaften wurde. Der Name Universität stammt von «Universitas magistrorum et scholarium» und bezeichnet die Gesamtheit der Lehrer und Studierenden, die sich selbst verwalteten und ein eigenes Rechtssubjekt bildeten. Grosse Universitäten organisierten sich nach Nationen und räumten Studenten weitgehende Rechte ein. In Bologna wurden Professoren etwa nach der Vorlesung durch Kollekten entlohnt. Für den deutschen Sprachraum bedeutend wurden die frühen Universitäten Prag (gegründet 1348), Wien (1365) und Erfurt (1392). Die älteste Universität auf Schweizer Gebiet entstand 1460 in Basel.[207]

Glänzten grosse Metropolen wie Bologna, Paris, Erfurt, Oxford und Salamanca mit ihren Universitäten als Wissens-

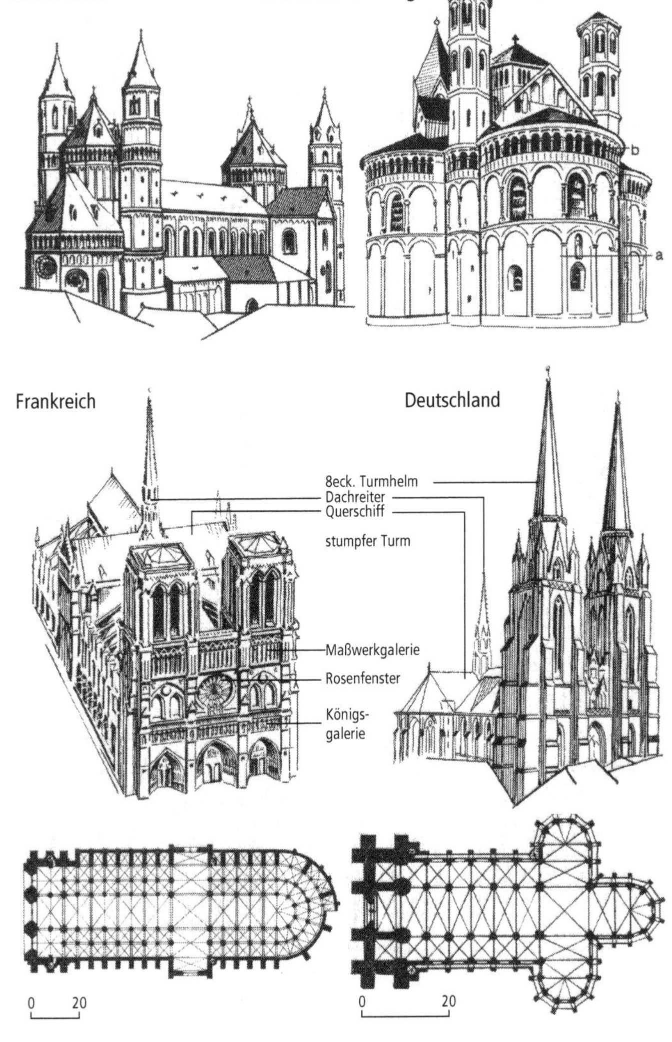

Abb. 9 u. 10:
Romanische und gotische Kirchenarchitektur in Deutschland und Frankreich[208]
Die Bilder zeigen oben links den romanischen Kaiserdom von Worms (1125–1160; Westteil 13. Jahrhundert) und rechts die Kölner Apostelkirche (um 1200), unten links die frühgotische Pariser Kathedrale Notre-Dame (1163–1240) und rechts die erste rein gotische Kirche Deutschlands, die Elisabethenkirche von Marburg (1285–1283).

207 Vgl. *Rüegg*, Geschichte der Universität in Europa.

208 Quelle: *Koch, Wilfried:* Baustilkunde. Europäische Baukunst von der Antike bis zur Gegenwart, München 1994, Bilder: 102 und 168.

zentren und mit Tausenden von Studenten in ihren Kollegien, zeigten Bischofsstädte ihren Glanz und ihr Selbstbewusstsein im Bau und in der Ausstattung prachtvoller Kathedralen. Die gotischen Dome nördlich der Alpen wurden zum Inbegriff glanzvoller mittelalterlicher Kirchenarchitektur und überragen als Meisterwerke die alten Stadtkerne bis heute.

Parallel zum Aufschwung der neuen Stadtkultur verbreitete sich von England und der Île de France ausgehend ab 1140 der neue Bau- und Kunststil der Gotik. Himmelstrebend und lichtdurchflutet, löste sie die steinern-schwere und geerdete Romanik ab, bis sie ihrerseits nördlich der Alpen im 16. Jahrhundert von der Renaissance abgelöst wurde. Gotische Prachtdome entstanden als Generationenprojekte, und ihre Bauzeit erstreckte sich oft über viele Jahrzehnte oder Jahrhunderte.[209]

Einige gotischen Dome wurden im Hochmittelalter begonnen, der Bau aber im Spätmittelalter durch Finanz- oder Kriegsnöte unterbrochen, so dass heutige Musterdome erst im 19. Jahrhundert vollendet wurden. Dabei kam es in deren Vollendung zu einem Wetteifern um den höchsten Kirchturm der Welt, wie die folgende Rangliste zeigt:

Ulmer Münster	162 m	Stadtkirche	Baubeginn 1377 Vollendung 1890 höchster Kirchturm der Welt
Kölner Dom	157 m	Kathedrale	Baubeginn 1248 Vollendung 1880 4 Jahre höchste Kirche der Welt
Rouen	151 m	Kathedrale	vollendet 1877, Gusseisenturm 3 Jahre höchster Bau der Welt 1889: Eiffelturm mit 324 m
St. Nikolai Hamburg	148 m	Stadtkirche	Baubeginn 1240 Vollendung 1874 3 Jahre höchster Kirchturm

209 Baugeschichte und Architektur einer gotischen Kathedrale schildert anschaulich *Macaulay*, Sie bauten eine Kathedrale.

Straßburger Münster	142 m	Kathedrale	Bauzeit 1245–1439 1 Turm unvollendet, höchster Bau der Welt bis 1874
Stephansdom Wien	136 m	Kathedrale	Bauzeit 1137–1433 zunächst höchster Bau der Welt

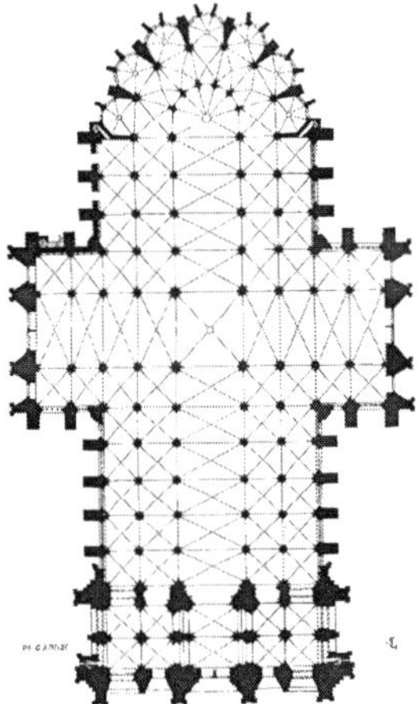

Die Skizze links lässt den perfekt harmonischen Grundriss des Kölner Domes erkennen, der nach seinem mittelalterlichen Bauplan vollendet worden ist. (Abb. 11)

Der Stich zeigt die Baustelle des Kölner Domes im Jahr 1820, ein halbes Jahrhundert vor seiner Vollendung. Der heutige Chorraum der heutigen Kirche war durch eine Mauer abgeschlossen und wurde als prachtvolle Rumpfkirche Kirche genutzt. Lang- und Querschiff sowie die beiden Turmspitzen entstanden erst im 19. Jahrhundert. (Abb. 12)

2.7 Päpste und Kirchen in der Krise (14. Jahrhundert)

Das Vierte Laterankonzil markierte 1215 den Höhepunkt päpstlicher Macht. Innozenz III. liess als päpstliche «Sonne der Welt» sein Licht auf die weltlichen Herrscher fallen, indem er selbst oberster Lehnsherr über die Königreiche Portugal, Aragon, Leon und England sowie über Dänemark, Polen und Ungarn war. Bereits seine Nachfolger zerstritten sich mit Kaiser Friedrich II. und mussten zeitweise vor den Truppen des letzten grossen Stauferherrschers fliehen. Innozenz IV. (1243–1254) residierte aus Angst anfänglich gar in Lyon und versammelte dort ein Konzil, das den Bann gegen Friedrich II. wirkungslos erneuerte. Nach dem Tod des Staufers blieb das deutsch-römischc Reich jahrzehntelang ohne König. Mit der Wahl Rudolfs von Habsburg (1273–1291) endete das Interregnum und begann die Zeit rasch wechselnder Dynastien an der Spitze des Reiches. 1261 ging die Fremdherrschaft der lateinischen Kirche in Konstantinopel zu Ende, und die Ostkirche vertrieb den päpstlichen Patriarchen. 1270 endete der letzte Kreuzzug mit dem Tod des heiligen Königs Ludwig IX. von Frankreich. Die süditalienische Herrschaft der Staufer fiel kurz zuvor an den Franzosen Karl von Anjou, der wenige Jahre später jedoch nur das Königreich Neapel behielt und Sizilien an den Spanier Peter von Aragon verlor. Der Konflikt zwischen Frankreich und England spitzte sich im Nordwesteuropa derart zu, dass es 1337 zum Hundertjährigen Krieg kam, der erst 1453 endete.

Die Konflikte zwischen Papst und Kaiser und die Kriege zwischen den europäischen Königreichen markieren das endgültige Ende des christlichen Universalismus: der einen lateinischen Christenheit unter der Führung von Papst und Kaiser. Die aufstrebenden Nationen vertraten ihre Eigeninteressen politisch und kirchlich immer selbstbewusster, kompromissloser und kriegerischer. Das Papsttum erlitt im Streit der Nationen einen massiven Bedeutungsverlust: sichtbar am Ende der Kreuzzugszeit (1270), am Attentat des französischen Königs gegen Bonifaz VIII. (1303), an der «babylonischen Gefangenschaft» der Päpste in Avignon (1309–1377) und am Beschluss der mächtigsten Fürsten Deutschlands, den «römischen König» und künftigen Kaiser fortan ohne Mitbestimmung des Papstes zu wählen (1338). Die westliche Kirche schlitterte in ein spannungsvolles und konfliktreiches Spätmittelalter voller Krisen, Spaltungen und Reformsehnsucht, während das Oströmische Reich und seine orthodoxe Kirche im Kampf gegen die vorrückenden Türken zunehmend um ihr Überleben fürchteten.

Bonifaz VIII. und das Ende der päpstlichen Weltherrschaft 2.7.1

Wie gefährdet das eben noch so mächtige Papsttum innerhalb des europäischen Staatengefüges unversehens war, zeigt sich um 1300 mit schonungsloser Deutlichkeit im Konflikt zwischen Bonifaz VIII. und dem französischen König Philipp IV. dem Schönen.

Das Kräftemessen macht die Auflösungserscheinungen päpstlicher Macht ebenso deutlich wie die frühe Form des aufkommenden Nationalbewusstseins in Westeuropa. König Philipp IV. brauchte Geld für seinen Krieg gegen England, den er mit Hilfe von Steuerabgaben aus Kirchengut finanzierte. Er verbot der Kirche deswegen, Steuerzahlungen an Rom zu entrichten. Kritiker seiner Politik aus den Reihen französischer Bischöfe brachte er zum Schweigen, indem er 1301 einen unfügsamen Bischof kurzerhand verhaften und wegen Hochverrats anklagen liess.

Bonifaz VIII., Papst von 1294–1303, beorderte darauf die französischen Bischöfe zu einer Reformsynode in den Lateran, um über die Freiheit der Kirche zu beraten und «Exzesse abzustellen». Den König selbst zitierte Bonifaz VIII. nach Rom, um ihn wegen tyrannischer Herrschaft, Häresie und Simonie zur Verantwortung zu ziehen. Philipp IV. nutzte das Drohschreiben des Papstes, um eine nationale Empörung anzufachen und die französischen Reichsstände im Frühjahr hinter sich zu scharen. Sie verboten den Bischöfen die Reise nach Rom, konnten die Synode im Herbst 1302 jedoch nicht verhindern. Bonifaz VIII. liess da die Bulle «Unam sanctam» verabschieden, die den päpstlichen Machtanspruch eines Gregors VII. und Innozenz' III. in schroffer Deutlichkeit in Erinnerung rief und alle weltlichen Könige unter die Herrschaft des Papstes stellte: Um seinen Vormachtanspruch und seine Weltherrschaft zu untermauern, berief der willensstarke Bonifaz VIII. sich auf die «Zweischwertertheorie»: Nach dieser gibt es nur eine wahre Kirche, den Leib Christi, dessen Haupt Christus und dessen Stellvertreter der Papst seien; Petrus habe in seiner Hand zwei Schwerter (Lk 22,38), das geistliche und das weltliche. Das geistliche Schwert (*gladius spiritualis*) werde von der Kirche selbst geführt, das weltliche (*gladius materialis*) hätten politische Mächte im Interesse der Kirche zu gebrauchen. Die geistliche Macht sei der weltlichen übergeordnet, weshalb sich die weltliche der geistlichen zu fügen habe. Wer sich Kirche und Papst nicht unterordne, verstosse gegen die göttliche Ordnung Gottes und verwirke sein Heil. Bonifaz VIII. unterstrich diesen Machtanspruch, indem er der Papstkrone einen zweiten Kronreif einfügen liess. Sein übernächster Nachfolger Clemens V. erweiterte die Tiara im avignonesischen Exil zur dreifachen Krone: Die drei Kronreiſe werden heute fälschlicherweise als Zeichen des höchsten Lehr-, Herrscher- und Priesteramtes gedeutet. Die älteste bekannte Formel bei der Übergabe der Tiara (Abb. 13) lautete:

> «Empfange die dreifache Krone und vergiss nie, dass du Vater der Fürsten und Könige bist, das Haupt der Welt und der Statthalter Jesu Christi».[210]

> «Eine heilige katholische und ebenso apostolische Kirche zu glauben und festzuhalten werden wir auf Drängen des Glaubens gezwungen [...] ausserhalb derer weder Heil noch Vergebung der Sünden ist.»
> «Die eine und einzige Kirche hat also einen Leib, ein Haupt, nicht zwei Häupter, nämlich Christus und den Stellvertreter Christi, Petrus, und den Nachfolger des Petrus.»
> «Wenn also die irdische Gewalt abirrt, dann wird sie von der geistlichen Gewalt gerichtet werden [...] wenn aber die höchste geistliche Gewalt abirrt, dann wird sie allein von Gott gerichtet werden.»
> «Wir erklären, sagen und definieren nun aber, dass es für jedes menschliche Geschöpf unbedingt notwendig zum Heil ist, dem Römischen Bischof unterworfen zu sein.»
>
> aus der Bulle «Unam sanctam»: DH *870–875

Abb. 13

Bereits Innozenz III. setzte die Mitra auf, wenn er als oberster Priester amtete, und die Tiara «*pro regno*», wenn es also um herrschaftliche Macht ging.

Philipp IV. liess sich von der Bulle «Unam sanctam» nicht beeindrucken. Er drängte im Juni 1303 eine Pariser Kirchenversammlung dazu, den Papst der Gotteslästerung, Häresie, Simonie und Unzucht zu bezichtigen. Ein allgemeines Konzil müsse Bonifaz VIII. daher absetzen. Der König kam dem päpstlichen Bannstrahl gegen ihn selbst zuvor, indem er sich mit den Colonna-Kardinälen verbündete und Anfang September Söldner in den Papstpalast von Anagni eindringen liess. Bonifaz VIII. wurde beim «Attentat von Anagni» derart misshandelt, dass er trotz rascher Befreiung durch die Stadt Wochen später in Rom gedemütigt und gebrochen starb.

210 Formel von 1560, zit. *Richter*, Ordination des Bischofs von Rom 109.

2.7.2 Das Exil des Papsttums in Avignon

Die neue Ära, die ein entmachtetes Papsttum mit dem Tag von Anagni antritt, wird wenige Jahre später im Exil von Avignon noch deutlicher. In der Residenz, die der französische Papst Clemens V. dort 1309 wegen Unruhen im Kirchenstaat bezog, wohnten in den folgenden sieben Jahrzehnten sieben Petrusnachfolger, die allesamt Franzosen waren. Da Clemens' Nachfolger Johannes XXII., ein Finanzexperte aus Cahors, sich auf Dauer in Avignon einzurichten gedachte, liess er alle für den Kurienapparat notwendigen Bauten ausführen. Während seiner Amtszeit (1316–1334) entstand ein riesiger Papstpalast, der eine üppige Hofhaltung ermöglichte. Um diese und den Ausbau der Residenz zu finanzieren, war eine Reorganisation der Mittelbeschaffung notwendig. Johannes XXII. verstärkte den Zentralismus und verband ihn mit einem ausgeprägten Fiskalismus. Sämtliche höheren Kirchenämter erforderten künftig eine päpstliche Bestätigung, wobei neu gewählte Bischöfe und Äbte dafür die Jahreseinkünfte der Diözese oder des Klosters nach Avignon abzuliefern hatten («Annaten»). Zudem fielen alle Erträge zwischen Tod und Neuwahl eines Amtsträgers an die Kurie («Interkalarabgaben»), weshalb Avignon durchaus Interesse an jahrelang verwaisten Bischofssitzen hatte. Trafen solche Abgaben nicht termingerecht ein, drohten Interdikt (Verbot der Sakramentenspendung) und Exkommunikation.

Das neue päpstliche Finanzsystem rief wachsende Erbitterung bei Klerus und Volk hervor. Marsilius von Padua (†1343), der als Staatsphilosoph in Paris lehrte, entwickelte in dieser Zeit die Idee der «Volkssouveränität». Alle Gewalt liege beim Volk, das die Macht an die Fürsten delegiere. Dieses Modell sollte auch für die Kirche Gültigkeit bekommen: Die Gesamtheit der Gläubigen werde demnach vom Konzil repräsentiert, das neu eine Versammlung von Priestern und Laien sein müsse, die auch den Papst wählen solle. Der Staat seinerseits habe für das äussere Wohl der Kirche zu sorgen. Papst und Priestern sei dagegen der geistliche Bereich, das Spirituelle, anvertraut. Der Franziskaner Wilhelm von Ockham (†1347) sah Kirche und Staat in einem partnerschaftlichen Verhältnis der Gleichberechtigung. Sein Begriff von

Freiheit forderte, dass Gesetze nur im Dienste des Gemeinwohls legitim seien. Das kirchliche Amt sei ein Dienst, und auch päpstliche Vollmacht dürfe die Freiheit der Gläubigen nicht übergehen.

Nicht nur die ungeheure Fiskalbelastung bedrückte die lateinische Christenheit zunehmend. Auch die Macht des französischen Königs über das Papsttum, die sich am Konzil von Vienne (1311–1312) in der Vernichtung des Templerordens erschreckend zeigte, liess den Ruf nach einer Rückkehr des Papstes aus seiner «babylonischen Gefangenschaft» in Avignon immer lauter werden. In besonderer Weise bemühten sich zwei Frauen, Birgitta von Schweden und Katharina von Siena, um die Rückkehr des Pontifex nach Rom.

Birgitta von Schweden (1302–1373) stammte als Adlige aus höchsten Kreisen des schwedischen Hofes. Gegen ihren Wunsch wurde die junge Mystikerin, die schon als Mädchen Christusvisionen hatte, mit Ulf Gudmarsson verheiratet, mit dem sie in zwanzig Ehejahren acht Kinder hatte. 1335 ernannte König Magnus Eriksson sie zur Oberhofmeisterin der jungen Königin. Drei Jahre später begab sie sich mit ihrem Mann auf Pilgerschaft, zunächst ins norwegische Trondheim und dann nach Santiago de Compostela. Als ihr Mann auf der Rückreise starb, kehrte sie an den Hof zurück, wo ihre Visionen sich mehrten und Birgitta 1349 in Vadstena zur Gründung des Erlöserordens bewegten. Im Heiligen Jahr 1350 wollte sie ihren Orden bestätigen lassen und reiste dazu nach in Rom, ohne den Papst dort anzutreffen. Visionen liessen sie in Rom bleiben, wo sie ein Pilgerhospiz gründete, sich um Prostituierte kümmerte und als «Sprachrohr Gottes» immer energischer in die Politik eingriff: So forderte sie ein Ende des Krieges zwischen Frankreich und England (der über 100 Jahre dauern sollte) und die Rückkehr der Päpste nach Rom. 1367 kehrte Urban V. tatsächlich versuchsweise nach Rom zurück. Trotz Birgittas Warnung, er werde sterben, zog er im Herbst 1370 wieder nach Avignon, wo er vor Jahresende starb, kurz nachdem er Birgittas Erlöserorden anerkannt hatte. Aus Dankbarkeit dafür pilgerte die Gründerin der Birgittenschwestern mit ihren Kindern Karl, Birger und Katharina nach Jerusalem und starb nach ihrer Rückkehr in Rom.

Eine zweite Mystikerin, die mit prophetischem Mut die Rückkehr des Papstes nach Rom erreichte, war **Katharina von Siena** (1347–1380). Als 23. von 25 Kindern eines Wollfärbers entstammte sie bescheidenen Verhältnissen, war Analphabetin und wurde doch eine der berühmtesten Frauen des Mittelalters – und Kirchenlehrerin. Eine Christusvision bewegte die Sechsjährige, ihr Leben der Kirche zu widmen. Zunächst Asketin im Elternhaus, trat sie 16-jährig in den dominikanischen Laienorden ein, wurde karitativ tätig, sammelte eine spirituelle «*familia*» von Frauen und Männern um sich und zog mit dieser friedenspolitisch durch Mittelitalien. Mit der Leidenschaft einer Prophetin forderte sie Frieden unter verfeindeten Städten, die Union mit der Ostkirche, einen neuen Kreuzzug gegen die Türken und die Rückkehr des Papstes. Von der Bekehrung des Islams erhoffte sie sich den Weltfrieden. Die Dominikaner luden sie 1374 an ihr Generalkapitel nach Florenz, anerkannten ihr Charisma und gaben ihr Raimund von Capua, den späteren Ordensgeneral, als Berater und Sekretär zur Seite. In mehreren Briefen an Gregor XI. und anlässlich einer Reise nach Avignon 1376 appellierte sie an den Reformwillen des Papstes.

> «Drei Dinge müssen Sie vor allem mit Ihrer Vollmacht vollbringen: zunächst sollen Sie im Garten der heiligen Kirche, dessen Hüter Sie sind, die stinkenden Blumen ausrotten, die voll Schmutz und Gier und von Stolz aufgebläht sind. Das sind die schlechten Hirten, die diesen Garten verpesten und verfallen lassen. Um Gottes willen: gebrauchen Sie Ihre Macht, reißen Sie diese Blumen aus und werfen Sie sie hinaus, damit sie nichts mehr zu regieren haben! […] Setzen Sie Hirten und Regenten ein, die wahre Diener des Gekreuzigten sind […], die das Heil der Seelen vor Augen haben und wahre Väter der Armen sind.»[211]

Gregor XI. liess sie in seiner Residenz von drei Prälaten auf ihre Rechtgläubigkeit prüfen. Auch der Papst war von der Überzeugungskraft der theologisch ungebildeten Frau beeindruckt. Freimütig wiederholte sie ihre Briefkritik an der Lasterhaftigkeit und am Pomp des päpstlichen Hofes. Ihr Drän-

211 *Katharina von Siena*, Brief an Gregor IX. vom März 1376, in: *dies., Briefe für eine Erneuerung der Kirche.*

gen erreichte die Rückkehr Gregors 1377 nach Rom, wo er jedoch Monate später starb.[212]

Das grosse Abendländische Schisma (1378–1417) 2.7.3

Katharina konnte sich nur kurze Zeit über ihren Erfolg freuen, den Papst im Herbst 1376 aus dem pompösen Exil in Avignon nach Rom zurückgeholt zu haben. Als Gregor XI. im März 1377 starb, trat das französisch dominierte Kardinalskollegium zur Wahl des Nachfolgers zusammen. Das römische Volk verlangte einen italienischen Papst. Bewaffnete Truppen stürmten das Konklave, worauf die Kardinäle den Neapolitaner Bartolomeo Prignano zum Papst gewählten. Er war seit Kurzem Leiter der päpstlichen Kanzlei und ist bis heute der letzte Nichtkardinal, der die Petrusnachfolge antrat. Nach Tumulten wurde er als Urban VI. gekrönt.

Der Neugewählte provozierte das Kardinalskollegium – 18 Franzosen, vier Italiener und einen Spanier –, indem er 29 neue Kardinäle ernannte, darunter nur drei Franzosen, und damit die französische Dominanz brach. Die Franzosen und der Spanier verliessen Rom erbost, wählten im September 1378 den Savoyer Kardinal Robert von Genf zum Gegenpapst und reisten mit ihm nach Avignon zurück, wo sie mit Clemens VII. das luxuriöse Leben wieder aufnahmen. Das Schisma sollte 39 Jahre dauern. Der ursprünglich sparsame und gewissenhafte Urban VI. wurde seinerseits in Rom immer autoritärer und starrsinniger. Er liess an seiner Kurie den Nepotismus grassieren, Königin Johanna von Neapel ermorden und 1386 fünf fliehende Kardinäle am Meeresstrand bei Genua bestialisch hinrichten.

Zwei Päpste, zwei Kardinalskollegien und zwei Kurien spalteten die abendländische Christenheit: Hielten Spanien und Frankreich mit ihren süditalienischen Reichen, Savoyen und Schottland zu Avignon, blieben der Kirchenstaat und Norditalien, das Deutsche Reich, Osteuropa, England und Skandinavien bei der römischen Obödienz.

212 Eine Lebensskizze und die reformerischen Briefe bietet *Katharina von Siena*, Briefe für eine Erneuerung der Kirche.

Exkurs Auch die Schweizer Kirche war im Schisma zerrissen: Der Bischof von Como hielt entschieden zu Rom und der Genfer Kollege immer zu Avignon. In den anderen Diözesen kam es zu Wechseln der Obödienz und zu Doppelwahlen. Die Bischöfe von Basel, Konstanz, Lausanne und Sitten hielten anfänglich zu Avignon, dann zu Urban VI., nachdem der Habsburger Herzog Leopold III. als Freund Clemens' VII. in Sempach 1386 gefallen war.[213]

Weil beide Kurien nach dem Tod der zerstrittenen Päpste je eigene Nachfolger wählten, dauerte das Grosse Schisma an: In Rom folgten einander der Napolitaner Bonifaz IX. (1389–1404), Innozenz VII. aus den Abruzzen und der Venezianer Gregor XII. (1406–1415), während sich in Avignon der Spanier Benedikt XIII. (1394–1417) behauptete. Der Versuch des kurzen Konzils von Pisa, das 1409 beide Päpste absetzte und mit dem Franziskaner Alexander V. einen neuen Papst wählte, misslang deswegen, weil der Römer und der Avignoneser Papst das Konzil ignorierten. Als Alexander V. nach einem Jahr in seiner Residenzstadt Bologna starb und dessen Kardinäle Johannes (XXIII.) als Nachfolger wählten, gab es weiterhin drei Päpste.

Das Konzil von Pisa hatte auf die *via cessionis* gesetzt: die Demission beider Päpste, um einem neuen Platz zu machen. Doch waren weder der Römer noch der Avignoneser Papst bereit, sich selbst für illegitim zu erklären. Das galt ab 1410 auch für Johannes XXIII., der als Laienkardinal gewählt wurde und zu dem nun eine Mehrheit der Kirche hielt. Die Pisaner Konzilsväter, die beiden Päpsten als notorischen Schismatikern den Ketzerprozess machten, beriefen sich auf eine neue Lehre, die als *Konziliarismus* in die Geschichte einging. Theologen des 14. Jahrhunderts, namentlich Marsilius von Padua (†1342) sowie die Franziskaner Michael von Cesena (†1347) und Wilhelm von Ockham (†1347), bereiteten ein neues Kirchenbild vor, nach dem allein Christus alle Gläubige als Volk Gottes zur Kirche vereine. Diese werde in einem «allgemeinen» oder ökumenischen Konzil repräsentiert, das über dem Papst stehe und über diesen richten könne. In Pisa vertrat Jean Gerson (†1429), Kanzler der Universität Paris, diesen

213 Vgl. *Utz-Tremp, Karthin:* Grosses Schisma, in: HLS 5, 742; Ökumenische Kirchengeschichte der Schweiz 83–86.

Lösungsweg, die *via concilii*, derart nachhaltig, dass der Konziliarismus schliesslich in Konstanz gleich über alle drei Päpste siegte und mit ihrer Entmachtung das Schisma beendete.

Reformstau im «Herbst des Mittelalters» (15. Jahrhundert) 2.8

Das 14. Jahrhundert endet mit einer dezimierten Bevölkerung Europas, sozialen Krisen, dem Zusammenbruch des Oströmischen Reiches und dem Vorrücken des Islams auf den Balkan, mit der Spaltung der lateinischen Kirche unter zwei Päpsten und mitten im Hundertjährigen Krieg. Während die letzten Katharer in Südfrankreich und Italien ausgerottet wurden, machten sich in England und Böhmen neue Kampfansagen an die katholische Amtskirche bemerkbar.

Das Konzil von Konstanz und der Konziliarismus 2.8.1

Der in Oxford und Cambridge tätige Theologe **John Wyclif** (1330–1384) bestritt in seinem Werk «Von der Kirche» 1372 jede politische Macht des Papstes, forderte eine materiell bescheidene Lebensweise des Klerus und brachte eine englische Bibelübersetzung unter das Volk. Zudem verwarf er die Beichte, den Priesterzölibat und die Heiligenverehrung als unbiblisch.[214]

Die reformerische Bewegung der «Lollarden», die von der Inquisition verfolgt und nach Jesu Gleichnis als «Unkraut» (Lolch, lat.: *lolium*) verschrien wurden, trug Wyclifs Gedankengut nach Holland. Dessen Schrift über die Kirche gelangte auch nach Prag. An der dortigen Karlsuniversität lehrte seit 1402 **Jan Hus** (1369–1415). Der junge Professor blieb als Sohn eines Fuhrhalters volksnah und wirkte in der Bethlehem-Kapelle als beliebter Prediger in tschechischer Sprache. Radikaler als Wyclif, kritisierte er den weltlichen Besitz der Kirche, die Laster des Klerus und den Machtanspruch des Papstes. Mit Berufung auf die Bibel forderte er eine radikale

214 Zum Denken des englischen Theologen vgl. *Borinski*, Wyclif, Erasmus und Luther.

Kirchenreform, die Predigt des Evangeliums sowie Volkssprache und -gesang im Gottesdienst. Kaum zum Rektor der Universität gewählt, verbot ihm 1409 Erzbischof Zbyněk Zajíc von Hasenburg Predigt und Priesterdienst, und der Pisaner Papst exkommunizierte ihn im Juli 1410. Als in Prag deswegen Tumulte ausbrachen, lehrte Hus unter dem Schutz König Wenzels weiter an der Karls-Universität und verbrannte öffentlich Ablassbullen des Pisaner Papstes Johannes XXIII., der Geld für einen «Kreuzzug» gegen Neapel brauchte. 1412 floh Hus im Ablassstreit, nun auch vom König verfolgt, nach Südböhmen in die Ziegenburg, übersetzte dort die Bibel ins Tschechische und schrieb 1413 das Werk «De ecclesia», worin er eine Kirche ohne Hierarchie forderte. Hus verbreitete seine Anliegen als Wanderprediger, und seine frühreformatorischen Ideen griffen in Böhmen wie ein Feuer um sich. Der Ruf nach einer Kirchenreform verband sich mit den nationalen Interessen der tschechischen Bevölkerung.

Die seit dem Pisaner Konzil unter drei Päpsten gespaltene lateinische Kirche wäre als Ganze und in Böhmen gänzlich handlungsunfähig geworden, wäre ihr nicht der junge deutsche König Sigismund tatkräftig zu Hilfe gekommen, der mit politischem Druck und der konziliaristischen Strömung der *via concilii* zum Erfolg verhalf. **Sigismund von Luxemburg** (1368–1437) war Kurfürst von Brandenburg, König von Ungarn und seit 1411 deutscher König. Als Sohn Kaiser Karls IV. und Halbbruder König Wenzels lag ihm auch eine Lösung der böhmischen Kirchenkrise am Herzen. Als deutscher König drängte er Papst Johannes XXIII., ein Konzil einzuberufen. Als Tagungsort setzte er gegen das päpstliche Bologna das deutsche Konstanz durch. Zwischen November 1414 und April 1418 tagte am Bodensee die zweitgrösste Kirchenversammlung des Mittelalters. Einzig das Vierte Laterankonzil (1215) hat ihren Glanz mit gegen 500 Bischöfen, Patriarchen und Metropoliten sowie rund 900 Äbten und Gesandten übertroffen.

Insgesamt 23 Kardinäle, 18 Erzbischöfe, 117 Bischöfe und 108 Äbte sowie rund 400 Theologen und Vertreter der Fürsten beteiligten sich, nach fünf Sprachgruppen (*nationes*) gegliedert, und stimmten, statt nach Köpfen, in ihrer italienischen, französischen, spanischen, englischen und deutschen Fraktion ab. Damit gelang es Sigismund, die italienische Vormacht zu brechen. Das Konzil hatte eine dreifache Aufgabe zu lösen: in der *causa unionis* das Schisma zu überwinden und die Einheit (*unio*) der Kirche herzustellen, in der *causa reformationis* die kirchliche Erneuerung (*reformatio*) voranzutreiben und in der *causa fidei* Fragen des Glaubens (*fides*) zu klären, in denen Ketzer und Kritiker Unsicherheit verbreitet hatten.

Der Pisaner Johannes XXIII. berief das Konzil auf Drängen Sigismunds ein in der Hoffnung, als rechtmässiger Papst bestätigt zu werden. Auf der Anreise verunfallte er auf dem Arlberg. Als er in Konstanz während der Beratungen seine politischen Chancen schwinden sah, plante er mit Habsburger Hilfe die heimliche Flucht, um das Konzil zu sprengen. Als Stallknecht verkleidet, gelangte er Ende März 1415 über Schaffhausen nach Freiburg im Breisgau. König Sigismund verhinderte eine Spaltung und Auflösung der Versammlung, und Jean Gerson, Kopf der konziliaristischen Partei, setzte seine Theologie durch, nach der Christus Haupt und Bräutigam der Kirche sei, der Papst jedoch nur der Brautführer. Eine Hochzeit könne auch ohne Brautführer stattfinden. Das Konzil sei ohne Papst nicht kopflos. Die papstlose Versammlung legitimierte sich mit dem Dekret «Haec sancta synodus» vom 6. April 1415: Es sieht das Konzil im Heiligen Geist versammelt und von Christus als Haupt geleitet, dem auch die päpstliche Autorität untergeordnet ist.

> «Die im Heiligen Geist rechtmäßig versammelte Synode, die ein Generalkonzil bildet und die streitende katholische Kirche repräsentiert, hat ihre Vollmacht unmittelbar von Christus. Ihr ist jeder, unabhängig von Stand oder Würde, wäre sie auch die päpstliche, zu Gehorsam verpflichtet in dem, was den Glauben, die Ausrottung des besagten Schismas und die allgemeine Reform der Kirche Gottes an Haupt und Gliedern betrifft.»[215]

Das Erste Vatikanische Konzil wird 1870 den päpstlichen Jurisdiktionsprimat in Widerspruch zu dieser Konstanzer Konzilsentscheidung dekretieren.

---

215 Das Dekret «Haec sancta synodus» ist lateinisch und deutsch zu lesen in *Wohlmuth*, Conciliorum oecumenicorum decreta 409–410.

König Sigismund ächtete den geldgierigen Fluchthelfer, Herzog Friedrich IV., und liess Johannes XXIII. gefangen zurückbringen und zur Abdankung zwingen. Gregor XII. trat in Rom freiwillig zurück, und Benedikt XIII. floh aus Avignon nach Spanien. Das Konzil erklärte auch ihn im Juli 1417 für abgesetzt. Am 11. November 1417 wählten Kardinäle und Konzilsrat gemeinsam Oddo di Colonna zum Papst, der sich nach dem Tagesheiligen Martin V. nannte. Er hatte die Zweidrittelmehrheit der Kardinäle und jeder der fünf Nationen hinter sich. Bereits vor dieser Wahl hatte das Konzil das Dekret «Frequens» verabschiedet, das nach fünf, nach weiteren sieben und dann jeweils nach zehn Jahren ein neues Konzil forderte. Häufige Konzile sollten denn auch die *causa reformationis* vorantreiben. Konstanz selbst fasste erste Beschlüsse, um das päpstliche Fiskalsystem abzubauen, den Kauf geistlicher Ämter zu untersagen, die Bischöfe als Hirten zur Residenzpflicht in der Diözese zu zwingen, das Konkubinat der Priester zu verbieten und Priester zum Tragen des Klerikerkleids zu verpflichten. In der *causa fidei* lud die Versammlung Jan Hus als gefährlichen Kirchenkritiker vor. Obwohl König Sigismund ihm freies Geleit zugesichert hatte, wurde er im Konstanzer Dominikanerkloster unter Arrest gestellt, im Juni 1415 als Ketzer angeklagt und wegen Verweigerung des Widerrufs im Hafenbecken als «*haeresiarcha*» (= Erzketzer) öffentlich verbrannt.[216]

2.8.2 Hussitenkriege und die böhmische Kirche

Der Tod von Jan Hus wirkte in seiner böhmischen Heimat wie ein Fanal. Noch während des Konstanzer Konzils verbündeten sich reformerische Anhänger des Hus und tschechische Nationalisten, die gegen die deutsche Unternehmerschicht in Böhmen mobil machten. Als König Wenzel sich gegen beide wandte, kam es im Juli 1419 zum ersten Prager Fenstersturz,

216 Die bedeutenden Beschlüsse des Konstanzer Konzils finden sich dokumentiert in DH *1151–1190; ausführlicher in *Wohlmuth*, Conciliorum oecumenicorum decreta 403–451; das Konzil, seinen Verlauf und seine Stadt schildern *Keupp/Schwarz*, Konstanz 1414–1418, das Konzilsgeschehen selbst erhellt detailliert in zwei Bänden: *Brandmüller*, Das Konzil von Konstanz.

bei dem Hussiten Ratsherren aus dem Altstädter Rathaus warfen. König Wenzel traf vor Schreck darüber der Schlag. Seinem Tod folgte ein wochenlanger Aufstand, der in allen Prager Kirchen die Kelchkommunion erzwang und widerständige Klöster brandschatzte. Sigismund entsandte Truppen, die im Dezember bei Pilsen eine Niederlage erlitten. Papst Martin rief darauf im März 1420 zum Kreuzzug gegen die Hussiten auf. Bis 1422 zogen drei Kreuzzugsheere nach Böhmen. König Sigismund selbst eroberte die Prager Burg, konnte die Stadt aber nicht unterwerfen. Der Krieg weitete sich vielmehr über Böhmen und Mähren aus, wobei sich das Bauernheer des charismatischen Führers Jan Žižka mit ihrer Wagenburg-Taktik selbst gegen hochgerüstete Ritterheere behauptete. 1423 spaltete sich die hussitische Bewegung in gemässigte Utraquisten und radikale Taboriten. Ersteren reichte eine Reform der Messfeier mit Einführung des Laienkelchs (*utraque* = Kommunion unter beiden Gestalten), während die Taboriten, nach ihrer südböhmischen Hochburg, der Stadt Tabor, benannt, eine durchgreifende Kirchenreform nach Hus' Ideen notfalls gewaltsam durchführen wollten.

Der vierte Kreuzzug gegen die Hussiten weitete den Krieg 1427 nach Niederösterreich und Schlesien aus, 1430 waren zudem Brandenburg, Franken und Ungarn betroffen. Als auch der fünfte Kreuzzug von päpstlichen und deutschen Truppen 1431–1433 scheiterte, gelang es dem Konzil von Basel, die Utraquisten (auch Calixtiner = Kelchbrüder) in die katholische Kirche zu integrieren. Sie zogen in der Folge zusammen mit kaiserlichen Truppen gegen die radikalen Taboriten, die 1434 so vernichtend geschlagen wurden, dass ihre Bewegung verschwand. Die Reformatoren des 16. Jahrhunderts sahen in Hus einen Vorläufer. Eine neue hussitische Kirche entstand im Zuge der lutherischen Reformation durch enttäuschte Utraquisten, die sich dem Protestantismus näherten, während die Böhmischen Brüder Mitte des 15. Jahrhunderts aus Waldenserkreisen entstanden.

Exkurs

1918 fusionierten lutherische und reformierte Gemeinden zur «Evangelischen Kirche der Böhmischen Brüder». Die heutige Tschechoslowakisch-hussitische Kirche formierte sich 1919 als reformerische Abspaltung von der katholischen Kirche und zählt unter einem eigenen Patriarchen keine 40 000 Mitglieder.

2.8.3 Die Konkurrenzkonzile von Basel und Ferrara-Florenz

Das Konstanzer Reformprogramm sah zwei baldige Folgekonzilien und ab 1430 alle zehn Jahre ein Konzil vor, um die Kirchenreform wirksam voranzutreiben und neue Spaltungen zu verhindern. Aus Furcht vor der konziliaristischen Strömung verzögerte Martin V., der den absoluten Primat des Papstes vertrat, die Einberufung eines Folgekonzils. Sechs Monate bevor die endlich angekündigte Kirchenversammlung Ende Juli 1431 in Basel zusammentrat, verstarb Martin V. in Rom. Der sogleich neu gewählte Eugen IV., ein Venezianer, liess das Konzil zusammentreten, ohne selbst an den Rhein zu reisen. Die Basler Konzilsväter gaben sich darauf eine eigene Tagesordnung und begannen die Kirchenreform im Sinn des Konziliarismus zu diskutieren. Schockiert darüber, erklärte Eugen IV. im Dezember das Konzil für aufgelöst und berief ein neues für Sommer 1433 nach Bologna. Er begründete seine Entscheidung damit, dass die Griechen zu einer Wiedervereinigung mit der lateinischen Kirche bereit seien und das grosse Anliegen der Union mit den Ostkirchen in Italien beraten werden müsse. König Sigismund jedoch und andere weltliche Mächte hielten zum Konzil von Basel, das seine Arbeit fortsetzte und mit Berufung auf das Dekret «Haec sancta synodus» seine Oberhoheit über den Papst bekräftigte. Sigismund erreichte vom Papst im Mai 1433 seine Kaiserkrönung in Rom und im Dezember die päpstliche Anerkennung des Basler Konzils. Im folgenden Mai entkam Eugen IV. einem Aufstand in Rom als Mönch verkleidet und residierte fortan neun Jahre im Florentiner Exil. Dem Kaiser gelang es, einen Bruch zwischen dem Basler Konzil und dem bedrängten Papst zu verhindern. Als Sigismund jedoch Ende 1437 starb, berief Eugen IV. unverzüglich ein eigenes Konzil für Sommer 1438 nach Ferrara ein. Eine Minderheit der Basler Väter folgte dieser Einladung, während die Mehrheit in Basel blieb. Als Antwort auf die vom Papst verschuldete Spaltung des Konzils wählte und krönte die Basler Versammlung kurzerhand im dortigen Münster Graf Amédée VIII. von Savoyen zum Gegenpapst Felix V. und erklärte Eugen IV. für abgesetzt. Die Superiorität des

Konzils über den Papst wurde zum Glaubenssatz erhoben.[217] Hatte der Konziliarismus in Konstanz das Schisma überwunden, so beschwor er in Basel ein neues Schisma herauf. Das päpstliche Konzil trat im Sommer 1438 in Ferrara zusammen, wurde im folgenden Winter aber aus finanziellen Gründen nach Florenz verlegt. Dort tagte es bis 1443 und erreichte im Juli 1439 die kurzfristige Union mit der Ostkirche.[218] Nach Eugens IV. Tod 1447 verliefen die Basler Beratungen im Sande, da die deutschen Fürsten sich vom Konzil distanzierten. Felix V. zog mit dem Restkonzil nach Lausanne, dankte aber nach wenigen Monaten 1449 ab und starb 1451 in Genf ehrenvoll als Kardinal. Felix V. war der letzte katholische Gegenpapst.

Die römischen Päpste beriefen aus Angst vor dem Konziliarismus jahrzehntelang keine weiteren Konzile ein. Das Fünfte Laterankonzil (1511–1517) unter den Renaissancepäpsten Julius II. und Leo X. war eine kleine Versammlung von 100 Bischöfen. Sie dogmatisierte die Unsterblichkeit der Seele, brachte aber in sechs Jahren keine durchgreifenden Reformbeschlüsse zustande. Sieben Monate nach seinem feierlichen Abschluss setzte Martin Luther in Wittenberg mit seinen Ablassthesen den Auftakt zur Reformation, die die Papstkirche für verzögerte und verhinderte Reformen mit der Kirchenspaltung bestrafte.

Konstantinopels Fall und das Schicksal der Ostkirche 2.8.4

Das Schisma zwischen Ost- und Westkirche verschärfte sich während der Kreuzzüge, obwohl der erste dieser «Heiligen Kriege» auf einen Hilferuf Ostroms hin militärisch gegen die Türken vorging. Die Besetzung Konstantinopels durch die Lateiner 1202 im Zuge des Vierten Kreuzzuges und die Zeit des Lateinischen Patriarchats verschärfte die Entfremdung jedoch. Kaiser Michael VIII. Palaiologos beendete 1261 die erzwungene Integration der Ostkirche in die Westkirche, doch

217 Zum Konzil von Basel, Verlauf und Bedeutung: *Alberigo*, Geschichte der Konzilien 252–291.

218 Die bedeutenden Konzilsbeschlüsse von Ferrara–Florenz dokumentiert DH *1300–1353.

wirkte die lateinische Herrschaft in Konstantinopel noch über Jahrhunderte traumatisch nach.

Als Ostrom von den vorrückenden Seldschuken immer mehr in die Enge getrieben wurde und weite Teile seiner Herrschaftsgebiete verlor, sahen westliche Konzilien hochrangige östliche Delegationen zu Unionsverhandlungen anreisen. 1274 war das Byzantinische Reich auf Griechenland, Mazedonien und die westliche Hälfte Kleinasiens zurückgedrängt. In der Hoffnung auf politische Unterstützung westlicher Mächte schickte Kaiser Michael VIII. daher eine Gesandtschaft ans Zweite Konzil von Lyon. Dort schwor die kaiserliche Delegation am 29. Juni 1274 auf die Union mit der lateinischen Kirche, doch nachträglich vom Papst gestellte Zusatzforderungen (u. a. Aufnahme des *Filioque* ins griechische Credo) wurden vom Patriarchen abgelehnt und dieser durch Martin IV. gebannt. Die Eiszeit zwischen den höchsten Kirchenhirten dauerte damit fort.

Ab 1299 brachte Osman das Seldschuken-Reich unter seine Kontrolle. Die neuen Osmanischen Herrscher verschärften ihre Expansionspolitik gegen Westen und begannen Ostrom nun auch auf europäischem Boden weite Gebiete abzuringen. Um 1400 zeigte sich die Lage Konstantinopels verzweifelt: Ganz Kleinasien war verloren und seine europäische Herrschaft auf das Hinterland am Bosporus, Zentralmakedonien (die Halbinsel von Saloniki) und die südliche Peloponnes geschrumpft. Untergangsängste des oströmischen Kaisers führten zu einer weiteren Union von kurzer Dauer. Sie gelang am Konzil von Florenz. Die Griechen trafen unter Kaiser Johannes VIII. Palaiologos, dem Patriarchen Josef II. von Konstantinopel und den Metropoliten von Nizäa und Kiew 1438 in Ferrara ein. Nach Verlegung des Konzils nach Florenz wurde da nach Anerkennen des *Filioque* und des päpstlichen Primats durch die Griechen die Union am 6. Juli 1439 feierlich besiegelt. Doch der griechische Klerus folgte der Konzilsentscheidung nicht, und die Eroberung Konstantinopels durch die Osmanen war ohne westliche Unterstützung 1454 nicht mehr aufzuhalten. Das Osmanische Reich unterwarf danach in wenigen Jahren Serbien (1459) und Bosnien (1463).

Die Ostkirchen gingen ihren Weg durch die Jahrhunderte fortan politisch unter islamischer Herrschaft und ohne christlichen Kaiser. Der Sturz des östlichen Kaisertums und damit das Ende des «Zweiten Roms» führten dazu, dass Moskau zum «Dritten Rom» aufstieg. Die russisch-orthodoxe Kirche sah sich nun als Zentrum des orthodoxen Christentums. Dass Grossfürst Iwan III. mit Sophia Palaiologa die Nichte des letzten byzantinischen Kaisers Konstantin XI. Palaiologus geheiratet hatte, unterstrich den Anspruch auch dynastisch. Erst 1547 allerdings liess Iwan IV. der Schreckliche sich zum Zaren (Cäsar, Kaiser) krönen und begründete damit das Russische Kaiserreich. Als Ökumenisches Patriarchat gilt allen Ostkirchen jedoch bis heute der griechisch-orthodoxe Sitz von Konstantinopel in Istanbul, das seit 1991 Bartholomaios I. als 270. Nachfolger des Apostels Andreas innehat.

Der gegenseitige Bann von lateinischer West- und orthodoxer Ostkirche dauert bis 1965, das Schisma bis heute an, obwohl Benedikt XVI. von «wahren Schwesterkirchen» spricht.[219] Die Amtseinsetzung von Papst Franziskus feierte erstmals seit 1054 ein ökumenischer Patriarch als Gast mit. Die Nachfolger der Apostelbrüder Petrus und Andreas sehen heute die Wiedervereinigung der West- und Ostkirchen in absehbarer Zeit als möglich.

Soziale Krisen und Sozialwesen im Spätmittelalter 2.8.5

Nachdem das Hochmittelalter seit 1000 über drei Jahrhunderte eine starke Bevölkerungszunahme verzeichnet hatte, die zu einem eigentlichen Städteboom, zum Ausbau der Handelswege und Aufschwung des Frühkapitalismus geführt hatte, litt Europa 1313–1317 unter mehreren Hungerjahren in Folge. Die geschwächte Bevölkerung wurde anfälliger für Seuchen und Epidemien, und die durchschnittliche Lebenserwartung sank deutlich unter 35 Jahre.

Im 14. Jahrhundert endete die lange Periode der Klimaerwärmung. Kältewellen verminderten die Ernteerträge, und die Lebensmittel reichten nicht mehr aus, die ganze Bevölkerung zu ernähren. Die wachsende soziale Unruhe wurde

219 Die Geschichte von Orthodoxen, orientalischen und mit Rom unierten Ostkirchen fasst übersichtlich zusammen *Oeldemann*, Die Kirchen des christlichen Ostens.

Grafik 6

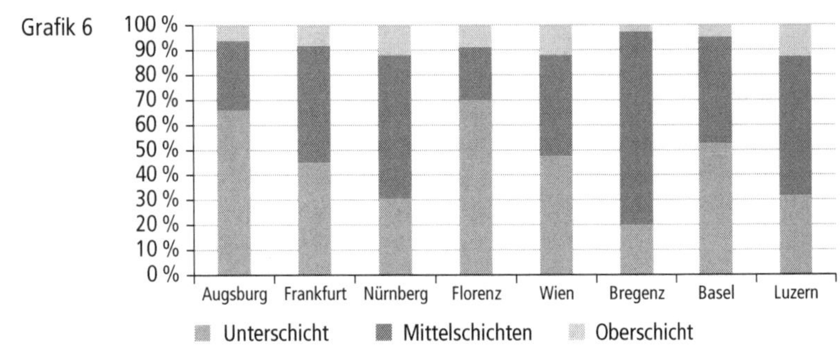

Ort	Augsburg	Frankfurt	Nürnberg	Florenz	Wien	Bregenz	Basel	Luzern
Zeit	1475	1405	1445	1428	ca. 1450	ca. 1363	1446	1445
Einw.	20 000	11 000	21 000	60 000	24 000	600	10 000	3 500
%	7	8	12	10	12	3,2	5,4	12,9
%	27	47	58	20	40	77	42,7	54,7
%	66	45	30	70	48	19,8	51,9	32,4

durch lange und kostspielige Kriege verschärft: den Hundertjährigen Krieg zwischen Frankreich und England (1337–1453), die Kriege zwischen Hanse und Dänemark in Norddeutschland (1362–1370), die Kämpfe des Deutschordens gegen Polen und Litauen im Osten (1303–1411), während zugleich die Osmanen auf den Balkan vorrückten (Bulgarien fiel 1396).

Mehrere katastrophale Pestwellen säten ihrerseits Angst und Schrecken. Die schlimmste Pest traf ganz Europa in den Jahren 1347–1353. Sie fegte von Süden nach Norden einen Drittel von Europas Bevölkerung hinweg. Menschen jedes Standes, Städter und Bauern waren der Epidemie ausgeliefert. Der Schwarze Tod dezimierte ganze Landstriche, und kaum eine Familie war vom Grossen Sterben nicht betroffen. Während die Leute aus den Städten aufs Land flohen, um der Ansteckung zu entgehen, strömte die Landbevölkerung in die Städte, da sie sich dort eine bessere Versorgung erhoffte.

Auch die Frühform der kapitalistischen Marktwirtschaft führte zu sozialen Nöten. Kaufleute wie die Fugger in Augsburg und die Medici in Florenz stiegen zu Bankern auf und brachten selbst die Päpste in ihre Abhängigkeit. In den Städten bildete sich eine meist schmale Elite Reicher und eine wachsende Mehrheit, die in der Unterschicht um den täglichen Lebensunterhalt kämpfen musste. Wehe jenen, die anhaltend krank wurden, im Alter ohne Kinder waren, behindert auf die Welt kamen oder durch Unfälle an Arbeitskraft einbüssten. Sorgte die Familie nicht für sie, waren sie auf die Werke der Barmherzigkeit angewiesen. Grafik 6 zeigt die Sozialstruktur am Beispiel einzelner Städte auf.[220]

Waren die Werke der Barmherzigkeit grundsätzlich für alle Gläubigen der Schlüssel zum Himmelreich (nach Mt 25), nahmen Klöster, Hospitalgemeinschaften und karitative Bruderschaften den Auftrag Jesu auch institutionell wahr: Arme zu speisen, Kranke zu pflegen, Fremde aufzunehmen und Obdachlose zu versorgen. Das städtische Hospital entwickelte sich zur Auffangstation für alle Hilflosen: kranke, behinderte oder sozial verstossene Menschen und pflegebedürftige Betagte.

Abb. 14[221]:
Das abgebildete Pariser Hospital beherbergt im 15. Jahrhundert Männer (rechts) und Frauen (links), die sich zu zweit ein Bett teilen. Als Personal dienen Ordensschwestern, unterstützt von einem Kaplan, der einer neu aufgenommenen Patientin eben die Kommunion reicht, und von adligen Sponsoren (vorne). Zwei Verstorbene, die in Säcke eingenäht werden, haben Plätze freigegeben, von denen einer für einen Mann noch verfügbar ist. Im Hôtel-Dieu sind Patienten Gäste Gottes; darauf verweisen in der Mitte der Gekreuzigte auf dem Altar ebenso wie die Madonna mit Kind und der Täufer auf den beiden Säulen.

220 Die Statistik stützt sich auf: 800 Jahre Franz von Assisi. Franziskanische Kunst und Kultur des Mittelalters, Red.: Harry Kühnel/Hanna Egger/Gerhard Winkler, Wien 1982, 45.

221 Aus *Aumüller, Gerhard:* Vom Siechenhaus zum Grossklinikum, in Marburger Uni-Journal, hg. von der Philipps-Universität Marburg, Nr. 25, April 2006, 19–22, 20.

Grafik 7: Demografie

Bevölkerung in Millionen: dunkelgrau Europa ohne Russland, hellgrau: China und Indien

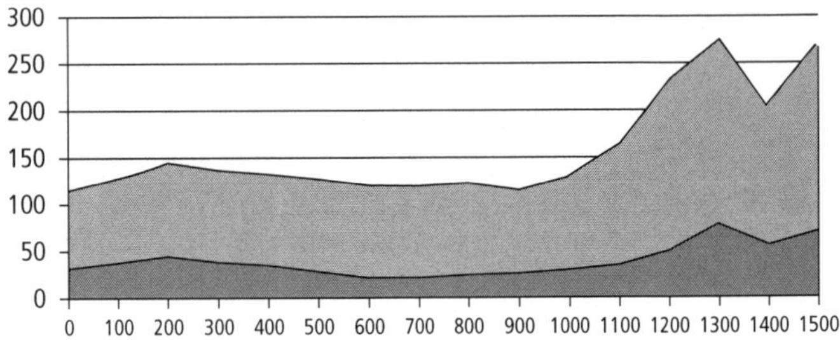

Nach einem Rückgang in der Spätantike und Völkerwanderungszeit konzentriert sich die Bevölkerung Europas im Frühmittelalter im Mittelmeerraum. Das Frankenreich der Karolinger besteht zu 40 Prozent aus unbewohnten Wäldern. Klimaerwärmung und neue Produktionsmethoden bewirken, dass sich die Bevölkerung von 1000 bis 1300 mehr als verdoppelt. Die Pest von 1347–1353 fegt einen Drittel davon weg. Es dauert bis ins 16. Jahrhundert, bis sich die Länder Europas davon wieder erholen werden.

2.8.6 Hexenwahn und Antijudaismus

Die zahlreichen Hungersnöte, Seuchen und Epidemien des Spätmittelalters drängten vielen Betroffenen die Fragen auf, warum Gott derartige Leiden zulasse. Die einen Antwortversuche sahen den Himmel zürnen, die anderen die Hölle entfesselt. Die Geissel der Pest erschien vielen als Strafgericht Gottes. Das Grosse Sterben von 1347–1353 wurde von Busspredigern als eine göttliche Zuchtrute für die Christenheit gedeutet, deren Päpste damals in Avignon prassten, deren Klerus Unzucht trieb und deren Gläubige vielfältigen Lastern nachgaben. Der Gedanke des Strafgerichtes förderte das Buss- und Sühnestreben. Individuelle und kollektive Busse sollten den zürnenden Himmel gnädig stimmen. Busswillige zogen in Prozessionen durch ganze Gegenden, Psalmen betend, rhythmisch klagend und sich selbst geisselnd. Angesichts von Hunger-, Natur- und Pestkatastrophen suchte die Gesellschaft auch nach Sündenböcken. Sozialpsychologische Mechanismen gaben dem Hexenwahn in verheerender Weise Auftrieb.

Der Hexenwahn ist entgegen verbreiteter Meinung weder ein Werk der Inquisition noch ein Phänomen des Mittelalters. Lehnte die antike Kirche Hexerei als abergläubische Idee oder Praxis ab, verbrannten die Germanen Schadenszauberer, was die christliche Mission jedoch im Frühmittelalter vehement bekämpfte: So predigte Bonifatius im 8. Jahrhundert, der germanische Hexenglaube sei unchristlich. Karl der Grosse führte 785 gar die Todesstrafe für Hexenverbrennungen ein, um die Praxis in Sachsen auszumerzen. Gregor VII. mahnte im 11. Jahrhundert den Dänenkönig Harald Blauzahn, nicht den Zorn Gottes zu provozieren, indem «Frauen nach einem barbarischen Brauch» der Verursachung von Unwettern und Krankheiten bezichtigt und ins Verderben gestürzt würden.[222] Thomas von Aquin verwirft Vorstellungen vom Zusammenwirken zwischen Frauen und dem Teufel.

Erst gegen Ende des Mittelalters tauchen christliche Vorstellung von Hexentreiben und eine eigentliche Hexenlehre auf. Die Begriffe Hexerei und Hexenverbrennung lassen sich erstmals kurz nach 1400 in Luzern und in Schaffhausen nachweisen. Die Inquisition des 13. Jahrhunderts wandte sich gegen Häresien und ahndete auch Praktiken der schwarzen Magie. Ihr Ziel war jedoch die Bekehrung Verirrter zum christlichen Glauben. In Spanien bekämpfte die Inquisition des 15. Jahrhunderts aufkommende Hexenverfolgungen und brachte sie 1526 zum Erliegen. Die grossen Wellen der europäischen Hexenverfolgungen fallen in die Frühe Neuzeit (1450–1750) und waren weniger Resultat kirchlicher Aktionen als vielmehr Frucht einer Massenhysterie.[223]

Bis zum Beginn der Kreuzzüge lebten **jüdische Gemeinden in Europa** als «Erlaubte Religion» ungefährdet: Gregor I. bestätigte ihr Lebensrecht, gewährte freie Religionsausübung, verbot Juden aber jedes Missionieren und erlaubte jederzeit den Übertritt in die Kirche. Zwangsmission war Christen verboten. Seit Karl dem Grossen nahmen die Kaiser ihre spezielle Schutzpflicht war, seit der Gregorianischen Reform auch die Päpste. Verfolgungen setzten im Ersten Kreuzzug ein und gingen von fanatischen Laien aus. 1096 plünderten Kreuzfahrer auf dem Weg in den Orient im Rheinland jüdische Stadtviertel: Der Aufruf zur Befreiung des Heiligen Grabes aus muslimischer Hand verband sich mit dem Töten der «Gottes-

222 Der Brief Gregors VII. findet sich in MGH, Epistulae selectae II/2, 497–498.
223 Dazu Abschnitt 3.3.5.

mörder». 1144 wurden in England erstmals Juden des Ritualmordes an Christen verdächtigt: Solche Verleumdungen, oft verbunden mit dem des Hostienfrevels, verbreiteten sich in ganz Europa. Sowohl Kaiser Friedrich II. als auch Papst Alexander IV. verurteilten diese antijüdische Propaganda Mitte des 13. Jahrhunderts – ohne Erfolg, wie die Wernerlegende am Mittelrhein (1287) und der Kult um den Knaben Rudolf in Bern (1294) zeigen. Noch Martin Luther traut in seinem Traktat «Von den Juden und ihren Lügen» (1543) jüdischen Gemeinden zu, dass sie Verbrechen wie Ritualmorde und Brunnenvergiftungen begehen.

1215 verordnete das Vierte Laterankonzil, dass sich Juden und Muslime in ihrer Kleidung zu kennzeichnen haben: Primäre Absicht war, auf diese Weise verbotenen Mischehen vorzubeugen.[224] Ende des Jahrhunderts schritten Staaten zu rigideren Massnahmen: 1290 vertrieb der englische König alle Juden aus seinem Reich. 1306 tat es ihm der französische König gleich. Ludwig X. hob das Verbot wieder auf, bis 1394 auch in Frankreich die endgültige Vertreibung der Juden erfolgte. In Deutschland lebten die jüdischen Gemeinden unter dem Schutz des Königs. Städte wiesen sie jedoch in gesonderte Quartiere (Ghetto oder «Judengasse»). Fürsten und Städte konnten vom König die Erlaubnis zu «gerechten» Judenverfolgungen erkaufen. Solche wurden inszeniert, wenn sich verschuldete Städte finanziell sanieren wollten: Da Zinsgeschäfte bis ins 15. Jahrhundert Christen verboten waren, spezialisierten sich Juden als Pfandleiher und Bankiers. Pogrome waren die radikalste und brutalste Art, in der eine Stadt sich ihrer Schulden entledigte. Zur immer isolierteren und prekären Lage jüdischer Gemeinden trug bei, dass ihnen ausser Finanzgeschäften gewerbliche und landwirtschaftliche Tätigkeiten untersagt waren. Die eigentliche Katastrophe brach Mitte des 14. Jahrhunderts über die Juden im deutsch-römischen Reich herein: In der Grossen Pest von 1347–1353 wurden sie der Brunnenvergiftung verdächtigt und in Pogromen massenhaft

224 Wortlaut des Dekrets, das «Juden und Sarazenen» eine unterscheidbare Kleidung vorschreibt: *Wohlmuth*, Conciliorum oecumenicorum decreta 266.

umgebracht. Im 15. Jahrhundert wiesen viele Reichsstädte jüdische Gemeinden gänzlich aus.[225]

Die Rolle des Judentums reflektierten bereits die Kirchenväter theologisch. Johannes Chrysostomus schmähte die Juden, Origenes bewunderte sie. Von Augustinus bis Thomas von Aquin wurde das Verhältnis des Judentums zur Kirche mit den Brüdern Esau und Jakob verglichen. Die Kirche ist der gesegnete Jakob, Esau der übergangene Sohn Isaaks. Augustinus sah in den Juden blinde Lehrer der Christen: Sie hätten die Offenbarung des Alten Testamentes erhalten, ohne deren Erfüllung in Jesus zu verstehen, so dass das Erbe an das Christentum ging. Bernhard von Clairvaux strich im zweiten Kreuzzug das Heil für das Judentum heraus und Bischof Berthold von Regensburg mahnte im 13. Jahrhundert, die Juden zu schützen. In den Pestpogromen ab 1348 waren Bürger und Zünfte die treibende Kraft, während der Klerus sich zurückhielt und der Papst gar Lynchjustiz verbot, indem er auch für verdächtige Juden ein ordentliches Prozessverfahren forderte.[226]

Mystik im hohen und späten Mittelalter 2.8.7

Wie im Antijudaismus, so spiegeln sich in der Mystik die Katastrophen des 14. Jahrhunderts. Die religiöse Erfahrung und Botschaft von Mystikerinnen und Mystikern begegnet den Ängsten der Menschen jedoch mit Trost und Geborgenheit. Neben hochstehenden Traktaten und Schriften an der Grenze des Unsagbaren vermittelten Visionärinnen und mystische Autoren auch wichtige Impulse in die Volksfrömmigkeit.

Die **Deutsche Mystik** dieser Jahrhunderte lässt sich in drei Perioden gliedern: Im Hochmittelalter dominiert die *monastische Mystik* in Klöstern mit Benediktsregel. Sie erreicht in den Seherinnen Hildegard von Bingen und Elisabeth von Schönau ihre ersten Höhepunkte und in der Brautmystik

225 Von der Ausweisung aller Muslime und Juden aus der iberischen Halbinsel war bereits die Rede. Eine flächendeckende Gesamtdarstellung der jüdischen Geschichte im christlichen Abendland bieten nach Ländern gegliedert: *Kotowski/Schoeps/Wallenborn*, Handbuch zur Geschichte der Juden.

226 Zur Thematik spezifisch: *Angenendt*, Toleranz und Gewalt 486–533.

des Zisterzienserinnenklosters Helfta mit Mechthild von Hackeborn, Gertrud der Grossen und Mechthild von Magdeburg 1270–1300 eine Spätblüte.

Ab 1300 dominieren die *Bettelorden* mit einer geschwisterlichen Mystik. Die Franziskaner prägen über David von Augsburg und Berthold von Regensburg das praktisch-innerliche Gebetsleben, die Dominikaner mit dem Dreigestirn Meister Eckhart, Johannes Tauler und Heinrich Seuse eine Mystik der Freundschaft. Süddeutsche und Schweizer Dominikanerinnenklöster werden Zentren der Frauenmystik: Berühmt werden Nürnberg und Esslingen, Medingen bei Dillingen, Unterlinden bei Kolmar, Freiburg i. Br., Töss bei Winterthur, Oetenbach in Zürich, Katharinenthal bei Diessenhofen.

Im späten 14. Jahrhundert verbreitete sich in der *Bewegung der «Gottesfreunde»* und im 15. Jahrhundert in der *Devotio moderna* Mystik ausserhalb klösterlicher Mauern in Laienkreisen.

Die **franziskanische Mystik** hielt sich das irdische Leben Jesu «von der Krippe bis ans Kreuz» vor Augen. Klara von Assisi lehrte, «arm den armen Christus zu umarmen» und das Leben Jesu täglich wie einen Spiegel zu betrachten.[227] Bonaventuras Betrachtungen tauchen in die Szenen des Jesuslebens ein. Die Lieder von Jacopone da Todi, der auch das «Stabat mater» dichtete, treten in Dialog mit den biblischen Gefährten Jesu. Der franziskanische Laie Ramón Llull, ein Pionier des christlich-islamischen Dialogs, liess sich von Sufis zu einer innigen Freundschaftsmystik inspirieren.[228]

Die **dominikanische Mystik** erfährt ihre Hochblüte in Deutschland. Sie nimmt mit *Meister Eckhart* (1260–1338) spekulative Züge an. Der Thüringer Prediger war Seelsorger, Spiritual und Visitator, aber auch Magister der Pariser Sorbonne und Lektor im Kölner Ordensstudium. Seine gelehrten mystischen Traktate suchen die Unfassbarkeit Gottes zum Ausdruck zu bringen: Der Mensch ist Empfangender, und Gott kann man nur als Betender begegnen; dabei gibt es kein

227 Klara-Quellen 28, 37–39 (Spiegel).

228 Die franziskanische Mystik präsentiert im Überblick und mit Schlüsseltexten: *Ruh*, Abendländische Mystik Bd. 2, 81–371.

Dilemma zwischen Gottes- und Menschenliebe, keine Spaltung zwischen Aktion und Kontemplation. Gottverbundenheit ist in allen Tätigkeiten zu leben, und Gott ist in allen Dingen zu finden. Eckhart lehrt zugleich, dass die Hingabe an Gott auch durch Wüste, Dürre und Dunkelheit führt. Die beiden anderen prägenden Brüder im «dominikanischen Dreisgestirn», Heinrich Seuse und Johannes Tauler, sind ethisch und subjektiver orientiert. Sie lehren den Alltag in der Nachfolge Christi zu gestalten.[229]

Dominikaner entfalten durch ihre Frauenseelsorge in deutschsprachigen Nonnenklöstern eine besondere Breitenwirkung: Die gelehrten Theologen werden in der Schwesternseelsorge auch sprachschöpferisch, indem sie mystische Werke in der Muttersprache schreiben. Nicht wenige Dominikanerinnen verfassen selbst mystische Schriften und färben die spirituelle Sprache und ihre Bilderwelt weiblich ein.[230]

Exkurs

Heinrich Seuse und die Schweiz

Heinrich kam 1295 am Bodensee zur Welt. Sein Vater, Heinrich von Berg, war Patrizier und Geschäftsmann, seine Mutter Mechthild von Süs eine Landadlige. Der Geschäftssinn und das Gewinnstreben seines Vaters brachten kein Verständnis für die spirituelle Sehnsucht der Gattin auf, die in ihrem eigenen Leiden eine gefühlvoll-innige Passionsfrömmigkeit entfaltete. Der Sohn, der sich nach seiner Mutter nannte, übernahm die spirituelle Ausrichtung auf den leidenden Christus von ihr. 13-jährig wurde Heinrich den Dominikanern «auf der Insel» vor Konstanz anvertraut, und seine Schwester kam in ein Frauenkloster bei St. Gallen. Seine Ausbildung erhielt der junge Frater vermutlich in Konstanz und Straßburg nach der dominikanischen Studienordnung. Allerdings vermochte das scholastische Denken seine religiöse Sehnsucht nicht zu stillen. Gelehrte Diskurse führten ihn nicht zur persönlichen Christusbegegnung. Wachsende innere Unruhe mündete im 18. Altersjahr in eine «*geswinde kehr*» (Umkehr), die ihn fortan zum «Diener der Ewigen Weisheit» machte. 1327 übernahm Seuse im Kloster Konstanz das Amt des Lesemeisters. Sein Ruf, ein treuer Anhänger Eckhards zu sein, enthob ihn aber 1329–1334 der Aufgabe, das Studium der Mitbrüder zu leiten. Ab 1335

229 Die dominikanische Mystik präsentiert im Überblick und mit Schlüsseltexten: *Ruh*, Abendländische Mystik Bd. 3, spezifisch 216–353 (für Eckhard), 415–475 (Seuse) und 476–526 (Tauler).

230 Zur Mystik der Dominikanerinnen: *McGinn*, Mystik im Abendland Bd. 3, 507–548.

wirkte Seuse als Seelsorger, Prediger und Reformer vor allem in Dominikanerinnenklösters des Oberrheingebietes. Da pflegte er Kontakte zu den «Gottesfreunden» (Laien, die das innere Gebet pflegten). Viele Reisen führten ihn meistens in die Nonnenklöster St. Katharinental bei Diessenhofen am Rhein und Töss bei Winterthur, wo er in Elsbeth Stagel eine mystisch begnadete Freundin fand. Als 1336 Konstanz in den Kampf zwischen Kaiser Ludwig dem Bayern und dem Papst verwickelt wurde, mussten die Dominikaner die Stadt verlassen und zogen nach Diessenhofen. Heinrich Seuse leitete die Exilgemeinschaft (bis 1344) als Prior in der Schweiz. 1348, vier Jahre nach der Rückkehr der Brüder ins Inselkloster von Konstanz, ruinierte eine Verleumdungsaktion den Ruf Heinrichs als Seelsorger: Eine Frau bezichtigte ihn, Vater ihres unehelichen Kindes zu sein. Nach Ulm versetzt, widmete sich Heinrich wieder der Predigttätigkeit und der Katechese. Er fand zu tiefer Herzensruhe zurück und schrieb wieder Werke, bis er am 25. Januar 1366 in Ulm starb.

Die **Mystik der Beginen** setzt im 13. Jahrhundert schliesslich leidenschaftliche Akzente. Sie gipfelt und endet in Marguerite Porète (1255–1310), die ihre Erfahrung mit Gott dem «Fernnahen» (Loingprés) didaktisch so geschickt und inhaltlich so faszinierend im «Spiegel der einfachen Seelen» weitergibt, dass das Werk der als Ketzerin Verurteilten noch in Dutzenden von Kopien am Konzil von Basel zirkuliert. Das Buch relativiert Vernunft und Glaube. Es stellt sich als Rollenspiel und Debatte dar, in der sich Seele, Liebe und Vernunft begegnen wie die «Grosse Kirche» (Liebeskirche) und die «Kleine Kirche» (Gesetzeskirche). Ihre Kirchenkritik brachte Margarete Porète 1310 nach langer Haft in Paris den Tod auf dem Scheiterhaufen.[231]

2.9 Die abendländische Kirche am Vorabend der Reformation

Das Mittelalter hatte in der Völkerwanderungszeit mit einem epochalen Umbruch begonnen: Das Weströmische Reich brach zusammen, und die mächtige antike Reichskirche geriet unter die Herrschaft neuer Völker, die eine ländlich-agrari-

231 Zur Beginenmystikerin und ihrem Werk; *Gnädinger*, Der Spiegel der Einfachen Seelen; *Leicht*, Marguerite Porète.

sche Epoche einleiteten und erst für die lateinische Kirche gewonnen werden mussten. Tausend Jahre später kündigt sich ein Umbruch anderer und doch vergleichbar radikaler Art an: Technische Erfindungen führen zu einer Revolution des Wissens und der Kommunikation, Ostrom geht politisch unter, und der Islam rückt auf den Balkan vor, die abendländische Kirche verliert ihre Einheit für immer, Seewege nach Indien ermöglichen Kolonialismus und Weltmission, und die Entdeckung Amerikas macht die Welt um einen Doppelkontinent grösser. Humanismus und Renaissance rücken das Diesseits und den Menschen ins Zentrum. Die Laienspiritualität emanzipiert sich von der Amtskirche und von den Orden, auf die die Reformatoren bald ganz zu verzichten suchen.

Devotio moderna 2.9.1

«Neue Frömmigkeit» nennt sich eine spirituelle Bewegung, die im 15. Jahrhundert Männer wie Frauen, Kleriker wie Laien erfasste.[232] Während die Bettelorden sich in «observanten Gruppen» spannungsvoll zu erneuern suchten[233], fanden Laien und Priester neue Formen der Christusnachfolge, die sich aus persönlicher Bibellektüre nährte und zu Formen gemeinsamen Lebens führte. Eine dieser Gemeinschaften waren die «Brüder vom Gemeinsamen Leben». Sie verdienten ihr schlichtes Leben, anders als die Bettelorden, mit Handarbeit, kopierten und banden Bücher. Zudem engagierten sie sich in der Erziehung und Jugendbildung. Der Humanist Erasmus von Rotterdam besuchte 1478–1485 ihre Lateinschule in Deventer. Die Bewegung führte zur Reform oder Gründung neuer Kanonikergemeinschaften. Die bekannteste war die Windesheimer Kongregation, der Thomas von Kempen (†1471) angehörte. Sein Hauptwerk «Die Nachfolge Christi» («De Imitatione Christi») wurde das nach der Bibel meistgelesene Buch der Christenheit.

---

232 Überblicke: *Derwich/Staub*, «Neue Frömmigkeit» in Europa; *Ruh*, Geschichte der Abendländischen Mystik Bd. 4,150–206; speziell zu Thomas von Kempen: 186–914.

233 Siehe Tabelle unter 2.6.2; «Observanten» von lat. *observantia* = Beobachtung der Regel.

Exkurs

Bis heute sind 770 Handschriften dieses Werks überliefert, später folgen ungezählte Drucke, die bis weit ins 20. Jahrhundert gelesen werden. Das erste Buch mahnt, der Lebensart Jesu zu folgen: sich in sein irdisches Leben zu vertiefen, das eigene Leben ihm nachzubilden, in Askese frei zu werden für die Verinnerlichung. Der Autor zeigt Skepsis gegenüber Philosophie und theologischer Spekulation: «Besser ist wahrlich ein demütiger Bauer, der Gott dient, als ein eingebildeter Gelehrter, der den Lauf des Himmels kennt und sich selbst vernachlässigt.» Das zweite Buch handelt vom Gebetsleben, das dritte von der inneren Tröstung und das vierte von der Eucharistie. Der Erfolg des Werkes erklärt sich durch die schlichte Sprache, die «pietistische» Ausrichtung und die praktische Anleitung zu persönlicher Christusliebe. Die Nachfolge Jesu nährt sich aus der Meditation über Leben, Leiden und Sterben des Herrn. Verachtung von Welt und Gelehrsamkeit verbindet sich mit Sündenbewusstsein und Erwählungsgewissheit.

2.9.2 Niklaus von Flüe – Laienmystiker und Friedensstifter

Auch in der Schweiz fand eine radikalere Orientierung am Evangelium, verbunden mit Gesellschaftskritik unter Laien, kraftvoll und prophetisch Ausdruck. Bruder Klaus von Flüe leuchtet als markantes Beispiel bis in die Gegenwart.[234] Die ersten fünfzig Jahre seines Lebens gestaltete der Obwaldner als Bauer, Familienvater und Ratsherr, die letzten zwanzig als Mystiker, Eremit und Ratgeber in der Ranftschlucht unweit seines Dorfes. Niklaus erlebte als Landwirt, Urschweizer Politiker und Richter aus der Kirchhöre Sachseln das Scheitern des Basler Reformkonzils und musste gegen seinen eigenen Pfarrer in einem Zehntenstreit prozessieren. Ernüchtert über die Zustände in Kirche und Politik folgte er der Stimme seiner Visionen, deren erste ihn mit 16 Jahren in den Ranft verwiesen hat.

Niklaus hatte erst im Alter von 29 die 14-jährige Dorothee Wyss geheiratet, die der wachsenden Familie in den folgenden Jahren zehn Kinder gebar. Als die ältesten Söhne Hans und Welti den Hof übernehmen konnten, rang Niklaus in einer zweijährigen Lebenskrise seiner Frau das Einver-

234 *Gröbli*, Sehnsucht, zeichnet den äusseren und den inneren Weg des Schweizer Bauernmystikers reich dokumentiert im historischen Kontext nach.

Abb. 15:
Von einem oberrheinischen Meister geschaffen, zeugt das Meditationsbild des Eremiten eindrücklich von seiner radikalen Orientierung an Christus und an der Bibel: Die zentrale Gestalt des Erlösers wird von sechs Medaillons und vier Quadraten umgeben. In den vier Ecken zeigen die Quadrate die Symbole der Evangelisten: den Adler für Johannes, den Engel für Matthäus, den Stier für Lukas und den Löwen für Markus. Alle vier verweisen mit ihren Schriften auf die eine Mitte. Luther wird wenige Jahrzehnte später die Prinzipien «solus Christus» und «sola scriptura» formulieren.

Die Medaillons antworten auf die Frage, wie Gott seine Liebe zeigt und wie Menschen ihm liebend antworten können: Drei stehen für Gottes Zuwendung zur Welt und bilden ein absteigendes Dreieck: Der Vater schuf die Welt, der Geist wirkt in ihr (am deutlichsten in der Verkündigung Mariens), und der Sohn erlöst sie am Kreuz. Drei Medaillons bilden ein aufsteigendes Dreieck und sprechen von Jesu Gegenwart in der Welt: von der Geburt bis zum Leiden und bleibend in der Eucharistie. Jedes Medaillon ist mit einem Symbol ergänzt, das für ein Werk der Barmherzigkeit steht: In der Schöpfung gibt es Nahrung für alle Hungernden auf der Welt, in der Menschwerdung wagt Gottes Sohn sich in menschliche Gebrechlichkeit und ruft zur Sorge für Kranke, in der Geburt macht er sich zum Pilger und Obdachlosen, in der Passion verbindet er sich mit Gefangenen aller Zeiten, im Tod wird er nackt unter Nackten, und die Messe erinnert an sein Auferstehen, das im Totengebet für alle erbeten wird.

ständnis ab, als Pilger in die Fremde zu ziehen. Eine weitere Vision brachte ihn jedoch vom Weg ins Elsass zurück und machte ihn zum vielbesuchten Eremiten im heimatlichen Flüeli. 1481 verhinderte der in ganz Europa bekannte Ratgeber ein Scheitern der eidgenössischen Tagsatzung von Stans und damit einen Bürgerkrieg.

2.9.3 Christlicher Humanismus und Erasmus von Rotterdam

Humanismus ist eine geistige Bewegung, die in den Städten Italiens entspringt und sich schliesslich über die Alpen ausbreitet. Sie bringt eine radikale Umwälzung in die Erziehung, das Denken und das Weltbild des späten Mittelalters. Strebte der scholastische Lehrplan danach, die scheinbar objektiven und unveränderlichen Wahrheiten der Naturphilosophie, Metaphysik und Theologie festzustellen und systematisch darzulegen, nehmen sich eine humanistische Ausbildung (die *studia humanitatis)* ab dem späten 14. Jahrhundert ganz anderes vor: Der individuelle Mensch rückt ins Zentrum des Interesses, seine sich verändernden Gedanken, Werte und Gefühle und die menschlichen Beziehungen in der Gesellschaft. Unter den Kirchenvätern fasziniert wieder Augustinus, wenn auch nicht mehr als Autorität der Lehre, sondern als Mensch in seiner Gottsuche und als brillanter Rhetoriker. Unter den heidnischen Autoren werden die lateinischen Rhetoriker (Cicero) sowie die antiken Dichter und Historiker studiert. Der geistige Paradigmenwechsel hat markante Auswirkungen auf die Spiritualität. Das Studium brillanter Kirchenväter führt die Humanisten zur Bibel als der Grundlage des patristischen Glaubens. So fragt sich Petrarca:

> «Wenn die Heilige Schrift Victorinus mit wahrem Glauben erfüllt hat, als er ein alter Heide war, und Gott durch sie gesprochen und das härteste Herz erweicht hat, warum sollte sie mir, einem Christen, nicht den wahren Glauben festigen und Werke und Liebe zu einem glücklichen Leben einflössen?»[235]

Ihr kritischer Blick für die Qualität überlieferter Quellen zeigt den Humanisten die Notwendigkeit auf, zu einer authentischen Bibelfassung zu gelangen, das heisst, den hebräischen und den griechischen Urtext möglichst rein wiederherzustellen. Literarisch schätzen christliche Humanisten an der Bibel die emotionale und rhetorische Kraft, die Menschen zum Wandel und Handeln bewegt, und ihre poetische Qualität: Theologie wird als Dichtung über Gott entdeckt.

235 Zit. nach *Bouwsma, William J.:* Humanismus, in: Geschichte der christlichen Spiritualität Bd. 2, 246–261, 253.

Der berühmteste Humanist nördlich der Alpen war Desiderius Erasmus von Rotterdam (1469–1536). Er wurde für die Reformation wichtig, weil er 1516 eine kritische Edition des griechischen Neuen Testaments veröffentlichte. Erasmus war der Sohn eines Priesters und einer Arzttochter. Als seine Eltern früh starben, ermöglichte ein Onkel ihm eine gute Ausbildung in Deventer, worauf der junge Niederländer ins Kloster der Augustinerchorherren von Steyn eintrat. 1492 zum Priester geweiht, studierte er an der Pariser Universität. Danach pendelte er als Chorherr zwischen Paris, England und seiner Heimat. Ab 1506 setzte er seine Studien in Italien fort, doktorierte in Turin und betrieb Quellenforschungen in Venedig. Ab 1511 lehrte er Griechisch in Cambridge. Ab 1514 bis zu seinem Tod lebte und wirkte Erasmus in Basel, unterbrochen durch sechs Exilsjahre, die er während der frühen Reformation im deutschen Freiburg verbrachte. Erasmus blieb katholischer Priester. Als geistreicher Karikaturist teilte er in seinen Schriften Hiebe nach allen Seiten aus: Laien, Klerus, Frauen, Mönche, Studenten, Priester. Der Humanist verfasste alle seine 150 Bücher in Lateinisch oder Griechisch und hinterliess über 2000 Briefe. Obwohl er nicht mit seiner Kirche brechen wollte, fand er, hoch geschätzt, sein Grab im reformierten Basler Münster. Bis zu seinem Tod hatte Erasmus sich um eine Versöhnung der auseinanderdriftenden Konfessionen bemüht.[236]

Reformstau und Reformer 2.9.4

Seit 1455 gelangen regelmässig «Beschwerden der deutschen Nation» nach Rom. Kaiser Friedrich III. hatte Papst Nikolaus V. im Alleingang Rechte bei der Besetzung kirchlicher Stellen und der Erhebung von Abgaben zugestanden. Dabei schloss er nicht nur die Reichsstände aus, sondern überging auch Reformziele der Konzile von Konstanz und Basel. Je tauber die ersten Renaissancepäpste sich für Klagen und Reformanliegen zeigten, desto schärfer wurde der antirömische Ton an Reichstagen gegen 1500. Als das Fünfte Laterankonzil (1511–1517) bezüglich Reformen nicht nur enttäuschend ver-

236 Lebensskizze: *Christ-von Wedel*, Erasmus von Rotterdam.

lief, sondern den Konziliarismus der vorangegangenen Konzile verurteilte, konnten Reformkreise in der Kirche auch nicht mehr auf die *via concilii* hoffen. Weit offener als Bischöfe und Weltklerus waren dagegen die Bettelorden, die im 15. Jahrhundert selbst einen Erneuerungsprozess durchmachten. Der Ruf des Humanismus *ad fontes* (zu den Quellen zu gehen) führte sowohl bei den Franziskanern wie den Dominikanern und Augustiner-Eremiten zu einer Observanzbewegung, die sich entschlossen am eigenen Gründungscharisma ausrichtete.

Unter den Franziskanern ragt Bernardino von Siena hervor, der als Volksprediger in ganz Italien Tausende von Menschen in seinen Bann zog. Er verbreitete die Namen-Jesu-Verehrung und deutete die 12 Strahlen der Christussonne als Programm christlicher Lebensfülle, die sich radikal an Jesus von Nazaret orientiert.

Im Dominikanerorden schritt Girolamo Savonarola im Stil eines alttestamentlichen Propheten im mächtigen Florenz zu einer radikalen Reform von Kirche, Leben und Politik. Es gelang dem Prior von San Marco, die Medici 1494 zu vertreiben und selbst Papst Alexander VI. durch eine Allianz mit Frankreich zu bedrohen. Der in Florenz errichtete Gottesstaat scheiterte jedoch nach vier Jahren an der raffinierten

Abb. 16:
Bernardinos Programm in moderne Sprache gefasst; © Niklaus Kuster

Politik des Borgia-Papstes und der Medici-Clans, und der «schwarze Prophet» wurde vor dem Florentiner Rathaus 1498 hingerichtet.

Auch im Bettelorden der Augustiner-Eremiten richtete sich um 1500 die observante Strömung entschieden am Evangelium aus. Martin Luther gehörte in Deutschland diesem Ordenszweig an und wird als Bibelprofessor an der jungen Universität Wittenberg die verhinderte Kirchenreform zur Reformation auswachsen lassen.

Erfindungen und Entdeckungen verändern die Welt 2.9.5

Das Spätmittelalter ist nicht nur eine Zeit der Spannungen und Krisen, sondern auch eine Epoche von Erfindungen und Entdeckungen, die die Welt in radikaler Weise veränderten. Die Neuentdeckung des Aristoteles in der Hochscholastik führte nicht nur zur neuen Blüte der Meta-Physik, sondern auch zum Studium der Physik: Naturwissenschaften und technologischer Erfindungsgeist, Anatomie und Medizin, Kriegskunst und Schifffahrt machten ungeahnte Fortschritte. Gegen 1300 erfanden der Italiener Salvino degli Armati und der Engländer Roger Bacon die «Augengläser»: Die Brille verbreitete sich im frühen 15. Jahrhundert auch im deutschen Kulturraum. Kurz nach 1300 erfand Flavio Gioia den Nadelkompass, der der Seefahrt die Weltmeere öffnete. Um 1350 entdeckte der Franziskaner Berthold Schwarz die Explosivkraft des Schwarzpulvers. Zu einer eigentlichen Medienrevolution führte eine technische Innovation des Mainzer Goldschmieds Johannes Gensfleisch zu Gutenberg (1400–1468). Mitte des 15. Jahrhunderts entwickelte er den Buchdruck mit beweglichen Bleilettern, öliger Tinte und Druckerpresse. 1452–1454 druckte er die Gutenbergbibel. Bisher von Hand geschrieben, kostspielig und rar, verbreiteten Bücher sich nur langsam und in exklusiven Kreisen. Die Drucktechnik führte nun zu einer rasanten Verbreitung von Wissen, Meinungen und Entdeckungen. Bücher wurden innerhalb weniger Jahrzehnte zu Massenartikeln, und Flugblätter verbreiteten sich in Windeseile durch Städte und Dörfer. Ohne diese Neuerung hätte Martin Luther nicht innerhalb weniger Monate die Breitenwirkung erzielt, die die Reformation erst möglich machte.

Zur Erfahrung der Menschen Westeuropas, dass das 15. Jahrhundert sie in eine neue Zeit führte, trugen die Entdeckungen bei: 1474 zeichnete der Florentiner Paolo dal Pozzo Toscanelli jene Weltkarte, die den westlichen Seeweg nach Indien aufzeigte und die Christoph Kolumbus 1492 zur Entdeckung Amerikas aufbrechen liess. Im Schiffsbau erlaubte die Entwicklung der Karavelle mit Vierecksegel und Heckruder ein neues Navigieren. 1488 hatte der portugiesische Seefahrer Bartolomeu Diaz die Südspitze Afrikas umsegelt, und der Spanier Vasco da Gama erreichte 1498 Indien auf dem Seeweg. Nicht nur die Grenzen Europas öffneten sich geografisch (Globus), wirtschaftlich (Kolonialhandel) und kirchlich (Weltmission), sondern auch die Astronomie sollte das mittelalterliche Denken bald radikal verändern. Der deutsche Arzt und Jurist Nikolaus Kopernikus (1473–1543), zugleich Hobbymathematiker und Astronom, schuf 1509 jenen «Commentariolus», der das geozentrische Weltbild verwarf, die Planetenbahnen um die Sonne beschrieb und zum heliozentrischen Weltbild führte. Stellten Humanismus und Renaissance den Menschen ins Zentrum der Welt, musste die Menschheit sich nun an die Gewissheit gewöhnen, dass ihre Welt nicht das Zentrum des Weltalls ist.

Die Kirche zeigte eine einseitige Offenheit für die Zeichen einer neuen Zeit. Seit Pius II. dei Piccolomini leiteten Renaissancepäpste die Kirche: Freunde des Humanismus und Förderer der Kunst. Der Abbruch der 1200-jährigen Peterskirche und der Auftakt zum Bau einer Renaissancekirche, die alle bekannten Kirchen in den Schatten stellen würde, markiert die Öffnung in die Neuzeit ebenso wie der Missionseifer, der erste Franziskaner schon bei Kolumbus' zweiter Reise mit in die Karibik segeln liess. Zugleich wird Roms Taubheit für den Ruf nach Kirchenreform zur Reformation führen, in der die Einheit der abendländischen Christenheit zerbricht.

Zum Weiterlesen

Grundlagenwerke zum Mittelalter

Angenendt, Arnold: Geschichte der Religiosität im Mittelalter, Darmstadt ^{2}2000.

Geschichte des Christentums. Religion – Politik – Kultur, Hg. der deutschen Ausgabe: Norbert Brox, Freiburg i. Br. 1991–2001:
Bd. 3: Der lateinische Westen und der byzantinische Osten (431–642), hg. von Luce Pietri, Freiburg i. Br. 2000.
Bd. 4: Bischöfe, Mönche und Kaiser (642–1054), hg. von Gilbert Dagron – Pierre Riché – André Vauchez, Freiburg i. Br. 1994.
Bd. 5: Die Machtfülle des Papsttums (1054–1274), hg. von André Vauchez, Freiburg i. Br. 1994.
Bd. 6: Die Zeit der Zerreissproben (1274–1449), hg. von Michel Mollat du Jourdin – André Vauchez, Freiburg i. Br. 1991.
Bd. 7: Von der Reform zur Reformation (1450–1530), hg. von Marc Venard, Freiburg i. Br. 1995.

Geschichte der christlichen Spiritualität, Bd. 1: Von den Anfängen bis zum 12. Jahrhundert, Hg.: Bernard McGinn/John Meyendorff/Jean Leclercq, Würzburg 1993; Bd. 2: Hochmittelalter und Reformation, Hg.: Jill Raitt in Verbindung mit Bernard McGinn/John Meyendorff, Würzburg 1995.

Lexikon des Mittelalters, 9 Bde., Stuttgart/Weimar 1999; Neuausgabe: München 2002 (= LMA).

Weiterführende Literatur zu Schwerpunktthemen

Angenendt, Arnold: Das Frühmittelalter. Die abendländische Christenheit von 400 bis 900, Stuttgart 32001.

Borst, Arno (Hg.): Lebensformen im Mittelalter (Neuausgabe), Frankfurt a. M./Berlin/Wien 1997.

Ennen, Edith: Frauen im Mittelalter, München 51994.

Goetz, Hans-Werner: Leben im Mittelalter. 7. bis 13. Jahrhundert, München ^{4}1994.

Hinnebusch, William A.: Kleine Geschichte des Dominikanerordens, Leipzig 2004.

Inspirierte Freiheit. 800 Jahre Franziskus und seine Bewegung, Hg.: Niklaus Kuster/Thomas Dienberg/Marianne Jungbluth, Freiburg i. Br. 2009.

Kotowski, Elke-Vera/Schoeps, Julius Hans: Handbuch zur Geschichte der Juden in Europa, Darmstadt 2012.

Kulturgeschichte der christlichen Orden in Einzeldarstellungen, Hg.: Peter Dinzelbacher/James Lester Hogg, Stuttgart 1997.

Le Goff, Jacques: Die Geburt Europas im Mittelalter, München 2007.

McGinn, Bernard: Die Mystik im Abendland:
Bd. 2: Entfaltung, Freiburg i. Br. 1996;
Bd. 3: Blüte. Männer und Frauen der neuen Mystik (1200–1350), Freiburg i. Br. 1999.

Melville, Gert: Die Welt der mittelalterlichen Klöster. Geschichte und Lebensformen, München 2012.

Prinz, Friedrich: Frühes Mönchtum im Frankenreich. Kultur und Gesellschaft in Gallien, den Rheinlanden und Bayern am Beispiel der monastischen Entwicklung (4. bis 8. Jahrhundert), München [2]1988.

Riché, Pierre: Die Welt der Karolinger, Stuttgart [2]1999.

Ruh, Kurt: Geschichte der Abendländischen Mystik:

Bd. 2: Frauenmystik und Franziskanische Mystik der Frühzeit, München 1993.

Bd. 3: Die Mystik des deutschen Predigerordens und ihre Grundlegung durch die Hochscholastik, München 1996.

Bd. 4: Die niederländische Mystik des 14. bis 16. Jahrhunderts, München 1999.

von Padberg, Lutz: Christianisierung im Mittelalter, Darmstadt 2006.

Neuzeit

Die Jahre um 1500 markieren im Abendland eine epochale Wende, die sich mit der Zeit nach dem Zusammenbruch des Weströmischen Kaiserreiches tausend Jahre zuvor vergleichen lässt. Die Entdeckung und Eroberung der Neuen Welt eröffnet neue globale Horizonte, lässt kolonialistische Weltmächte aufsteigen und verändert die Weltwirtschaft radikal. Das Menschenbild des Humanismus beflügelt das Individuum und rückt den Fokus von der Jenseitssorge auf das Leben im Diesseits. Die neue Druckkunst ermöglicht breiten Kreisen Bildung, den Austausch von Ideen und Massenkommunikation. Reformsehnsucht in der katholischen Kirche sieht sich durch skandalöse Renaissancepäpste gänzlich ernüchtert, und der kirchliche Reformstau schafft sich in der Reformation gewaltsame Auswege, wodurch die eine lateinische *christianitas* (Christenheit) in verschiedene Konfessionskirchen zerbricht. Die Folge sind erste weltweite Kriege (17. Jahrhundert), auf die die neue Epoche der Aufklärung mit der Forderung nach einer humanen, vernunftgeleiteten und religiös toleranten Gesellschaft reagiert (18. Jahrhundert). Der Versuch Frankreichs, das aufgeklärt-bürgerliche Ideal von «Freiheit, Gleichheit und Brüderlichkeit» aller Menschen mit revolutionärer Gewalt durchzusetzen und militärisch ganz Europa aufzuzwingen, führt nach Napoleons Sturz zur Restaurationszeit und in ein jahrzehntelanges Ringen zwischen Liberalismus und konservativer Kirche (19. Jahrhundert). Diese Kulturkämpfe weichen um 1900 der Angst vor einem Klassenkampf. Der erste Weltkrieg stürzt die grossen Monarchien, sieht den Sieg des Kommunismus in Russland und den Aufstieg totalitärer Ideologien in Westeuropa, die die Nationen in die Katastrophe des Zweiten Weltkriegs stürzen. Dessen Sieger bekämpfen einander im Kalten Krieg bis 1990 weiter, während die christlichen Kirchen im ökumenischen Prozess nach «versöhnter Verschiedenheit» streben (20. Jahrhundert). Die Neuzeit sieht sich um 2000 erneut in einer epochalen Wende radikalen Ausmasses. Die Wegmarken der Postmoderne sind Globalisierung von Wirtschaft und Kultur, Pluralismus der Weltanschauungen und ethischen Werte, elektronische Revolution, multikulturelle Durchmischung der Gesellschaften und neue Formen der Migration, Säkularisierung und in Reaktion darauf eine tiefe Krise der institutionellen Kirchen und neue religiöse Fundamentalismen (frühes 21. Jahrhundert).

3.1 Reformation (erste Hälfte 16. Jahrhundert)

In der abendländischen Kirche setzt sich nach 1500 der Reformstau des Spätmittelalters im gescheiterten Vierten Laterankonzil (1511–1517) fort. Reformunfähige Renaissancepäpste unterschätzen die Dynamik reformatorischer Aufbrüche nördlich der Alpen, durch die innerhalb von zwei Jahrzehnten neue Konfessionskirchen entstehen. Das Konzil von Trient (1545–1563) reagiert zu spät auf die Glaubensspaltung und kann daher nur noch die innere Erneuerung der katholischen Kirche anstossen. Deren neues Selbstbewusstsein führt zur Blütezeit des Barock, beflügelt die Weltmission und schreitet zur Gegenreformation. Deren Kampf um Rückeroberung verlorener Territorien und das Vorrücken des Protestantismus münden in die Katastrophe des Dreissigjährigen Krieges.

3.1.1 Gründe und Hintergründe der Reformation

Unter den Renaissancepäpsten griff der Sittenverfall in der gesamten Römischen Kurie um sich. Innozenz VIII. (1484–1592) liess seine unehelichen Kinder im Vatikan Hochzeit feiern, Alexander VI. (1492–1503) betrieb mit seinen Kindern skrupellose Machtpolitik im Kirchenstaat, und der Medici Leo X. übertraf alle Vorgänger an Verschwendungssucht.

Der Borgia-Papst Alexander VI. sei hier exemplarisch näher vorgestellt: Rodrigo stammte aus der spanischen Familie de Borja und kam durch Kauf von zwei Drittel der Kardinäle simonistisch – also durch Ämterkauf – auf den Papstthron.[237] Zwingli wird den Lobspruch zur Krönung 1492 als Vergötzung geisseln:

237 Eine «kleine Geschichte der Kardinäle» bis in die Gegenwart skizziert *Wolf*, Krypta 96–113.

> «Rom hat einen Cäsar gross gemacht. Nun hebt es Alexander kühn zum Gipfel empor! Mensch jener, dieser ein Gott!»[238]

Mit seiner Namenswahl wollte der Renaissancepapst an Alexander den Grossen erinnern. Alexander VI. hatte mindestens 9 Kinder von verschiedenen Frauen. Als Papst holte er sich die schönste Frau Roms, die jung verheiratete Giulia Farnese, an seine Seite. Die Lieblingstochter Lucretia wurde vom Vater dreimal politisch verheiratet, wobei die erste Ehe vom päpstlichen Vater nach vier Jahren wegen Impotenz ihres Gatten Giovanni Sforza annulliert und der zweite Ehemann Alfonso von Aragon ermordet wurde. Auch Alexanders Sohn Juan wurde als Kommandant der päpstlichen Truppen grausam umgebracht. In beiden Mordfällen fiel der Verdacht auf einen weiteren Sohn, Cesare Borgia, den der päpstliche Vater mit knapp 20 Jahren zum Kardinal kürte, dessen politische Ambitionen aber mit dem Malariatod des Papstes abrupt endeten. Alexander VI. ging nicht nur seiner Maitressen, Orgien und familiären Machtexzesse wegen in die Geschichte ein: Der sozialrevolutionären Volksherrschaft und Kirchenreform des Girolamo Savonarola in Florenz versetzte er den Todesstoss, indem er den Dominikanerprediger 1498 hinrichten liess. Durch den Vertrag von Tordesillas teilte der spanische Papst die Neue Welt Südamerikas 1494 in ein spanisches und ein portugiesisches Interessengebiet, die eine Demarkationslinie 360 Seemeilen westlich der Kapverdischen Inseln trennte. Sechs Jahre später entdeckte der Portugiese Pedro Alvarez Cabral Brasilien, das mit päpstlichem Segen unter Lissabons Krone kolonialisiert und missioniert wurde.

Die Reformation kann als revolutionäre Antwort auf den Reformstau der Kirche bezeichnet werden.[239] Sinnigerweise brachen die Dämme nicht im Zentrum der Kirche, sondern in Deutschland, im Provinzort Wittenberg an der Elbe und nahe an Böhmen, das mit Jan Hus und der Hussitenkrise bereits reformatorische Vorgeschichte geschrieben hat. Neben inner-

---

238 *Zwingli* in der Vorrede zum «*Commentarius de vera et falsa religione*» von 1525.

239 Näheres zur Reformationsgeschichte im Überblick: Ökumenische Kirchengeschichte Bd. 2, 229–330 («Das Zeitalter der Reformation»).

kirchlichen Missständen und Roms Verschlossenheit für Reformen sind auch politische und kulturelle Gründe für die Reformation anzuführen. Die humanistische Kultur rückte das Individuum ins Zentrum. Selbstbewusst gingen Bildungsfreudige selbst «*ad fontes*» (lat.: zu den Quellen), und Gelehrte wie Erasmus von Rotterdam entdeckten die Bibel als Glaubensquelle neu. Humanisten nahmen als Erste Anstoss an Formen der Heiligenverehrung (*veneratio*), die in Anbetung (*adoratio*) mündeten, an Wundersucht und magisch anmutender Reliquienfrömmigkeit.

Politisch führte der Aufstieg der Nationen seit 1300 dazu, dass Herrscher und Klerus auch die eigene Kirche nationaler geprägt wünschten. Während Spanien, England und Frankreich um 1500 bereits deutlich landeskirchliche Tendenzen ausbildeten, suchten die deutschen Fürsten die Zentralgewalten sowohl des Kaisers wie des Papstes im eigenen Territorium zurückzudrängen. Die Dynamik der Reformation verdankt sich schliesslich den konkreten Reformansätzen von Persönlichkeiten wie Martin Luther, Ulrich Zwingli und Jean Calvin sowie ihrer politischen Protektoren: Fürsten in Deutschland und Stadtherrschaften in der Schweiz.

3.1.2 Martin Luther (1483–1546) und die deutsche Reformation

Der Sohn eines kleinen Bergbauunternehmers kam am 10. November 1483 in Eisleben im östlichen Harzvorland zur Welt.[240] Ein Jahr später übersiedelte die Familie ins nahe Grafenstädtchen Mansfeld. Nach eigenen Aussagen erlebte Luther eine düstere Kindheit mit strenger Erziehung in Elternhaus und Schule. Der ehrgeizige Vater sandte den 14-Jährigen an die Schule der «Brüder vom Gemeinsamen Leben» nach Magdeburg. Von dort wechselte er bald ins konservativere Eisenach, wo er die Lateinschule durchlief. 1501 schrieb er sich als Student der freien Künste an der Universität Erfurt ein, wo er im Frühling 1505 mit dem *Magister artium* die philosophische Grundausbildung abschloss. Das sogleich begonnene Rechts-

240 Der Abschnitt zu Luthers Leben, Werk und Wirkung stützt sich auf *Beutel*, Luther-Handbuch, mit aktuellem Forschungsstand und zahlreichen Literaturhinweisen.

studium brach er jedoch nach wenigen Wochen ab: Bei einem Unfall starb ein Freund, und in einem Gewitter nördlich Erfurts schlug am 2. Juli ein Blitz derart nahe ein, dass der Schockierte das Gelübde ablegte, Mönch zu werden. Gegen den Widerstand seines Vaters trat er zwei Wochen später bei den Augustiner-Eremiten in Erfurt ein, einem strengen Bettelorden – notabene nicht von Mönchen, sondern von seelsorglich tätigen Brüdern (*fratres*). Das Erfurter Kloster gehörte zu den «barfüssigen Augustinern», dem observanten Reformzweig des Ordens. Seine Ordensgelübde legte *frater Martinus* im September 1506 nach dem Noviziatsjahr ab – im Chor der Augustinerkirche und auf dem Grab jenes Johannes Zacharias, der in Konstanz als einer der kirchlichen Richter über Jan Hus geamtet hatte. Bereits im Mai 1507 wurde er im prachtvollen Mariendom Erfurts zum Priester geweiht. Seine Primizmesse in der Augustinerkirche brachte er voller Ängste zu Ende: Jede Messe bot zahllose Gelegenheiten, unachtsame Fehler zu begehen, die als Todsünden galten und ohne Absolution in die Hölle führten. Luther litt von Kindheit an unter seinem Gottesbild von Christus als strengem Richter. Der Weihe folgte das weitere Theologiestudium in Erfurt und Wittenberg, an dessen junger Universität Luther ab 1508/09 stellvertretend Moral unterrichtete. Im Winter 1510/11 führten ihn Ordensangelegenheiten nach Rom. 1530 schreibt Luther im Rückblick:

> «Ich war zu Rom ein toller Heiliger, lief durch alle Kirchen und Klüfte, glaubte alles, was daselbst erlogen ist.»[241]

1512 promovierte Luther an der Universität Wittenberg in Theologie und übernahm von seinem Ordensobern Johannes von Staupitz den Lehrstuhl des Biblikers. Er sollte bis zu seinem Tod 1546 als Professor in Wittenberg wirken und im Augustinerkloster leben – zunächst als Ordensmann, der sein Lehramt mit klösterlichem Leben, Gebet, Fasten und Nachtwachen verband, später als Familienmann.

241 Rückblick von 1530 in der Auslegung des Psalms 117 (*Luther,* WA 31 I, 219–257). Die Romreise beleuchtet eingehend: Schneider, Martin Luthers Reise nach Rom.

Um 1514/15 befreit ein «Turmerlebnis» den Dreissigjährigen aus seinen religiösen Ängsten: In der Vorbereitung seiner Vorlesungen zum Römerbrief erkennt er in seinem turmähnlich dunklen Studierzimmer des Klosters, dass Gottes Gerechtigkeit nicht strafend oder belohnend auf das Tun des Menschen baut, sondern unverdient geschenkt wird: «Der Gerechte wird leben aus dem Glauben» (Röm 1,17). Luther spitzte in der Folge eine mittelalterliche Lehrmeinung der Theologie zu: *sola gratia*, allein durch geschenkte Zuwendung (Gnade) kann der Mensch vor Gott bestehen, und durch keine Busswerke oder Taten, sondern durch seinen vertrauenden Glauben – *sola fide* – gewinnt er Gottes Wohlgefallen. Luther begann aufgrund dieser Erkenntnis alle kirchlichen Lehren zu verwerfen, die zur «Werkgerechtigkeit» führen, indem Menschen sich das Heil durch eigene Taten und Leistungen zu erkaufen suchen. Der ärgerlichste Ausdruck dieser Frömmigkeit war die Ablasspraxis, die mit den Heilsängsten der Menschen schamlos Geld machte. Luthers kritische Auseinandersetzung mit der Tradition der Kirche führte ihn zum dritten Prinzip: *sola sciptura*, die Heilige Schrift allein kann Massstab sein für Gottes Wille und Offenbarung, die einzige verlässliche Basis für theologische Erkenntnis.

Auslöser des Konflikts mit der Amtskirche wurde der marktschreierische Ablassverkauf durch den Leipziger Dominikaner Johannes Tetzel. Erzbischof Albrecht von Brandenburg hatte sich zusätzlich zu seinen Bistümern Magdeburg und Halberstadt das mächtige Erzbistum Mainz ergattert. Da dies gegen das Kirchenrecht verstiess, erlaubte der Papst ihm die Kumulierung von Bistümern unter der Bedingung, dass Albrecht 30 000 Dukaten – 104 kg reines Gold – in die Kassen des Papstes bezahle. Erzbischof und Kurfürst Albrecht musste für Zweidrittel der Summe beim Augsburger Bankhaus der Fugger Geld aufnehmen, doch Rom öffnete ihm auch einen Weg zur Schuldensanierung: Er durfte für acht Jahre den Ablass für den Bau von Sankt Peter in seinen Bistümern predigen lassen, wobei der Verkaufserlös je zur Hälfte St. Peter und dem eigenen Bedarf zukommen sollte. Luther schrieb seine pastoralen und theologischen Bedenken gegen das Geschäft mit der Heilsangst der Menschen an den eigenen Bischof Hieronymus Schulz und den Verursacher, Erzbischof

Albrecht von Mainz. Keiner der beiden antwortete dem Bibelprofessor. Darauf machte Martin Luther den Ablass zum Thema der universitären Debatte. Er kündigte Anfang September 1517 eine Disputation an, deren Thema er am Portal der Schlosskirche veröffentliche. Die Kirche der kurfürstlichen Residenz diente in Wittenberg als Universitätskirche, deren Morgengottesdienst Studierende und Professoren täglich besuchten. Die Kirchentür als schwarzes Brett der Universität bot dabei nicht Platz für die 97 zu diskutierenden Thesen, sondern wies üblicherweise nur auf Thema und Zeit akademischer Disputationen hin. Das Ausmass des hemmungslosen Ablassverkaufs im weiten Erzbistum Mainz liess Luther im Oktober 95 revidierte Thesen an andere Universitäten senden. Seine theologisch fundierte Warnung vor solchem Heilshandel und trügerischer Heilssicherheit zündete wie eine Bombe. Kollegen in ganz Deutschland verbreiteten die Thesen weiter, und bereits im Januar 1518 wurden sie in Leipzig, Nürnberg und Basel gedruckt. Für das einfache Volk fasste Luther seinen Protest gegen den Ablasshandel im selben Jahr in den «Sermon von Ablass und Gnade».

Exkurs

Ablassgeschichte

Während Gläubige in der antiken Busspraxis zuerst das Bekenntnis einer schweren Sünde ablegten, dann längere Zeit Busse taten und schliesslich die Absolution erhielten, kehrte sich das Prozedere in der mittelalterlichen Privatbeichte um. Dem Bekenntnis auch leichter Sünden folgt die Lossprechung und schliesslich die Busse. Diese hatte nach der Vergebung die Folgen der Sünden wiedergutzumachen und erstreckte sich je nach Zahl und Art der Verfehlungen über das irdische Leben hinaus auf eine Zeit im Fegefeuer. Bereits vor 1500 bot die Kirche einen Erlass eines Teils oder aller zeitlichen Sündenstrafen an – durch Busswerke, Wallfahrten, bestimmte Gebete und Geld. Die theologische Basis für den Ablass bildete der «Kirchenschatz», d.h. die Verdienste Christi und der Heiligen. Indem Mutter Kirche aus diesem Schatz Ablassbriefe verkaufte, entwickelte sie ein blühendes Geschäft, mit dessen Erlös Kirchenbauten, Kriegsunternehmen und der päpstliche Finanzbedarf gedeckt wurden.

Der Erzbischof von Mainz, der um sein Geschäft fürchtete, und die deutschen Dominikaner klagten Luther im März 1518 in Rom an. Der Medicipapst Leo X. war jedoch zu sehr mit Hofhaltung, Finanzbeschaffung und Familienpolitik beschäftigt, um sich näher für das «Mönchsgezänk» in Deutschland zu interessieren.[242] Der alternde Kaiser Maximilian I. (1493–1519) bot an, gegen den Wittenberger Augustiner reichsrechtlich vorzugehen. Luthers Landesherr, der sächsische Kurfürst Friedrich der Weise, stellte sich aber schützend vor den berühmt werdenden Professor seiner jungen Universität und verhinderte, dass der Prozess gegen Luther in Rom geführt wurde. So kam es im Oktober 1518 zum Verhör Luthers am Reichstag von Augsburg durch Kardinal Thomas Cajetan. Der Abgesandte des Papstes erklärte den unbeugsamen Luther zum Häretiker, und dieser floh eine Woche nach der Befragung aus Augsburg. Der Tod Maximilians I. zwang Papst Leo X., mit Blick auf die Kaiserwahl um Kurfürst Friedrich den Weisen zu werben. Das Verfahren gegen Luther ruhte daher vorläufig. Doch theologisch spitzte sich der Konflikt in Deutschland weiter zu.

An der Leipziger Disputation vom Sommer 1519 wurde Luther von seinem Gegner Johannes Eck, Professor in Ingolstadt, in die Ecke getrieben und zur Aussage veranlasst, sowohl Papst wie Konzilien könnten irren, wie das Konzil von Konstanz und die Hinrichtung von Jan Hus zeigen würden. Mit der Leugnung des päpstlichen Primats und der Verbindlichkeit der kirchlichen Tradition stellte Luther das kirchliche Lehramt infrage. Der rebellische Theologe wurde zunehmend zum Wortführer jener, die eine entschiedene Reform der Kirche forderten. Studenten und Gebildete strömten nach Wittenberg, und der Buchdruck verbreitete Luthers Gedanken in Windeseile. 1520 verfasste er seine drei reformatorischen Programmschriften. Sie richten sich mit markanten Aussagen an Laien. Die erste erschien im August unter dem Titel «An den christlichen Adel deutscher Nation von des christlichen Standes Besserung»[243]: Der Appell an den Adel ruft dazu auf, im Zeichen des allgemeinen Priestertums nicht auf die unfähige Amtskirche zu warten und die Reform der Christenheit selbst an die Hand zu nehmen; die geistliche Macht stehe nicht über der weltlichen, und die wahre Lehre finde sich in der Bibel und nicht in der römischen Lehrtradition. Luther forderte das

242 Dazu: *Springer*, Die deutschen Dominikaner 41.

243 *Luther*, WA 6, 404–469.

Ende der Geldzahlungen nach Rom, die Erlaubnis zur Priesterehe und eine Reform der Theologieausbildung.

Im Oktober kritisiert Luther mit der Schrift «Von der babylonischen Gefangenschaft der Kirche»[244] die Sakramentenlehre der Kirche und lässt nur noch Taufe, Busse und Abendmahl als biblisch fundierte Sakramente gelten. Luther fordert die Kommunion unter beiden Gestalten und lehnt Messstiftungen ab. Die dritte Programmschrift «Von der Freiheit eines Christenmenschen»[245] ermutigt im November 1520 zur Freiheit von religiösem Leistungsdenken und zur befreiten Gottes- und Nächstenliebe.

Im Frühjahr 1520 – inzwischen war der spanische Habsburger Karl V. zum Kaiser gewählt – nahm Rom den Prozess gegen Luther wieder auf. Die Bannandrohungsbulle «Exsurge Domine» (Erhebe Dich, Herr) vom 15. Juni nennt 41 Sätze aus Lutherschriften häretisch, irrig, anstössig und verführerisch.[246] Nur am Rhein und in den Niederlanden wurde das verordnete Verbrennen der Lutherschriften durchgeführt. Luther selbst verweigerte den Widerruf, appellierte an ein Allgemeines Konzil und verbrannte seinerseits am 10. Dezember ein gedrucktes Exemplar der Bannandrohungsbulle zusammen mit Kirchenrechtsbüchern und Schriften seiner Gegner vor dem Elstertor Wittenbergs, umjubelt von Studenten. Tags darauf forderte er 400 Hörer seiner Vorlesung auf, den Papst als Antichrist zu bekämpfen. Leo X. verhängte am 3. Januar 1521 den Kirchenbann über Luther. Darauf zitierte der neue Kaiser den rebellischen Augustiner vor den Reichstag, den er erstmals im April nach Worms berief. Luther widerstand dort allen Versuchen, sich dem Lehramt von Papst und Konzilien unterzuordnen. Nach einem Tag Bedenkzeit antwortete er Kaiser und Fürsten am 18. April in einer mutigen Rede, er widerrufe nur, was sich aufgrund der Bibel als irrig erweise.

Als Schirmherr der Kirche verhängte Karl V. darauf die Reichsacht über Luther, der fortan als Feind von Reich und Kirche von jedermann umgebracht werden durfte. Anders als

---

244 *Luther*, WA 6, 497–573.

245 *Luther*, WA 7, 20–38. Zu den drei Programmschriften: *Beutel*, Luther Handbuch 266–269.

246 Vgl. DH 1451–1492.

Jan Hus in Konstanz durfte Luther jedoch mit dem zugesagten freien Geleit vom Reichstag abreisen. Das Wormser Edikt, das Luther als Ketzer ächtet und die Verbreitung seiner Schriften unter Strafe stellt, unterzeichnete der Kaiser erst einen Monat später, am 26. Mai 1521. Der Reformator war zu diesem Zeitpunkt bereits im Schutz der Wartburg: Sein Landesherr Friedrich der Weise liess ihn auf der Rückreise von Worms am 4. Mai im Werratal überfallen und fortan als Junker Jörg verborgen auf der mächtigen Burg leben. Während Luther mit Tarnname, ohne Augustinerkutte und Tonsur, mit Vollbart und höfisch gekleidet auf der Wartburg an einer neuen deutschen Bibelübersetzung arbeitete, schritten seine Freunde in Wittenberg zur Tat: Andreas Bodenstein aus dem fränkischen Karlstadt hielt an Weihnachten 1521 ein erstes deutsches Abendmahl mit Kelchkommunion und löste im Januar 1522 einen Bildersturm in Wittenberg aus: alles Unbiblische, Heiligenstatuten, Seitenaltäre und Krankenöl wurden aus den Kirchen entfernt.[247] Alarmiert über die Nachrichten verliess Luther am 1. März 1522 die Wartburg und gebot in Wittenberg allen «Schwarmgeistern» Einhalt.

Exkurs Luthers Bibel ist nicht die erste deutsche Übersetzung: bis 1522 sind 14 oberdeutsche und niederdeutsche Bibeldrucke greifbar. Sie entfaltet allerdings – in Sächsischer Kanzleisprache und am einfachen Mann von der Strasse orientiert – eine derartige Breitenwirkung, dass die 3000 Druckexemplare in Kürze verkauft waren und die Lutherbibel in den ersten zwei Jahren 15 Auflagen erfuhr.

Ungeachtet des Wormser Edikts, mit dem der Kaiser auch allen Anhängern Luthers den Bann androhte, verbreitete sich die Reformation in ganz Deutschland. 1522 schritt Ulrich Zwingli in Zürich zu Reformen, die theologisch und kirchlich allerdings bald weit radikalere Gestalt annahmen als ihr Wittenberger Vorbild. Thomas Müntzer, der Luthers Programm bereits 1521 in Prag und dann in Thüringen sozialrevolutionär zugespitzt hatte, provozierte die Fürsten im Stil eines biblischen Propheten. Als rebellierende Bauern Luthers Maxime, alles nicht biblisch Begründbare sei infrage zu stellen, nicht

247 Seine Flugschrift «Von Abtuhung der Bylder» (1522): *Schnitzler*, Ikonoklasmus – Bildersturm 32.

nur auf kirchliche, sondern auch auf politische, wirtschaftliche und soziale Verhältnisse anwendeten, griff Müntzer als Endzeitprophet zusammen mit Mühlhausener Bürgern auf der Seite der Bauern in die entscheidende Phase ihres Aufstandes ein. Der «Bauernkrieg» nahm seinen Anfang 1524 im süddeutschen Stühlingen. Der bäuerliche Befreiungskampf erfasste schnell den ganzen Schwarzwald und wuchs im Frühjahr 1525 zu einem Flächenbrand aus, der im April zu Schlachten an der Ulmer Donau und am Neckar führte. Im Mai kam es zu Schlachten im Elsass und in Thüringen: Burgen und Klöster gingen in Flammen auf. Luther rief die Fürsten auf, mit aller Gewalt «wider die mordischen und reubischen Rotten der Bawren» vorzugehen, da diese zum Schwert gegriffen hätten, das nach Römer 13 allein der Obrigkeit zustehe. Der Schock über den Bauernkrieg, dem rund 100 000 Bauern zum Opfer fielen, liess die deutsche Kirchenreform zur «Fürstenreformation» werden. Während sich in der Reformation der Eidgenossenschaft das Gemeindeprinzip mit Pfarrerwahl durchsetzte, übernahmen in Deutschland die Landesherren als gottgegebene Obrigkeit an Stelle der Bischöfe die Aufsicht und Verfügungsgewalt über ihre Landeskirchen.

Die *Confessio Augustana* und der Siegeszug des Protestantismus 3.1.3

Neben der ehemaligen Zisterziensernonne Katharina von Bora, die Luther 1525 heiratete und mit der er sechs Kinder hatte, war Philipp Melanchthon Luthers wichtigster Mitarbeiter und Weggefährte. Der geborene Badener Philipp Schwarzerd (der seinen Namen nach Art der Humanisten griechisch schrieb: *Melanchthon*) war ein Grossneffe des Humanisten Johannes Reuchlin und wurde 1518 Griechisch- und Hebräischlehrer an der Universität Wittenberg. Humanistischer Feinsinn, diplomatisches Geschick und seine Pädagogik machten ihn zum Redakteur der Wittenberger Reformation. Ihm verdankt der Protestantismus wesentlich das **Augsburger Bekenntnis.**[248]

---

248 Einen Überblick über die weitere Entwicklung des Protestantismus und der Bekenntnisse bietet: Ökumenische Kirchengeschichte Bd. 2, 331–448 («Das konfessionelle Zeitalter»).

Nach den Schrecken des Bauernkriegs erlaubte 1526 der Reichstag zu Speyer den Reichsständen, in der Frage der Reformation bis zur Abhaltung eines Allgemeinen Konzils eigenständig zu handeln. Zwei Jahre später kam es an einem weiteren Reichstag zu Speyer 1529 zur «Protestation» gegen die katholischen Fürsten, die das Wormser Edikt durchsetzen wollten. Wortführer der «Protestanten» waren die Fürsten von Sachsen, Braunschweig und Brandenburg. Erst zum Augsburger Reichstag vom Juni 1530 erschien Kaiser Karl V. nach langer Abwesenheit wieder in Deutschland. Kurz zuvor hatte der Papst ihn Ende Februar in Bologna zum Kaiser gekrönt. Der Aufbau eines Vizekönigreichs nach der Eroberung Mexikos (1519–1521), zwei Kriege mit König Franz von Frankreich (1521–1529), die Neuordnung der Verhältnisse in Spanien (ab 1522) und in Italien (1527 kam es dabei zum *Sacco di Roma*) sowie der Kampf gegen die Türken im Ungarn (1526–1555, mit Belagerung Wiens 1529) hatten die ganze Energie des Kaisers gefordert. Dieser hatte dem Papst bei der Kaiserkrönung versprochen, Deutschland nun durch Güte oder Gewalt zum alten Glauben zurückzuführen.

Dem Reichstag legte Melanchthon in Vertretung des geächteten Luthers als Antwort auf Johannes Ecks Anklagen eine Bekenntnisschrift vor, die als *Confessio Augustana* weltweit zur theologischen Grundlage des Protestantismus wurde. Ulrich Zwingli sandte eine eigene Darlegung des Glaubens (*Fidei Ratio)* nach Augsburg, ebenso die süddeutschen Städte Straßburg, Konstanz, Lindau und Memmingen mit ihrer *Confessio Tetrapolitana*.

Exkurs

Confessio Augustana

Melanchthon unterstreicht in der Darlegung des reformatorischen «Bekenntnisses» vor dem Augsburger Reichstag eingangs, dass die altkirchlichen Konzilien und die Lehre der Kirchenväter den Boden der Reformen bilden (Art. 1–3). Art. 4 stützt die Lehre der Rechtfertigung *sola gratia* auf das Neue Testament ab. Art. 5 sieht Predigtamt und Sakramente von Gott eingesetzt. Art. 7 bekennt sich zur «einen heiligen christlichen Kirche», die da lebt, wo das Wort verkündet und die Sakramente im biblischen Sinn gefeiert werden. Art. 9 hält an der einen Taufe fest und verteidigt die Kindertaufe gegen täuferische Lehren. Art. 10 distanziert sich vom schweizerischen Abendmahlsverständnis und vertritt die Realpräsenz Christi im Mahl, das allen Gläubigen Brot und Kelch zugesteht (dazu auch Art. 22).

Art. 11 hält an der Beichte fest, ohne jedoch ein detailliertes Sündenbekenntnis vorzusehen (dazu auch Art. 25). Art. 14 fordert die ordentliche Berufung von Predigern und Spendern der Sakramente. Art. 20 handelt «Vom Glauben und guten Werken», hält am Prinzip *sola fide* fest und distanziert sich vom katholischen Verdienstdenken. Art. 21 lässt das Ehren und Lernen von Heiligen, nicht aber deren Anrufung zu. Art. 23 verwirft den Pflichtzölibat als unbiblisch. Art. 27 lehnt Ordens- und Klostergelübde ab. Art. 28 fordert die Rückkehr der Bischöfe zum geistlichen Amt und ihren Verzicht auf politische Herrschaft. Art. 23 beschäftigt sich mit dem Priester- und Ehestand. Die Ehelosigkeit berge die Gefahr der Unzucht und des Lasters in sich. Die Ehe stehe als göttliches Recht über der Zölibatsforderung, die bloss kirchlichem Recht entspringe.

Die Confessio Augustana wurde dem Reichstag deutsch vorgelesen, war jedoch auch lateinisch abgefasst. Melanchthon glaubte weiterhin, dass die Einheit mit der römischen Kirche zu retten sei. Doch nahmen Kaiser und katholische Fürsten die Confessio Augustana nicht an, sondern verabschiedeten eine Gegenschrift, die «Confutatio», die positive Seiten der Confessio Augustana würdigte, jedoch auch deren Mängel aufzeigte. Die konfessionelle Spaltung zeichnete sich immer deutlicher ab.

Um sich gegen die entschlossene kaiserliche Religionspolitik zu schützen, schlossen sich die neugläubigen Stände am 31. Dezember 1530 für zehn Jahre zum Schmalkaldischen Bund zusammen. Jährlich trafen sich im Thüringer Bergbaustädtchen Schmalkalden unter Führung des sächsischen Kurfürsten und des Landgrafen von Hessen bis zu 20 Fürsten, Herzöge und Grafen sowie über 30 Reichs- und Hansestädte, um ihre Politik abzustimmen und den Aufbau ihrer neuen Kirchenordnung voranzutreiben. Erneut durch König Franz von Frankreich und die Türken in Bedrängnis gebracht, schritt Karl V. schliesslich nach dem Frieden mit Frankreich 1544 zur gewaltsamen Lösung der konfessionellen Frage. Die Schmalkaldner sollten militärisch besiegt und die Reformation sollte rückgängig gemacht werden. Im April 1547 schlug der Kaiser das protestantische Bündnis in der Schlacht von Mühlberg an der Elbe: Ein Jahr nach Luthers Tod und Wochen nach dem Tod gewichtiger Gegner – König Heinrichs VIII. von England (28. 01.) und König Franz I. von Frankreich (31.03.) – zog Karl V. siegreich in Wittenberg, dem deutschen Rom, ein. Einer Neuordnung Europas im Sinn der alten Kaiseridee widersetzte sich jedoch Papst Paul III., der ein Übergewicht des Kaisers fürchtete, und der Neuordnung Deutschlands machte ein gewichtiger Überläufer einen Strich durch die Rechnung: Moritz von Sachsen, vom Kaiser nach dem Sieg über die Schmalkaldner zum neuen Kurfürsten erhoben, wechselte ins Lager der Gegner und leitete 1552/53 den Fürstenaufstand gegen Karl V., der im Passauer Vertrag freie Religionsausübung bis zum nächsten Reichstag zugestehen musste. Dieser trat 1555 in Augsburg zusammen, wo Fürsten und Reichsstädte den Religions- und Reichsfrieden nach dem Prinzip «*cuius regio, eius religio*» (lat. für: wessen Gebiet, dessen Religion) durchsetzten. Künftig galten damit Territorialismus und Parität in Religionsfragen: Lutherische und katholische Konfession waren einander gleichgestellt, und der Landesherr entschied über den Glauben seiner Untertanen. Der Landesherr hatte das Recht zur Kirchenreform (*ius reformandi)* in seinem Gebiet, Untertanen konnten bei der Wahl einer anderen Konfession das *ius emigrandi* beanspruchen und ohne Schaden an Ehre und Gut auswandern. Obwohl die Augsburger Lösung sich als vorläufig verstand und nur bis zur Wiederherstellung der Glaubenseinheit am Trienter Konzil gelten sollte, festigte sie die konfessionelle Spaltung bis ins 19. Jahrhundert. Karl V. übergab die Kaiserkrone, gescheitert und enttäuscht, im Sommer 1556 seinem Bruder Ferdinand I. und zog sich nach Spanien in ein Kloster zurück. Bereits seit 1531 römisch-deutscher König, wurde Ferdinand I. im Februar 1558 von den Kurfürsten auch formell zum Kaiser gewählt.

3.1.4 Ulrich Zwingli und die Deutschschweizer Reformation

1522 führte der Toggenburger Ulrich Zwingli (1484–1531), als Zürcher Leutpriester von Luther angeregt, kirchliche Reformen in seiner Stadt ein. Ein programmatischer Holzschnitt sieht ihn Seite an Seite mit Erasmus und Martin Luther am göttlichen Werk der Reformation arbeiten.

Zwingli war nur zwei Monate jünger als Martin Luther.[249] Am 1. Januar 1484 in Wildhaus geboren, erhielt der Bauernsohn bei seinem Onkel, Dekan Bartholomäus Zwingli, in

249 Zu Zwinglis Leben, Denken und Werk: *Stephens*, Zwingli; *Strerath-Bolz*, Ulrich Zwingli; *Moeller/Kaufmann*, Zwinglis Disputationen.

Dyß hand zwen schwytzer puren gmacht
Furwar sy hand es wol betracht.

Abb. 17:
«Göttliche Mühle», Titelholzschnitt von Hans Füssli und Martin Seger für eine Flugschrift von Huldrych Zwingli, Zürich 1521

Gott Vater sieht und segnet das Tun des Bauern Karsthans und seines Sohnes Jesus Christus als Erntearbeiter, des Müllers Erasmus und des Bäckers Luther. Mahlgut sind die vier Evangelisten und Paulus. Produkt ist die reine Botschaft der Hl. Schrift, über der der Heilige Geist schwebt und die neu unter das Volk gebracht werden soll, vom reformfeindlichen Klerus aber verschmäht wird. Zwingli verteilt die Frohe Botschaft Seite an Seite mit Luther, der sie neu volkstümlich macht. Über Papst, Kardinal, Bischof und Dominikaner schwebt das Unheil in Gestalt eines kleinen Drachens.

Weesen 1490–1494 die erste Ausbildung und wurde von ihm darauf zum Besuch der Lateinschule nach Basel geschickt. In Bern unterrichtete ihn der Humanist Wölflin in den klassischen Fächern des Quadriviums, dessen «vier Wege» neben Arithmetik, Naturlehre und Astronomie auch Musik umfassen. Die Berner Dominikaner suchten den begabten Studenten für ihren Orden zu gewinnen. Der Vater, der auch Ammann von Wildhaus war, holte ihn jedoch zurück und schickte den 15-Jährigen an die Universität Wien, wo das Studium allerdings im Sande verlief. 1502 wechselte Zwingli an die Universität Basel und schaffte es nach vier Jahren endlich zum *Magister artium*. Damit konnte er Theologie studieren. Bereits nach einem Semester bewarb er sich jedoch für die Pfarrstelle in Glarus, empfing im September 1506 die Priesterweihe und feierte in Wildhaus die Primiz.

Die Pfarrstelle in Glarus verdankte der 22-Jährige wohl seinem Ruf, ein Freund des Humanismus zu sein. Damit die Jugend seiner Pfarrei und des Tales für Bildung nicht wegziehen musste, erreichte der junge Pfarrer die Errichtung einer Lateinschule, an der er auch unterrichtete. Er selbst studierte lateinische Klassiker und Kirchenväter, lernte Griechisch und trat in regen Kontakt mit Gelehrten wie Erasmus von Rotterdam.

1510 liess er die Kreuzkapelle an die Pfarrkirche anbauen, um da eine erworbene Kreuzreliquie würdig zu verehren. 1512 schrieb Zwingli Papst Julius II., um einen Ablass für die Glarner zu gewinnen. Zugleich begleitete er als Feldprediger die Glarner Truppe in italienische Schlachten: so 1513 nach Novara und 1515 nach Marignano. Traumatische Erlebnisse machten Zwingli zum heftigen Kritiker des Söldnerwesens. Als in Glarus die Franzosenpartei siegte, die heimische Söldner künftig in die Kriege Franz' I. schickte, wechselte Zwingli als Pensionsempfänger des Papstes nach Einsiedeln.

Im Klosterdorf der Benediktinerabtei wurde Zwingli 1516 «Leutpriester». Das Wallfahrtstreiben, verbunden mit Fehlformen der Volksfrömmigkeit, und Ablasspredigten des Franziskaners Bernardin Sanson rief scharfe Kritik Zwinglis hervor. Der Einsiedler Pfarrer forderte den Konstanzer Bischof brieflich zu kirchlichen Reformen im Sinne des Neuen Testaments auf. 1518 bot Zürich ihm die Leutpriesterstelle am Grossmünster an. Zwingli gestand sein nicht fehlerfreies Vorleben, wobei die Frau, die er besucht habe, auch von andern besucht worden sei. Für die Zürcher war dies kein Grund, ihn nicht zu wählen. Bereits sein Amtsantritt in Zürich am Neujahrstag 1519 war spektakulär. Er verkündete, dass er nicht nach der kirchlichen Leseordnung predigen würde, sondern die Evangelien fortlaufend auslege. In kluger Taktik und schrittweise leitete Zwingli weitere kleine Reformen ein.

In seinem ersten Amtsjahr in Zürich steckte sich der Leutpriester in der Betreuung von Pestkranken selbst an, genas jedoch wieder. Zum Eklat kam es, als in der Fastenzeit 1522 im Hause des Buchdruckers Christoph Froschauer ein Wurstessen stattfand. Das Brechen des gebotenen Fleischverzichts fand in Zwinglis Anwesenheit und mit seiner Duldung statt. Als der Rat von Zürich im Auftrag des Bischofs Sanktionen ergreifen wollte, schrieb Zwingli seine erste reformatorische Schrift: «Vom Erkysen in Fryheit am Spysen». Sie vertrat die Ansicht, dass der Christenmensch frei sei in der Wahl der Speisen und dass kirchliche Fastenregeln unbiblisch seien. Zugleich ersuchte er den Bischof um Dispens vom Zölibat.

Als die Dominikaner Zwingli der Ketzerei beschuldigten, sandte der Bischof von Konstanz seinen Generalvikar Johann Faber nach Zürich. Der städtische Rat wollte vermitteln und lud alle Kläger auf Ende Januar 1523 zu einer Disputation ein. Zwingli forderte eine Disputation auf der Grundlage der Heiligen Schrift. Am 29. Januar trat die 600-köpfige Versammlung unter Vorsitz des Bürgermeisters Röist zusammen. In seiner Ersten Schlussrede vertrat Zwingli die Meinung, Christus sei der einzige Weg und das Evangelium gelte auch ohne kirchliche Bestätigung. Damit brachte er einen neuen Kirchenbegriff zum Ausdruck: Nach Zwingli ist die Gemeinde dort, wo sie sich im Namen Christi versammelt. Da Faber und Zwinglis Gegner ihm nur die Tradition und Konzilsbeschlüsse entgegenhalten konnten, erklärte der Rat den Leutpriester zum Sieger und lud zu einem Essen ein. Zwingli setzte seinen Weg mit dem Segen der Stadt fort. Die politische Obrigkeit setzte sich dabei über den kirchlichen Oberhirten hinweg. Faktisch entstand damit die erste reformierte Gemeinde der Eidgenossenschaft.

Im Sommer 1523 predigte Zwingli gegen die Bilderverehrung, was seine Mitstreiter Leo Jud und Konrad Grebel zu einem ersten Bildersturm schreiten liess. Der Rat schritt jedoch ein und veranlasste vom 26.–28. Oktober eine zweite Disputation, wobei unter den 900 Zeugen nun auch Abgesandte anderer eidgenössischer Orte waren. Zwingli wetterte gegen «Bilderdienst» und Messe, wobei er Messpriester als «Messer und Metzger» karikierte, die Christus täglich neu opfern wollten. Tatsächlich beschloss der Rat nach einer dritten Disputation vom 13./14. Januar 1524 die schrittweise Abschaffung der Messe und die geordnete Entfernung von Bildern, Orgeln und Altären sowie die Abschaffung von Kirchengesang und Prozessionen.

Mitte April heiratete Zwingli die 33-jährige Witwe Anna Reinhart. Von Zwingli beraten, ordnete der Stadtrat auch die Schulbildung neu und erliess Sittengesetze. In der Karwoche

1525 wurde die letzte Messe gefeiert und das Abendmahl definitiv eingeführt. So einig sich der Reformator in den meisten Dingen mit Luther wusste, so entschieden verwarf er jedoch dessen Glauben an die Realpräsenz Christi im Brot. Im gleichen Jahr schloss Zürich alle Klöster, setzte deren Güter für die Armenfürsorge ein und verwandelte den Dominikanerkonvent in ein Spital. Das bunte kirchliche Leben einer Stadt mit 5000 Einwohnern wurde in kurzer Zeit nüchtern, ohne Bruderschaften, Prozessionen, Messen und Andachten. Ein Teil der 100 Weltpriester und Chorherren wurden Prädikanten. Die 50 Brüder der Bettelorden und 50 Nonnen konnten heiraten oder in ein anderes Kloster ihres Ordens ziehen. Das Chorherrenstift am Grossmünster wurde zur theologischen Ausbildungsstätte reformierter Theologen. Im Lehrbetrieb der «Prophezei» mussten auch erfahrene Seelsorger Hebräisch und Griechisch lernen, um sich biblisch fundiert fortzubilden. Der entschlossene kirchliche Reformkurs in Zürich fand in der Eidgenossenschaft sowohl Freunde wie Gegner. Die Tagsatzung, wie die jährlich einmal tagende Abgeordnetenversammlung des Bundes hiess, sprach sich wiederholt gegen die Neuerungen aus. Polemik gegen Zwingli weckte seine politische Forderung nach einem Verbot von Solddienst und Annahme fremder Pensionen. Wegen unerlaubter Pensionsbezüge wurde Konrad Grebel zum Tode verurteilt und in der Limmat ertränkt. Ebenso erging es den führenden Köpfen der jungen Täuferbewegung. Nun Antistes (Vorsteher) der Zürcher Kirche, übersetzte Zwingli mit Leo Jud, Konrad Pellikan und Oswald Myconius 1524–1529 die Bibel aus dem Hebräischen und Griechischen in die heimische Kanzleisprache. Die Zürcher Bibel kam in ihrer Vollversion fünf Jahre vor der Lutherbibel zum Abschluss.

Die Zürcher Gemeinde versammelte sich sonntags zu einem Predigtgottesdienst und feierte viermal jährlich das *Abendmahl*: sitzend und schlicht, mit Brot und Wein. Das neue Zürcher Kirchenmodell fand bereits 1523 Nachahmung in Bern, wo Berchtold Haller den städtischen Rat jedoch erst am 7. Februar 1528 zum durchgreifenden Reformationsedikt bewegen konnte. In St. Gallen schritt Zwinglis Freund, der Humanist, Arzt und Bürgermeister Joachim Watt (latinisiert Vadianus) ab 1526 zur Tat. Chur folgte unter Zwinglis Freund

Johann Comander 1527 und Basel mit dem Reformator Johannes Husschyn (griechisch: Ökolampad) 1529.

Der hessische Landgraf Philipp der Grossmütige, der mit Zwinglis Reformen sympathisierte, suchte die Schweizer Reformation enger mit der Wittenberger Reformation zu verbinden. Der wichtigste Verbündete des Kurfürsten von Sachsen erhoffte sich nach dem Reichstag von 1529 eine gemeinsame Front aller reformatorischen Richtungen gegen die «Papisten» und den Habsburger Kaiser. Er lud daher für 1.–4. Oktober 1529 die bedeutendsten Vertreter der protestantischen und der alemannischen Reformation in sein Marburger Schloss. Martin Luther und Philipp Melanchthon waren die Wortführer der Protestanten, Ulrich Zwingli und Johannes Ökolampad vertraten die Schweizer Reformierten. Die viertägigen Gespräche erzielten Einigung in vierzehn Punkten, eskalierten aber im Streit über die Realpräsenz Christi in den Abendmahlsgaben. Der definitive Bruch von Luther und Zwingli, die einander in Marburg zum ersten Mal sahen, liess die Schweizer und die Wittenberger Reformation getrennte Wege gehen.

Exkurs

Marburger Religionsgespräch

Die 15 Marburger Artikel fassen die Ergebnisse des Religionsgesprächs zusammen. Auf Drängen des Landgrafen formuliert, halten Art. 1–14 die Gemeinsamkeiten fest. Artikel 15 formuliert dann den verbleibenden Streitpunkt:

«Und wiewohl aber wir uns [in der Frage], ob der wahre Leib und das wahre Blut Christi leiblich in Brot und Wein sei, diesmal nicht verglichen haben, so soll doch ein Teil gegen den anderen christliche Liebe, sofern jedes Gewissen immer das leiden kann, erzeigen, und beide Teile Gott den Allmächtigen fleissig bitten, dass er uns durch seinen Geist den rechten Gebrauch bestätigen wolle.»[250]

Erst vom 12.–16. März 1973 gelingt es auf dem Leuenberg bei Basel Kirchengemeinschaft herzustellen. Die «Leuenberger Konkordie» zwischen lutherischen und reformierten Kirchen und den ihnen verwandten Kirchen der Waldenser und der Böhmischen Brüder ermöglicht «Gemeinschaft an Wort und Sakrament», was konkret Kanzel- und Abendmahlsgemeinschaft und Anerkennung der Ordination

250 *Luther*, WA Bd. 30/3, 169–170; zum Marburger Treffen: *May*, Marburger Religionsgespräch 1529; zu «Luther und Zwingli»: *Beutel*, Luther Handbuch 152–161.

einschliesst. Inzwischen haben achtzig grosse und kleine Kirchen der Reformation die Leuenberger Konkordie unterzeichnet. Sie bilden die Gemeinschaft der Evangelischen Kirchen Europas GEKE.[251]

Zwinglis kirchliche Reformation hatte auch eine politische Stossrichtung: Zunächst galt es, Zürich als einen der führenden Orte des Schweizer Staatenbundes zu einem theokratischen Modell zu machen,[252] um dann die Eidgenossenschaft als Ganze zu reformieren. Mit Blick in die Innerschweiz erachtete Zwingli auch Gewalt als zulässig, um Widerstand gegen die freie Verkündigung des Evangeliums zu brechen. Um die Reformation durchsetzen zu können, schloss er 1527/28 ein Bündnis mit Bern, St. Gallen und Konstanz: das «Christliche Burgrecht», dem 1529 auch Biel, Basel, Schaffhausen und Mülhausen im Elsass beitraten. Die Innerschweiz schloss ein Schutzbündnis mit dem ehemaligen Erzfeind Habsburg: die «Christliche Vereinigung». Zwingli trieb Zürich Anfang Juni zur Kriegserklärung an die sechs katholischen Orte der Innerschweiz. Zürcher und Berner Truppen stiessen beim Zisterzienserkloster Kappel am Albis auf die Gegner. Dank der Vermittlung des Glarner Landammans Hans Aebli endete der **Erste Kappeler Krieg** am 26. Juni 1529 ohne Blutvergiessen in einem «Landfrieden». Die beiden Lager fanden sich danach statt zur Schlacht zur «Kappeler Milchsuppe» zusammen: Die katholischen Innerschweizer hatten Milch in Fülle, die reformierten Zürcher und Berner Brot, die man beide zusammen kochte und gemeinsam ass. Der erste Kappeler Landfriede vereinbarte, dass in den gemeinsamen Untertanengebieten jede Gemeinde durch Mehrheitsbeschluss über Behalten des alten oder Annahme des neuen Glaubens selbst befinden solle.

Zwei Jahre später versuchten Bern und Zürich die Innerschweiz mit einschneidenden Wirtschaftssanktionen in die Knie zu zwingen. Eine verhängte Getreidesperre sollte die Alpentäler aushungern. Uri, Schwyz, Unterwalden, Luzern und Zug rückten jedoch mit Truppen kurz entschlossen gegen Zürich vor. Zwingli mobilisierte hektisch und rief Bern zu

251 Zum Text der Konkordie und ihrer Kirchengemeinschaft: www.leuenberg.eu.
252 Zu Zwinglis Ziel einer Herrschaft der Kirche im Staat: *Moeller*, Zwinglis Disputationen 31–33.

Hilfe, das allerdings zu spät eintraf. So kam es erneut bei Kappel am 11. Oktober 1531 zu einem blutigen Waffengang, als ein Urner Hauptmann nachts gegen die isolierten Zürcher losschlug, Panik auslöste und ein Gemetzel veranstaltete, das auch Zwingli das Leben kostete. Der **Zweite Kappeler Krieg** fand nach Eintreffen der Berner zwei Wochen später ein Nachspiel in der Schlacht am Gubel bei Menzingen. Gegen 700 Innerschweizer überrumpelten nachts das Lager der 5000 Reformierten, erschlugen rund 800 Gegner und erreichten so den zweiten Kappeler Landfrieden vom 20. November 1531. Er bestätigte die konfessionellen Grenzen und das Gemeindeprinzip, sicherte den katholischen Orten jedoch die Vorherrschaft in wichtigen Untertanengebieten bis 1712.[253]

Exkurs

Zwei weitere kurze Konfessionskriege, beide nach dem Dorf Villmergen benannt, folgen 1656 und 1712. Der Erste Villmerger Krieg bestätigte den Kappeler Landfrieden von 1531. Der Aargauer Friede von 1712 – der insgesamt vierte eidgenössische Landfriede, gab Bern und Zürich die Vorherrschaft in den Gemeinen Herrschaften, den Untertanengebieten aller Bundesmitglieder, zurück.

Zwinglis Nachfolger als Antistes der Zürcher Kirche wurde *Heinrich Bullinger* (1504–1575), Sohn des Pfarrers und Dekans von Bremgarten. Er leitete die kirchlichen Geschicke Zürichs über Jahrzehnte, festigte das reformatorische Gedankengut und war dabei weit weniger militant als Zwingli. Konziliant und theologisch aufbauend, knüpfte er ein Beziehungsnetz weit über Zürich hinaus. 12 000 Briefe dokumentieren seine Kontakte, die bis Rumänien, Ungarn, Preußen, Dänemark, England, Frankreich, Mailand und Venedig reichten. Bullinger machte die zwinglianische Bewegung international zu einer beachtlichen Kraft innerhalb der Reformationskirchen. Bullingers Vernetzung mit den Reformatoren der Deutschschweiz führte 1536 zum ersten Helvetischen Bekenntnis, das Theologen aus der ganzen Deutschschweiz in Basel erarbeiteten. Diesem folgte 1566 unter Einbezug des Genfer Reformators Jean Calvin das zweite Helvetische Bekenntnis: Die *Confessio Helvetica posterior* wurde als gereiftes gemeinsames

253 Zu dem Kappeler Kriegen eingehend: *Briner*, Milchsuppe oder Blutbad?.

Bekenntnis von allen reformierten Kirchen der Deutschschweiz (ausgenommen Basel), von Genf und den Reformierten in Schottland, Holland, Polen, Böhmen und Ungarn angenommen.[254]

3.1.5 Jean Calvin und der Siegeszug des Calvinismus

Die Reichweite der Zürcher Reformation wird von der reformatorischen Bewegung übertroffen, die in den Jahren nach Zwinglis Tod von Genf ausging. Frankreich wird die Evangelischen im Königreich Hugenotten nennen, wobei *huguenots* das Wort «Eidgenossen» nachahmt und auf den Ursprung der französischen Reformierten hinweist. Die prägende Gestalt der Genfer Reformation ist jedoch ein Franzose. Jean Calvin – eigentlich Jehan Cauvin (1509–1564) – stammte aus Noyon in der Picardie. Ein schwerer Konflikt seines Vaters als Notar der Kathedrale mit dem Domkapitel schien den ältesten Sohn geprägt zu haben. Als Student der Philosophie in Paris lebte er mit Ignatius von Loyola im selben Collège. Rechtswissenschaft studierte er dann ab 1525 in Orléans und Bourges. 1532 kehrte er nach Paris zurück, wo er lutherisch beeinflusste Kreise «Evangelischer Christen» kennenlernt. Zu ihnen gehörte der Humanist Nicolas Cop, der 1533, zum Rektor der Universität gewählt, nach turbulenter Antrittsrede als Ketzer aus Paris vertrieben wurde und nach Basel floh. Calvin wird ihm zwei Jahre später ins Basler Exil folgen. Zunächst tauchte er jedoch unter, reiste als Anwalt der Reformation durchs Land, feierte – weder Theologe noch Priester – das Abendmahl unter beiden Gestalten und floh 1535, als der König die ersten Evangelischen auf Scheiterhaufen zerren liess, über Straßburg nach Basel. Dort verfasste der junge Jurist die «Institutio religionis Christianae» («Unterricht in der christlichen Religion»), studierte Griechisch und Hebräisch und lernte sowohl Heinrich Bullinger wie Guillaume Farel kennen. Letzterer wollte Genf reformieren und rief Calvin in die Stadt, um hier zu wirken. Wider Willen übernahm Calvin ein kirch-

254 Zu Leben, Werk und Wirkung von Zwinglis Nachfolger: *Büsser*, Heinrich Bullinger.

liches Amt und trieb die Reformation voran. Seine strenge Kirchenordnung und die disziplinären Massnahmen provozierten jedoch die Bevölkerung zunehmend. Als Calvin und Farel 1538 der ganzen Stadt das Abendmahl verweigerten, wurden sie ausgewiesen. Martin Bucer gab Calvin in Straßburg eine biblische Professur. Dort heiratete er Idelette de Bure. 1541 folgte er dem Ruf des Genfer Rates und kehrte in die Rhônestadt zurück. Mit den gewährten Vollmachten konnte er die Reform von Kirche und Stadt fortsetzen. Im gleichen Jahr erliess er eine strenge Kirchenordnung, und 1542 erschien sein Genfer Katechismus. Calvin unterschied 4 Ämter: *Pastoren* hatten als Seelsorger das Wort zu verkündigen und Sakramente zu spenden, *Doktoren* lehrten die Theologie, die *Ältesten* hatten die kirchliche Aufsicht wahrzunehmen und über die Sitten zu wachen, die *Diakone* schliesslich nahmen die Fürsorge für Kranke und Arme wahr.

Calvin vertritt ein majestätisches Gottesbild. Alles muss Gottes Ehre und Macht unterworfen sein. Die Transzendenz Gottes führt zu einer Distanz zwischen Schöpfer und Geschöpf. Die geschaffene Welt hat die Aufgabe, die *Gloria Dei* aufleuchten zu lassen, wozu der Mensch mit und in der Schöpfung aktiv beizutragen hat. Eine weitere Folge der Überbetonung von Gottes Allmacht ist Calvins Prädestinationslehre: Sie sieht nach unerforschlichem Ratschluss Gottes die einen Menschen bereits vor der Geburt zum Heil, die andern zum Verderben berufen. Der Mensch hat keine Wahl und keinen Einfluss auf sein ewiges Geschick. Wer zum Heil erwählt ist, wird nicht aufgrund seiner Taten, sondern der souveränen Wahl Gottes gerettet. Wer zur Verdammung bestimmt ist, bleibt von Anfang an rettungslos verloren.

Der Mensch kann jedoch sein Leben so gestalten, dass Zeichen seiner Auserwählung sichtbar werden. Erfolgreicher Einsatz seiner Talente, Mehrung des Gewinns und gelungene Askese können biblische Zeichen für das Wohlgefallen Gottes sein. Für den Soziologen Max Weber erklärt sich der auffallende wirtschaftliche Erfolg des Protestantismus und spezifisch der neuen calvinistischen Mentalität mit dieser speziellen Verbindung von fehlender Heilsgewissheit, Leistung, Erfolg und puritanischer Lebensweise. Besorgte Gläubige

Grafik 8:
Max Webers Erklärungsmodell für den wirtschaftlichen Erfolg calvinistischer Religiosität

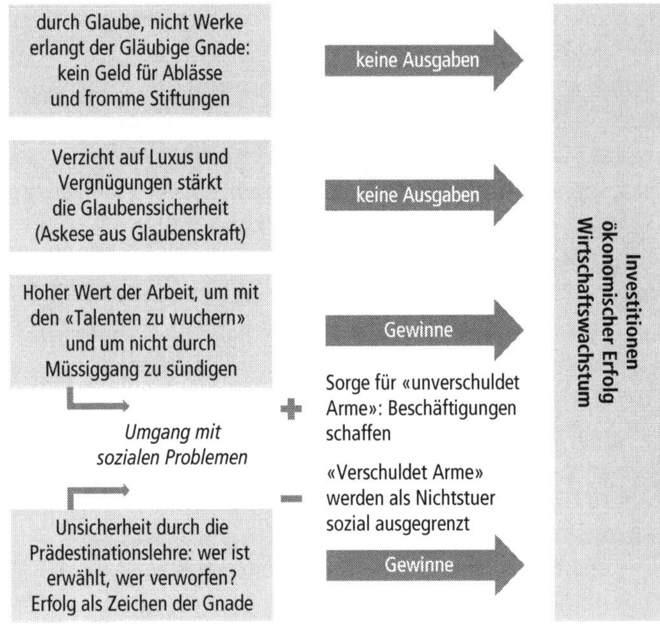

konnten sich durch Tüchtigkeit und Erfolg auch der eigenen Erwählung versichern.[255]

Exkurs

Es ist allerdings fraglich, ob sich die Menschen so intensiv von theologischen und spirituellen Elementen leiten liessen. Man muss mindestens hinzufügen, dass die ursprünglich französischsprachigen Calvinisten, auch Hugenotten genannt, generell eine prekäre Existenz fristeten, vielfach verfolgt oder nur geduldet wurden. Vor allem Tüchtigkeit und Erfolg konnten sie legitimieren. Preußen scherte sich wenig um die Konfession. Die Hohenzollern schätzten den Fleiss und die Unternehmunglust der Calvinisten, boten Exil an und luden sie als Neusiedler und Entwicklungshelfer in ihr nachholbedürftiges Territorium ein. Was auch gelang und wovon die vielen französischen Namen in Berlin bis heute Zeugnis ablegen.

Calvin verfolgte seinen Weg in Genf unbeirrt und schreckte dabei auch nicht vor Hinrichtungen zurück. Im Oktober 1553 liess er den spanischen Arzt Michel Servet auf dem Scheiter-

255 Vgl. *Weber, Max:* Die protestantische Ethik und der Geist des Kapitalismus (Buchausgabe zweier grundlegender Aufsätze von 1904/05). Das Werk erscheint bis heute in allen Weltsprachen.

haufen öffentlich hinrichten, weil dieser die Trinitätslehre infrage stellte. Um die richtige Lehre zu garantieren, gründete Calvin 1559 die Genfer Akademie, die sich zur Hochschule des Protestantismus entwickelte. Als der Reformator – noch immer Franzose – nach langer Krankheit 1564 in Genf starb, wurde er auf dem Cimetière des Rois in einem anonymen Grab beigesetzt, um einem Heiligenkult vorzubeugen.

Bemühungen der Schweizer Reformatoren, ihren eigenen Weg städtischer Reformationen aufeinander abzustimmen und kirchlich wie theologisch gegen die Fürstenreformation Deutschlands abzugrenzen, führten zunächst zum «Consensus Tigurinus» (1549), einer Einigung zwischen Genf und Zürich in der Abendmahlslehre, ausgearbeitet durch Calvin und Bullinger.[256] Weiterreichend war aber die 1562 von Heinrich Bullinger verfasste «Confessio Helvetica posterior».[257] Sie wurde 1566 das Einheitsband aller Reformierten in der Schweiz und ist noch immer Grundlage des Reformierten Weltbundes, der heute weltweit 215 reformierte Kirchen mit 75 Millionen Mitgliedern zählt. Dieser hat sich 2010 um weitere 15 Kirchen zur «Weltgemeinschaft der reformierten Kirchen» erweitert.[258]

Die Täuferbewegung 3.1.6

Zwinglis enge Kooperation mit dem Kleinen und Grossen Rat von Zürich im Durchführen der Reformation, die in der Stadt schrittweise eingeführt und von der Obrigkeit auch der Zürcher Landschaft verordnet wurde, weckte da und dort Opposition und Unzufriedenheit. Während es gelang, eine Bauernerhebung 1524/25 im Keim zu ersticken, sah Zwingli sich durch kirchlich radikaler Gesinnte herausgefordert. Sie wandten seine Kritik am Bischof auch auf die städtische Obrigkeit an, sprachen den Räten Kompetenz in kirchlichen

256 Zum Dokument, seinem Hintergrund und seiner Bedeutung: *Campi/Reich*, Consensus Tigurinus.

257 Texte des ersten Helvetischen Bekenntnisses in Reformierte Bekenntnisschriften. 1/2, 33–68; und der Confessio Helvetica Posterior in Reformierte Bekenntnisschriften Bd. 2/2, 243–345.

258 Vgl. die deutschsprachige Webseite der World Communion of Reformed Churches: wcrc.ch/de/.

Fragen ab, forderten eine Kirche, die den Leib Christi sichtbar abbildet: eine arme, gewaltlose und überzeugende Kirche der Erwählten und Entschlossenen, in der «Weizen und Unkraut» getrennt werden.

1524 kam es in Zürich zu ersten Taufverweigerungen: Wenn wahres Christsein auf persönlicher Entscheidung beruhe und sich im Leben erweisen müsse, könnten nur Erwachsene getauft werden. Zwingli reagiert mit der Schrift «Wer Ursache gebe zu Aufruhr», und der Rat verordnete im Januar 1525 Taufzwang. Als die Täuferbewegung sich dennoch ausbreitete, liess Zwingli ihren führenden Kopf, Felix Manz, im Februar 1527 in der Limmat ertränken. Im August verbündeten sich Zürich, Bern und St. Gallen im Kampf gegen Täufergruppen. Solche bildeten inzwischen von Schaffhausen bis in den Jura Gemeinden und verweigerten der Obrigkeit Abgaben, Waffendienst, Eid und Gehorsam. Hartnäckige Täufer wurden daher verurteilt und hingerichtet oder verbannt.

In Thüringen verband der sozial-revolutionäre Prediger Thomas Müntzer die Reformation mit dem Bauernkrieg. Er rief in Mühlhausen einen Gottesstaat aus, der nach dem Debakel der Schlacht von Frankenhausen einem grausamen Strafgericht der siegreichen Fürsten verfiel. Länger halten konnte sich der Gottesstaat der Täufer im westfälischen Münster, deren «Täuferreich» sich im Februar 1534 demokratisch durchsetzte. Katholische und Lutherische, die sich nicht wiedertaufen liessen, mussten die Stadt verlassen. In Erwartung des nahen Weltuntergangs führte Münster eine urkirchliche Gütergemeinschaft ein und erhob ihren Anführer Jan van Leyden zum König Johannes I. eines neuen Jerusalem. Vom Fürstbischof anderthalb Jahre lang belagert, brach der Widerstand der Stadt im Juni 1535 ein. Die katholischen Truppen richteten ein Blutbad an. Die drei überlebenden Anführer wurden monatelang gefoltert und im Januar 1536 auf dem Prinzipalmarkt der Stadt öffentlich hingerichtet. Die Eisenkörbe, in denen ihre Leichen zur Abschreckung am Turm der Marktkirche verwesten, hängen noch heute an der Kirche St. Lamberti.

Die heute weltweit verbreiteten **Mennoniten** entwickelten sich aus der niederländisch-norddeutschen Täuferbewegung. Sie benennt sich nach dem Ostfriesen Menno Simons (1496–

1561), der als katholischer Pfarrer und Bewunderer Luthers 1536 sein Priesteramt aufgab, heiratete und sich den verfolgten Täufern anschloss. Kennzeichnend für die frühen Mennoniten ist ihr radikaler Pazifismus. Sie verbreiteten sich zunächst in den Niederlanden und am Niederrhein, siedelten dann nach Polen über und emigrierten im 18. Jahrhundert in die Ukraine und nach Amerika. Auch die Schweizer Täufer schlossen sich den Mennoniten an. Viele der heute im süddeutschen Raum lebenden Mennonitengemeinden gehen auf die aus der Schweiz vertriebenen Täufer zurück.[259]

Die heutige Weltkirche der **Baptisten** dagegen stammt aus der anglikanischen Kirche und bildete sich aus Glaubensflüchtlingen, die sich im frühen 17. Jahrhundert von England nach Amsterdam absetzten und um den Priester John Smith scharten. Heute in 160 Ländern präsent, zählen die Baptistengemeinden rund 100 Millionen Mitglieder und Anhänger, von denen die Hälfte getauft ist.[260]

Die Entstehung der Anglikanischen Kirche 3.1.7

Entstanden die Kirchen der Reformation, die ihren Anfang in Wittenberg, Zürich oder Genf haben, zunächst aus dem pastoralen Anliegen einer Erneuerung der Kirche durch radikale Neuorientierung an der Bibel, ist die englische Reformation in ihren Anfängen primär politisch bedingt: 1531 verweigerte der Papst dem englischen König Heinrich VIII. die Auflösung der Ehe mit Katharina von Aragon zugunsten einer neuen Heirat mit der Hofdame Anna Boleyn. Der König heiratete die langjährige Maitresse dennoch im Frühjahr 1533 und erhielt den Segen des neuen Erzbischofs von Canterbury, dem der Papst umgehend die Exkommunikation androhte. Unbeirrt davon liess Thomas Cranmer jedoch die Ehe mit Katharina durch ein kirchliches Gericht annullieren. Als Anna im September die Tochter Elizabeth gebar, schloss das Parlament Maria Tudor, Tochter Katharinas, von der Thronfolge aus und sprach den Nachkommen mit Boleyn das Sukzessionsrecht zu.

259 Den Weg der Täuferbewegung zur weltweiten Freikirche skizziert *Lichdi*, Die Mennoniten in Geschichte und Gegenwart.

260 Vgl. *Strübind/Rothkegel*, Baptismus. Geschichte und Gegenwart.

In der Suprematsakte vom November 1534 erklärte Heinrich VIII. den König zum «höchstem Oberhaupt der Kirche von England auf Erden». Er rückte damit an die Stelle des Papstes. Das Volk wurde zum Eid auf das neue Kirchenoberhaupt verpflichtet und musste zugleich das Thronfolgegesetz anerkennen. Wer den Eid verweigerte, wurde hingerichtet, unter ihnen als prominenteste Kritiker des Königs der ehemalige Lordkanzler Thomas Morus und Bischof John Fisher. Der Papst reagierte 1538 mit dem Bannstrahl gegen Heinrich VIII. Damit war der Bruch mit Rom endgültig besiegelt.

Weder Ämterstruktur noch Ordnung und Liturgie der Kirche änderten sich in den folgenden Jahren wesentlich. Einzig in der Einführung der Volkssprache im Gottesdienst, der Verbreitung der englischen Bibelübersetzung und der Aufhebung der englischen Klöster (1538) folgte Heinrich dem Vorbild der Reformatoren auf dem Kontinent. Die Zölibatspflicht der Priester blieb bestehen. Heinrichs Herrschaft endete 1547 nach Schreckensjahren mit vielen Hinrichtungen. Auch Anna Boleyn und die fünfte Ehefrau wurden schon früh auf königliches Geheiss umgebracht.

Sein Nachfolger Edward VI., Sohn der dritten von sechs Ehefrauen, kam 9-jährig an die Macht und verstarb bereits nach sechs Jahren. Ihm folgte die Halbschwester Maria I. Tudor (1553–1558), die die päpstliche Jurisdiktion wiederherstellte (1554) und als Maria die Katholische in die Geschichte einging. Um den Katholizismus als Staatsreligion neu zu etablieren, liess sie rund 300 protestantische Gegner hinrichten, weshalb sie auch Maria die Blutige genannt wurde. Als sie 1558 starb, rückte ihre Halbschwester Elisabeth I. nach, die England und Irland umgehend zur anglikanischen Kirchenordnung zurückführte. 1559 erliess das Parlament dazu eine neue Suprematsakte. 1565 gab sich die anglikanische Kirche ein eigenes Glaubensbekenntnis. Elisabeth I. herrschte als «Virgin Queen» bis zu ihrem Tod 1603 und starb ohne Nachkommen.

Als Staatsreligion einer Kolonialmacht verbreitete sich die anglikanische Kirche weltweit. Die «anglikanische Gemeinschaft» (Anglican Communion) zählt heute weltweit rund 80 Millionen Mitglieder in 38 selbständigen Landeskirchen und 385 Diözesen. Die grössten sind die Church of England, die Anglican Church of Canada, die Episcopal Church in the USA und die Church of South India. Jede Landeskirche wird von einem Primas geleitet, der Erzbischof ist.

Katholische Reform (zweite Hälfte 16. Jahrhundert) 3.2

Während die reformatorische Bewegung in Fürstentümern, Reichsstädten, nordeuropäischen Königreichen und eidgenössischen Orten neue konfessionelle Gebilde entstehen lässt, ringen der Kaiser, katholische Mächte und die Römische Kurie um ein Reformkonzil. Als dieses sich in Trient versammelt, sind fast drei Jahrzehnte seit Luthers Appell von 1518 an ein allgemeines Konzil vergangen. Die Arbeit der höchsten katholischen Kirchenversammlung zieht sich nahezu über zwei Jahrzehnte. Für den Einbezug der «Neugläubigen» kommt es zu spät. Das Trienter Reformprogramm ermöglicht jedoch der katholischen Kirche die innere Erneuerung, führt zu einer neuen Blüte ihrer Seelsorge, Kultur und Spiritualität und erlaubt es ihr, politisch selbstbewusst die «Gegenreformation» in verlorenen Gebieten zu lancieren.

Das Konzil von Trient 3.2.1

Mit der Eröffnung des Konzils von Trient reagieren Papst und Kaiser zwanzig Jahre zu spät, um die konfessionelle Spaltung der westlichen Christenheit abzuwenden. Dass mit dem Ziel einer entschlossenen Reform der katholischen Kirche auch die Hoffnung auf ein Ende der Kirchentrennung verbunden blieb, zeigt die Ortswahl der Kirchenversammlung. Die Stadt an der Pforte zum Brennerpass lag südlich der Alpen in Italien, doch auf kaiserlichem Reichsgebiet. So beengend die Stadt als Tagungsort war, versprach sie auch für protestantische Abgesandte akzeptabel zu sein, die ein Konzil auf deutschem Boden und fern von Rom gefordert hatten.

Dass die Versammlung erst 1545 zusammentrat, erklärt sich mit Blockaden bei Päpsten und Kaiser. Der Medicipapst Klemens IX. versprach bei der Kaiserkrönung zwar, möglichst bald ein allgemeines Konzil einzuberufen, wollte seine fürstliche Lebenshaltung dann allerdings nicht durch ein Reformkonzil gefährden. Sein Nachfolger Paul III. (1534–1549), der mehrere Kinder hatte und persönlich ebenfalls wenig Reformeifer zeigte, kündigte auf 1537 dennoch ein Konzil nach Mantua an. Dieses wurde politisch verhindert, indem Franz I. von Frankreich erneut gegen den Kaiser Krieg führte. Der Papst handelte inzwischen, indem er zwölf Reformer ins Kardinalskollegium berief, die ein Reformprogramm erarbeiteten. Auch eine zweite Einberufung des Konzils scheiterte 1542, weil Franz I. den Kaiser erneut militärisch angriff. Um die Protestanten zur Teilnahme bewegen zu können, setzte Karl V. nach dem Frieden von Crépy mit Frankreich den Konzilsort Trient durch.

Die **erste Konzilsperiode** dauerte von 1545–1548.[261] Papst Paul III. blieb in Rom und entsandte Kardinallegaten zur Leitung der Versammlung. Weder deutsche noch Schweizer Bischöfe, noch protestantische Vertreter fanden den Weg über die Alpen. Der Weigerung Letzterer suchte Kaiser Karl V. 1547 mit dem Schmalkaldischen Krieg abzuhelfen. Es waren vor allem Italiener und Spanier, die am 13. Dezember 1545 an der Eröffnungsfeier des Konzils teilnahmen. Während insgesamt acht Sessionen berieten drei päpstliche Legaten, 21 Bischöfe, 4 Erzbischöfe und 5 Ordensobere. Die noch kleine und für die lateinische Kirche wenig repräsentative Konzilsversammlung stimmte bei Plenarsitzungen in der Kathedrale nach «Köpfen» ab, im Gegensatz zum Konzil von Konstanz, wo nach Nationen abgestimmt worden war.

Exkurs Die geradezu provinzielle Zusammensetzung des Konzils, das mitnichten die lateinische Gesamtkirche repräsentierte und zunächst an regionale Synoden der Antike erinnert, steht in krassem Gegensatz zur hohen Gewichtung des Tridentinums in der römisch-katholischen Kirche bis heute, was wiederum eine grosse Belastung für die Ökumene darstellt: Von gegenreformatorischen Zielen geleitet, zeigte die Versammlung keinerlei Interesse an einer Verständigung mit den Anliegen der Reformation. Die Trienter Politik wirkt in den gegenaufklärerischen Interessen des Ultramontanismus, des Antimodernismus und des Milieukatholizis-

261 Den Verlauf des Konzils zeichnet detailreich in vier Bänden nach: *Jedin*, Geschichte des Konzils.

mus folgenschwer fort. Entsprechend wird die grosse Bedeutung von Trient jeweils neu betont. Noch heute lassen erzreaktionäre Bewegungen wie Una Voce und die Piusbrüder die gesunde Tradition erst mit Trient eigentlich einsetzen.

Inhaltlich rang die Versammlung um den Vorrang unter zwei Herausforderungen. Die einen drängten zu einer praktischen Reform der Kirche. Die anderen, vorwiegend kuriale Kreise, fanden die Klärung dogmatischer Fragen für vordringlich, um eine klare Position gegen die Protestanten zu gewinnen. In der ersten Session überwog die dogmatische Arbeit: Sie klärte das Verhältnis von Schrift und Tradition und erarbeitete eine Antwort auf die Frage der Rechtfertigung. Gegen die protestantische Position, deren *sola scriptura*-Prinzip die Heilige Schrift zur einzigen Offenbarungsquelle erklärte, hielt das Konzil an zwei Offenbarungsquellen fest: Gott zeige seinen Willen «*et – et*» (sowohl – als auch): sowohl durch die Bibel als auch im Gang durch die weitere Geschichte und die vom Geist inspirierte Tradition der Kirche. Als Antwort auf die protestantische Rechtfertigungslehre hielt das Konzil fest, dass der Mensch zur Selbsterlösung tatsächlich unfähig sei: Durch kein Werk könne der Mensch Gerechtigkeit erlangen. Rechtfertigung sei Gnade und werde dem Menschen in der Taufe zugesprochen. Getaufte müssten jedoch nach Vollkommenheit streben, und dabei werde die Gnade immer wirksamer. Auch hier gelangte das Konzil zu einem «sowohl – als auch»: gerecht durch Gnade und im eigenen Tun. Zudem legte die Versammlung die Siebenzahl der Sakramente fest – gegenüber drei bei Luther und zwei bei den Reformierten, die Taufe und Abendmahl, nicht aber Busse in den Evangelien begründet sahen und beibehielten. An praktischen Reformen beschloss das Tridentinum die Residenz- und Predigtpflicht der Bischöfe und Priester, um aus Pfründenjägern und Herrschern wieder Seelsorger und Hirten zu machen.

Als 1547 Flecktyphus in Trient auftrat, drängten die Legaten und einige Väter, das Konzil nach **Bologna** zu verlegen. Italienische Bischöfe hatten aber weitere Motive, um aus Trient abzuziehen: die Ungemütlichkeit des Gastgeberortes und der Sieg des Kaisers über die Protestanten im Schmalkaldischen Krieg. In seiner Macht gestärkt, so war zu befürchten, könnte Karl V. das Konzil nach Deutschland übersiedeln, um die konfessionelle Einheit in seinem Reich wiederherzustellen. Zudem forderten die Protestanten, dass die Konzilsarbeit einzig auf dem Schriftprinzip basieren dürfe. Der Papst kündigte das Bündnis mit dem Kaiser und befürwortete die Verlegung nach Bologna. Da jedoch einige Konzilsväter in Trient blieben und die beiden Sessionen von Bologna nicht beschlussfähig waren, suspendierte der Papst das Konzil.

Paul III. starb Ende November, und nach einem langen Konklave folgte ihm der Römer Julius III. (1550–1555) auf den Papstthron. Er berief das Konzil neu nach Trient. Die **zweite Konzilsperiode** wurde am 1. Mai 1551 eröffnet und dauerte ein volles Jahr. Immerhin nahmen nun auch 13 Bischöfe aus dem Deutschen Reich teil, unter ihnen die mächtigen Kurfürsten von Mainz, Trier und Köln, die Bischöfe von Straßburg, Konstanz, Chur und Wien sowie Weihbischöfe von Münster, Speyer und Würzburg. Auch protestantische Gesandte der Reichsstände Brandenburg, Kursachsen, Württemberg und Straßburg erschienen und forderten die Freiheit des Konzils über den Papst und den Beizug eigener Theologen. Der Streit darüber und der Ausbruch eines Fürstenaufstands in Deutschland, der den Kaiser Karl V. in Bedrängnis brachte, führte am 28. April 1552 zu einer neuen Unterbrechung des Konzilsarbeit.

Die zweite Periode arbeitete in den Sessionen XI–XVI an der Sakramentenlehre: Das Konzil formulierte die katholische Lehre von der Realpräsenz in der Eucharistie, von der Busse aus Reue, Beichte und Wiedergutmachung sowie von der sakramentalen Ölung, und es regelte die Verleihung von Weihen und Ämtern.

Als Papst Julius III. das Zeitliche segnete, folgte ihm mit Paul IV. (1555–1559) ein Papst, der die Kirchenreform lieber ohne Konzil in eigener Regie an die Hand nahm. Er zeichnete sich dabei durch Askese und Eifer aus, erzielte jedoch keine Breitenwirkung – es sei denn indirekt durch den zentral organisierten Reformorden der Jesuiten, der sich in diesen Jahren atemberaubend schnell in Europa und bis nach Asien ausbreitete. Die sittliche Ordnung versuchte der Papst durch die 1542 neu geregelte Römische Inquisition in den Griff zu bekommen, die seither als Heiliges Offizium mit sechs Kardinälen als Generalinquisitoren wirkte. 1559 liess Paul IV.

präventiv einen Index verbotener Bücher einführen, die im katholischen Raum nur von speziell beauftragten Fachleuten gelesen werden durften.

Nach kurzem Pontifikat folgte mit Pius IV. (1559–1565) kein ausgesprochener Reformer. Inzwischen hatte in Deutschland der Augsburger Religionsfriede von 1555 die Glaubensspaltung zementiert. Die Ausbreitung des Calvinismus in Frankreich und die Dringlichkeit von Reformen in Deutschland und Italien veranlassten die Bischöfe jedoch, nach einer Wiederaufnahme des Konzils von Trient zu drängen. Einige wünschten nach zehn Jahren Unterbruch ein neues Konzil, so auch Kaiser Ferdinand I., der inzwischen seinem Bruder nachgefolgt war. Der Papst entschied sich zur Wiederaufnahme des Konzils, das er neu «anzeigte».

Die **dritte Konzilsperiode** wurde zum kraftvollen Finale des Konzils. Sie versammelte 109 Kardinäle und Bischöfe sowie vier Ordensgeneräle und Äbte. Am 18. Januar 1562 eröffnet, arbeitete die Versammlung in neun Sessionen (XVII–XXV) und endete am 3. Dezember 1563 hektisch, da der Tod des schwerkranken Papstes befürchtet wurde, ohne dessen Approbation die Früchte des Konzils ungesichert gewesen wären. Das Konzil verabschiedete zwölf gewichtige Dekrete, u. a. über die Kommunion und die Messe, das bischöfliche Amt und seine Pflichten, das Sakrament der Priesterweihe und der Ehe, die Lehre vom Fegfeuer, über Ablass und Heiligenverehrung, die Reform der Orden und den Index. In der Frage des Bischofsamtes standen dabei Episkopalisten den Kurialisten gegenüber. Erstere sahen in den Bischöfen Nachfolger der Apostel, von Jesus Christus in ihr Amt eingesetzt und aufgrund des *ius divinum* (das ist das von Menschen nicht veränderbare göttliche Recht, eine göttliche Ordnung) Hirten ihrer Herde. Für die Kurialisten dagegen war jeder Bischof ein Statthalter des Papstes, der als Nachfolger Petri von Christus den Auftrag bekommen habe, alle Schafe zu weiden. Der Primat des Papstes als oberster Hirte stelle ihn rechtlich und pastoral über die Bischöfe. Bei einer Konsultativabstimmung sprachen sich 68 Konzilsväter für das *ius divinum* der Bischöfe aus, 35 dagegen bei 35 Enthaltungen. Es kam zu einem Ringen zwischen Konzil und Papst. Der Kardinallegat liess die delikate Debatte abbrechen. Erst das

Zweite Vatikanische Konzil wird die Frage der Kollegialität neu aufgreifen.[262]

In der Frage einer Freigabe von Priesterehe und Laienkelch liess Kaiser Ferdinand I. ein Gutachten erstellen, das den ganzen Fragenkomplex beleuchtete. Bezüglich Pflichtzölibat dürfe niemand zur Ehelosigkeit gezwungen werden. Obwohl der Zölibat die den seelsorgerlichen Aufgaben angemessene Lebensform sei, scheine er dennoch für die menschliche Natur ungeeignet. Der Pflichtzölibat sei weder göttlichen Rechts noch heilsnotwendig. Den Zölibat wegen des Kirchengutes aufrechtzuerhalten sei unverantwortbar. Das Konzil sprach sich dennoch für die Beibehaltung der Zölibatspflicht aus. Es forderte jedoch eine Reform der Klerikerausbildung und verpflichtete jede Diözese, ein Priesterseminar zu errichten.[263]

3.2.2 Katholische Reform und Gegenreformation

Das Trienter Konzil kam zu spät, um die Glaubensspaltung in Westeuropa zu überwinden. Das 19. ökumenische Konzil der lateinischen Kirche wurde denn tatsächlich das erste konfessionelle Konzil im Abendland. Es konsolidierte die katholische Kirche und besiegelte zugleich den Weg in den Konfessionalismus. Die Selbstvergewisserung der lateinischen Kirche durch das Trienter Konzil und ihre Stärkung zeigen sich auf drei Ebenen: 1. in der katholischen Reform, 2. in der Gegenreformation und 3. in kraftvollen Initiativen zur Missionierung der Welt.

Die **katholische Reform** zielte auf die Erneuerung der Kirche an Haupt und Gliedern. 1566 wurde mit Pius V. ein früherer Generalinquisitor der Dominikaner Papst. Er führte den Römischen Katechismus (1566) ein, ebenso ein einheitliches Brevier (1568) und ein neues Messbuch (1570). Sein Nachfolger Gregor XIII. (1572–1585) förderte die Reformor-

---

262 *Wolf*, Krypta 29–43, behandelt die Frage «Wie wird man Bischof?» im «Durchgang durch die Geschichte».

263 Die bedeutenden Konzilsdekrete, die päpstliche Bestätigung und das Glaubensbekenntnis sind greifbar in DH *1498–1880. Zur Wirkungsgeschichte: *Prodi*, Das Konzil von Trient und die Moderne.

den und entsandte Nuntien in die konfessionell bedrängten Gebiete der katholischen Kirche. Der Franziskaner Sixtus V. (1585–1590) ordnete die Römische Kurie neu in 15 Kongregationen, die sich bis ins 20. Jahrhundert bewährten. Diözesansynoden setzten die Trienter Reformbeschlüsse in den Bistümern durch, und päpstliche Nuntien unterstützten vor Ort die Ansiedlung von Jesuiten, Kapuzinern und Ursulinen. Eine neue Generation von Bischöfen nahm ihre Hirtenaufgabe wahr, errichtete Priesterseminare und visitierte ihre Pfarreien. Die erneuerte Ausbildung brachte Pfarrer hervor, die die Kinder ihrer Gemeinde im Glauben unterrichteten, in der Volkssprache über die biblischen Texte predigten, die Sakramente gewissenhaft spendeten, das Brevier beteten und zölibatär zu leben bereit waren. Ordensgründer und neue Heilige boten Modelle tätiger Nächstenliebe, praktischer Christusnachfolge, mutiger Mission und Wertschätzung der Sakramente. Die Erneuerung zeigte sich in einer neuen Blüte von Bruderschaften, Wallfahrten und Prozessionen und in der sinnenfreudigen Kultur des Barock mit seinem architektonischen, musikalischen und literarischen Reichtum.

Die **Gegenreformation** richtete ihre Stosskraft nach aussen, grenzte sich gegen das Protestantische ab und suchte verlorenes Terrain zurückzugewinnen. In **Deutschland** hatte der Protestantismus unter Kaiser Maximilian II. (1564–1576) die grösste Ausdehnung erreicht und beherrschte rund 70 Prozent des Territoriums. Die rheinischen Kurfürstbischöfe, Bayern und die Habsburger Erzherzöge schritten zu einer entschlossenen Rekatholisierung ihrer Herrschaften. In der Oberpfalz, in Baden, im Salzburgerland, in Böhmen und in der Schweiz geschah die Rekatholisierung gegen Widerstände der Bevölkerung unter massivem politischem und militärischem Druck. In der **Schweiz** spaltete sich Appenzell 1597 gewaltlos in die katholischen Inner- und die reformierten Ausserrhoden; Graubünden stürzte samt Veltlin in die blutigen Bündner Wirren (1618–1639). Im Prättigau erschlugen evangelische Bauern 1622 den Kapuziner Fidelis von Sigmaringen, als er mit Habsburger Truppen ins Tal einmarschierte.

Frankreich rückte in den Hugenottenkriegen (1562–1598) gewaltsam gegen die Evangelischen im ganzen Land vor. Paris selbst erlebte in der Bartholomäusnacht (24. August 1572) einen blutigen Höhepunkt, als Königin Katharina von Medici das Heiratsfest der Infantin Margareta mit Heinrich von Navarra dazu missbrauchte, Tausende evangelischer Freunde des Bräutigams in der Hochzeitsnacht umzubringen. Die Kriege endeten mit dem Edikt von Nantes, in dem der zum katholischen Glauben konvertierte Heinrich von Navarra, inzwischen Heinrich IV., den Calvinisten volle Bürgerrechte, Gewissenfreiheit und eigenen Kult an bestimmten Orten gewährte, zugleich aber den Katholizismus zur Staatsreligion erklärte. **Spanien** löschte nach Vertreibung der Juden und Muslime von der Halbinsel durch seine Inquisition sowohl nichtchristliche wie evangelische Einflüsse aus. Teresa von Ávila (1515–1582) und Johannes vom Kreuz (1542–1591) stehen für die Hochblüte der Mystik in den Reformklöstern des Karmel und hinterlassen spirituelle Meisterwerke. In der Neuen Welt ging die katholische Evangelisierung der indianischen Völker – oft konfliktreich – Hand in Hand mit der Kolonialisierung.

Exkurs Neues katholisches Selbstbewusstein zeigt sich in der Kalenderreform, die Papst Gregor XIII. 1582 veranlasste. Der neue, gregorianische Kalender löst den auf Julius Cäsar zurückgehenden julianischen ab und korrigiert die inzwischen erhebliche Abweichung vom natürlichen Jahreslauf. Dazu springt der Kalender vom 4. Oktober 1582 um zehn Tage direkt zur Monatsmitte Oktober. Teresa von Avila starb an jenem Abend des 4. Oktobers und wurde tags darauf nach neuem Kalender am 15. Oktober beigesetzt. 1949 akzeptierte mit China weltweit das letzte Land den modernen Kalender.

Als wertvolle Stützen sowohl der inneren Erneuerung der katholischen Kirche wie der Gegenreformation nördlich der Alpen erwiesen sich die Reformorden der Kapuziner und der Jesuiten. Erstere entstanden als Reform aus dem Franziskanerorden ab 1525 in Mittelitalien, wurden 1528 päpstlich anerkannt und verbanden das arme Leben in kleinen Klöstern mit sozial und pastoral engagierter Wanderpredigt. Als «Brüder des Volkes» in Italien geliebt und von Reformbischöfen in Trient entdeckt, breitete sich die Reform zunächst in Frankreich (ab 1574) und dann auch im deutschen Sprachraum aus. Erste Gründungen in der Schweiz (1581), in Tirol (1591), Bayern, Österreich und Tschechien (alle 1600) sowie im Rheinland (1611) stehen alle im Zeichen einer entschiedenen kirchlichen Erneuerung. Landesfürsten und Bischöfe riefen Kapuziner, um ihre Gebiete dem «alten Glauben» zu erhalten, Volk und Klerus zu erneuern und protestantisch gewordene Gegenden zu rekatholisieren. Die Kapuziner profilierten sich bald zum populären Modeorden der katholischen Barockzeit. Er prägte katholische Zentren bis zur französischen Revolution – und in schweizerischen, bayerischen und österreichischen Gebieten über das Zweite Vatikanische Konzil hinaus. Die pastorale Beweglichkeit des Ordens und seine erfolgreichen Wanderprediger erreichten die abgelegensten Bergtäler und Landgebiete. Ihre Volksnähe inspirierte die Brüder zu kreativen Formen der Katechese, Mission und Caritas.[264]

Der zweite Modeorden von europäischer Bedeutung und globaler Wirkweise war bereits im 16. Jahrhundert die «Gesellschaft Jesu» des Ignatius von Loyola (1491–1556). Die Jesuiten breiteten sich schon während des Trienter Konzils über ganz Europa aus und vermittelten durch die Gründung von Kollegien und höheren Schulen, durch Katechismus, Predigt, Beichtseelsorge, Volksmissionen und Theater katholische Bildung und Glaubenspraxis. Ihr Gründer wurde als baskischer Adliger bei der französischen Belagerung Pamplonas 1521 schwer verletzt, durchlief einen längeren Bekehrungsprozess und gelobte als Theologiestudent in Paris 1534 mit Gleichgesinnten auf dem Montmartre, sich der Missionierung des Heiligen Landes zu widmen. Sollte das Projekt nicht möglich werden, würden sie sich für Spezialmissionen dem Papst zur Verfügung stellen. 1540 anerkannte Paul III. den Jesuitenorden. Ab 1543 wirkte Petrus Canisius (1521–1597) als zweiter «Apostel Deutschlands» im Reich und in der Schweiz. Sein Katechismus prägte die Glaubenserziehung bis ins 20. Jahrhundert. 1542 brach Franz Xaver (1502–1552) als «zweiter Paulus» nach Asien auf und taufte in Indien, Indonesien und Japan Tausende. Als der Ordensgeneral Ignatius 1556 in Rom starb, zählte seine Gesellschaft bereits über 1000 Mitglieder,

264 Zum Leben und Wirken der Kapuziner im Zeitalter der Reformation: *Kuster/Huber/Schmucki*, Von Wanderbrüdern. Im Zusammenspiel mit der beiden Reformorden: *Kuster, Niklaus:* Jesuiten und Kapuziner. Die Gesellschaft Jesu in den frühen Quellen des franziskanischen Reformordens, in *Oberholzer*, Diego Laínez (1512–1565) and his Generalate 593–635.

Abb. 18: Konfessionelle Karte für Schweiz und Süddeutschland zu Beginn des Dreissigjährigen Kriegs (1618)

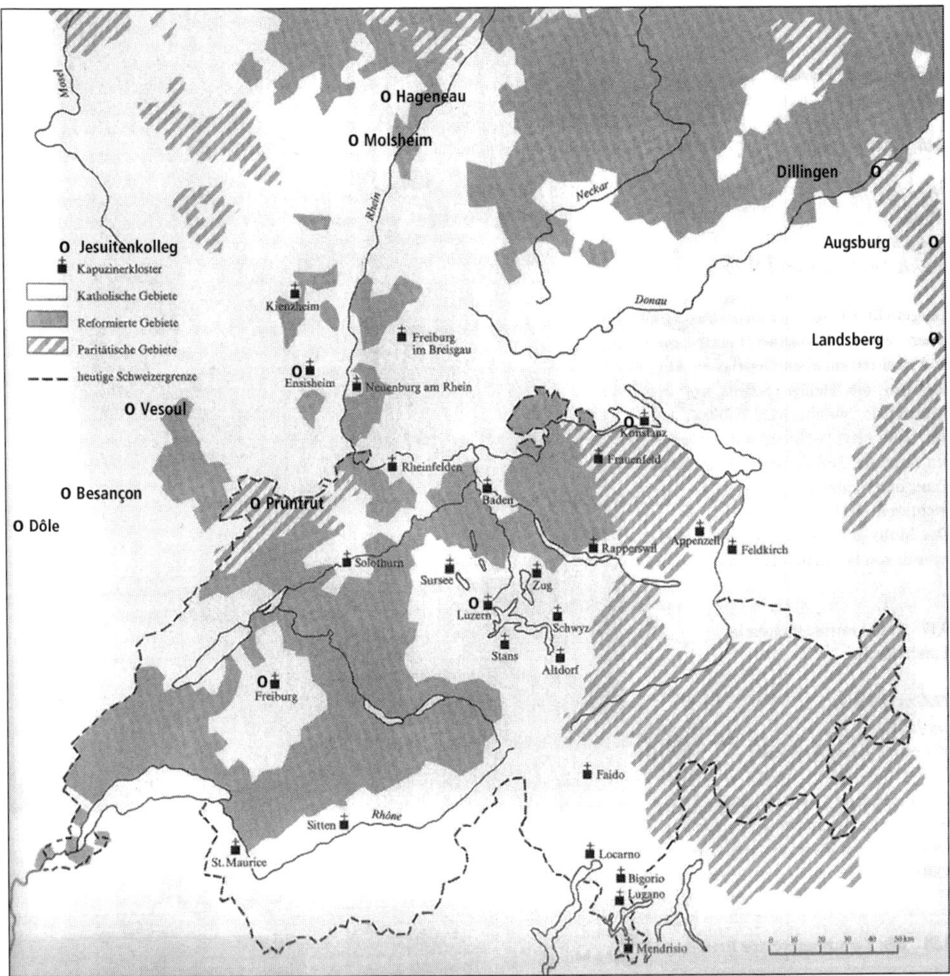

Innerhalb von dreissig Jahren legte die junge Schweizer Kapuzinerprovinz ein Netz von Klöstern über die katholischen Stammlande und darüber hinaus in alle exponierten katholischen Zentren zwischen Bodensee und Genfersee, um bereits auch in den Breisgau und ins Elsass vorzudringen. Die Doppelstrategie, katholische Gebiete in flächendeckender Wanderseelsorge zu erneuern und gefährdete Gebiete zu sichern, wurde in Luzern vom päpstlichen Nuntius und den Jesuiten mit entwickelt. Die Gesellschaft Jesu garantierte Bildungszentren und leistete von ihren Kollegien aus auch Exerzitienarbeit, Volksmissionen und politische Beratung. Sie war in Deutschland und Frankreich bereits lange vor den Kapuzinern strategisch präsent (die Karte verzeichnet nur Kollegien, nicht kleine Residenzen). Der Dreissigjährige Krieg (1618–1648) verlangsamte die weitere Ausbreitung beider Orden zunächst, doch liess der Westfälische Friede ihre Expansion wieder vital voranschreiten. In der Deutschschweiz kamen im 17. Jahrhundert zehn weitere Kapuzinerklöster hinzu, und die Jesuiten liessen sich zusätzlich in Feldkirch, Bellinzona, Faido, Brig, Sitten und Solothurn nieder.[265]

die ohne Ordenstracht und klösterliche Strukturen eine überaus dynamische Wandermission entfalteten. [266] Die frühe Präsenz des Ordens in der Schweiz steht illustrativ für sein Wirken in Westeuropa: 1577 entstand in Luzern auf Drängen des Nuntius ein erstes Jesuitenkolleg, um der Bildungsnot der katholischen Innerschweiz zu begegnen. Es bot Mittelschulunterricht sowie höhere Philosophie- und Theologiekurse und wurde zur Pflanzstätte eines neuen Klerus in der Innerschweiz. 1582 erfolgte die Gründung des Kollegs St-Michel in Freiburg i. Ue., das Ende des 16. Jahrhunderts bereits 400 Schüler unterrichtete. Weitere Kollegien in Pruntrut (1591) und Konstanz (1604) bedienten auch die Residenzstädte der Bischöfe mit Bildungszentren.

Glaubenskriege und Weltmission (17. Jahrhundert) 3.3

Die Festigung der konfessionellen Identitäten und die Stärkung der Lager bewirkte, dass die im Augsburger Religionsfrieden von 1555 festgelegten Grenzen zunehmend unter Druck gerieten: Prädikanten gewannen Anhänger in Gebieten katholischer Herrscher, und diese rekatholisierten inzwischen weitgehend protestantische Landstriche. Das *ius reformandi* der Fürsten und das *ius emigrandi* der Untertanen entwurzelte Tausende, die ihre Konfession selbst wählten. Religion war zutiefst mit Politik verquickt, wie die Katastrophe zeigt, auf die Europa im frühen 17. Jahrhundert zusteuert.

265 Dazu *Schweizer, Christian:* Carlo Borromeo und die ersten Kapuziner in der Schweiz, in: *Delgado/Ries*, Karl Borromäus und die katholische Reform 194–207. Die Karte basiert auf *Fischer, Rainald/Brülisauer, Josef (Hg.):* 400 Jahre Kapuziner auf dem Wesemlin 1588–1988, Luzern 1988, 39; und Atlas zur Kirchengeschichte, 78 (= «Die Gründungen der Jesuiten in Europa bis 1615»).

266 Eine kurze Gesamtdarstellung bietet *Haub*, Geschichte der Jesuiten, detailliert mit Blick ins 16. Jahrhundert: *Oberholzer*, Diego Laínez and his Generalate.

3.3.1 Der Dreissigjährige Krieg und seine Folgen

Im Jahr 1608 schlossen sich acht protestantische Fürsten und 17 Städte des Reiches zur Deutschen Union zusammen, nachdem das mehrheitlich evangelische Donauwörth eine Prozession der katholischen Minderheit in einen Tumult verwandelt und Kaiser Rudolf II. daraufhin den Bayernherzog mit der Strafexpedition beauftragt hatte. Da der katholische Bayernherzog die Reichsstadt eroberte und rekatholisierte, verbündete sich das protestantische Lager im Reich aus Misstrauen gegen den Kaiser. Als Reaktion darauf gründete Maximilian von Bayern die katholische Liga (1609), der zunächst Bayern und die rheinischen Kurfürsten sowie der Erzbischof von Salzburg und eine Reihe städtischer Stifte angehörten. In den folgenden Jahren gewann die Liga auch päpstliche und spanische Unterstützung. Kopf der Union wurde Kurfürst Friedrich V. von der Pfalz, der die Königskrone in Böhmen anstrebte. Nach ersten Scharmützeln im Rheinland und Feindseligkeiten zwischen den beiden Bündnissen eskalierten die Spannungen 1618. Der Habsburger Kaiser Matthias war entschlossen, Böhmen wieder gänzlich unter seine politische Kontrolle zu bringen, und liess evangelische Kirchen schliessen. Böhmische Adlige warfen darauf aus Protest die kaiserlichen Statthalter Jaroslav Borsita Graf von Martinitz und Wilhelm Slavata sowie den Kanzleisekretär aus einem Fenster der Prager Burg. Böhmen erhob sich darauf offen gegen den Kaiser und wählte Kurfürst Friedrich von der Pfalz zum neuen König. Die Reichskrone ging nach dem Tod Maximilians an den neuen Kaiser Ferdinand II. von Habsburg (1619–1637). Dieser liess seine Truppen und jene der Liga gegen Prag ziehen. 1620 kam es auf dem Weissen Berg westlich der Moldaustadt zur Schlacht, in der der Pfälzer «Winterkönig» geschlagen und vertrieben wurde. Im gigantischen Kampf sahen 13 000 Mann der Union sich 39 000 kaiserlich-ligistischen Soldaten gegenüber.

Der Kampf der beiden Lager ging im **Böhmisch-Pfälzischen Krieg** weiter. Kaiser Ferdinand II. unterdrückte den Protestantismus in Böhmen, Mähren, Österreich und Oberschlesien. Führende Adlige wurden hingerichtet, 150 000 emigrierten. General Tilly, Feldherr der Liga, zog gegen die Unionisten Baden und Braunschweig, schlug Schlachten in

Süddeutschland und besetzte Westfalen und Niedersachsen. 1625 griff König Christian IV. von Dänemark zugunsten der Evangelischen in den Krieg ein. Der **Niedersächsisch-Dänische Krieg** weitete sich fünf Jahre lang aus (1625–1629) und sah Kämpfe von Ungarn bis an die Ostsee und in die Niederlande. Der Dänenkönig verzichtete nach Niederlagen gegen die katholischen Generäle Tilly und Wallenstein auf weitere Einmischungen, und Kaiser Friedrich II. forderte siegessicher die Rückgabe aller Kirchengüter, die seit 1552 in protestantische Hände gegangen waren. Da griff der protestantische König Gustav II. Adolf von Schweden in den Krieg ein, der als nun **Schwedischer Krieg** (1630–35) weiterging und nach Eintritt des katholischen Frankreich auf Seiten der Antikaiserlichen als **Schwedisch-Französischer Krieg** eskalierte (1635–1648). Ganz Deutschland sah Schachtfelder vom Breisgau bis Mecklenburg, zahllose Städte wurden zerstört und Ernten vernichtet. Tausende starben durch Waffen, Hunger und Seuchen. Die Reichsbevölkerung von 16 Millionen schwand in drei Jahrzehnten insgesamt um 40 Prozent, in den Kriegsgebieten um bis zu 70 Prozent.

Nach jahrelangen Verhandlungen boten Schweden in Osnabrück und Frankreich in Münster Hand zum **Westfälischen Frieden**. Er bestätigt nach 30 Schreckensjahren den Augsburger Religionsfrieden und weitet das Prinzip des *cuius regio, eius religio* (= «wessen Gebiet, dessen Religion») auch auf die Calvinisten aus. Als Stichtag für den konfessionellen Besitzstand galt dabei der 1. Januar 1624. Damit waren die konfessionellen Grenzen im deutschen Reich im Wesentlichen bis ins 19. Jahrhundert festgelegt. Im Frieden von Münster und Osnabrück schieden zudem die Niederlande und die Schweiz rechtlich aus dem Reich aus. Bayern wurde als neues Kurfürstentum bestätigt, und die Pfalz bekam die Kurwürde zurück.

Frankreichs gallikanische Kirche und Englands Puritaner 3.3.2

Im Dreissigjährigen Krieg überrascht der Eintritt Frankreichs ins protestantische Lager. Hinter seiner Machtpolitik, der die Schwächung des Kaisers wichtiger war als konfessionelle Einheit, steht Kardinal Richelieu, eigentlich Duc Armand-Jean du Plessis von Richelieu. Seit 1622 Kardinal, wurde der französische Herzog 1624 zum leitenden Minister unter König Ludwig XIII. Während er seine Truppen in Deutschland gegen die Katholischen ziehen liess, bekämpfte er im eigenen Land die Hugenotten mit aller Gewalt. 1628 eroberte der Kardinal La Rochelle, den wichtigsten Stützpunkt der französischen Calvinisten, und 1629 raubte er ihnen mit dem Edikt von Nîmes die konfessionelle Freiheit. Die Unterdrückung der evangelischen Minderheiten verschärfte sich danach unter Ludwig XIV. (König 1643–1715), der 1689 einen Massenexodus von 200 000 Hugenotten aus Frankreich auslöste, indem er das Edikt von Nantes gänzlich aufhob.

Das Königreich Frankreich-Navarra sollte rein katholisch und seine Kirche zugleich auch nationaler und damit französischer werden. König und Bischöfe forderten 1682 «gallikanischen Freiheiten» gegenüber Rom ein: Ludwig XIV. erhob vier Artikel des eigenen Klerus zum Gesetz, nach denen König und Fürsten vom Papst nicht abgesetzt werden können, die päpstliche Macht gemäss dem Konstanzer Konzil beschränkt, seine Entscheidungen auch in Glaubensfragen von der Zustimmung der Gesamtkirche abhängig sind und Nationalkirchen eigene Freiheiten haben. In der Folge verweigerte der König die Bestätigung für Bischofsernennungen, wenn die Kandidaten diese Deklaration nicht unterstützten, worauf in Kürze drei Dutzend Bischofssitze vakant blieben.

Während Frankreich sich eine nationalere Kirche erkämpfte, verteidigte England seine anglikanische Unabhängigkeit endgültig. Nach dem Aussterben der Tudors mit dem Tod der unverheirateten Elisabeth I. ging die Krone an das schottische Haus Stuart und damit an den katholisch getauften König Jakob I. Er nannte sich als erster «König von Grossbritannien», liess jedoch die Kirche anglikanisch bleiben. Sein Nachfolger Karl I. (1625–1649) bekämpfte die Bewegung der «Puritaner», die sich für eine stärker calvinistisch ausgerichtete Kirche einsetzten und ein freies Bibelchristentum auf dem Gemeindeprinzip forderten. 1641 kam es in Irland zu einem blutigen Katholikenaufstand gegen England und in der Folge zu einem Bürgerkrieg in Britannien, in dem sich Karl I. mit Schottland gegen die Truppen des Parlaments stellte. Oliver Cromwell stürzte den König nach jahrelangem Krieg 1649 und liess England nach Karls Hinrichtung für ein Jahrzehnt zur

Republik werden. 1660 kehrte das Haus Stuart nach Cromwells Tod mit Karl II. (1680–1685) an die Macht zurück. Dieser zerschlug die Macht der Puritaner, die unter Cromwell in Irland und Schottland gewütet hatten, und stellte die anglikanische Staatskirche wieder her. Als sein Bruder und Nachfolger Jakob II. jedoch den Katholizismus wieder in ganz Grossbritannien einführen wollte, kam es zur Glorious Revolution von 1688, bei der die Stuarts vertrieben wurden. Unter dem neuen König Wilhelm III. von Oranien blieben das Königshaus und England anglikanisch.

Mission auf vier Kontinenten 3.3.3

Während sich im 17. Jahrhundert die konfessionellen Grenzen in Europa durch Kriege und viele Konflikte hindurch klären, sorgen Spanien und Portugal als Patronatsmächte für den Aufbau katholischer Kirchen in ihren Kolonien in Amerika und Asien. Die Luzerner Jesuitenkirche, dem Missionspionier Franz Xaver geweiht, zeigt in den Deckengemälden das Leben des Heiligen und seine Himmelfahrt in einem Wagen mit vier Zugtieren: ein Pferd für Europa, ein Elefant für Asien, ein Kamel für Afrika und ein Puma für Amerika. Das Bild von 1749 zeigt die weltweite Präsenz des Missionsordens in der Mitte des 18. Jahrhunderts. In Australien begann die Missionsgeschichte 40 Jahre später: vom anglikanischen England aus, das die *Terra australis* (= Südkontinent) ab 1788 mit Zehntausenden von Sträflingen besiedelte. Ein Panoramablick soll die frühe Mission auf den vier anderen Kontinenten kurz beleuchten.

Nordamerika erfuhr auf dem Gebiet der künftigen USA eine Missionsgeschichte, die im Land der unbegrenzten Möglichkeiten schon früh die Grundlagen für eine kirchlich bunte Zukunft legte: Neuengland zog nach den ersten anglikanischen Siedlern, die 1607 Jamestown in Virginia gründeten und nach König Jakob I. benannten, schon bald auch Glaubensflüchtlinge an. Berühmt wurden die Pilgerväter, die 1620 auf der Mayflower in Massachusetts landeten und die Kolonie Plymouth gründeten. Erst später *Pilgrimfathers* genannt, verstanden die glaubenseifrigen Kolonisten sich als «*saints*» und gehörten zu einer radikalen Strömung der englischen Puritaner, die sich gänzlich von der High Church abwandte und freie Gemeinden (*congregations*) forderte, die direkt Christus unterstehen. Auf sie gehen evangelische Kirchen mit kongregationalistischer Ordnung und Autonomie zurück. Gemässigte Puritaner folgten aus Schottland und England in weitere Kolonien. Sie waren calvinistisch geprägt und wählten eine presbyterianische Gemeindeordnung. Aus Irland wanderten katholische Siedler in die neuenglischen Kolonien aus. Die künftigen Südstaaten der USA dagegen waren bis 1846 Teil Mexikos und wurden im 16./17. Jahrhundert katholisch missioniert: New Mexiko etwa von Franziskanern, Arizona von Jesuiten. Dasselbe gilt im 18. Jahrhundert für Kalifornien, wo aus den Missionsstationen spanischer Franziskaner die heutigen Metropolen San Diego, Los Angeles, Santa Barbara, San José und San Francisco entstanden. Im Zentrum der USA wurde Louisiana am Mississippi von Kanada aus als französische Kolonie 1673 gegründet, nach dem Sonnenkönig Louis XIV. benannt und mit der Hauptstadt Nouvelle Orléans (New Orleans) zum Zentrum des Sklavenhandels. Sowohl die religiöse Toleranz wie der ausgeprägte konfessionelle Pluralismus der USA wurzeln in dieser besonderen Kolonial- und Missionsgeschichte.

Mittel- und Südamerika erlebten eine weit früher einsetzende Missionierung. Christoph Kolumbus brachte ab seiner zweiten Reise Franziskaner mit in die Neue Welt, und als Hernán Cortés ab 1519 das Aztekenreich und Francisco Pizarro 1531 das Inkareich eroberten, folgten die Franziskaner den *conquistadores*, um die heimischen Völker zu missionieren. 1524 zählte die erste Equipe in Mexiko zwölf Brüder, die als neue Apostel bald eine «indianische Kirche» forderten: Geschützt vor den ausbeuterischen und korrupten Spaniern sollte diese das Evangelium reiner leben können, ohne hispanisiert zu werden. Die Franziskaner wurden mit 300 Konventen Ende des 15. Jahrhunderts zu einer selbstbewussten Gegenmacht der Kolonialherren. Ihr franziskanisches Experiment einer indianischen Kirche wurde von den spanischen Vizekönigen bekämpft, nach 50 Jahren unterdrückt, und die Indios wurden ins spanische Weltreich mit europäischer Kirchenkultur integriert. Die Idee einer indianischen Kirche unter der schützenden Hand eines Ordens wurde in

Südamerika von Jesuiten aufgenommen und in «Reduktionen» entfaltet: Ab 1609 sammelten Jesuitenmissionare im La-Plata-Gebiet 150 000 Indios in geschützten Siedlungen. Von Spaniern als «Jesuitenstaat» bekämpft, behaupteten sich diese bis zur Aufhebung des Ordens 150 Jahre lang kulturell, wirtschaftlich, politisch und kirchlich.[267]

Asien kennt in Indien seit der Antike «Thomaschristen», die sich auf die Mission des Apostels zurückführen.[268] Die römisch-katholische Mission setzt 1542 mit dem Jesuiten Franz Xaver (1506–1552), einem Gefährten des hl. Ignatius, ein, der in Indien, Sri Lanka und Japan wirkte. Der Orden weitete die Mission ab 1583 nach China aus, wo Matteo Ricci (1552–1610) Einfluss am Kaiserhof selbst gewann. 1615 gestattete Paul V. den Missionaren in China, die Messe auf Chinesisch zu feiern. Franziskaner und Dominikaner widersetzten sich im Ritenstreit (1633–1645) Versuchen der Jesuiten, Glaube und Kirche mit der Kultur fremder Völker zu verbinden. 1704 verbot die Inquisition auch jede Verehrung des Konfuzius, womit die Missionsbemühungen im Reich der Mitte zum Scheitern verurteilt waren. Auch in Indien, wo Jesuiten 1606 eine «Akkomodation» der Kirche versuchten und in Gewand, Lebensart und Sprache der Brahmanen wirkten, erreichten Franziskaner nach einem Jahrhundert eine Verurteilung von 16 «malabarischen Bräuchen» durch den Papst. Auf den Philippinen setzte die spanische Kolonisation und Mission unter König Philipp II. um 1570 ein: Hier zogen die Bettelorden der Franziskaner, Dominikaner, Augustiner und die Jesuiten in 100 Jahren ein dichtes Netz von Pfarreien über die Inselkette von Manila bis Negros.[269]

In Nordafrika zeigte die Kirche bereits in der Antike vor Konstantin stark christianisierte Regionen. In der Völkerwanderung wurde der Streifen von Marokko bis Libyen unter den Wandalen arianisch. Im 7. Jahrhundert eroberte der Islam Nordafrika. Missionsversuche der Franziskaner und Domini-

267 Vgl. Karten zur Missionsentwicklung in Nord- und Lateinamerika: Atlas zur Kirchengeschichte, 84–88.

268 Vgl. dazu *Leimgruber*, Unser Gott 253 f.

269 Karten zur Missionsentwicklung in Asien vgl. Atlas zur Kirchengeschichte 89–90, 98–99, 104–105.

kaner unter den Muslimen im 13. Jahrhundert erlitten durch die letzten Kreuzzüge (bis 1270) Schiffbruch. Im 16. Jahrhundert errichteten Spanien und Portugal Schiffs- und Handelsstationen rund um **Afrika** auf dem Seeweg nach Indien. Im Schutz dieser Häfen erfolgte eine zaghafte Missionsarbeit im Umland. Ein grösserer Missionsversuch im Innern des Kontinents erfolgte im päpstlichen Auftrag durch spanische und italienische Kapuziner im Kongo (1645–1835), scheiterte dann aber. Eine vitale Missionsgeschichte setzte in Afrika erst im Zeichen der kolonialen Eroberung des späten 19. Jahrhunderts ein. Jesuiten missionierten in Madagaskar, Weisse Väter und Spiritaner in Ost- und Westafrika, Konventualen in Ägypten, Libyen und Marokko, die belgische Missionsgemeinschaft in Kongo, das Lyoner Seminar von Senegal bis Nigeria. Im Zuge des kolonialen Wettlaufs von 1870 bis zum Ersten Weltkrieg setzte sich Grossbritannien von Ägypten bis Südafrika fest, Frankreich in West- und Äquatorialafrika, Belgien im Kongo, während Italien sich Libyen und Somalia sicherte und Deutschland in Kamerun, Namibia und Tansania Missionen eröffnete. Spanien hielt sich nur noch in Marokko, Portugal in Angola und Mosambik. Die evangelische Mission setzte in dieser späten Phase der Kolonialisierung vor allem im englischen und deutschen Einflussgebiet ein.[270]

In Europa gelang es Österreich, Polen und Venedig, nach einer zweiten Belagerung Wiens 1683 die Expansion der Osmanen nach Westen zu stoppen. Der Friede von Karlowitz beendete 1699 den Grossen Türkenkrieg, wandte die «Türkengefahr» definitiv ab und begründete den Aufstieg der katholischen Doppelmonarchie Österreich-Ungarn, die ihre Macht auf den Balkan ausweitete und das Osmanische Reich zurückdrängte.

3.3.4 Neue Orden

Die Kirchenreform nach dem Trienter Konzil führte das Ordensleben zu neuer Blüte. Neben den Jesuiten und Kapuzinern als Modeorden der Barockzeit bahnten sich neue weib-

270 Karten zur Missionsentwicklung in Afrika vgl. Atlas zur Kirchengeschichte 98 (kath.)/104 (prot.).

liche Orden ihren Weg. 1609 gründete die Engländerin Mary Ward in Flandern eine Genossenschaft adliger Frauen, die sich zu einer Art Jesuitinnen entwickelte. Da das Konzil von Trient weibliches Ordensleben in Klausurmauern drängte, musste die Gemeinschaft sich ihren Weg in der katholischen Kirche erkämpfen. Erst 1703 als Kongregation der Englischen Fräulein von Rom anerkannt, widmeten sich die Schwestern der Mädchenbildung in eigenen Schulen. Die Gemeinschaft nennt sich seit 2004 Congregatio Iesu CJ und zählt rund 1900 Mitglieder.[271]

Auch Frankreich sah neue Modelle von Schwesterngemeinschaften entstehen: 1610 gründeten Jeanne Françoise de Chantal und Bischof Franz von Sales in Annecy den Frauenorden der Visitation. Die Schwestern sollten wie Maria auf Besuch bei Elisabeth armen und bedürftigen Frauen Hilfe bieten. Papst Paul V. anerkannte sie 1618 jedoch nur unter der Bedingung, dass sie die Klausur akzeptierten und kontemplativ lebten. Im deutschen Sprachraum heissen die Schwestern Salesianerinnen oder Visitandinnen.

Ab 1633 inspirierte das karitative Wirken des hl. Vinzenz von Paul in Paris Frauen, die sich zur Genossenschaft der Barmherzigen Schwestern zusammenschlossen (Vinzentinerinnen). Sie wirken heute mit 20 000 Schwestern in gegen 100 Ländern.

1664 schritt das Zisterzienserkloster La Trappe in der Normandie zu einer strengen Reform der Zisterzienser: Die Trappisten zeichnen sich durch kontemplatives Leben ohne Seelsorge, striktes Stillschweigen und Körperarbeit aus. Der Orden der Zisterzienser der strikteren Observanz zählt heute rund 100 Männer- und 70 Frauenklöster.[272] Im deutschen Sprachraum findet sich je eine Trappe in der Eifel und im Oberösterreicher Engelhartszell an der Donau.

271 Vgl. *Peters*, Mary Ward.

272 Vgl. *Eberl*, Die Zisterzienser.

3.3.5 Pestseuchen und Hexenwahn

Nach der Pest während der Regierungszeit Kaiser Justinians, deren Wellen Europa und Vorderasien ab 541 schwer trafen und bis 770 nachwirkten, verschwand die Seuche in Europa für fast acht Jahrhunderte. Die islamische Welt verhinderte Kontakte nach Zentralasien und den Stammgebieten des Pesterregers. Erst der Vorstoss der Mongolen nach Westen führte zu neuen Handelskontakten, die den Schwarzen Tod wieder ins Abendland brachten. 1347–1353 breitete sich die Pest von der Krim über Griechenland und ganz Europa bis Island aus und raffte einen Drittel der Bevölkerung hinweg.

Lokale Epidemien betrafen durch die folgenden drei Jahrhunderte in regelmässigen Abständen verschiedene Gebiete Europas. Da es keine Therapie gab, suchten sich Städte und Dörfer zu schützen, indem man Infizierte vierzig Tage isolierte und von furchtlosen Helferinnen und Helfern (meist Ordensleuten) pflegen liess. Von der französischen Zeitangabe (*une quarantaine de jours*) stammt der heutige medizinische Ausdruck der Quarantäne. Die Niederlande erlitten ab 1360 bis zum Ende des Mittelalters fünfzehn Pestseuchen. Die Seuchen traten auch in der Neuzeit regelmässig auf und grassierten in Kriegszeiten unter der geschwächten Bevölkerung am verheerendsten. Deutschland war 1547–1550 wieder schwer betroffen und erneut im Dreissigjährigen Krieg (1625/26, 1632/33, 1637–1640). In Wien wütete die Pest erneut 1678, und in Erfurt starb 1683 die Hälfte der Bevölkerung (gegen 10 000 Seuchentote). 1708–1714 starben rund 1 Million Osteuropäer von Estland bis Österreich an der Pest. Seit einem letzten grossen Massensterben 1771 in Moskau zog die Pest sich wieder nach China und in die Mandschurei zurück.

In Genf glaubte Johannes Calvin 1545, dass die seit drei Jahren wütende Pest durch Zauberkünste verbreitet und genährt worden sei, liess Verdächtige durch Folter zu Selbstanschuldigungen bewegen und innerhalb weniger Monate 34 angebliche Hexen verbrennen. Auch Martin Luther rechnete mit Teufelspakten, Teufelsbuhlschaft und Schadenzauber. Entsprechend waren evangelische Gebiete vom Hexenwahn nicht weniger betroffen als katholische, in denen die Inquisition mässigend wirken konnte.

Die grössten Wellen erreichte die europäische Hexenverfolgung in der Frühen Neuzeit 1550–1750, wobei die Massenhysterie vor allem das konfessionell gespaltene Mitteleuropa erfasste, während Südeuropa nur marginal betroffen war. In Rom selbst starb die letzte Hexe 1572, als die Verfolgungen in Nordeuropa erst richtig einsetzten. Verheerende Auswüchse erlebte der Wahn in den Grauen des Dreissigjährigen Krieges (1618–1648). Auslöser konnten Unwetter, Missernten und Seuchen sein. Ursachen waren oft aber auch privater Natur wie Eifersucht und Neid oder zwischenmenschliche Konflikte.[273] Weltliche Gerichte nutzten die Instruktionen von Kramers Hexenhammer zur Überführung Verdächtiger.[274] Anklagen kamen meist aus dem Volk. Der Offizialprozess verlief in festgelegten Ritualen: Der Verhaftung folgte das Verhör; blieb die Befragung ohne Geständnis, folgten Androhung von Folter (Territion, dt.: Schreckung) und allenfalls das «peinliche Verhör» (Folterung). Prozesse endeten zu 50–75 Prozent mit der Verurteilung – die grosse Mehrheit zur Verbannung und eine kleine Minderheit zum Tod. Die Hälfte aller Hexen Europas wurden im 16./17. Jahrhundert in Deutschland verbrannt (rund 25 000), in Frankreich 4000, in Italien 1000 und in Spanien 300. Lange Zeit schwiegen kritische Stimmen, um sich nicht selbst verdächtig zu machen. Eine erste systematische und massive Kritik an der Hexenverfolgung veröffentlichte der Jesuit Friedrich Spee von Langenfeld (1591–1635). Seine «Cautio criminalis» («Rechtliches Bedenken wegen der Hexenprozesse») erschien 1631 aus Selbstschutz anonym.[275] Theologisch stellte der holländische Pastor Balthasar Bekker (1634–1698) den gefährlichen Dualismus der Hexenlehre infrage und zerpflückte die pseudochristlichen Vorstellungen des Aberglaubens: Sein Anti-Hexentraktat «De betoverde Wereld» («Die bezauberte Welt») stellt die Macht des Teufels

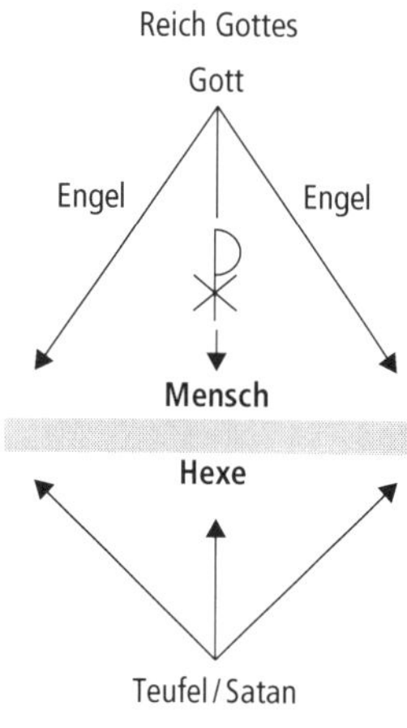

Grafik 9:
Die populäre christliche Hexenlehre sieht – gegen die Lehren eines Augustinus und eines Thomas von Aquin – einen dualistischen Gegensatz zwischen dem Reich Gottes und dem Reich des Teufels. Auf der Ebene des Menschen prallen beide Reiche aufeinander. Die Hexen pervertieren – gemäss dieser Lehre – christliche Riten, feiern Hexensabbate und schwarze Messen, ehelichen den Teufel und vollziehen die Ehe sexuell. Mit den von ihnen hergestellten Pulvern vergiften sie Brunnen, provozieren sie Gewitter und Hagel, sie zerstören mit bösem Blick Ehen, lösen Fehlgeburten aus, schlagen Männer mit Impotenz etc.

273 Zu diesem Abschnitt vgl. *Voltmer*, Hexenverfolgung in der Frühen Neuzeit; *Schulte*, Hexenmeister.

274 Dazu Abschnitt 2.8.6; zur Wirkung des Hexenhammers: *Decker*, Die Päpste und die Hexen 47–54.

275 Das Werk in moderner Ausgabe mit guter Einführung: *Spee*, Cautio Criminalis.

grundlegend infrage, der als Geist zudem weder Mensch werden noch als solcher erscheinen könne.[276]

Im Kulturkampf des 19. Jahrhunderts beschuldigte Preußen die katholische Kirche, die Hexenverfolgung verursacht zu haben, und verbreitete die Phantasiezahl von 9 Millionen Toten. Die Forschung schätzt heute, dass etwa drei Millionen Menschen der Prozess gemacht wurde, in Mitteleuropa vor allem Frauen und in Nordeuropa mehrheitlich Männern, wovon gegen 20 Prozent hingerichtet wurden. In der Schweiz gab es rund 4000 Hexenverfolgungen, besonders in der französischsprachigen Schweiz und in Bergtälern. 1531 wandte sich die Tagsatzung gegen Hexen im Maggiatal. Im 17. Jahrhundert wurden im reformierten Prättigau und in der katholischen Urschweiz Hunderte von Personen der Hexerei bezichtigt. Die letzte Hinrichtung im Abendland fand 1782 in reformierten Glarus statt[277] und rief europaweit Empörung hervor. Hexenverfolgungen gibt es bis heute in einzelnen Ländern Afrikas, Südamerikas und Südostasiens.

3.4 Vom Barock zur Aufklärung (18. Jahrhundert)

Die Krisen eines dunklen 17. Jahrhunderts mit seinen Kriegen, Pestseuchen und den Hungerkatastrophen der «kleinen Eiszeit» (1550–1850) fanden ihren Gegenpol in der barocken Sinnenfreudigkeit, die in Architektur, Liturgie, Musik, Literatur und Theater ein Stück Himmel auf die Erde brachte. Die Barockzeit führt philosophisch ins Zeitalter der Aufklärung, die sich gegen alles Weltflüchtige und Irrationale, gegen kirchlichen Prunk und fürstliche Macht einer vernünftigen Neugestaltung von Welt, Gesellschaft, Politik und Religion verschrieb.

276 Zur ganzen Thematik: *Angenendt*, Toleranz und Gewalt 295–319 («Hexen und Zauberer»).

277 Für die Schweiz vgl. *Pfister, Ulrich/Utz-Tremp, Kathrin:* Hexenwesen, in HLS 6 (2006) 347–349.

Abb. 19:
Ms F 35, f. 338r
(Wick: Hexenverbrennung 1587, Ausschnitt)

Fürstliche Barockkultur und sinnlicher Volksglaube 3.4.1

Die neue Vitalität der katholischen Kirche im Gefolge des Trienter Konzils führte in Italien zum Frühbarock (ab 1570). Den Auftakt setzte Roms Jesuitenkirche Il Gesù. Den Wechsel von der ruhigen Harmonie der Renaissance zur üppigen Pracht des Barock zeigt sich deutlich am Neubau des Petersdoms, der als zentraler Kuppelbau geplant, mit einem Langbau ergänzt, glanzvoll ausgestattet und 1629 vollendet wurde. Den Petersplatz gestaltete Gian Lorenzo Bernini dreissig Jahre später. Nach den Schrecken des Dreissigjährigen Krieges entfaltete sich der Hochbarock (1650–1730) auch nördlich der Alpen. Während Deutschland heiter-verspielte Formen in Architektur, Malerei, Musik und Literatur entwickelte, prägte sich in Frankreich ein ruhigerer und in England ein strengerer Stil aus. Beispielhaft dafür sind das Kloster Einsiedeln und das Stift Melk, der Invalidendom in Paris und die Saint Pauls Cathedral in London. Der spanische Barock liebte üppige Formen, die sich in der Kathedrale von Santiago de Compostela und in vielen Kolonialkirchen der neuen Welt spiegeln. Der Spätbarock (ab 1700) mündete in den Rokoko (1730–1780), der Architektur und Lebensstil noch einmal verfeinerte. Schöne Beispiele dafür bieten die Luzerner Jesuitenkirche und das Sommerschloss Sanssouci des Preußenkönigs in Potsdam.

Die Bezeichnung Barock leitet sich vom portugiesischen Ausdruck für eine ungleichförmige Perle ab. Er wurde zunächst auf die verspielte Architektur angewandt und bezeichnet heute die historische Epoche, die vom späten 16. bis ins späte 18. Jahrhundert dauerte und Kultur, Lebensgefühl, Gesellschaftsbild und Kirchlichkeit prägte. Fürsten demonstrierten ihre absolute Macht in Prachtschlössern – von Versailles über das Wiener Schloss Belvedere bis zum Winterpalast des Zaren in St. Petersburg. Kirchen gestalteten ihre Hauptaltäre zu riesigen Thronaufbauten und sammelten das Volk Gottes in glanzvollen Audienzhallen des Himmelskönigs. Die Architektur verbindet in den Bauformen Kraft und Bewegung, und sie verleiht der Raumwirkung durch Einbezug von Gemälden, Plastiken, Skulpturen und Lichtführung gleichsam himmlische Pracht. Menschen sollten in Profanbauten die Herrlichkeit des Fürsten sehen und in Kirchen die beeindruckende Herrlichkeit Gottes erahnen. Dem Kirchenbau wiesen der Neapolitaner Gian Lorenzo Bernini (1598–1680) und der Tessiner Francesco Borromini (1599–1667) als Meisterarchitekten den Weg, die in Rom mehr als 50 Kirchen gestalteten. Alle fürstlichen Residenzen überragt Versailles, das Prunkschloss des Sonnenkönigs Ludwig XIV. bei Paris. Auch die Malerei brachte himmlisches Licht und höfischen Glanz in die dunkle irdische Realität, wie in Spanien El Greco (1541–1614) und Diego Velázquez (1599–1660), Michelangelo Merisi da Caravaggio (1571–1610) in Italien sowie Peter Paul Rubens (1577–1640) in Flandern und Rembrandt van Rijn (1606–1669) in den Niederlanden zeigen. Ebenso stark äusserte sich der Gegensatz zwischen mystischer Religiosität und Lebenslust in der Lyrik. Gedichte von Paul Gerhardt (1607–1676) werden bis heute gelesen und gesungen. Leidenschaftlich bewegt und zum Höheren strebend ist die Musik des Barock: Opern, Kantaten, Oratorien, Fugen, Suiten und Sonaten. Die kirchlich bedeutsamsten Komponisten waren alle Protestanten: Michael Praetorius, (1571–1621), Heinrich Schütz (1585–1672), Johann Pachelbel (1653–1706), Johann Sebastian Bach (1685–1750) und Georg Friedrich Händel (1685–1759).[278]

Ebenso sinnenfreudig zeigte sich die Volksfrömmigkeit: Prozessionen, Kreuzwege und kirchliche Feste wurden üppig gestaltet. Bruderschaften blühten auf. Die Marienverehrung boomte an Wallfahrtsorten und schuf zusätzliche Kirchenfeste.

Von René Descartes zu Jean-Jacques Rousseau 3.4.2

Sowohl die katastrophalen Kriege des 17./18. Jahrhunderts wie die Prachtentfaltung absolutistischer Fürsten und die barocke Kirchenkultur provozierten unter Denkern eine philosophische Wende, die sich bald schon mit einem Sonnenaufgang nach dunkler Nacht verglich. Sie ging als *Siècle des Lumières*, Age of Reason oder Zeitalter der Aufklärung in die Geschichte ein.

Den Auftakt setzte der Mathematiker und Naturwissenschaftler René Descartes (1596–1650), dessen Prinzip «*ego cogito, ergo sum*» (dt.: Ich denke, also bin ich) die Zeit des **Rationalismus** einleitete: Das denkende Individuum machte sich mit seiner Erkenntnisfähigkeit zum Subjekt der Welt, die sich objektiv erforschen und ausbeuten liess. Glaube und Religiosität wurden mehr und mehr als Gegensatz zu Wissen und Vernunft gesehen. Kirchen wurden auf ihre Nützlichkeit für Politik, Gesellschaft und Wirtschaft überprüft. Der Rationalismus, der das denkende Individuum zum freien Subjekt erklärt, begann auch Staatslehren zu beeinflussen. Die Idee der Menschenrechte, die Forderung nach religiöser Toleranz, demokratische Ideale eines Rousseau, die Fokussierung der Seelsorge auf ethische Erziehung und politische Forderungen

278 Gesellschaft und Kultur des Barockzeitalters beleuchtet eingehend das zweibändige Werk von *Hersche*, Muße und Verschwendung.

nach Unterordnung der Kirche unter den Staat brachten die katholische Kirche zunehmend in Bedrängnis. Aufgeklärte Herrscher hoben schliesslich unproduktive Orden auf und drängten nach einem kirchlichen Verbot der als konservative Elite geschmähten Jesuiten.

1710–1750 bildete sich in England der **Deismus** aus. Seine Anhänger glaubten an einen Gott, der die Welt erschafft, ohne danach in sie einzugreifen: Sowohl Wunder als auch eine Offenbarung wurden daher abgelehnt. Diese aufgeklärte Form der Religion gründete in Lehren von Thomas Hobbes und John Locke und beeinflusste in Frankreich Voltaire und in Deutschland Immanuel Kant (1729–1804). Der Preuße wurde der bedeutendste deutsche Philosoph des 18. Jahrhunderts. Seine Hauptwerke «Kritik der reinen Vernunft» und «Kritik der praktischen Vernunft» führten zum deutschen Idealismus. Kant beantwortete die Schlüsselfragen «Was kann ich wissen? Was soll ich tun? Was darf ich hoffen?» erkenntnistheoretisch, ethisch und religionsphilosophisch.

1717 schlossen sich vier Bauhütten der St. Paulskirche in London zu einer Grossloge zusammen. Sie verpflichtete sich zur Pflege der Humanität und Toleranz und hielt Werte wie Brüderlichkeit, Freiheit und Gleichheit hoch. Die **Freimaurer** wurden zur internationalen Bewegung, die bald auch erste Logen in Paris (1725), Genf (1732), Hamburg (1737) gründete. Von der Kirche verfolgt, wurde sie zu einem Geheimbund, der die geistige Elite ansprach. Herrscher wie Friedrich der Grosse und Wilhelm I., Denker wie Goethe, Fichte und Voltaire, Erfinder wie Benjamin Franklin (einer der Gründerväter der USA) und Künstler wie Mozart gehörten einer Loge an.

In Frankreich entwickelte der Baron von Montesquieu in seinem Werk «Vom Geist der Gesetze» 1748 die Lehre von der Gewaltentrennung im Staat: Im freiheitlichen Staat soll eine konstitutionelle Monarchie die Exekutive (unter Leitung des Königs) dem gewählten Parlament (Legislative) verpflichten und beide durch die Jurisdiktion unabhängiger Richter beaufsichtigen lassen. Der Genfer Naturforscher und Pädagoge Jean-Jacques Rousseau ging 1762 einen grossen Schritt weiter und forderte in «Du Contrat Social ou Principes du Droit Politique» («Vom Gesellschaftsvertrag oder Prinzipien des Politischen Rechts») die **Staatsform** der Demokratie: Alle Macht solle vom Volk ausgehen. Wenige Jahre später führte der Befreiungskrieg der englischen Kolonien in Nordamerika (1775–1783) zur Unabhängigkeitserklärung von 13 nordamerikanischen Staaten (1776). Ihre Verfassung setzt die politischen Ideen der französischen Aufklärung um, erklärt die Menschenrechte und begründet einen demokratischen Staatenbund mit zwei Parlamentskammern, einem gewähltem Präsidenten als Regierungschef und unabhängigen Gerichten.

So kirchenkritisch sich Vertreter der Aufklärung zunehmend zeigten – mit Voltaire als bissigstem Religionskritiker –, so heilsam sind verschiedene Auswirkungen des neuen Denkens: Der Hexenwahn wurde überwunden, in der Strafjustiz traten Milderungen ein, magische Praktiken und Formen des Aberglaubens gerieten in Kritik, Erziehung und Bildung sollten allen Schichten des Volkes zukommen, und die Idee der Toleranz gegenüber anderen **Kirchen und Religionen** begann den Konfessionalismus abzuschwächen. Als abendländische Strömung war die Aufklärung tiefer vom Christentum beeinflusst, als ihr bewusst war: Schon die Theologie des Mittelalters hatte unterschieden zwischen Vernunft und Glaube, zwischen Natur und Übernatur, zwischen Staat und Kirche. Auch aufklärerische Werte entsprangen dem christlichen Gedankengut: Die Gleichheit der menschlichen Natur und die allgemeinen Menschenrechte wurzeln letztlich in der Schöpfungstheologie der Bibel. Die kosmopolitische Idee des Weltbürgertums jenseits nationaler Grenzen wurde vorbereitet von einer christlichen Erlösungslehre, die Gottes Heilsangebot allen Menschen zuspricht. Der moderne Fortschrittsglaube säkularisierte gleichsam die jesuanische Verheissung von Leben in Fülle für alle. Das christliche Grundgebot der Nächstenliebe (*caritas*) und ihre Formen führten zur Forderung praktischer Humanität. Der ethische Ernst der Kirchen, der durch Busspraxis und Morallehre gute Christen heranzubilden suchte, verweltlichte sich im Bildungsideal und der Pädagogik der Aufklärer. Den Absolutheitsanspruch des Christentums übernahm der Glaube an die Vernunft mit messianischem Eifer. Die Vernunftgläubigkeit schützte Aufklärer nicht davor, selber in neue Totalitarismen zu laufen und die Welt mit Gewalt zu verändern.

Aufgeklärte Vertreter innerhalb der Kirche bewirkten eine Öffnung und Erneuerung des christlichen Lebens durch folgende Akzentverschiebungen: mehr Orthopraxie als Orthodoxie, eine erzieherische Seelsorge, weniger Dogmatik und mehr Exegese, Geschichte, Ethik und Pastoraltheologie in der Ausbildung, weniger Kasuistik und mehr personales Ethos in der Beichtseelsorge. Der aufklärerische Staat erwartete, dass die Kirche die Gläubigen zu gewissenhaften Bürgern erziehe.

3.4.3 Josephinismus in Österreich

In der Doppelmonarchie Österreich-Ungarn brachten Kaiserin Maria Theresia (1745–1780) und ihr Sohn Josef II. (1765–1790) den aufgeklärten Absolutismus zur Blüte. Die katholische Kirche erfuhr dabei grundlegende Reformen: Der Staat unterwarf die kirchliche Vermögensverwaltung seiner Kontrolle, schuf die klerikale Steuerfreiheit ab, erneuerte die Priesterausbildung und das Lehrprogramm an kirchlichen Schulen, hob alle kontemplativen Klöstern auf, verfügte eine Neueinteilung der Bistümer und eine Reform der Seelsorge in neu organisierten Pfarreien, unterdrückte barocke Wallfahrten, Bruderschaften und Frömmigkeitsformen, führte eine staatliche Bücherzensur ein und verbot das Veröffentlichen päpstlicher Erlasse ohne Erlaubnis des Staates.[279]

Was Joseph II. unter dem Leitsatz «Alles für das Volk; nichts durch das Volk» an Reformen umsetzte, kommt einer Revolution von oben gleich. Sozialpolitisch leitete er 1781 das Ende der Leibeigenschaft ein. Die Todesstrafe wurde abgeschafft, und Delinquenten wurden fortan zu Arbeitseinsätzen verpflichtet, etwa als Schiffszieher an der Donau. Statt prunkvoller Schlösser liess der Kaiser Krankenhäuser errichten.

Nachdem der Staat die Vorherrschaft über die Kirche erzwungen hatte, stellte er Religion hauptsächlich in den Dienst der Erziehung. Kirchliche Institutionen hatten dem Staat zu dienen. Bistümer, kirchliche Orden und Stiftungen wurden gegen den Widerstand Roms und der Generalleitungen zu Organen einer Staatskirche. Der Kaiser ging gegen alle Klöster vor, die ihm wirtschaftlich unproduktiv, bildungspolitisch wertlos oder als Orte des religiösen Fanatismus galten. Die

279 Zu diesem Abschnitt: *Reinalter*, Josephinismus als Aufgeklärter Absolutismus.

Zahl war in Österreich-Ungarn bis zum Jahr 1770 auf gegen 2200 Ordenshäuser mit rund 45 000 Religiosen angewachsen. Der Aufhebungsbeschluss betraf 1782 zunächst die kontemplativen Orden, die der Kaiser als unnütz erachtete. Ab 1783 wurden «wohlhabende Prälaten» Hauptziel der Aufhebungsmassnahmen, um den Religionsfonds zu speisen. Pius VI. reiste im März 1782 nach Wien, konnte den Klostersturm jedoch nicht verhindern. Von 762 Männer- und 153 Frauenklöstern in Österreichs Kernlanden blieben nur 388 (42 Prozent) erhalten.

Durch Aufhebung von Filialkirchen konnte Joseph II. die Gründung neuer Pfarrgemeinden finanzieren. Gläubige sollten ihre Pfarrkirche zu Fuss in höchstens einer Stunde erreichen können, und für jeweils 700 Seelen musste eine Kirche verfügbar sein. Nach Aufhebung von klösterlichen und diözesanen Studien hatten zwölf theologische Generalseminare für die Heranbildung einer aufgeklärten Klerusgeneration zu sorgen: Solche wurden in Wien, Graz und Innsbruck, in Prag, Olomouc, Bratislawa, Budapest und Lwiw (Lemberg, eines lateinisch und eines griechisch) sowie in Freiburg i. Br., Löwen und Pavia gegründet.

Ein erstes Toleranzpatent von 1781 bewilligte zunächst den Griechisch-Orthodoxen und den Protestanten die freie Religionsausübung und volle Bürgerrechte. Der Bau von Bethäusern wurde beiden Kirchen ohne Turm und öffentlich sichtbarem Eingang genehmigt. Konversionswillige Katholiken mussten sich jedoch einem sechswöchigen Glaubensunterricht unterziehen. Im November 1782 öffnete ein zweites Toleranzpatent für die Juden ebenfalls Religions- und Kultfreiheit. Die jüdische Gemeinde Prags ehrte den Kaiser dafür, indem sie das bisherige Ghetto in Josefsstadt umbenannte. Solchen Erleichterungen standen kleinliche religiöse Vorschriften für alle Kulte gegenüber. So verordnete Joseph II. im August 1784 die Schliessung aller innerörtlichen Friedhöfe aus hygienischen Gründen und schrieb vor, dass Verstorbene künftig wirtschaftlicher ohne eigenen Sarg in einem wiederverwendbaren zusammenklappbaren Gemeindesarg bestattet würden. Kaiserliche Behörden regelten zudem die Zahl und Länge der Kerzen sowie die Art der Gebete und Gesänge im Gottesdienst. Zudem waren alle unnötigen Altäre, prunkvolle

Gewänder und Bilder aus katholischen Kirchen zu entfernen. Der Josephinismus strahlte zur Zeit Napoleons auch nach Bayern, Württemberg und Baden aus. 1805 zum Königreich erhoben, führte Bayern unter König Maximilian ähnliche Massnahmen zu einer aufgeklärten Staatskirche ein.

3.4.4 Die Aufhebung des Jesuitenordens

Galten kontemplative Orden als unnütz, Bettelorden als sozial belastend und Abteien als wirtschaftlich unproduktiv, wurden Jesuiten von aufgeklärten Kreisen als reaktionäre Feinde des Fortschritts betrachtet. Die Gesellschaft Jesu galt mit ihren über 20 000 Mitgliedern, über 600 Kollegien, vielen Missionen und Hofbeichtvätern als Stosstruppe des Papstes und Gegner aufgeklärter Ideen. Ihr Bildungssystem, ihre Präsenz in den Kolonien und ihre politische Erfahrung trugen ihnen auch an den bourbonischen Höfen zunehmend Feinde ein. Verschwörungstheorien warfen ihnen in Portugal vor, 1750 einen Aufstand der Indios in ihren Reduktionen angestachelt und 1758 einen Mordanschlag auf König Josef I. geplant zu haben. Der portugiesische König beschlagnahmte darauf den Besitz der Jesuiten und wies sie aus seinem Reich aus. In Frankreich zog das Parlament in gerichtlicher Funktion den Ordensbesitz 1764 ein, und König Ludwig XV. wies die Jesuiten als ungetreue Bürger aus. Spanien, ebenfalls von Bourbonen regiert, beschuldigte die Jesuiten, hinter dem Madrider Hutaufstand von 1766 zu stecken, beschlagnahmte ihren Besitz und verwies sie im folgenden Jahr aus dem Königreich. Der Druck der drei Könige und des bourbonischen Herzogs von Parma auf Klemens XIV. wuchs derart an, dass der Franziskanerpapst den verhassten Orden im Juli 1773 gesamtkirchlich aufhob. Die Gesellschaft Jesu konnte sich nur in Preußen und Russland offiziell halten, da Zarin Katharina die Grosse und der protestantische König Friedrich II. das päpstliche Breve unterdrückten: Sie wollten die Schulen der Jesuiten und ihre Seelsorge im von ihnen kontrollierten Polen nicht verlieren. Der Orden wurde erst 1814 von Pius VII. wieder zugelassen und in der Kirche offiziell wiederhergestellt. Er wuchs schnell wieder an Grösse und Ausbreitung. In der Schweiz kam es in einer frühen Phase der Kulturkämpfe 1844 zu einem erneuten

Kampf gegen die Jesuiten in Luzern und zu deren Verbot in der Bundesverfassung, das Ordensmitglieder von 1848 bis 1973 nur diskret im Land wirken liess. Im deutschen Kulturkampf wurden alle Einrichtungen der Gesellschaft Jesu 1872 aufgehoben und ausländische Jesuiten des Landes verwiesen. Die Verbote blieben bis 1917 bestehen.[280]

Französische Revolution und katholische Kirche 3.4.5

Der Sturm auf die Pariser Bastille am 14. Juli 1789 wurde zum gewaltsamen Auslöser der französischen Revolution, die politisch in der Proklamation des bürgerlichen Dritten Standes zur Nationalversammlung wurzelt. Ein Grossteil der Vertreter aus dem Klerus (Zweiter Stand) hatte sich dieser am 19. Juni angeschlossen, während der Adel (Erster Stand) und hohe Kleriker mit dem König die alte Ordnung retten wollten. Bereits im August verloren die beiden privilegierten Stände alle Vorrechte. Die Nationalversammlung proklamierte *liberté, égalité, fraternité* (Freiheit, Gleichheit, Brüderlichkeit) unter allen «*citoyens*». Ihre Erklärung der Menschenrechte von Ende August knüpfte an die amerikanische Unabhängigkeitserklärung an, in der sich die englischen Kolonien am 4. Juli 1776 auf die «unveräusserlichen Rechte» aller auf «Leben, Freiheit und das Streben nach Glück» beriefen. Moderner und programmatischer als ihr Vorbild erklärte das revolutionäre Frankreich nun, dass «alle Menschen frei und gleichberechtigt sind und dies auch bleiben»[281]. Konkret gelten die «Rechte auf Freiheit, Eigentum, Sicherheit und Widerstand» als unantastbar (Art. 2), Religions- und Meinungsfreiheit seien zu respektieren, insofern sie die gesetzlich geregelte öffentliche Ordnung nicht störe (Art. 10). Die französische «*Déclaration des droits de l'homme et du citoyen*» (Erklärung der Menschen- und Bürgerrechte), 1789 mit Hilfe von Thomas Jefferson als amerikanischem Botschafter in Paris erarbeitet, galt jedoch nur für Männer. Als 1791 die Frauenrechtlerin Olympe de Gouges «im Namen der Mütter, Töchter

280 Näheres zur Geschichte der Schweizer Jesuiten: *Strobel*, Gesellschaft Jesu in der Schweiz 25–609.

281 Art. 1 der französischen Menschenrechtserklärung. Zu Text und Bedeutung: *Gauchet*, Erklärung der Menschenrechte.

und Schwestern der Nation» auch die «*droits de la femme*» einforderte, provozierte sie einen Konflikt mit Robbespierre, der sie zwei Jahre später unter die Guillotine führte.

Exkurs

Kirchliche Wurzeln der Menschenrechtsidee

Den Begriff der Menschenrechte verwendete 1552 erstmals der Dominikaner Bartolomé de las Casas in seinem Kampf gegen die Versklavung der Indios: Sein Brief an den «Indienrat» forderte «*reglas de los derechos humanos*» (Regeln der Menschenrechte). Die Ausbildung der Menschenrechtsidee erfolgte dann ohne Widerspruch der katholischen Amtskirche unter Vordenkern der Aufklärung.

Die Staatsphilosophie des Thomas Hobbes (1588–1679) sprach jedem Menschen natürlicherweise das Selbsterhaltungsrecht zu. Da sein Naturzustand gefährdet sei, gebe der Mensch seine Naturrechte an den Staat ab, der ihn zu schützen habe. John Locke (1632–1704) deutete Hobbes' Grundgedanken neu, indem er dem Naturzustand einen höheren Stellenwert gab. Sichere der Staat die Naturrechte des Menschen nicht, verliere er seine Legitimation. Lockes Ideen prägten Thomas Jefferson, der in der amerikanischen Unabhängigkeitserklärung unveräusserliche Rechte des Menschen benennt. Jean-Jacques Rousseau (1712–1778) sprach als erster Aufklärer direkt von Menschenrechten und vom Grundrecht auf sittliche und bürgerliche Freiheit. Immanuel Kant (1724–1804) sah in der Freiheit das einzige Menschenrecht, von dem alle anderen Grundrechte wie Gleichheit und Selbständigkeit abgeleitet werden. Es handle sich um ein Vernunftrecht, das unabhängig von historischen, kulturellen, sozialen und religiösen Umständen gelten müsse. Vorrangige Aufgabe des Rechtsstaates sei die Erhaltung der Freiheitsrechte.

Papst Pius VI. anerkannte 1791 im Prinzip die Freiheit und Gleichheit aller Menschen, verurteilte jedoch scharf die verkündete Absolutheit menschlicher Freiheit: sie verstosse gegen die höhere Freiheit und die Rechte des Schöpfers. Erst 1948 wird die neu gegründete UNO angesichts der Gräueltaten der beiden Weltkriege die Menschenrechte für alle Völker und Rassen erklären. Völkerrechtlich verbindlich werden die Menschenrechtskonventionen von 1966, die Internationalen Pakte über bürgerliche und politische Rechte («Zivilpakt») und über wirtschaftliche, soziale und kulturelle Rechte («Sozialpakt»). Beide Abkommen traten 1976 in Kraft, nachdem sie von einer ausreichenden Zahl von Staaten ratifiziert worden sind. 1979 folgte eine Übereinkunft zur Beseitigung jeder Form von Diskriminierung der Frau. Die katholische Kirche anerkannte die Menschenrechte 1965 im Zweiten Vatikanischen Konzil in den Erklärungen über die Religionsfreiheit «Dignitatis humanae» und über das Verhältnis der Kirche zu den nichtchristlichen Religionen «Nostra aetate». Deren Schlussabschnitt verwurzelt die grundlegenden Rechte jedes Menschen in seiner Gottesebenbildlichkeit und im Glauben an den allen gemeinsamen Vater im Himmel. Bereits zuvor hatte Johannes XXIII. in seiner Friedensenzyklika «Pacem in terris» die weltweite Anerkennung der UNO-Menschenrechtscharta von 1948 gefordert. Erstmals an alle Menschen guten Willens gerichtet, erweiterte und verfeinerte das päpstliche Rundschreiben diese Rechte zudem aus katholischer Sicht.[282]

> Das Konzil sieht «jeder Theorie oder Praxis das Fundament entzogen, die zwischen Mensch und Mensch, zwischen Volk und Volk bezüglich der Menschenwürde und der daraus fliessenden [Menschen-]Rechte einen Unterschied macht. Deshalb verwirft die Kirche jede Diskriminierung eines Menschen oder jeden Gewaltakt gegen ihn um seiner Rasse oder Farbe, seines Standes oder seiner Religion willen, weil dies dem Geist Christi widerspricht.»[283]

Von der Revolution zur Restauration (erste Hälfte 19. Jahrhundert) 3.5

So einschneidend der Unabhängigkeitskrieg der USA für die amerikanische Geschichte wurde, so umwälzend greift die französische Revolution wenige Jahre später in die europäische Geschichte ein. Beide Früchte der Aufklärung prägen den Gang der Weltgeschichte. Frankreich radikalisierte das amerikanische Vorbild, und seine Revolution ging durch turbulentere Phasen: Einer konstitutionellen Monarchie folgten die Erste Republik, Robbespierres Diktatur und das Kaisertum Napoleons, der die revolutionäre Neuordnung über ganz Europa verbreiten wollte und nach glanzvollen Feldzügen scheiterte. Die katholische Kirche ist von der französi-

282 Die Haltung der römisch-katholischen Amtskirche zur Menschenrechtsentwicklung seit der Magna charta libertatum von 1215 untersucht *Bloch*, Zur Frage der Menschenrechte.

283 NA 5.

schen Revolution und ihren Kriegen von Rom bis Paris und Berlin betroffen.

3.5.1 Französische Revolution und Papstkirche

Wenige Wochen nach dem Sturm auf die Bastille schaffte das revolutionäre Frankreich das Feudalsystem ab und konfiszierte im November 1789 die kirchlichen Güter: Die französische Kirche besass rund 10 Prozent an Grund und Boden, die nun «à la disposition de la Nation» eingezogen wurden. Im Februar 1790 wurden alle «unnützen» Orden aufgehoben. Nur karitative und pädagogisch tätige Gemeinschaften blieben erlaubt. Im Juli erliess die Assemblée Nationale die «Constitution civile du clergé»: Sie verordnete eine Verminderung der Diözesen und Pfarreien, die Besoldung des Klerus durch den Staat, Bischofs- und Pfarrwahl durch politische Gremien sowie mitentscheidende Priesterräte in den Bistümern. König Ludwig XVI. übermittelte die gallikanisch[284] zugespitzte Konstitution nach Rom, wo sie Pius VI. jedoch nach längerem Zuwarten ablehnte. Im November 1790 musste der Klerus den Eid auf die revolutionäre Verfassung ablegen. Zwei Drittel verweigerten ihn, darunter 129 von 133 Bischöfen, was Verhaftung, Deportation und Verbannung zur Folge hatte. Im Sommer 1791 versuchte die königliche Familie Richtung Belgien zu fliehen, wurde jedoch vor der belgischen Grenze aufgegriffen und in Paris gefangen gesetzt. Im Sommer 1792 drohten Österreich und Preußen mit dem Einmarsch in Frankreich zur Befreiung des Königs und zur Rettung der Monarchie. Unruhen in Paris gipfelten im Tuileriensturm, dem die Schweizergarde zum Opfer fiel. Die Revolution radikalisierte sich: Der König wurde im Januar 1793 hingerichtet. Die Revolutionsarmee schlug erste Angriffe einer europäischen Koalition zurück, der zunächst Preußen, Österreich und deutsche Fürsten angehörten und in die nun auch Spanien, Grossbritannien und die Niederlande eintraten. Dank Einführung der allgemeinen Wehrpflicht und einer «*levée en masse*» (= Massenaushebung) konnte Frankreich seine Gren-

284 Zum Gallikanismus siehe Abschnitt 3.3.2.

zen im ersten Koalitionskrieg (1792–1797) halten und in einem Italienfeldzug unter seinem korsischen Heerführers Napoleon Bonaparte expandieren.

Die Abschaffung der Zölibatspflicht und die Amtsaufgabe von über 20 000 Priestern des *clergé constitutionel* verschärften die Krise der katholischen Kirche. Der neue Pariser Bischof Jean-Baptiste Gobel, Elsässer und zuvor Weihbischof von Basel, setzte sich im neuen Parlament, dem Nationalkonvent, die Mütze der radikalen revolutionären Jakobinerpartei auf. Das Programm der Entchristianisierung führte 1793 zur Einführung einer neuen republikanischen Zeitrechnung. Im November wurde in der Pariser Notre Dame-Kirche eine junge Frau als Symbolfigur der Vernunft inthronisiert, die Kathedrale selbst zum «Tempel der Vernunft und Freiheit» umbenannt, und landesweit wurden Kirchen geschlossen.

Die Demokratie nahm totalitäre Züge an und liess Tausende von Gegnern der Revolution guillotinieren. Mit dem Sturz von Maximilien Robbespierre im Sommer 1794 endete die Schreckenszeit.

1795 begann Frankreich seine neue Ordnung mit militärischen Mitteln nach Europa zu exportieren. Im Februar 1798 annektierte es die linksrheinischen Gebiete Deutschlands und eroberte Rom, um da die Republik auszurufen. Am 12. April wandelte es nach kurzem Feldzug die Schweizer Eidgenossenschaft in eine Helvetische Republik um. Im Herbst 1799 setzte sich der Feldherr Napoleon, von Schlachten in Ägypten gegen die Briten zurückgekehrt, faktisch durch einen Staatsstreich durch. Soldaten erzwangen seine Erhebung zum Ersten Konsul eines Triumvirats. Der faktische Alleinherrscher verfolgte eine weniger aggressive Religionspolitik und erstrebte als Realist den Frieden mit der katholischen Kirche. Angesichts der Widerstände gegen die unpopuläre Entchristianisierung erklärte er die französische Nation als christlich, ohne die Glaubensfreiheit der Verfassung anzutasten. 1800 wählte das Konklave unter dem Schutze Österreichs in Venedig Pius VII. zum neuen Papst. Er hatte das Image eines liberalen Mannes, verhielt sich Frankreich gegenüber kooperativ und trat in Verhandlungen ein, wodurch er stillschweigend die Ergebnisse der Revolution anerkannte. Die Verhandlungen führten zum Konkordat von 1801. Konsul wie Papst suchten darin die zerrütteten Verhältnisse der französischen Kirche neu zu ordnen. Napoleon verlangte, dass der gesamte hohe Klerus abdanke, damit die Hierarchie von Eidverweigererern gesäubert und neu besetzt werden konnte. Gegen heftigen Widerstand solcher *Non-jureurs* setzte sich der gallikanisch denkende Konsul mit Unterstützung des Papstes durch. Die Bischöfe wurden abgesetzt, und Napoleon installierte mit päpstlicher Zustimmung loyale Kandidaten. Überreste der royalistischen, antirevolutionären Kirche blieben als *Petite Église* (Kleine Kirche) bis zum Zweiten Vatikanischen Konzil bestehen. Am 2. Dezember 1804 konnte sich Napoleon Bonaparte in Anwesenheit des Papstes in der Pariser Kathedrale zum Kaiser krönen, nachdem er sich durch Volksabstimmung und Senat die Kaiserwürde antragen liess. Im folgenden Mai setzte er sich im Mailänder Dom die Krone der Langobarden auf. Damit signalisierte er, dass er in der Nachfolge Karls des Grossen ganz Europa unterwerfen wollte.

Napoleons Ära feierte zunächst glanzvolle Erfolge: Im Dritten Koalitionskrieg schlug er 1805 eine Allianz von Russland, England, Schweden und Österreich und eroberte Wien. Im Sommer 1806 huldigten ihm 16 deutsche Länder im neu geschaffenen Rheinbund, und Franz II. legte die deutschrömische Kaiserkrone nieder. Familienmitglieder Napoleons wurden Könige der Reiche von Neapel, Spanien, Holland und Westfalen. 1807 nahm der Franzosenkaiser den Preußen nach Einmarsch in Berlin die Hälfte des Territoriums ab. England sollte mit einer Wirtschaftsblockade bezwungen werden. Als Russland die Kontinentalsperre durchbrach, rüstete Frankreich zum Krieg gegen den Zaren und stellte mit 450 000 Mann die grösste Armee der europäischen Geschichte auf. Der Russlandfeldzug wurde 1812 zum Debakel. Nur 4 Prozent seiner Soldaten kehrten zurück. Im folgenden Jahr zogen Russland, Preußen, Österreich und Schweden gegen den geschwächten Kaiser. Sie schlugen ihn im Oktober 1813 in der dreitägigen Völkerschlacht von Leipzig, an der 600 000 Soldaten aus 12 Ländern gegeneinander kämpften. 1814 eroberten die Alliierten Paris. Napoleon wurde auf die Insel Elba verbannt. Ein erneuter Putsch brachte ihn 1815 noch einmal für 100 Tage an die Macht, die jedoch in der Schlacht beim belgischen Waterloo gegen Preußen und England für immer endete.

Auch der Friede Napoleons mit der Kirche war nicht von langer Dauer. Als der französische Kaiser 1805 auch den Kirchenstaat annektierte, exkommunizierte ihn Pius VII. Napoleon nahm darauf den Papst gefangen. Als Gefangener zunächst in Savona und dann im Schloss Fontainebleau unbeugsam, wurde Pius VII. zur Symbolfigur, der in ganz Europa Sympathie und Liebe zukam. Die neue «*dévotion au Pape*» (Papstverehrung) führte dazu, dass künftig die Person des Papstes das Image der katholischen Kirche massgeblich prägte. 1814 von den alliierten Gegnern Napoleons befreit, erhielt der Papst den Kirchenstaat zurück und prägte die Politik der europäischen Restauration bis zu seinem Tod 1823 mit.[285]

Säkularisation und Neuordnung des katholischen Deutschland 3.5.2

Nachdem Napoleon Frankreichs Grenze an den Rhein vorgeschoben hatte, beschloss er, die deutschen Fürsten für die erlittenen Landverluste durch die Gebiete und Güter geistlicher Territorien – Abteien, Klöster, Stifte und Fürstbistümer – zu entschädigen. Die entsprechende Verweltlichung von Kirchengut heisst Säkularisation. Vorbilder dafür lieferten Heinrich VIII. von England (1538) und der Kurfürst von Sachsen in der Reformationszeit (1539) sowie die Klosteraufhebungen Kaiser Josephs II. (1780) und die Enteignung der Kirche im revolutionären Frankreich (1789). Durch den Reichsdeputationshauptschluss, den der Reichstag in Regensburg Ende Februar 1803 verabschiedete, ging eine grosse Zahl geistlicher Fürstentümer unter, die 7 Prozent von Deutschlands Bevölkerung beherrschten. Bistümer verloren ihren Besitz, rund 400 Klöster wurden in Preußen, Württemberg und Bayern aufgehoben und etwa zwei Fünftel der Kirchen und Klostergebäude Deutschlands in der Folge abgerissen. Die weltliche Entmachtung der Kirche beendete ein 1000-jähriges Zusammenwirken von Staat und Reichskirche und führte 1806 zum Ende des «Heiligen Römischen Reiches deutscher Nation». Die Folgen der Säkularisation wirkten

---

285 Konflikte zwischen Päpsten und mächtigen Herrschern beleuchtet gesamthaft: *Matheus/Klinkhammer*, Eigenbild im Konflikt.

über Jahrzehnte nach: Die katholische Kirche blieb vielerorts unorganisiert, soziale Institutionen wie Spitäler und Armenspeisungen brachen ein; das verschärfte die Nöte der katholischen Bevölkerung, und der Wegfall von Schulen führte zu einem Bildungsnotstand. Bayern, Preußen und Baden und Württemberg schufen zudem ein Staatskirchensystem, in dem Prozessionen und Wallfahrten sowie Gründung und Wirken von Klöstern behördlich genehmigt werden mussten, kirchliche Erlasse nur mit Plazet verkündet werden durften und Pfarrer vom Staat eingesetzt wurden.

Exkurs Im Gegensatz zu *Säkularisation*, die Enteignung von Kirchengut und Entmachtung kirchlicher Herrscher bezeichnet, meint *Säkularisierung* die allmähliche geistige Verweltlichung, in der sich die verschiedenen Lebensbereiche – Politik, Kultur, Bildung, Gesellschaft, Lebensgestaltung – von christlicher Sinngebung und kirchlicher Führung emanzipieren.

Der massive Eingriff des Staates – vor allem im preußischen Norden und in den neuen Königreichen Süddeutschlands – in die Organisation und das Leben der Kirche führte dazu, dass der Klerus ohne weltliche Interessen geistlicher, die Seelsorge volksnaher und die Orientierung der Kirche römischer wurde. In Deutschland und Frankreich kam eine «ultramontane» Strömung auf, die sich – über die Alpen (*ultra montes*) schauend – eine starke geistige Führerschaft des Papstes in Europa wünschte.

3.5.3 Die katholische Kirche nach dem Wiener Kongress

Nach den Wirren der napoleonischen Kriege versammelten sich die Sieger von September 1814 bis Juni 1815 in Wien, um die Grenzen Europas neu zu ordnen. Unter Leitung des österreichischen Aussenministers Fürst Klemens von Metternich tagten die Gesandten von rund 200 Staaten, Städten und Herrschaften Europas. Führend waren die Grossmächte Russland, Österreich, Grossbritannien, Preußen und die neu errichtete Monarchie Frankreich. Papst Pius VII. entsandte seinen Staatssekretär Kardinal Ercole Consalvi als Chefdiplomaten, der die Wiederherstellung des Kirchenstaates erreichte. Der Kongress verfolgte ein dreifaches Ziel: Wiederherstellung der politischen Verhältnisse von 1792 (Restauration), Legitimierung des alten monarchischen Herrschaftssystems (*Ancien Régime)* und gegenseitigen Beistand gegen neue revolutionäre Bewegungen (Solidarität).

Der Wiener Fürstenkongress sah die Monarchie als einzig legitim und gottgewollt an und schloss eine «Heilige Allianz» der europäischen christlichen Monarchen. Die katholische Kirche wurde als Stütze der Restauration und der inneren Regeneration neu gestärkt. Der angesehene Pius VII., der Napoleon jahrelang trotzte, machte das Papsttum zum Quell und Garanten der gottgewollten Ordnung, die scheinbar ungebrochen seit dem frühen Mittelalter bestand. Im Papst verkörperten sich Ordnung, Legitimität, Tradition. Nach dem Untergang des «Heiligen Römischen Reiches Deutscher Nation» blieb die katholische Kirche das stärkste Wahrzeichen der Kontinuität: Sie folgte nicht dem Nützlichen und Vernünftigen, sondern folgte dem ewigen Geheimnis und hielt den Sinn für das Mysterium wach. Fest wie eine Eiche stand sie in den Stürmen der politischen Umwälzungen. Die Faszination dieser Kirche führte zu Aufsehen erregenden Konversionen. Vicomte François-René de Chateaubriand (1768–1848), ursprünglich revolutionärer Publizist, pries in seinem Hauptwerk «Génie du Christianisme» die sozialen, moralischen und ästhetischen Vorzüge des Christentums. Der politische Philosoph Joseph Marie de Maistre (1753–1821) forderte in seinem Hauptwerk «Du Pape» 1819 die Verankerung der Religion in der Autorität. Es gebe keine Nation ohne Religion, in Europa keine Religion ohne Christentum, wahres Christentum nur im Katholizismus, diesen nicht ohne Papst und den Papst nicht ohne monarchischen Vorrang. Mit seinen Ideen förderte de Maistre den Ultramontanismus und dessen Forderung nach päpstlicher Unfehlbarkeit. Ultramontane Kreise wurden von Gelehrten, Jesuiten und jüngeren Priestern gefördert, oft gegen die eigenen Bischöfe. Die ultramontane Bewegung machte sich in England, Frankreich und Deutschland für katholischen Zentralismus stark.

Nachdem die monarchischen, zentralistischen, restaurativen Strömungen die Jahre nach dem Wiener Kongress weitgehend prägten, trat zunehmend eine regenerative Gegenbewegung auf, die die Anliegen der Revolution aufgreifen wollte. 1830 kam es zu einer Reihe revolutionärer Erhebungen in Europa. Die Pariser Julirevolution stürzte die Bourbonen endgültig und brachte das Bürgertum in einer liberalen Monarchie an die Macht. Unruhen zwangen auch in den Königreichen Sachsen und Hannover zu Verfassungsrevisionen, erfassten Polen und führten zur Entstehung des Königreiches Belgien. Metternichs europäisches Machtsystem konnte sich als Ganzes jedoch halten.

In der Schweiz gelangten liberal-demokratische Umwälzungen von 1830 zu einem dauerhaften Erfolg und lösten die Phase der Restauration durch die *Regenerationszeit* ab[286]: Sämtliche Kantone des Mittellandes vom Genfersee bis Bodensee sowie der Tessin gaben sich im Lauf eines Jahres liberale Verfassungen. Im konservativen Lager verblieben Landsgemeindeorte und ländlich-katholischen Kantone des Alpenraums: die beiden Appenzell, Glarus, die Innerschweiz (ohne Luzern), das Wallis und Graubünden.

Der Zusammenbruch des Bistums Konstanz im Zuge der Säkularisation führte zu einer neuen Einteilung der Schweizer Diözesen. Damit die katholische Bevölkerung künftig keinen ausländischen Hirten mehr unterstand, wurden grosse Teile des bisherigen Konstanzer Bistumsgebiets nach improvisierten Übergangslösungen neu den Bischöfen von Basel und Chur zugeteilt, die ihre ausländischen Gebiete in napoleonischer Zeit verloren hatten. Genf wurde ins Bistum Lausanne-Fribourg integriert und St. Gallen 1847 als Kleindiözese aus dem Bistum Chur herausgelöst. Ob- und Nidwalden, Uri ohne Urserental, Glarus und Zürich sind bis heute nur provisorisch der Administratur des Churer Bischofs unterstellt.

Parallel zu den regenerativen Strömungen in der Politik erhoben sich auch katholische Stimmen in der Kirche, die einen liberalen Katholizismus vertraten. Eine prominenter Vertreter wurde der Priester und Schriftsteller Félicité de Lamennais (1782–1854): Er forderte die Trennung von Staat und Kirche und ein Bekenntnis des Papstes zur Demokratie, indem dieser sich zum Apostel der Freiheit und Brüderlich-

286 Die Schweiz im 19. Jahrhundert beleuchtet eingeend: *Kreis*, Der Weg zur Gegenwart.

keit mache und die Völker Europas in eine glücklichere Zeit führe. Der Begründer der katholischen Zeitschrift «Avenir» verbreitete seine Ideen vor allem unter Theologen und Studenten. Radikaler äusserten sich die ersten Boten eines christlichen Sozialismus: Der deutsche Schneider und Kommunist Wilhelm Weitling (1808–1871) forderte die unterdrückten Arbeiter in der fortschreitenden Industrialisierung zum gemeinsamen Kampf für eine bessere Menschheit auf. Als er seine Schrift «Das Evangelium eines armen Sünders» 1843 in Zürich publizieren wollte, stellte ihn die Stadt vor ein Kriminalgericht, liess die Druckfahnen konfiszieren und den Autor des Landes verweisen. Die Schrift erschien darauf in Französisch und 1845 in Bern auf Deutsch.[287] In Frankreich erklärte der katholische Arzt Philippe Buchez (1796–1865) als Abgeordneter in der Nationalversammlung, der Inhalt des Christentums sei revolutionär, und gründete 1840 die christlich-sozialistische Zeitschrift «Atelier».

Abb. 20:
Schweizer Bistumseinteilung seit 1813[288]

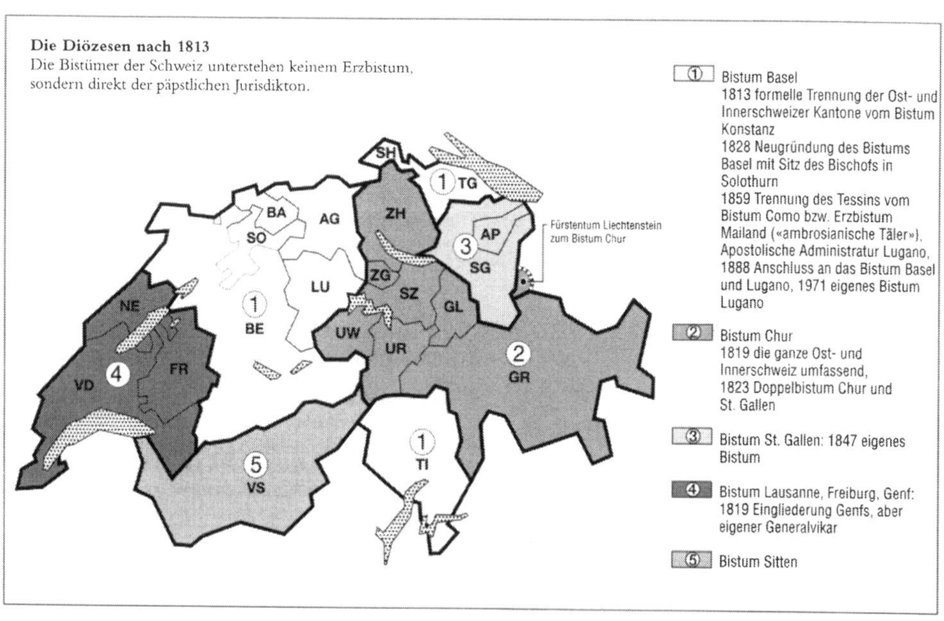

287 Zum frühen Weggefährten von Marx vgl. *Seidel-Höppner*, Wilhelm Weitling (1808–1871).

288 Quelle: Ökumenische Kirchengeschichte der Schweiz 220.

3.5.4 Entwicklung der evangelischen Kirchen

Der Protestantismus hatte sich bis 1800 auf allen Kontinenten verbreitet, ohne jedoch eine Weltkirche zu bilden.[289] Weiterhin prägte Vielfalt die regionalen Kirchen und fehlten übergreifende Strukturen. Die Französische Revolution weckte in den lutherischen Kirchen **Deutschlands** bald Abneigung, da diese blutige Umstürze ablehnten. In Preußen und Württemberg mussten sich die protestantischen Kirchen vehement gegen die Religionspolitik der Könige wehren, deren staatskirchliche Eingriffe sogar die Haar- und Barttracht der Pfarrer bestimmten. Im Kampf gegen Napoleon beteten Gemeinden für den Sieg der preußischen Waffen in einem heiligen Krieg. Ähnlich wird es 1870 und 1914 wieder geschehen. Durch den Wiener Kongress wurde Preußen zur protestantischen Führungsmacht. Da das Königshaus selbst reformiert war, förderte es anlässlich des Reformationsjubiläums 1817 die preußische Kirchenunion von Lutherischen und Reformierten. In der Restaurationszeit begannen sich regressive Konservative von progressiven Konservativen abzugrenzen: Erstere neigten zusammen mit der kulturellen Strömung der Romantik zur Verklärung der Vergangenheit, während letztere die revolutionären Ideen der Freiheit, Menschenrechte und Gewaltentrennung friedlich umsetzen wollten. Die Progressiven trugen wesentlich zur Märzrevolution von 1848 bei.

In **Frankreich** wurde mit dem Prediger Jean-Paul Rabaud ein Hugenotte im März 1790 zum Präsidenten der Nationalversammlung gewählt. 1791 erhielt die evangelische Kirche volle Kultfreiheit. Selbst als Robbespierre 1794 Rabaud guillotinieren liess, blieben namhafte Evangelische der Revolution verbunden. Napoleons Bekenntnis zu einem christlichen Frankreich und seine Absage an den Katholizismus als Staatsreligion verlieh den Hugenotten ab 1802 dauerhaften Entfaltungsraum. Siebzig Jahre später machen die Reformierten in Frankreich eine halbe Million gegenüber 36 Mio. Katholiken aus.

---

289 Zum Folgenden vgl. eingehend Ökumenische Kirchengeschichte Bd. 3, 17–90 (= «Evangelische Kirchengeschichte von 1789–1918»).

Im Protestantismus **Nordamerikas** wurde gegen 1800 der strenge Calvinismus vorherrschend. Offen für aufklärerische Ideen, legten die Old Calvinists Wert auf praktisch-tätige Religiosität. Amerikanische Kirchen fanden sich durch die Befreiung der Kolonien von der britischen Monarchie leicht in ein demokratisches und republikanisches Christsein. Zugleich gründen prophetische Prediger neue Glaubensgemeinschaften: Ab 1830 bildeten sich nach der Veröffentlichung von Joe Smiths «Buch Mormon» in den USA die Mormonen. 1844 sammelte der Farmer William Miller mit Weltuntergangspredigten erste Adventisten: Trotz Nichteintreten der Ankündigung entstand eine heute weltweit Millionen zählende Kirche, die nur Erwachsene tauft, den Sabbat feiert und die baldige Wiederkunft Christi erwartet. 1872 begründete der US-Amerikaner Charles Russell die «internationale Vereinigung ernster Bibelforscher», die bis heute als Zeugen Jehovas eine wörtliche Bibelauslegung mit ausgeprägter Endzeiterwartung, Missionseifer und pazifistischer Lebenshaltung verbinden.

Spirituell zeichnet sich das 19. Jahrhundert durch eine neue **Erweckungswelle** aus, die auf Kirchen und Länder übergriff. Sie erinnert an den Pietismus des 17./18. Jahrhunderts, der sowohl im reformierten wie im lutherischen Europa an das religiös-fromme Pflichtgefühl (*pietas*) des Einzelnen appellierte und der zahlreiche Bibel- und Gebetsgruppen entstehen liess. Einen kraftvollen Aufschwung erlebte die Bewegung in der religiösen Hochstimmung nach dem Sieg über Napoleon und durch die 300-Jahr-Feier der Reformation 1817. Die preußischen Herrscher von König Wilhelm III. bis Kaiser Wilhelm I. unterstützten in ihrer Funktion als Landeskirchenherr und «summus episcopus» die Erweckten und schätzten ihr Engagement im sozialen Bereich und in der Mission. Dabei suchte die «innere Mission» Deutschland tiefer zu bekehren und die «äussere Mission» die koloniale Welt zu evangelisieren. Für die sozial-karitative Arbeit wurden Diakonissen bedeutsam, evangelische Ordensschwestern, die sich an einer ersten Gründung von 1837 in Kaiserswerth orientierten. Die äussere Mission warb durch Zeitschriften, Missionsfeste und Missionskonferenzen für Personal und Mittel zur Bekehrung der «heidnischen» Welt. Als älteste und bedeutendste Missionsgemeinschaft wurde 1815 die Basler Mission von Christian Friedrich Spittler gegründet, der 1840 auch die Missionsschule St. Chrischona einrichtete. Typisch für viele Erweckte blieben eine konservative Grundeinstellung, Distanz zur Parteienpolitik und Ablehnung sozialistischer oder kommunistischer Ideen, Zusammenwirken mit den evangelischen Landeskirchen nach einem Motto von Theodor Christlieb (1833–1889): missionarisches und diakonisches Engagement «in der Kirche, wo möglich mit der Kirche, aber nicht unter der Kirche». Spannungen zu den verfassten Landeskirchen liessen in den 1840er Jahren erste «freie evangelische Gemeinden» entstehen. Ab 1875 gelangen anglikanische Ein-

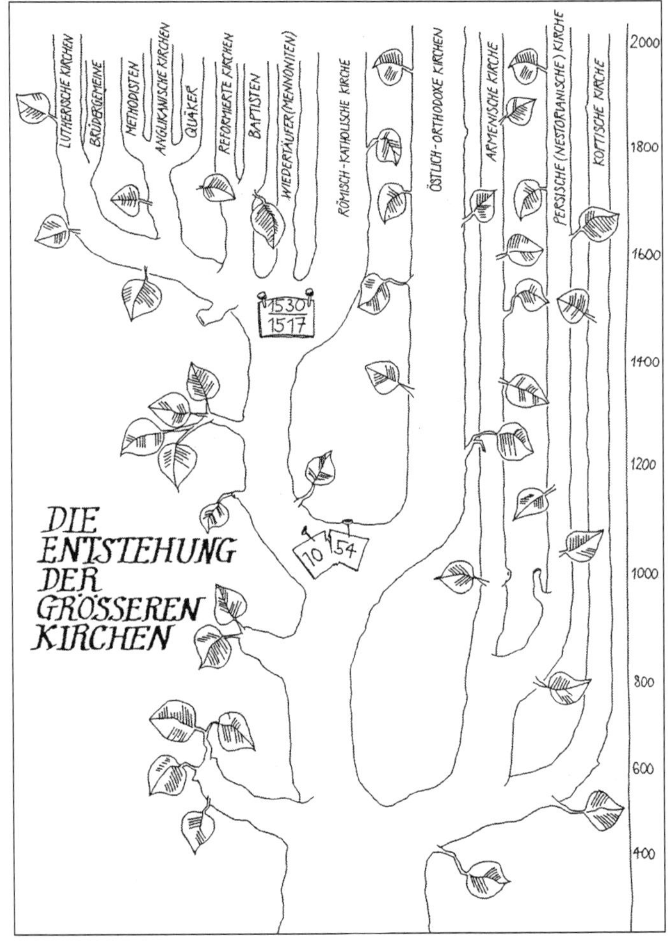

Abb. 21: Der Stammbaum der grössten Kirchen verzeichnet heute meist weltweit verbreitete Glaubensgemeinschaften. Sie gingen aus der Urkirche hervor, an dessen Ideal (Apg 2 und 4) sich jede Reform neu orientiert. Als Wurzelboden aller Kirchen und des einen Stammes wäre die jüdische Mutterreligion einzuzeichnen. Die Zeichnung drückt die grossen Schismen und Verzweigungen aus, ohne die vielfältigen weitere Verästelungen zu nennen. So fehlen etwa die alt- bzw. christkatholische Kirche die Pfingstkirchen und alle neueren Freikirchen des 20. Jahrhunderts. Dass die römisch-katholische Kirche als Hauptstamm und die anderen Kirchen als Zweige erscheinen, offenbart ideologisch Herkunft und Standpunkt der Skizze.

flüsse nach Deutschland, speziell Impulse aus der Evangelikalen Bewegung und der Heiligungsbewegung Nordamerikas. Erstere strebte auf der alleinigen Grundlage der göttlich inspirierten Bibel nach der eigenen Bekehrung, letztere erwartete nach der Taufe durch den Heiligen Geist ein heiliges Leben der Gläubigen, meist in Distanz zur theologischen Forschung und mit fundamentalistisch-perfektionistischen Zügen. Die Heiligungsbewegung erfuhr im frühen 20. Jahrhundert von den USA her über England zusätzlichen Aufschwung durch Geisttaufen und endzeitlich gedeutete Phänomene wie die Zungenrede. 1907 erlebte Kassel erstmals ekstatische Versammlungen, die zu Tumulten führten. Der Erste Weltkrieg entfremdete die deutsche Erweckungsbewegung von der angelsächsischen. Erweckte bejubelten den Ersten Weltkrieg ebenso wie die Machtergreifung der NSDAP 1933, um jedoch bald ernüchtert zu werden. Ältere erweckte Kreise und neuere Pfingstbewegung vereinten sich nach dem Zweiten Weltkrieg in der Deutschen Evangelischen Allianz. Als diese 1968 der World Evangelical Fellowship beitrat, wich das Wort pietistisch zunehmend dem Ausdruck *evangelical* (= am Evangelium orientiert).

3.6 Liberalismus – Ultramontanismus – Sozialismus (2. Hälfte 19. Jahrhundert)

Im Zeichen von Napoleons gewaltsamer Neuordnung Westeuropas erschüttert und vom Wiener Kongress wieder in eine restaurative Epoche geführt, erlebten die Staaten und die Kirchen des Abendlandes ab 1830 ein Erstarken liberaler Ideen. Zugleich führte die schnell fortschreitende Industrialisierung mit den wirtschaftlichen auch zu gesellschaftlichen Umbrüchen. Karl Marx (1818–1883) und Friedrich Engels (1820–1895) riefen 1848 im «Kommunistischen Manifest» die unterdrückte Arbeiterklasse zum Kampf gegen die Kapitalisten auf und forderten den «Sturz der Bourgeoisherrschaft» und die «Eroberung der politischen Macht durch das Proletariat».[290]

290 *Marx/Engels*, Das Kommunistische Manifest 474.

Tatsächlich verschärften sich in der zweiten Jahrhunderthälfte zunächst die Auseinandersetzungen zwischen liberalen und konservativen Kräften in der Politik. Der katholische Konservativismus fand seine Leitfigur in einem Papst, der sich politisch entmachtet und im Ersten Vatikanischen Konzil geistig zur Unfehlbarkeit erhoben sah. Zugleich organisierten sich kommunistische und sozialistische Parteien, die gegen Ende des Jahrhunderts Kulturkämpfe durch Klassenkämpfe abzulösen drohten. Durch ihre Sozialethik bot die Kirche sich als Vermittlerin an und öffnete damit ein erstes Fenster zur industriellen Moderne.

3.6.1 Italienische Einigung und Pius IX.

Dem beliebten Pius VII. folgten in Rom Päpste nach, die zur Erstarrung im Kirchenstaat beitrugen. Leo XII. (1823–1829) soll vor seiner Wahl schon siebzehn Mal die Sterbesakramente empfangen haben. Pius VIII. (1829–1830) starb nach zwanzig Monaten im Amt. Der Mönchspapst Gregor XVI. (1831–1846) stammte aus dem Eremitenorden der Kamaldulenser und war ebenso gelehrt wie weltfremd. Als die Julirevolution auch den Kirchenstaat erschütterte, sah er sich in seiner konservativen Weltsicht bestätigt. Bereits 1799 hatte er in seinem Buch «Der Triumph des Heiligen Stuhles» die Unfehlbarkeit und absolute Monarchie des Papstes gefordert. In der Enzyklika «Mirari vos» von 1832 verwarf er neben dem Rationalismus und dem Gallikanismus auch die Gewissensfreiheit als verderblichen Irrtum.

Italien wurde durch den Wiener Kongress in acht Einzelstaaten im Norden und Süden des Patrimonium Petri (Kirchenstaat) aufgeteilt: das Königreich Piemont-Sardinien, die Herzogtümer Parma, Modena und Lucca, das Grossherzogtum Toskana, Genua, die Königreiche Neapel-Sizilien und Lombardo-Venetien. Die politische Sammelbewegung des *Risorgimento* forderte ein geeintes Italien. Ihr Vordenker und Führer, Giuseppe Mazzini (1805–1872) aus Genua, träumte von einer Republik mit Rom als Hauptstadt. Während Mazzini und Giuseppe Garibaldi für einen laizistischen Staat kämpften, wünschten sich kirchliche Katholiken im *Risorgi-*

mento wie Vincenzo Gioberti einen Bundesstaat unter Vorsitz des Papstes.

Als es in Paris 1848 zur Februar-Revolution kam, sprangen wieder Funken auf andere Gebiete Europas über: mit grösstem Erfolg in der Schweiz, wo die konservativen Kantone im Sonderbundskrieg besiegt und in den neuen, liberalen Bundesstaat gezwungen wurden. In Frankfurt konnte sich die erste deutsche Nationalversammlung nach der Märzrevolution nicht durchsetzen. In Rom brach im Herbst 1848 ein liberaler Aufstand aus, in dessen Verlauf der Ministerpräsident des Kirchenstaats ermordet, der Papst in die Flucht getrieben und die Republik ausgerufen wurde. Auf dem Petrusstuhl sass mit dem 56-jährigen Pius IX. (1846–1878) ein junger Papst, dessen Pontifikat die Rekordzeit von 32 Jahren erreichen sollte: liebenswürdig und jähzornig, von vielen verehrt und von anderen gehasst. Nachdem Truppen Frankreichs im Juli 1849 die Römische Republik niedergeschlagen hatten, kehrte Pius IX. 1850 nach Rom zurück, wo er, von französischen Truppen beschützt, bis 1870 ein Polizeiregime errichtete. Politisch geriet der Kirchenstaat jedoch zunehmend unter Druck. In Norditalien verbündete sich der Piemonteser Ministerpräsident Camillo Cavour mit dem französischen Kaiser Napoleon III., der 1859 die österreichisch besetzte Lombardei eroberte, sie ins Königreich Italien einbrachte und dafür das Herzogtum Savoyen erhielt. 1860 rückten Piemonteser Truppen von Norden und Giuseppe Garibaldis Armee von Süden gegen Mittelitalien vor. Der Kirchenstaat verlor dabei Umbrien und die Mark Ancona. 1864 wurde Florenz die provisorische Hauptstadt Italiens, zu dem 1866 auch das Königreich Venetien stiess. 1870 kündigte sich während des Ersten Vatikanischen Konzils das Finale an. Im September stürmten italienische Truppen Rom. Der Kirchenstaat war am Ende und ging als letztes Gebiet im Königreich Italien auf. Der vergrämte Papst verweigerte dessen Anerkennung und lebte fortan als «Gefangener im Vatikan».[291]

291 Zur italienischen Einigung als Kontext des zusammenbrechenden Kirchenstaates und der Selbstisolation des Papsttums: Geschichte des Christentums Bd. 11, 257–273.595–620.

Mitten im Prozess des *Risorgimento* veröffentlichte Pius IX. am 8. Dezember 1864 mit der Enzyklika «Quanta cura» eine Sammlung von 80 Sätzen, den «Syllabus errorum» aller «Irrtümer der modernen Zeit». Er richtete sich gegen alle liberalen Strömungen und Ideen bezüglich Staat, Kirche, Gesellschaft und Lebensgestaltung. Verurteilt und verboten wurden konkret Pantheismus, Rationalismus, Sozialismus, Kommunismus, Religionsfreiheit, staatliche Eingriffe in die Kirche und die Gleichstellung von Katholizismus und Protestantismus.[292] Innerhalb der katholischen Kirche provozierte der Syllabus geteilte Meinungen: Während neuscholastisch-römische denkende Theologen zustimmten, fürchteten liberale Katholiken, der Papst treibe die Kirche gänzlich ins geistige Ghetto.[293]

3.6.2 Kulturkämpfe in Deutschland und der Schweiz

Bereits vor 1848 bildete sich in **Deutschland** eine katholische Bewegung aus, die sich für die Freiheit der Kirche in enger Anbindung an Rom stark machte. Ihr bedeutendster Vertreter wurde der Hochschullehrer Joseph Görres (1777–1848), der sich publizistisch für ein geeintes, demokratisches und christliches Deutschland einsetzte.[294] Staatliche Eingriffe Preußens in die katholische Kirche provozierten zunächst 1837 den Kölner Streit um Mischehen, in dessen Verlauf der Erzbischof verhaftet und in die Festung Minden gesperrt wurde. Erst die Thronfolge Friedrich Wilhelms IV. 1840 und die feierliche Einweihung des Kölner Doms 1842 entspannten den Konflikt einigermassen. 1844 pilgerte eine halbe Million katholischer Bauern und Handwerker zum Heiligen Rock in Trier. Die Massenmobilisation wurde von protestantischen und liberalen Kreisen als Volksverführung und Störung des konfessionellen Friedens kritisiert. Klerus und katholischer Adel nutz-

292 Die folgenreiche Enzyklika findet sich dokumentiert in DH *2890–2896, der Syllabus DH *2901–2980.

293 Der bisher jüdisch geprägte Begriff des Ghetto wird nun selbst von katholischen Zeitgenossen auf die Kirche angewandt. Am Beispiel der Schweiz näher untersucht: *Altermatt*, Der Weg ins Ghetto.

294 *Görres'* Spätwerk «Die christliche Mystik», 4 Bände (1836–1842), liegt in einer Neuausgabe vor, die 2015 in Treuchtlingen erschien.

ten die organisierten Pilgerzüge, um die einfachen Schichten ultramontan zu stimmen, dem preußischen Staat umso kritischer zu begegnen und das Vertrauen auf Rom zu setzen. «Ultramontan» wurde denn auch als Schimpfwort für «ferngesteuert» verwendet. Nach der Märzrevolution von 1848 entstanden vielerorts katholische Vereine, die die Meinungs-, Presse- und Versammlungsfreiheit nutzten, um sich zu vernetzen, ein römisch-katholisches Gesamtkirchenbewusstsein auszubilden und einen eigentlichen Vereinskatholizismus aufzubauen. 1870 trat dieser mit der Zentrumspartei als Vertretung der guten Katholiken auch auf die politische Bühne.

Die Spannungen zwischen Nationalstaat und ultramontanen Katholiken bzw. liberaler Gesellschaft und restaurativen Kreisen der Kirche eskalierten im Gefolge des Ersten Konzils im Vatikan. Da Rom alle Priester und Professoren mit Amtsverbot oder Exkommunikation belegte, die die Konzilsergebnisse kritisierten, sah der Staat in der Armee und an Universitäten Amtsträger in seinem Dienst, die in die neue, liberal gesinnte altkatholische Kirche übertraten. Der Kanzler des eben formierten Kaiserreichs, Fürst Otto von Bismarck, misstraute zudem der neu gegründeten katholischen Zentrumspartei, in der er einen feindlichen «Vorposten» des «Heeres hinter den Alpen» erblickte. Der Reichstag verbot 1871 im «Kanzelparagraf», kirchliche Verkündigung für politische Beeinflussung zu missbrauchen, und verbannte 1872 im «Jesuitengesetz» die Gesellschaft Jesu und ihr «verwandte» Orden wie die Redemptoristen aus dem Reich. Preußen unterstellte im gleichen Jahr alle Schulen staatlicher Aufsicht. Die diplomatischen Beziehungen zum Vatikan wurden abgebrochen. 1873 verschärfte der neue Kultusminister die Lage durch die «Maigesetze», die die Kirche weitgehend staatlicher Kontrolle aussetzte: Amtierende und künftige Geistliche durften nur noch angestellt werden und wirken, wenn sie in einem Kulturexamen ihre politische Unbedenklichkeit erwiesen; dem Papst wurden alle Jurisdiktionsakte – inkl. Exkommunikationen – in Deutschland untersagt; kirchliche Streitfälle hatten durch zivile Gerichten entschieden und kirchliche Disziplinarmassnahmen staatlich abgesegnet zu werden; zudem genügte für den Kirchenaustritt eine Mitteilung ans Amtsgericht. Proteste des Papstes an Kaiser Wilhelm I. (1871–1888) blieben fruchtlos. Das neue Zivilstandsgesetz von 1874 erklärte die Zivilehe obligatorisch. 1875 wurden alle sozial entbehrlichen Orden verboten. Pius IX. goss darauf mit der Enzyklika «Quod numquam» vom Februar 1875 Öl ins Feuer: Der Staat antwortete mit dem Sperr- und Brotkorbgesetz, das nicht loyalen Bischöfen und Geistlichen alle staatlichen Zuschüsse entzog. Bis 1878 wurden alle Priesterseminare in Preußen geschlossen, acht Bischöfe aus dem Amt entfernt und rund 1200 Pfarreien nicht mehr besetzt. Der Konflikt zwischen Staat und katholischer Kirche verlief in Baden, Hessen und Sachsen ähnlich wie in Preußen, während Bayern nur den Kanzelparagrafen und das Jesuitengesetz durchsetzte, weitere Zwangsmassnahmen unterliess, dafür aber den Aufbau der liberalen altkatholischen Kirche unterstützte. Bismarcks Ziel, eine romfreie Nationalkirche zu schaffen, scheiterte jedoch am Widerstand der Zentrumspartei und des katholischen Volkes. Bis 1885 verdoppelten sich die katholischen Presseorgane. Die Kirche organisierte sich in einem geistigen und organisatorischen Ghetto. Eine allmähliche Entspannung trat erst ab 1887 ein, als Leo XIII. (1878–1903) als Nachfolger des Konzilspapstes die Kirche über die «soziale Frage» neu in Dialog mit den Mächtigen und der Arbeiterklasse treten liess.[295]

In der **Schweiz** hatten sich die liberalen Kräfte bereits 1830 nachhaltig durchgesetzt und die katholisch-konservativen Kantone in die Defensive gedrängt. Entsprechend setzt der Kulturkampf früher ein und führt bereits Anfang der Vierzigerjahre zu massiven Konflikten. Die folgenden Phasen lassen sich dabei unterscheiden:

Die erste Phase setzt in den 1830er Jahren ein und dauert bis zum Sonderbundskrieg. Sie bildete die katholische Lagermentalität aus und legte die organisatorische Basis für die spätere Sondergesellschaft, einen katholischen Staat im Schweizer Staat. Nach der Gründung des Bundesstaates 1848 trat der Katholizismus den Rückzug vor der Übermacht des regierenden Freisinns an und suchte seine Macht in den katholischen Stammlanden zu festigten (zweite Phase). Die dritte Phase

295 Den deutschen Kulturkampf zeichnet im Überblick nach: Geschichte des Christentums Bd. 11, 642–655.

umfasst den Zeitraum von 1860–1920, als die Katholiken ihr Vereinswesen in all seinen Verästelungen aufbauten. Um die Jahrhundertwende entstand dabei jenes Organisationsmodell, das den politischen und sozialen Katholizismus in der ersten Hälfte des 20. Jahrhunderts prägte. Seine Blütezeit erlebt das katholische Milieu 1920–1950, organisatorisch gestützt auf die Volkspartei für die politische und den Volksverein für die kirchlich-religiöse und kulturelle Bildungsarbeit.

Einen ersten Meilenstein im Schweizer Kulturkampf setzten die Badener Artikel von 1834: Eine Versammlung Radikal-Liberaler erarbeitete in der Tagsatzungsstadt ein 14-Punkte-Programm, das eine nationale Erzdiözese, Synoden zur Kontrolle der Bischöfe, staatliche Aufsicht über Theologiestudien, Priester und Ordensleute, Besteuerung der Klöster, Novizenverbot und die Erlaubnis von Mischehen forderte. Kantonale Versuche, dieses Programm durchzusetzen, provozierten einen Aufruhr im Aargau und im Berner Jura. Augustin Keller (1805–1883), Vater der Badener Artikel, erreichte 1841 in seinem Kanton Aargau, dass der Grosse Rat alle Klöster aufhob. Die Tagsatzung erzwang darauf die Wiederherstellung der vier Frauenklöster. 1843 beschloss das inzwischen konservativ gewordene Luzern, die Jesuiten zurückzurufen und ihnen die mittlere und höhere Bildung anzuvertrauen. Die Radikal-Liberalen scheiterten in der Tagsatzung mit dem Versuch, ein Jesuitenverbot für die ganze Schweiz durchzusetzen. Als die Jesuiten im Herbst 1844 eintrafen, marschierten im Dezember radikale Freischärler aus Solothurn und Basel, im März 1845 eine Berner Expedition gegen Luzern; beide wurden jedoch militärisch zurückgeschlagen. Zu ihrer Verteidigung schlossen sich die katholischen Kantone der Innerschweiz sowie Fribourg und Wallis im Dezember 1845 zum Sonderbund zusammen. Als dieser ein Bündnis mit Österreich anstrebte, beschloss die Tagsatzung im Sommer 1847 die Auflösung des Sonderbundes, der im November durch einen raschen Feldzug unter General Guillaume Henri Dufour zerschlagen wurde. Luzern und Fribourg mussten die Jesuiten ausweisen und wurden unter eine radikale Regierung gezwungen. Im September 1848 setzten die Radikalen eine neue Verfassung durch, die den Schweizer Staatenbund in einen Bundesstaat nach amerikanischem Vorbild umwandelte.

Die neue Grundrechte in der Bundesverfassung von 1848 beendeten die Politik des «*cuius regio – eius religio*»: Niederlassungs- und Kultusfreiheit für die «anerkannten christlichen Konfessionen» (Art. 41–42) führten im neuen Bund schnell zu konfessioneller Durchmischung und Diasporabildung. Art. 58 verbot die Jesuiten und ihnen verwandte Gesellschaften, und Art. 64 entzog Geistlichen das passive Wahlrecht für die grosse Parlamentskammer, den Nationalrat.

Das in den neuen Bund gezwungene katholische Lager versuchte in den folgenden Jahrzehnten, seine Macht in den eigenen Kantonen zu festigen und sich als Opposition national zu formieren. Zunehmende politische Spannungen zwischen den Katholisch-Konservativen auf der einen, der protestantisch-freisinnigen Mehrheit im Bund sowie liberalen Katholiken auf der anderen Seite eskalierten im Gefolge des Ersten Vatikanischen Konzils 1870. Auf die Amtsenthebung von Pfarrern reagierten die Kantone 1873 mit der Ausweisung der Bischöfe von Basel und Genf und der Bund 1874 mit der Ausweisung des päpstlichen Nuntius. 1876/77 erfolgte die staatliche Anerkennung der christkatholischen Kirche in den Kantonen Aargau, Solothurn, Zürich, Bern, Neuenburg und Genf, später auch St. Gallen, Schaffhausen und Luzern. Die revidierte Bundesverfassung von 1874 verschärfte zudem die konfessionellen Einschränkungen: Art. 49 gewährt Glaubens- und Gewissensfreiheit, Art. 50 fordert für die Errichtung von Bistümern in der Schweiz die Genehmigung der Bundesversammlung, Art. 51 erneuert das strikte Jesuitenverbot (kein Aufenthalt, kein Wirken in Schule und Kirche); dasselbe droht jedem Orden, der dem Staat gefährlich wird oder den konfessionellen Frieden stört. Art. 52 verbietet die Errichtung oder Wiederherstellung von Orden und Klöstern. Art. 75 erneuert das Verbot, als Geistliche in den Nationalrat gewählt zu werden. Das Jesuiten- und Klostergründungsverbot blieb für die gesamte Schweiz bis 1973 gültig.[296]

Der Kulturkampf führte in der Schweiz dazu, dass die Kirchen (auch die reformierte) ihren Einfluss auf die Schwei-

296 Zur Unterdrückung der Jesuiten in der Schweiz und in Deutschland siehe Abschnitt 3.4.4.

zer Politik weitgehend verloren. Ihre Tätigkeit hatte sich auf den pastoralen, sozialen und schulischen Bereich zu beschränken. Die römisch-katholische Kirche erschien nun definitiv als Gegnerin jedes Fortschritts. Das Erste Vatikanische Konzil bestätigte das antimoderne Gesellschaftsmodell der katholisch-konservativen Bevölkerung: Betonung der Erbschuld gegen den liberalen Freiheitsoptimismus, Primat des Papstes gegen den dominanten liberalen Staat und seine Institutionen.[297]

Das Erste Vatikanische Konzil 3.6.3

Im Dezember 1864 griff Pius IX. die bereits kursierende Idee eines Konzils auf und liess von Kardinälen und Bischöfen heimlich Schemata erarbeiten, die dem Syllabus höhere Autorität verleihen würden. 1854 hatte er durch die Dogmatisierung von Marias «*immaculata conceptio*» (= unbefleckte Empfängnis») bereits eine Lehrentscheidung im Alleingang versucht. Angesichts der Pilgerscharen, die 1867 zum 1800-Jahr-Jubiläum des Martyriums von Petrus und Paulus auf Europas wachsenden Eisenbahnnetzen nach Rom kamen, regte Bischof Félix Dupanloup von Orléans offen ein allgemeines Konzil an, das die Freiheit der Kirche verteidigen, die Macht des Papstes unterstreichen und die Einheit des Glaubens fördern solle. Pius IX. fühlte sich in seinem Vorhaben bestärkt und liess die Vorbereitungen für ein Konzil in Rom anlaufen. Im Sommer 1868 legte er den Termin fest und berief die Versammlung auf den 8. Dezember 1869 in den Vatikan, der damit erstmals ein Konzil beherbergen sollte. In die Vorbereitung flossen fünf Problemkreise ein: Glaubensfragen, Kirchenrecht und Disziplin, Mönchtum und Orden, Mission und Ostkirche, kirchenpolitische Fragen. Bis Februar 1869 war die Frage der päpstlichen Unfehlbarkeit nicht traktandiert. Die angesehene Jesuiten-Zeitschrift «Civilità cattolica» sammelte jedoch Meinungen zu dieser Frage, und der päpstliche Nuntius in Frankreich berichtete, die Katholiken im

297 Die neuzeitliche Sozial- und Mentalitätsgeschichte der katholischen Schweiz seit 1850 beleuchtet *Altermatt*, Katholizismus und Moderne.

Land würden eine Unfehlbarkeitserklärung wünschen. Als der französische Publizist Louis Veuillot in seiner ultramontanen Zeitschrift «L'Univers» gar die Idee einer entsprechenden Konzilserklärung ohne Debatte durch Akklamation unterstützte, stieg der Münchner Kirchenhistoriker Ignaz von Döllinger auf die Barrikaden: Er forderte die Freiheit der theologischen Forschung ein und lancierte unter dem Pseudonym «Janus» in der Augsburger «Allgemeinen Zeitung» einen massiven Angriff auf die Absichten, den Papst für unfehlbar zu erklären: Das zunehmend zentralistische Profil des Papsttums sei historisch gewachsen und dürfe keineswegs zu einer Sache des Glaubens werden. Ein Appell Döllingers an die bayrische Regierung, sie solle für einen Protest der europäischen Mächte sorgen, blieb ohne Erfolg. Im Vorfeld des Konzils bildeten sich nun zwei Fronten aus: Ultramontane liessen in Frankreich einen Papalismus aufblühen, der wunderliche Stilblüten trug. So deuteten Kleriker Hymnen im Breviergebet auf den Papst um, und der Genfer Weihbischof Gaspard Mermillod sprach von der dreifachen Inkarnation Gottes in Maria, in der Eucharistie und im Papst. Kritiker warnten vor einer Vergötzung des Papsttums. Im Konzil selbst waren die Bischöfe aus Italien und Frankreich mehrheitlich Infallibilisten (= Anhänger des Unfehlbarkeits-Konzepts), während eine Mehrheit der deutschsprachigen Bischöfe sich gegen eine Unfehlbarkeit aussprach. Ein schwergewichtige Befürworter war auch der Erzbischof von Westminister, Henry Edward Manning, während sein Münchner Kollege Gregor Scherr, der Rottenburger Bischof Karl Joseph von Hefele und der St. Galler Bischof Carl Johann Greith das Lager der Gegner anführten.

Ans Konzil geladen waren alle Kardinäle, die 700 Diözesanbischöfe, die 200 Titularbischöfe sowie die Generaloberen und Generaläbte der Orden. 642 Konzilsväter trafen zur Eröffnungssitzung im rechten Querschiff der Petersbasilika ein. Eine vorberatende Kommission hatte die Schemata erarbeitet, die der Generalkongregation vorgelegt wurden. Nach Abschluss der Diskussion erfolgte die Feierliche Sitzung, in der das Dokument promulgiert wurde. Die Konzilsarbeit gestaltete sich schwierig. Die Vorlage über die «Göttliche Offenbarung» wurde nach einer ersten Debatte als ungenügend zurückgewiesen. Der Vorlage über das Kirchenrecht sollte es nicht besser ergehen. Im Frühjahr 1870 stellte sich die Frage, wie die Arbeit überhaupt weitergehen solle, als man sich in Nebensächlichem verlor und etwa darüber stritt, ob Kleriker Bart tragen dürften. Die neu erarbeitete Vorlage über die «Göttliche Offenbarung» führte das Konzil zu dogmatischen Diskussionen zurück. Am 24. April 1870 wurde die Konstitution «Dei Filius» feierlich verkündet. Sie hielt an der Möglichkeit natürlicher Gotteserkenntnis, der Glaubwürdigkeit göttlicher Offenbarung und der Vereinbarkeit von Glaube und Wissen fest.

Ein weiteres Schema «De ecclesia» sah vor, in der Ekklesiologie auch die Einsetzung, Fortdauer und Natur des Primates ebenso wie das unfehlbare Lehramt des Papstes zu behandeln. Ungeduldige Infallibilisten verlangten eine vorgezogene Diskussion über das Papst-Kapitel, was den sofortigen Protest der Minorität zur Folge hatte. Pius IX. entschied für die Infallibilisten. So kam es zwischen dem 13. Mai und dem 3. Juni 1870 zur Debatte über Primat und Unfehlbarkeit. Die beiden Parteien führten wichtige Gründe für ihre Position ins Feld: Infallibilisten beriefen sich auf Mt 16, Lk 22 und Joh 21, während Anti-Infallibilisten einwandten, dass Aussagen über Petrus nicht uneingeschränkt für die Päpste gelten und dass weder Schrift noch Tradition das Dogma stützten. Gegen die Behauptung, die Päpste hätten voll des Heiligen Geistes in ihrem Amt nie geirrt, führten Kirchenhistoriker wie Hefele das Beispiel Honorius' I. an, den das Dritte Konzil von Konstantinopel 680/81 wegen einer christologischen Häresie nachträglich exkommunizierte. Schliesslich warnten die Unfehlbarkeitsgegner auch aus politischen Gründen vor einer Dogmatisierung: Der Papst sei kirchenintern ohnehin beliebt, und die Kirche würde im Falle einer Unfehlbarkeitserklärung grösste Schwierigkeiten in protestantisch geprägten Staaten bekommen. Tumultartige Zustände traten ein, als der kroatische Bischof Josip Juraj Štrossmajer das Schriftprinzip als Massstab für eine gesunde Lehre einforderte und eine Überhöhung des Papstes mit Blick in die Bibel und die frühe Kirche ablehnte: Als seine Brandrede Pius IX. von Ultramontanen und Konzilsvätern so vergötzt bezeichnete, wie man «aus der heiligen Jungfrau eine Göttin gemacht hat», verliessen Bischöfe unter Protest und Anathema-Rufen die Versammlung.[298] Als die erzwungene Detailberatung der Vorlage im Juni 1870 den Sieg der Majorität ankündigte, suchte ein Teil der Minorität die Kooperation mit den gemässigten Infallibilisten. Bischof Vinzenz Gasser von Brixen plädierte mit einer mehrstündigen Rede für eine Unfehlbarkeit, die päpstliche Entscheidungen faktisch an den Konsens der Kirche bindet. Der Wiener Kardinal Joseph Othmar von Rauscher schlug einen ähnlichen Kompromiss vor: Der Papst ist unfehlbar, wenn er sich des Rates der ganzen Kirche bedient. Die weitere Debatte rang um die Art, wie der Papst sich mit den Bischöfen und der Gesamtkirche abzustimmen habe. Am 13. Juli kam es zu einer Probeabstimmung, bei der 50 Bischöfe fehlten und noch 601 Konzilsväter anwesend waren. 88 lehnten die Vorlage ab, 62 stimmten nur «*iuxta modum*», also mit Vorbehalten, zu. Obwohl sich ein Viertel der Konzilsväter skeptisch bis ablehnend zeigte, verschärfte Pius IX., von der Mehrheit ermutigt, die Formel:

> «Wenn der römische Papst *ex cathedra* spricht – das heisst, wenn er in Ausübung seines Amtes als Hirte und Lehrer aller Christen kraft seiner höchsten apostolischen Autorität entscheidet, dass eine Glaubens- oder Sittenlehre von der gesamten Kirche festzuhalten ist –, dann besitzt er mittels des ihm im seligen Petrus verheissenen göttlichen Beistands jene Unfehlbarkeit, mit der der göttliche Erlöser seine Kirche bei der Definition der Glaubens- und Sittenlehre ausgestattet sehen wollte; und daher sind solche Lehrentscheidungen des römischen Papstes aus sich, nicht aber aufgrund der Zustimmung der Kirche unabänderlich [*definitiones ex sese, non autem ex consensu Ecclesiae irreformabiles esse*].»[299]

Kardinal Rauscher drängte den Papst, die ganze Angelegenheit zu verschieben, bis sich die Lage entspannt habe. Doch Pius IX. blieb hart, worauf ihm 88 Bischöfe der Minorität in einem Brief erklärten, sie würden sich der Stimme enthalten und abreisen, unter ihnen 20 Franzosen, 22 aus Österreich-Ungarn und 9 Deutsche. Nach hitzigen Tagen kam es am Montag,

---

298 Ein Bischof gegen die Unfehlbarkeit des Papstes. Rede des Bischofs Strossmayer auf dem Vaticanischen Konzil im Jahre 1870, gedruckt vom Volkswarte-Verlag in München, o.J.

299 DH *3074; für die Texte der beiden vom Konzil verabschiedeten Konstitutionen vgl. DH *3000–3075.

18. Juli 1870, zur feierlichen Sitzung. Nachdem die Konzilsväter im Petersdom vormittags unter dem Vorsitz von Pius IX. die Votivmesse vom Heiligen Geist gefeiert hatten, wurden sie einzeln zur Stimme aufgerufen. Dabei brach ein Gewittersturm los, der die Voten der Väter mit zuckenden Blitzen und Donnerschlägen umrahmte. Am Ende standen 533 «*Placet*» noch 2 «*Non placet*» gegenüber. Die dogmatische Konstitution «Pastor Aeternus» definierte damit, worum man so lange und so hart gekämpft hatte: Kapitel 3 umschrieb die volle Jurisdiktionsgewalt des Papstes in der Kirche, Kapitel 4 die päpstliche Unfehlbarkeit. Eine Weiterdiskussion der gesamten Kirchenkonstitution «De ecclesia» scheiterte am vorzeitigen Abbruch des Konzils. Als der Preußisch-Französische Krieg ausbrach, reisten die Bischöfe jener Staaten ab, und kurz bevor die italienischen Truppen Rom im September einnahmen, wurde das Konzil auf unbestimmte Zeit (*sine die*) vertagt. Von ihrer Unfehlbarkeit machten weder Pius IX. noch seine Nachfolger Gebrauch. Mit einer Ausnahme: Einzig das Dogma von der Aufnahme Mariens mit Leib und Seele in den Himmel, das Papst Pius XII. 1950 verkündete, beansprucht bis heute, im Sinne des Ersten Vatikanischen Konzils unfehlbar zu sein.[300]

Exkurs

Von den deutschen Bischöfen hatten nur jene fünf der Unfehlbarkeit zugestimmt, die im Vatikan verblieben waren. Zuvor hatten 55 Konzilsväter unter Protest noch vor der Abstimmung Rom verlassen und sich vorzeitig auf die Heimreise begeben. Diese wurden danach jedoch unter römischem Druck gezwungen, die Konzilsergebnisse in ihren Diözesen zu verkünden und zu vertreten. Der Rottenburger Hefele gab als letzter deutscher Bischof im April 1871 nach: Als Konzilshistoriker hoffte er auf eine baldige Fortsetzung des vertagten Konzils, das den Papst in die Kirche einzubinden hätte. Der Mainzer Bischof Ketteler deutete das Dogma der Infallibilität, ohne den Papst zu überhöhen: Wie die Sakramente durch die Gnade Gottes kraftvoll wirkten, auch wenn der Sakramentenspender unwürdig sei, so sitze auf dem Papstthron ein Mensch, dem der volle Beistand des Heiligen Geistes dann verheissen sei, wenn er in seiner Eigenschaft als oberster Lehrer für die Kirche spreche, die dadurch vor Irrtümern geschützt werde. – Die Infallibilität des Papstes wurde erst im Zweiten Vatikanischen Konzil in den grösseren Kontext der

300 Vorgeschichte und Verlauf des Konzils erhellt detailreich in drei Bänden *Schatz*, Vaticanum I., zu den negativen Folgen bis heute: *Wolf*, Krypta 75–92.

Kirchenlehre gestellt, die auch die Bedeutung der Ortskirchen und die Kollegialität des Bischofsamtes darlegte.

3.6.4 Katholisch ohne Rom – die alt- oder christkatholische Kirche

Von Ignaz Döllinger wird erzählt, dass er den Münchner Erzbischof nach der Rückkehr vom Konzil traf und auf dessen Ermutigung, an die Arbeit für die Kirche zu gehen, antwortete: «Für die alte Kirche!» Worauf Scherr präzisierte: «Es gibt nur eine Kirche», und der Professor erwiderte: «Man hat eine neue geschaffen!»[301] Indem es Pius IX. gelang, die deutschen Konzilsbischöfe, die in Rom ihre Zustimmung zum Dogma verweigert hatten, binnen zehn Monaten zur Unterwerfung zu zwingen, sammelte sich der Protest gegen das Doppeldogma des päpstlichen Jurisdiktionsprimats und der Unfehlbarkeit um oppositionelle Professoren. Sie wiesen den Altkatholiken den Weg in eine eigene Kirche, da sie aufgrund ihres Ungehorsams exkommuniziert waren, jedoch weiterhin katholisch glauben und an den Sakramenten teilhaben wollten. Bereits im August 1870 appellierten 32 Professoren an ein freies Konzil diesseits der Alpen: Ihre Nürnberger Erklärung forderte eine Korrektur des Dogmas und fand vor allem in gebildeten katholischen Kreisen Widerhall. Da sämtliche deutschen Bischöfe sich auf die römische Linie zwingen liessen, kam es im September 1871 zum ersten Altkatholikenkongress in München. Rund 300 Delegierte aus Deutschland, Österreich und der Schweiz berieten über den Aufbau einer Notkirchengemeinschaft, unterstützt von Gästen aus der Anglikanischen Kirche und der Utrechter Kirche, dessen Erzbistum sich bereits 1723 von Rom getrennt hatte. Ein zweiter Kongress in Köln vernetzte im September 1872 altkatholische Vereine auf Ortsebene, die im Kulturkampf vom Staat Kirchen und Geld erhielten. Im Juni 1873 wählten die Delegierten der rund 60 000 altkatholischen Mitglieder den Kirchengeschichtsprofessor Joseph Hubert Reinkens (1821–1896) zu ihrem ersten

301 Vgl. *Lenzenweger*, Geschichte 471, und Ökumenische Kirchengeschichte Bd. 3, 156; zum Folgenden, spezifisch Altkatholizismus und Kulturkampf: 152–160 (= «Kirchengeschichte im Gefolge des Konzils»).

Bischof. Von einem Bischof der Utrechter Kirche geweiht, stehen er und all seine Nachfolger bis heute auch für Rom in der apostolischen Sukzession. Als Legislative wirkt seither eine Synode aus Klerus und Laien. Sie erneuerte die Liturgie in der Landessprache (ab 1885), hob Pflichtzölibat, Messstipendien, Ablass und Privatmessen auf und ersetzte die Ohrenbeichte durch eine Bussandacht. Bonn erhielt ein eigenes altkatholisches Seminar. Heute zählt die altkatholische Kirche weltweit rund eine halbe Million Mitglieder, in Deutschland 16 000 und in Österreich 11 000.[302]

Auch in der Schweiz empörten sich liberale katholische Kreise über die Ergebnisse des Ersten Vatikanischen Konzils. Gläubige, die offen gegen den Jurisdiktionsprimat und die Lehrunfehlbarkeit des Papst auftraten, wurden auch hier exkommuniziert. Der Aufbau einer eigenen, schismatischen Kirche zog sich bis 1876 hin. Entscheidende Schritte waren der Beschluss zur Gemeindebildung am 1. Dezember 1872 in Olten durch Delegierte der «Vereine freisinniger Katholiken», der Seitenwechsel bedeutender römisch-katholischer Diasporagemeinden wie Bern und Zürich 1873, die Errichtung einer eigenen christkatholischen Fakultät 1874 in Bern und eine erste Session der Nationalsynode vom Juni 1875 in Olten, die eine Kirchenverfassung genehmigte. Nachdem der Bundesrat im April 1876 die Errichtung eines christkatholischen Bistums erlaubt hatte, wählte die Nationalsynode im Juni Eduard Herzog (1841–1924) zum ersten Bischof. Er war früher in Luzern Professor für Exegese und Kirchengeschichte, wirkte seit 1873 als christkatholischer Pfarrer in Olten, lehrte dann in Bern und wurde im September 1874 vom altkatholischen Bischof Reinkens in Rheinfelden geweiht. Die christkatholische Kirche der Schweiz drückt in ihrer alternativen Namengebung aus, dass Christus ihr Zentrum ist. Im Kulturkampf förderten einige Kantonsregierungen die neue Kirche, die sich allerdings im Kampf gegen römisch-katholische Gemeinden zunehmend isolierte. Ihre Zentren beschränkten sich mittelfristig auf das Aargauer Fricktal, den östlichen Teil Solothurns und reformierte Städte. In ihren Reformen nahm sie densel-

302 Die Geschichte der alt-/christkatholischen Kirche zeichnet nach: *Pruter*, The Old Catholic Church.

ben Weg wie die altkatholischen Nachbarn. Auch ihre Kirchenstruktur ist bischöflich-synodal mit starker Mitverantwortung aller Getauften. Die christkatholische Kirche der Schweiz zählt heute ca. 12 000 Mitglieder.[303]

In Utrecht vereinten 1889 die alt- und christkatholischen Bischöfe ihre Kirchen zusammen mit der einladenden Ortskirche zur «Utrechter Union». Ihr schlossen sich später weitere bischöflich-synodale Kirchen an: die altkatholischen Kirchen der Niederlande, Tschechiens, Polens und Kroatiens sowie Frankreichs «Mission Vieille-catholique francophone». Seit 1931 besteht *full communion* in einer Amts- und Sakramentsgemeinschaft mit den Anglikanischen Kirchen. Die altkatholischen Kirchen gehören zu den Gründungsmitgliedern des Ökumenischen Rates der Kirchen (ÖRK).

Exkurs Während der Kulturkampf in Deutschland und der Schweiz abflaute, schritt Frankreichs Dritte Republik zu kirchenfeindlichen Massnahmen: Sie entzog kirchlichen Hochschulen das Recht, akademische Grade zu verleihen (1879), löste Jesuitenniederlassungen auf (1880), verpflichtete Geistliche zum Militärdienst, strich den Religionsunterricht an staatlichen Schulen und erleichterte die Ehescheidung. 1903 wurde allen Orden die Lehrtätigkeit untersagt, 1904 wurden die diplomatischen Beziehungen zum Vatikan abgebrochen und 1905 durch Parlamentsbeschluss Kirche und Staat getrennt. Frankreich wandelte sich als erstes Land zum strikt säkularen Staat in Europa: Es garantiert Gewissens- und Kultfreiheit, verstaatlichte aber das Gut der Kirche und entzog ihr alle finanziellen Staatsbeiträge. Nicht mehr Körperschaft des öffentlichen Rechts, sieht sich die katholische Kirche gleich behandelt wie die anderen Konfessionen und Religionen.

3.6.5 Vom Kulturkampf zum Klassenkampf

Die schnell voranschreitende Industrialisierung führte in den Fabrikzentren Europas zu immer drastischeren Formen der Ausbeutung, zu Wohnungsnot, Pauperismus und zur sozialistischen Radikalisierung des Arbeiterstandes. Karl Marx gründete 1864 die Internationale Arbeiterassoziation, die jedoch nach zwölf Jahren zerbrach. 1889 schlossen sich in Paris

303 Zur Präsenz und Mitgliederstärke der Kirche Anfang 2016: christkatholisch.ch/bistum.

weltweit sozialistische und sozialdemokratische Parteien und Organisationen zur Sozialistischen Internationalen zusammen. Sie richtete sich gegen den verstärkten Nationalismus in den Staaten Europas und suchte die Arbeiterbewegung weltweit im Kampf gegen ihre Ausbeutung zu stärken. Die Angst vor revolutionären Ideen und Kräften liess die europäischen Mächte, liberale Wirtschaftsführer und konservative Kirchenkreise, eben noch in Kulturkämpfe verwickelt, gegen eine neue gemeinsame Bedrohung zusammenrücken.

In Deutschland war es Reichskanzler Bismarck nicht gelungen, die 1869 gegründete Sozialdemokratische Arbeiterpartei zu unterdrücken. Sie wuchs bis 1912 zur stärksten politischen Kraft des Reiches. Die Sozialdemokratische Arbeiterpartei in der Doppelmonarchie Österreich-Ungarn hielt seit ihrer Gründung 1888 bis zu ihrem Verbot 1934 an einem marxistischen Kurs fest.

Der politische und geistige Paradigmenwechsel sei erneut am Beispiel der **Schweiz** eingehender dargestellt. Hier war es zunächst der Gewerkschaftsbund, der landesweit ab 1880 für die Rechte der Arbeiter kämpfte, bis 1888 am Schweizerischen Arbeitertag die nationale Sozialdemokratische Partei gegründet wurde. Ihr zunächst demokratisches Programm wurde am Aargauer Parteitag von 1904 durch ein marxistisches ersetzt, wodurch sich eine neue Lagerbildung abzeichnete. Der regierende Freisinn verbündete sich mit den Katholisch-Konservativen, um die sozialistische Gefahr in Schach zu halten. Die Allianz gegen den Klassenkampf hatte sich in Bundesbern bereits 1891 vorsichtig angebahnt, als mit dem Luzerner Josef Zemp ein erster Katholisch-Konservativer in die Landesregierung gewählt wurde. Fortan wirkten sechs Freisinnige im Bundesrat mit einem konservativen Kollegen zusammen. Die katholische Innerschweiz erwies ihre Verlässlichkeit, als am Ende des Ersten Weltkrieges 1918 der erste und bisher einzige Landesstreik ausbrach und das liberal-protestantische Zürich die Arbeiterrevolte mit katholischen Urner Truppen niederschlagen konnte. Die katholische Partei wurde mit einem zweiten Bundesrat belohnt, und auch die evangelische Bauern-, Gewerbe- und Bürgerpartei (BGB) zog in die Landesregierung ein.

Die politische Integration der eben noch als ultramontan bekämpften katholischen Kirche in moderne, liberale Nationalstaaten wurde möglich, weil der Papst mit einer neuen kirchlichen Sozialethik Lösungswege in den gesellschafts- und wirtschaftspolitischen Polarisierungen des endenden 19. Jahrhunderts aufzeigte.

Angesichts des sich verschärfenden Pauperismus (Massenarmut) und des Arbeiterelends hatte die katholische Kirche ab Mitte des 19. Jahrhundert zunächst mit neuen Formen der Caritas auf die Nöte zu reagieren versucht. Auch in der Schweiz entstanden **Schwesternkongregationen**, die sich neben der Schulbildung auf dem Land auch der Krankenpflege widmeten und ein Netz sozialer Institutionen aufbauten. Die grössten werden die franziskanischen Vorsehungsschwestern von Baldegg (gegründet 1830), die Kreuzschwestern von Menzingen (1844) und die Barmherzigen Schwestern von Ingenbohl (1855).

Um junge Arbeitskräfte in städtischen Zentren Deutschlands zu schützen, gründete **Adolf Kolping** (1813–1865) als Kölner Domvikar ab 1849 Gesellenvereine, bis zu seinem Tod 1865 über 400 mit 24 000 Mitgliedern. Das internationale Kolpingwerk verbreitete sich schnell über Deutschland hinaus. Es wirkt heute in über 60 Ländern und zählt etwa 450 000 Mitglieder weltweit.

Giovanni Don Bosco (1815–1888) beschritt ab 1846 als Seelsorger in Turin neue Wege der Jugendarbeit: Aus einem ersten Zentrum wuchs eine religiöse Vereinigung, die 1874 als neuer Männerorden der Salesianer (Gesellschaft des hl. Franz von Sales) päpstlich anerkannt wurde. Zusammen mit den Don-Bosco-Schwestern und Mitarbeitern widmeten sie sich der Erziehung und Fürsorge für benachteiligte Jugendliche. Beim Tod des Gründers zählten die Salesianer 250 Niederlassungen in Europa und Lateinamerika. Sie hatten bereits 130 000 Jugendliche aufgenommen, 18 000 Lehrlinge ausgebildet und rund 6000 Berufungen zum Priesterdienst begleitet.

Solche Gründungen setzten ähnlich pragmatisch an wie die **Heilsarmee**, die der Methodisten-Prediger William Booth 1878 in London aus einer Christlichen Mission formte. Sie soll Arbeitslosen, Verwahrlosten, entlassenen Sträflingen, Trinkern und gefährdeten Mädchen geistige und materielle Rettung bieten. Militärisch straff organisiert, kämpft die Salvation Army bis heute als international verbreitete Freikirche mit

Uniformen, Corps, Rangstufen und ihre Zeitung «Kriegsruf» für Menschenwürde und das Gute.

Der Arbeiterpapst Leo XIII. und die Soziale Frage 3.6.6

Grundsätzlicher setzten Vordenker der christlichen Sozialethik an, indem sie die Mechanismen des kapitalistischen Wirtschaftssystems kritisch reflektierten und Wege zu einer solidarischeren Gesellschaft suchten.

Wilhelm Emmanuel von Ketteler (1811–1877) ein westfälischer Adliger, Abgeordneter in der Frankfurter Nationalversammlung und ab 1850 Bischof von Mainz, erkannte, dass die Probleme des Proletariats mit traditioneller *caritas* nicht zu überwinden waren. Bereits 1848 nannte er die Freiheit und die Lösung der sozialen Frage die vordringlichsten Aufgaben der Zeit. 1864 erschien sein Buch «Die Arbeiterfrage und das Christentum», in dem der Bischof wie der jüdische Sozialist Ferdinand Lassalle zur Lösung der Arbeiternot die Errichtung von Produktiv-Assoziationen forderte. In der industriellen Grossproduktion sollten Arbeiter dadurch selbst zu Unternehmern werden. Zugleich forderte Ketteler eine staatliche Sozialpolitik und deren Unterstützung durch die Kirche, den Aufbau einer kirchlichen Arbeiterseelsorge und diözesane Arbeitervereine unter direkter Leitung des Bischofs. 1869 sprach der Bischof in Offenbach vor 10 000 Arbeitern und forderte mit den Arbeitern einen höheren Arbeitslohn, kürzere Arbeitszeit, Ruhetage, Verbot der Kinderarbeit und Abschaffung der Fabrikarbeit von jungen Frauen und von Müttern. Der Mainzer Bischof erstrebte die gewerkschaftliche Organisation der Arbeiter und sah den Streik als legitimes Mittel im Kampf um den gerechten Lohn. Gegen Sozialismus und Liberalismus antretend, hatte der Katholizismus an der Gestaltung der sozialen Welt mitzuarbeiten – bei prinzipieller Anerkennung der modernen Wirtschafts- und Gesellschaftsordnung.[304]

Exkurs

«Christliche Fabriken»: Rücksichtsloses Profitstreben der Unternehmer zu Lasten der Arbeiterschaft fördere den Kommunismus, schrieb 1853 der Schweizer Kapu-

304 Zu Kettelers Soziallehre, -Reform und -Politik: *Iserloh*, Die soziale Aktivität der Katholiken.

ziner Theodosius Florentini (1808–1865) in einem Brief an den Nuntius in Luzern: «Deswegen sind zwar die Erfindungen unserer Zeit, Industrie usw., nicht zu verachten; aber es muss ihnen eine andere, bessere Ausrichtung gegeben werden und zwar durch religiös eingestellte Männer und Frauen.»
Kein Unternehmertum ohne Ethik und Spiritualität, würde die Forderung in moderner Sprache lauten. Der sozial besorgte Volksredner setzte sich landauf landab für die Gründung christlicher Arbeitervereine, «Produktivgenossenschaften» und Sparkassen ein, zeigte die Dringlichkeit der «sozialen Frage» für Kirchen und Gesellschaft auf und schritt selbst zur Gründung humaner Fabriken: Den Anfang machte ab 1857 eine Baumwollfabrik und eine Buchdruckerei in Brunnen, denen 1859 eine Tuchfabrik im böhmischen Oberleutensdorf und eine Papierfabrik in Thal SG folgten. Die Projekte suchten nicht den Profit zu maximieren, sondern die Mitbestimmung der Arbeiter. Prophetisch in ihrer Zeit, stürzte der wirtschaftliche Konkurrenzkampf Florentinis industrielle Abenteuer jedoch ins finanzielle Fiasko. Der Initiant von Schulen und Vereinen, Mitgründer der Schwesternkongregationen von Menzingen und Ingenbohl, industrielle Pionier, Schriftsteller und Redner setzte auch kirchlich Zeichen: 1853 regte er die Gründung der Schweizer Bischofskonferenz an, um der katholischen Kirche eine gemeinsame Stimme zu geben. Zugleich entstand der «Verein für inländische Mission», der in überwiegend reformiert geprägten Regionen der katholischen Diaspora zu Zentren und Kirchen verhelfen sollte. Der umtriebige «Caritas-Apostel» schonte sich in diesen Tätigkeiten kaum. So endete sein Leben im Februar 1865 verfrüht infolge eines Schlaganfalls in Heiden AR: auf Durchreise und nachdem er mit einem Fabrikanten ein Fabrikprojekt für «das arme Innerrhoden» erörtert hatte.[305]

In **Österreich** trat mit Baron Karl von Vogelsang (1818–1890) ein preußischer Adliger, der sich durch Ketteler zur katholischen Kirche konvertiert hatte und nach Wien übersiedelt war, an die Spitze des sozialen Katholizismus. Der Gegner von Grossbanken und Grossindustrie gründete 1879 die «Monatsschrift für christliche Sozialreform». Er kritisierte den liberalen Kapitalismus mit einer Schärfe, die ihm den Ruf eines «christlichen Sozialisten» eintrug: Staatliche Eingriffe müssten Ordnung in die individualistische Anarchie bringen. Der Baron beeinflusste Fürst Karl von Löwenstein (1834–1921), der 1883–1888 internationale Versammlungen von Christ-

305 Dieser Exkurs und der folgende Abschnitt stützen sich auf *Kuster*, Rufin Steimer 32–55. Dazu die Festschrift von *Schweizer/Ries*, Theodosius Florentini.

lichsozialen organisierte, sowie Graf Franz von Kuefstein, der in Rom einen Zirkel für soziale Studien gründete. Letzterer genoss das Interesse Leos XIII. und fand ein breiteres Forum in der «Union catholique d'études sociales et économiques», das sich ab 1884 jährlich in Freiburg i. Ue. unter dem Vorsitz von Bischof Gaspard Mermillod (1824–1892) traf. Das internationale Gremium von sozialen Vordenkern und Sozialpolitikern sandte seine Berichte an den Papst und wirkte direkt auf die Entstehung der ersten Sozialenzyklika ein. In der «Union de Fribourg» wirkte ab 1887 auch der Schweizer Sozialpolitiker Kaspar Decurtins (1855–1916), den Leo XIII. ermutigte, Grundlagen für eine internationale Gesetzgebung zu schaffen, worin Gerechtigkeit und Liebe zugunsten der Arbeiter wirksam würden.

Die päpstliche Enzyklika «Rerum novarum» vom 15. Mai 1891 wies als Synthese solcher Vorarbeiten den Weg zu einer **konservativen Sozialreform**. Sie stützt sich auf drei sozialpolitische Pfeiler: Lohngerechtigkeit, Koalitionsrecht und Staatsintervention. Wenn Arbeiter nur ihren Lohn haben, um ihre Familie zu erhalten, gebietet die Gerechtigkeit den ausreichenden «Lebenslohn». Manchen europäischen Staaten weit voraus, verteidigt Leo XIII. das Koalitionsrecht als Grundrecht jedes Menschen: Arbeiter sollen sich zusammenschliessen und somit als gesellschaftlich einheitlich wahrnehmbare Gruppe erstarken. Die kontroverse Frage, ob der Staat durch Gesetze und Sozialversicherung zugunsten benachteiligter Gruppen – konkret der Arbeiter – intervenieren dürfe, entscheidet Leo XIII. dahin, der Staat habe nicht nur das Recht dazu, sondern die Pflicht. Staatsintervention dürfe jedoch die Selbsthilfe der Einzelnen, der Familien und auch der kirchlichen Einrichtungen nicht beeinträchtigen.

Die Enzyklika provozierte mit ihrem Mittelweg sowohl Sozialisten wie Liberale, aber auch Konservative. Während Katholiken sie in der ersten Hälfte des 20. Jahrhunderts als «Magna Charta der Arbeiter» feierten, empörte das Festhalten am Privateigentum als natürlichem Recht des Menschen und an der Ungleichheit in der Gesellschaft die Sozialisten. Zugleich betonte hier erstmals die höchste Autorität der katholischen Kirche die legitimen Rechte der Arbeiter und verurteilte zugleich die Ungerechtigkeit des liberalen Wirtschaftssystems.

Die Arbeiterbewegung liess sich damit nicht mehr von vornherein als revolutionär verwerfen. Für den Katholizismus selbst bedeutete die päpstliche Stellungnahme eine klare Öffnung in die Gegenwart. Leo XIII. setzte sich von romantischen Utopien ab, die von einer neuen Form des Zunft- und Ständesystems träumten.[306]

Exkurs «Rerum Novarum» begründet die katholische Soziallehre, die ihre Prinzipien Personalität, Solidarität, Gemeinwohl und Subsidiarität in acht weiteren Enzykliken entfaltete: Pius XI. feierte 40 Jahre Arbeiterenzyklika 1931 mit «Quadragesimo anno»[307], Johannes XXIII. führte die Lehre mit «Mater et Magistra» (1961) und der Friedensenzyklika «Pacem in terris» (1963) fort.[308] Paul VI. schrieb gegen das Auseinanderklaffen von Erster Welt und «Entwicklungsländern» das Rundschreiben «Populorum progressio» (1967) und zur Sozialethik «Octogesimo adveniens».[309] Der polnische Papst Johannes Paul II. schrieb vor der Wende die Enzyklika «Laborem exercens» (1981), der «Sollicitudo Rei socialis» (1987) und zum 100-Jahr-Jubiläum «Centesimus annus» (1991) folgten.[310] Benedikt XVI. erinnerte an die Fundamente in «Caritas in veritate» (2009)[311], bevor mit Franziskus in «Evangelii gaudium» befreiungstheologische Wirtschaftskritik ins päpstliche Regierungsprogramm Aufnahme findet.[312]

Radikaler als die katholische Soziallehre setzten **religiöse Sozialisten** um 1900 in der evangelischen Kirche an. Als sich 1912 im Basler Münster der Internationale Sozialistenkongress versammelte, fanden seine Delegierten Leonhard Ragaz als Gesprächspartner vor. Der frühere Münsterpfarrer, seit 1908 Theologieprofessor in Zürich und neu auch Mitglied der Sozialdemokratischen Partei, war ein führender Kopf der

306 Zu Leos XIII. Antwort auf die Soziale Frage: Geschichte des Chistentums Bd. 11, 474–483. Kernpassagen der Arbeiterenzyklika in DH *3265–3271.

307 Kernpassagen der Enzyklika finden sich in DH *3725–3744.

308 Zentrale Teile der beiden Enzykliken finden sich in DH *3935–3953, DH *3955–3997.

309 Kernpassagen der beiden Schreiben finden sich in DH *4440–4469, DH *4500–4512.

310 Zentrale Teile der drei Enzykliken finden sich in DH *4690–4699, DH *4810–4819, DH *4900–4914.

311 Text: *Benedikt XVI.*, Die Liebe in der Wahrheit; und Diskussion: *Althammer*, Caritas in veritate.

312 *Franziskus*, Die Freude des Evangeliums.

internationalen Religiös-Sozialen Bewegung. In Zürich rechtfertigte er den ersten Generalstreik, der in jenem Jahr die Limmatstadt erschütterte. Er betrachtete die Sozialdemokratie als Werkzeug und Geissel Gottes gegen eine mammonistisch-militaristische Gesellschaft und gegen eine verbürgerlichte Kirche.[313]

Vom Ersten zum Zweiten Weltkrieg (1. Hälfte 20. Jahrhundert) 3.7

Gelang es Leo XIII., die katholische Kirche über ihre neue Sozialethik von einer Gegnerin zur konservativen Verbündeten der Liberalen gegen einen klassenkämpferischen Sozialismus zu machen, förderten die Piuspäpste des neuen Jahrhunderts die Ghettoisierung der Kirche: Pius X. ging als Kämpfer gegen den Modernismus in die Geschichte ein, Pius XI. als Konkordatspartner von Mussolini und Hitler, Pius XII. als politisch ängstlicher Papst des Zweiten Weltkriegs. Erst dessen Nachfolger Johannes XXIII. riss die Fenster auf, um eine verschlossene Kirche für die moderne Welt zu öffnen.

Die katholische Kirche in der Modernismuskrise 3.7.1

Leo XIII. hatte mit seiner Enzyklika zur Arbeiterfrage und seinem versöhnlichen Stil sowohl innerhalb der katholischen Kirche wie in Europas Monarchien Sympathie gewonnen. Es gelang ihm, die Kulturkämpfe in Deutschland und der Schweiz beizulegen, engere Kontakte zu den USA und Russland zu knüpfen, die Beziehungen zu England und Spanien zu verbessern und Spannungen zu Lateinamerika abzubauen. Der Öffnung unter dem Pecci-Papst folgte ein neuer Rückzug der katholischen Kirche in eine pastorale und theologische Ghettowelt.

Pius X. (1903–1914) stammte aus einfachen Verhältnissen und widmete sich unter dem Motto «*omnia instaurare in Christo*» (= Alles in Christus erneuern) vor allem inneren Reformen: Er liess Priesterseminare reorganisieren, förderte

313 Vgl. *Buess/Mattmüller*, Prophetischer Sozialismus: Blumhardt.

den häufigen Kommunionempfang und die Erstkommunion von Kindern, stiess eine Reform des Breviers und des Kirchenjahres an, die beide christozentrischer wurden. Theologisch brach in seinem Pontifikat der Kampf gegen «Modernisten» aus. Bereits Leo XIII. hat Thomas von Aquin zum massgeblichen Lehrer und damit die Neuscholastik zur Leittheologie erhoben. Dies hinderte jedoch Theologieprofessoren in Deutschland, Frankreich, England und Italien nicht daran, in Dialog mit modernen Wissenschaften und der historisch-kritischen Bibelforschung der evangelischen Kirche (prominent etwa Adolf Harnack, 1851–1930) zu treten. Katholische Exponenten einer aufgeschlossenen Theologie wurden der Würzburger Dogmatiker Herman Schell, der Pariser Bibliker Alfred Loisy, der englische Jesuit George Tyrrell und der italienische Priester Romolo Murri.

Schells Kleinschrift «Der Katholicismus als Princip des Fortschritts» forderte 1897 die Freiheit wissenschaftlichen Denkens auch in der Theologie, beklagte die abgeschottete Seminarausbildung künftiger Priester und attestierte Konservativen geistige Trägheit, die zur Dynamik der frühen Jesusbewegung im Kontrast stehe. Die Folgeschrift «Die neue Zeit und der alte Glaube» provozierte 1898 die Disziplinierung des geborenen Freiburgers, der sich dem Lehramt unterwarf und 1906 erst 56-jährig an einem Herzinfarkt starb. Weit über Paris hinaus wirbelte **Alfred Loisy** Staub auf, dessen Buch «L'Évangile et l'Église» von 1902 in den zwei folgenden Jahren englisch und deutsch, 1910 auch spanisch erschien.[314] Differenzierter als Harnack sah der historisch-kritische Exeget des Institut Catholique das Evangelium bereits als Werk früher Tradition, im Osterlicht geschrieben, weshalb die weitere Wirkungsgeschichte ebenso positiv wie relativierend gelesen werden darf. Sätze wie «Jesus verkündigte das Reich Gottes, gekommen ist die Kirche», d. h. eine organisierte Glaubensgemeinschaft, die mit ihrem Kult und mit zeitgebundenen Dogmen den Raum zwischen Himmelfahrt und Parusie dynamisch ausfüllt, brachten seine Werke auf den Index und ihm selber 1908 die Exkommunikation. Er lehrte fortan als Reli-

314 Neuausgabe des Originals: *Loisy, Alfred:* L'Évangile et l'Église, Saint-Martin de Bonfossé 2014.

gionswissenschaftler und starb 1940. Der einstige Anglikaner **George Tyrrell**, der als Konvertit 1880 in die Gesellschaft Jesu eintrat, setzte sich von der geistlichen Begleitung her mit der Offenbarung auseinander. Da Gott den Menschen als ganzen und ganzheitlich ergreife, lasse sich Wahrheit nicht in Sätze fixieren, und Religion sei vielmehr Erfahrung als Wissen. Während der Glaube Kraft schenke, führe Orthodoxie zu erstarrter Rechtgläubigkeit. Dogmen seien blosse Versuche, die Erfahrung Glaubender in intellektueller Form auszudrücken. Weil Tyrrell sich nicht unterwarf, wurde er von der Gesellschaft Jesu ausgeschossen, 1908 exkommuniziert und starb ein Jahr später ohne Widerruf. In Italien setzte sich **Romolo Murri** dafür ein, dass Katholiken die Teilnahme am politischen Leben erlaubt werde, und er plädierte für einen christlichen Sozialismus. 1902 forderte sein Vortrag über «Freiheit und Christentum» mit Blick auf die Kirche eine Rückkehr zum Evangelium, Befreiung aus überholten Formen, die Öffnung einer überholten Theologie, die Reform von Ausbildung, Seelsorge und Hirtendienst, einen drastischen Abbau des Kirchenrechts und die Abschaffung der Pflichtzölibats. Von Pius X. exkommuniziert, heiratete Murri, arbeitete als Journalist und fand erst 1939 wieder Aufnahme in die Kirche, ein Jahr vor seinem Tod. Eine literarische Form der Kritik wählte der Jurist **Antonio Fogazzaro**. 1905 liess sein Roman «Il Santo» einen Apostel der Nächstenliebe dem Papst in einer Reformrede vier Ungeister der Kirche vorhalten: Lüge, die der modernen Wissenschaft fälschlicherweise Unglaube attestiere, Macht, die statt väterliche Güte Herrschsucht in der Kirche grassieren lasse, Geiz, der Eigennutz vor Nächstenliebe stelle, und Starrheit, mit der auch schon die jüdischen Schriftgelehrten, im Alten gefangen, Jesus entgegengetreten seien. Der Publizist starb 1911.

Das gleichzeitige Auftreten intellektueller Kritik aus den eigenen Kreisen weckte in der Römischen Kurie Ängste vor einer Welle, die gefährlicher werden konnte als die Reformation. Berater von Pius X. sahen die Grundsubstanz des Glaubens durch «modernistisches» Denken bedroht. Da Disziplinarmassnahmen und die Indizierung von Werken Diskussionen noch anheizten, griff der Papst zu Keulen aus dem Heiligen Offizium: Im Juli 1907 verurteilte das Dekret «Lamentabili» 65 «modernistische Sätze» über Bibel, Offenbarung, Lehramt und Kirche. Im September doppelte die Enzyklika «Pascendi» nach, die alle widrigen Anschauungen unter dem Kampfbegriff **Modernismus** zusammenfasste und als gefährliches System verurteilte: Pius X. meinte Feinde mitten in der Kirche auszumachen, die hinterlistig, heuchlerisch und nur scheinbar sittenstreng den ungläubigen «Zeitgeist» verbreiteten, religiöse Erfahrungen rein menschlich deuteten, Dogmen zu zeitbedingten Formeln verkürzten und die Entstehung der Kirche aus geschichtlichen Prozessen erklärten. Modernisten würden auf eine Überwindung der Neuscholastik, eine Demokratisierung der Kirche und eine Zurückdrängung der Doktrin zugunsten von Gefühl und Erfahrung hinarbeiten. «Pascendi» verordnete als Gegenmassnahmen, dass die neuscholastische Philosophie Grundlage der Theologie bleibe, Naturwissenschaften gemäss der Lehre der Kirche betrieben, modernistische Lehrer aus den Schulen entfernt und die Lektüre ihrer Schriften verboten werde. In der Folge dieses Paukenschlags verschwanden auch Versuche von Priestern und Lehrern, Charles Darwins Evolutionslehre mit den biblischen Schöpfungsgeschichten zu verbinden, aus Predigten, Schulzimmern und theologischen Schriften. Wer einen offenen Dialog mit modernen Strömungen der Psychologie, Philosophie, Medizin, Naturwissenschaft und Geschichtsforschung suchte, riskierte als Modernist angeklagt und kirchlich kaltgestellt zu werden. Der junge Römer Kirchengeschichtler Ernesto Buonaiuti reagierte auf die Enzyklika anonym mit seiner Schrift «Il programma dei modernisti» und verteidigte die historisch-kritische Methode in Exegese, Kirchen- und Dogmengeschichte. **Integralisten**, die in den Lehren des Papstes umfassende (integrale) Antworten auf alle Fragen des Wissens und Lebens sowie der Politik und Kirche fanden – begaben sich in der ganzen Kirche auf Ketzerjagd. Sie witterten überall Modernisten oder Semimodernisten unter Professoren und Predigern. An verschiedensten Universitäten kam es zu Anklagen und Verdächtigungen. Die Römische Kurie förderte Denunzierungen und finanzierte die Geheimgesellschaft Sodalitium Pianum unter Umberto Begnini, die gegen alle inneren und äusseren Feinde des Heiligen Stuhls kämpfte. 1910 wurde der Antimodernisteneid eingeführt, den jeder

Weihekandidat vor dem Subdiakonat, jeder Hochschullehrer, Pfarrer, Ordensobere und Bischof bei der Amtseinsetzung abzulegen hatte. Dieser Eid blieb über das Zweite Vatikanische Konzil hinaus bis 1967 bestehen.[315]

Der Grosse Krieg von 1914–1918 und seine Folgen 3.7.2

Die Ermordung des österreichischen Thronfolgers Franz Ferdinand in Sarajewo Ende Juni 1914 führte zu einer militärischen Kettenreaktion: Österreich-Ungarn erklärte Serbien Ende Juli den Krieg, und Anfang August folgten die Kriegserklärungen Deutschlands an Russland und Frankreich sowie jene Englands an Deutschland. Europa stürzte in den Grossen Krieg, der 1914–1918 rund 17 Millionen Menschenleben kostete und sich über die Meere bis nach Afrika und Ostasien ausdehnte. Er ging als **Erster Weltkrieg** in die Geschichte ein und endete mit dem Zusammenbruch der grossen Monarchien in Russland, Deutschland und Österreich. Letztere erlitten als Kriegsverursacher erhebliche Gebietsverluste und kämpften sich dann als junge Republiken durch die Wirtschaftskrise der Nachkriegsjahre. Russland wurde durch die Oktoberrevolution 1917 kommunistisch und zur «bolschewistischen Bedrohung» Westeuropas. Angst vor dem Sowjetkommunismus und wirtschaftliche Nöte ebneten totalitären antibolschewistischen Strömungen den Weg: in Italien ab 1922 Benito Mussolinis Faschisten und in Deutschland Adolf Hitlers Nationalsozialisten, die 1933 die Macht ergriffen.

Die Kirchen teilten in allen drei Monarchien die anfängliche Kriegsbegeisterung, und Prediger nährten sie: Das mittelalterliche «*Deus lo vult*» (= «Gott will es») schallte in Österreich von katholischen und in Preußen von lutherischen Kanzeln, während Russlands orthodoxe Popen Gott auf ihrer Seite kämpfen sahen. Mit Benedikt XV. wurde in den ersten Kriegswochen allerdings ein Papst an die Spitze der katholi-

315 Schlüsseltexte in DH *3401–3466 (Dekret «Lamentabili») und DH *3475–3500 (Enzyklika «Pascendi dominici gregis»); voller Wortlaut des Antimodernisteneides: DH *3537–3550. Zum Ganzen mit erweiterter Dokumentation vgl. *Neuner*, Der Streit um den katholischen Modernismus.

schen Kirche gewählt, der den verheerenden Krieg in den Anfängen zu verhindern und 1917 mit einer eindringlichen Friedensnote an alle Beteiligten zu beenden suchte. Nachdem die Zarenherrschaft im März 1917 mit der Abdankung Nikolaus' II. geendet und in der **Oktoberrevolution** (nach westlicher Zählung 6.–7. November, nach julianischem Kalender 24.–25. Oktober) die Bolschewiken die Macht übernommen hatten, wurde im Januar 1918 das Kirchengut verstaatlicht, die Zivilehe eingeführt und der Religionsunterricht an den Schulen abgeschafft. Die Erschiessung der Zarenfamilie am 17. Juli zerschlug letzte Hoffnungen, dass sich die alte Allianz von Thron und Altar wieder errichten lasse. In Deutschland ebnete zwei Tage vor Kriegsende die Abdankung des Kaisers den Weg in eine republikanische Zukunft. Die Verfassung der **Weimarer Republik** vom August 1919 regelte auch die Beziehung von Staat und Kirche neu: Der Staat erklärte sich weltanschaulich für neutral, garantierte Gewissens-, Glaubens- und Kultfreiheit, anerkannte Religionsgemeinschaften als Körperschaften des öffentlichen Rechts und liess Religionsunterricht als Schulfach zu. Konkordate der einzelnen Länder regelten danach Näheres direkt mit Rom: 1924 für Bayern, 1929 für Preußen und 1932 für Baden.

1925 führte Pius XI. das Christkönigsfest ein: Nach dem Untergang der grossen Monarchien in Kontinentaleuropa proklamierte es Christus zum wahren, ewigen und geistigen König der Welt – und der Papst inszenierte sich weiter monarchisch als sein irdischer *vicarius* (Stellvertreter). Im Februar 1922 war der neue Piuspapst dem Friedenspapst Benedikt XV. gefolgt, dem es vor seinem Tod gelang, wieder diplomatische Beziehungen zu Frankreich aufzunehmen. Der Gelehrte Achille Ratti, der je ein Doktorat der Theologie, der Philosophie und der Jurisprudenz abgeschlossen hatte und seit Kurzem erst Erzbischof von Mailand war, ergänzte als Pius XI. die kirchliche Soziallehre mit der Forderung nach gerechten Löhnen für alle (in der Enzyklika «Quadragesimo Anno» von 1931). Politisch zeichnete er für eine Reihe von Konkordaten verantwortlich, die die kirchlichen Verhältnisse in mehreren Ländern neu regelten: mit den deutschen Ländern, wie schon erwähnt, mit Polen (1925) und mit Italien (1929). Die **Lateranverträge** mit Mussolini lösten die «römische Frage», sprachen dem Papst die volle Souveränität über die Vatikanstadt zu, anerkannten Rom als Hauptstadt Italiens auch kirchlicherseits, erklärten den Katholizismus zur Staatsreligion Italiens und machten die kirchliche Ehe zivilrechtlich gültig. Benito Mussolini (1883–1945) feierte den politischen Erfolg, indem er ein ganzes Quartier Roms niederreissen und die prachtvolle Via della Conciliazione von der Engelsburg zum Petersplatz errichten liess. Die Lateranverträge flossen 1947 in die neue Verfassung der Republik Italien ein. Die Einführung der Zivilehe und der Scheidung liess deshalb bis in die Siebzigerjahre auf sich warten.[316]

Der deutsche Katholizismus im Dritten Reich 3.7.3

Vier Jahre nach den Lateranverträgen suchte der Vatikan sich mit einem weiteren totalitären System zu arrangieren. Das Reichskonkordat mit Hitler-Deutschland vom Sommer 1933 sollte die katholische Kirche gegen das antireligiöse neue Regime schützen.

Die katholische Minderheit hatte sich in Deutschland seit dem Kulturkampf als Sondergesellschaft organisiert, die sich mit einem Netz katholischer Vereine, Schulen, sozialer Institutionen und Zeitungen geistig und praktisch festigte. 1933 betrug ihr Anteil knapp 33 Prozent an der Wohnbevölkerung. Die katholischen Parteien Zentrum und Bayerische Volkspartei kamen auf knapp 14 Prozent der Stimmen. Als in der von Massenarbeitslosigkeit erschütterten Weimarer Republik die Nationalsozialisten immer mehr an Boden gewannen, warnten die Bischöfe ab 1930 eindringlich vor der Hitlerbewegung. Die Nazis erzielten in der Reichstagswahl vom März 1933 denn auch tiefe Stimmenzahlen in den katholischen Gebieten Emsland, Westfalen, Mainfranken, Rhön, Bayern, Baden, Oberschlesien, Eichsfeld und Ermland. Zwei Monate zuvor war Hitler zum Reichskanzler ernannt worden. Die Märzwahl brachte der NSDAP rund 44 Prozent der Stimmen. Viele Katholiken neigten nun dazu, dem gewählten neuen

316 Zu den grossen Kirchen Westeuropas im Ersten Weltkrieg und der Zwischenkriegszeit: Ökumenische Kirchengeschichte Bd. 3, 82–90.175–240.

Regime im Staat eine Chance zu geben: die einen aus Sorge vor einem neuen Kulturkampf, andere mit der Hoffnung, dass das Hakenkreuz sich allmählich zu einem christlichen Kreuz zurechtbiegen liesse.

Exkurs

Katholische Stimmen aus dem Jahr 1933 nach Hitlers Machtergreifung

Das Kolpingblatt vom 15. März warnt davor, angesichts der neuen Regierung neue Kulturkampftöne anzuschlagen: Ein neues Volk und ein neues Reich seien im Werden begriffen. Der Katholik müsse mittragen, um mitreden zu können. Abt Ildefons Herwegen von Maria Laach plädiert im Juli dafür, den Faschismus auf politischem Gebiet mit der liturgischen Bewegung in der Kirche zu vergleichen; ähnlich wie die Kirche sei auch der totalitäre Staat dazu bestimmt, die Menschen zum Heil zu führen. Robert Grosche entwickelt in der Zeitschrift «Catholica» eine eigentliche Theologie des Reiches. Das Deutsche Reich sei Bestandteil der Heilsgeschichte und «die Säkularisierung des Reiches Gottes». Der Regensburger Bischof Rudolf Graber zieht Vergleiche zur altjüdischen Theokratie und sieht das Deutsche Reich als Verkörperung des Auftrages, die Heilsbotschaft in alle Welt zu tragen. Der Dogmatiker Karl Adam übernimmt rassistische Töne und sieht das Blut als Grundlage der Geistigkeit, weshalb er ebenfalls die Wahrung der Rassen- und Blutreinheit fordert. Der Schriftsteller Kuno Brombacher schrieb eine Meditation über das Hakenkreuz und das Christenkreuz. Das Hakenkreuz könne als Zeichen der schöpferischen Erneuerung gesehen werden. Je kräftiger das Hakenkreuz sei, desto kräftiger könne sich das Christentum entwickeln.[317]

Zweifel an Hitler als nationalem Garanten für Ruhe und Ordnung weckten allerdings schon bald die gewaltsame Unterdrückung auch christlicher Gewerkschaften und des katholischen Volksvereins sowie die Ausschaltung der Zentrumspartei zusammen mit den anderen Parteien. Die geschickte Nazi-Propaganda weckte in vielen Deutschen Hoffnung auf eine neue nationale Erweckung nach der Demütigung des Versailler Vertrags von 1919, in dem die Siegermächte Deutschland die alleinige Kriegsschuld zuschoben. Am 23. März 1933 entmachtete sich der deutsche Reichstag mit Unterstützung des katholischen Zentrums durch Zustimmung zu Hitlers Ermächtigungsgesetz. Am 28. März, fünf Tage später hoben die katholischen Bischöfe das Verbot der Mitgliedschaft in der NSDAP

317 Zur Stimmungslage im katholischen Deutschland im Frühjahr 1933 und zitierte Autoren: *Gasser*, Europas Urkatastrophe 87–90.

auf, ohne der Ideologie der Partei zuzustimmen. Ab April verhandelten der katholische Vizekanzler Franz von Papen und Kardinalstaatssekretär Eugenio Pacelli ein **Reichskonkordat** aus, das am 20. Juli Hitler die internationale Anerkennung durch den Papst eintrug. Die katholische Kirche durfte weiterhin eigene Schulen führen und in Organisationen karitativ und religiös tätig sein, verbot Geistlichen aber jedes politische Engagement. Damit hatte Hitler freie Hand, im Sommer das Zentrum mit allen anderen Parteien aufzulösen und den politischen Katholizismus kaltzustellen. Hoffnungen, die vonseiten der Kirche auf der Konkordatspolitik beruhten, wurden bald ernüchtert: Katholische Arbeiter- und Jugendverbände mit Hunderttausenden von Mitgliedern gerieten ab 1934 vor Ort unter Druck, sobald sie sich nicht auf religiöse Aktivitäten beschränkten. Katholische Tageszeitungen wurden redaktioneller Kontrolle unterworfen. Unliebsamen Klerikern drohten ab 1935 Sittlichkeitsprozesse, und Bischöfe wurden wegen Devisenvergehen angeklagt. Der Münsteraner Bischof Clemens August Graf von Galen widerlegte im Herbst 1934 durch die gedruckt verbreiteten «Studien zum Mythus des 20. Jahrhunderts» die Blut-und-Boden-Ideologie der Nazis. Die Reichsregierung ihrerseits beschleunigte die «Entkonfessionalisierung des öffentlichen Lebens», und Propagandaminister Joseph Goebbels trieb die quasisakrale Inszenierung des Nationalsozialismus voran. Bis 1938 drängte die NSDAP die Kirchen auch aus den Schulen, hob den Religionsunterricht auf, wandelte Bekenntnisschulen um und entzog höheren Privatschulen den Boden. Klerus wie Kirchenvolk erkannten vor dem Krieg immer deutlicher, dass die Politik des Regimes auf eine Entchristlichung der Gesellschaft abzielte. Im Februar 1939, auf dem Höhepunkt von Hitlers Popularität, sprachen sich 85 Prozent der erwachsenen Katholiken intern gegen die nationalsozialistische Kirchenpolitik aus. Wallfahrten und Prozessionen wurden zunehmend zu demonstrativen Kundgebungen des Glaubens. Über 12 000 Weltpriester gerieten zwischen 1933 und 1945 in Konflikt mit dem Nazi-Regime. Über 38 000 Massnahmen – von Verhören, Verwarnungen, Geld- und Freiheitsstrafen bis zu Ausweisungen und KZ-Haft – sind gegen Priester und Ordensgeistliche dokumentiert.[318] Die bedrohliche Reichspolitik schweisste die Bischöfe zur Konferenz zusammen, die sich 1933 erstmals in Fulda traf und unter Leitung von Kardinal Adolf Bertram mit Eingaben gegen die staatlichen Eingriffe in kirchliche Belange protestierte. Offensiver wandten sich der Berliner Kardinal Konrad von Preysing und der Münsteraner Bischof Clemens August von Galen gegen Hitler, indem sie auch vor öffentlicher Kritik nicht zurückscheuten. Papst Pius XI. kam dem Wunsch nach offenem Protest entgegen, indem er im März in der deutschsprachigen Enzyklika «**Mit brennender Sorge**» – heimlich verbreitet und am 21. März 1937 im ganzen Deutschen Reich von der Kanzel verlesen – nicht nur mit der Kirchenpolitik des NS-Staates, sondern auch mit dessen ideologischen Grundlagen abrechnete und die Vergötterung von Rasse, Volk, Staat oder Staatsform verurteilte. Der Text verbreitete sich auch in der evangelischen Kirche und förderte ökumenische Initiativen zum Schutz vor dem Staatsterror.

Der Kriegsausbruch selbst führte auch in katholischen Kreisen zu einem patriotischen Schulterschluss, ohne dass die Aufrufe der Bischöfe an die Kriegsbegeisterung von 1914 erinnerten. Seit 2. März 1939 sass mit dem früheren deutschen Nuntius und bisherigen Kardinalstaatssekretär Eugenio Pacelli der Chef der vatikanischen Politik auf dem Petrusstuhl. Pius XII. sollte als zögerlicher Kriegspapst in die Geschichte eingehen: Angst vor massiven Schlägen der Nazis gegen die deutsche Kirche, wie sie nach «Mit brennender Sorge» erfolgten, hielt Pius XII. von mutigen Protesten ab. NSDAP, Gestapo und SS nutzten «kriegsbedingte Erfordernisse» dazu, den Kampf gegen oppositionelle Kräfte zu verschärfen, Gottesdienste einzuschränken und den Klerus noch weiter in die Sakristei zurückzudrängen. 1941 wurden auf dem alten Reichsgebiet 123 Klöster und kirchliche Häuser aufgehoben. Angesichts der Vernichtung von Behinderten, Sinti und Roma, Kriegsgefangenen, psychisch Kranken und der einsetzenden Massenvernichtung von Juden brandmarkten im Frühling 1942 zahlreiche west- und süddeutsche Bischöfe in einem Kanzelwort die eklatanten Menschenrechtsverletzungen: Jeder Mensch habe «das natürliche Recht auf Leben und auf die zum

318 Vgl. von *Hehl/Kösters*, Priester unter Hitlers Terror 132.

Leben notwendigen Güter». Die Bischöfe werden es daher «nicht unterlassen, gegen die Tötung Unschuldiger Verwahrung einzulegen. Niemand ist seines Lebens sicher, wenn nicht unangetastet dasteht: Du sollst nicht töten!»[319]

Im September 1943 protestierten die Bischöfe in einem Kanzelwort über die «Zehn Gebote als Lebensgesetz der Völker» gegen die Tötung von «erblich Belasteten und lebensuntüchtigen Neugeborenen, unschuldigen Geiseln und entwaffneten Kriegs- oder Strafgefangenen, Menschen fremder Rassen und Abstammung»[320]. Zahlreiche Priester und Gläubige, die mutige Konsequenzen aus solchen Mahnungen zogen, wurden als Staatsfeinde verfolgt, verhaftet und in Konzentrationslager gesteckt. Im Gegensatz zur Bischofskonferenz und ihren Diözesanhirten engagierten sich Priester, Ordensleute und Laien in oppositionellen Gruppen, um dem Wüten der Partei entgegenzutreten. Nach dem gescheiterten Attentat auf Hitler vom Juli 1944 traf die Verfolgungswelle gegen die Widerstandbewegung auch katholische Vertreter. Obwohl sich nur eine kleine katholische Minderheit politisch aktiv gegen die NS-Herrschaft stellte, zeigten sich breite Kreise der Kirche resistent gegen die nationalsozialistische Weltanschauung und ihren Totalitätsanspruch. Das katholische Wertesystem trug wesentlich zum Aufbau der demokratischen Nachkriegsordnung in der Bundesrepublik Deutschland bei.[321]

Auf evangelischer Seite setzte sich mit der NSDAP 1933 auch die Glaubensbewegung **Deutsche Christen** in ersten Landeskirchen durch. Bereits im Kaiserreich völkisch und rassistisch eingestellt, folgte diese nun begeistert dem Führer, erstrebte den Aufbau einer Reichskirche und schloss Kirchenmitglieder jüdischer Abstammung aus. Einer ihrer Vordenker, Max Bever, hatte 1907 in seinem Werk «Der deutsche Christus» behauptet, ein deutscher Söldner im römischen Heer hätte Jesus in Galiläa gezeugt und seine Verkündigung so mit «deutschem Blut» beeinflusst. Die Deutschen seien

319 Akten deutscher Bischöfe Bd. 5, 705–708; Zitat 707.

320 Akten deutscher Bischöfe 1933–1945 Bd. 6.

321 Der gesamte Abschnitt stützt sich auf *Hummel*, Katholische Kirche, politischer Katholizismus und Drittes Reich. Daraus stammen auch die verwendeten Zitate.

daher die besten Christen unter den Völkern und nur durch das geldgierige Judentum an ihrer Entfaltung gehindert. Unterstützt von massiver Propaganda des Reichskanzlers, wählten die Delegierten an der Synode der «Deutschen Evangelischen Kirche» vom 6. September 1933 Hitlers Kandidat Ludwig Müller einstimmig zum neuen Reichsbischof. Er stärkte den Einfluss der Deutschen Christen auch in den intakten Landeskirchen, die noch immer von regimekritischen Bischöfen geleitet wurden.[322]

Exkurs Die protestantischen Landeskirchen Deutschlands schlossen sich 1922 in Wittenberg zum «Deutschen Evangelischen Kirchenbund» (DEK) zusammen. Der Dachverband liess den einzelnen Landeskirchen «volle Selbständigkeit in Bekenntnis, Verfassung und Verwaltung». 1948 schlossen sich lutherische, reformierte und unierte Kirchen Deutschlands zur Evangelischen Kirche in Deutschland (EDK) zusammen. Der Bund will bis heute die Gemeinschaft unter den Gliedkirchen vertiefen und gesamtkirchliche Einrichtungen fördern.

Opposition erwuchs der führertreuen evangelischen Reichskirche ab Mai 1934 in der **Bekennenden Kirche** (BK). Ihre Barmer Theologische Erklärung, an der Karl Barth massgeblich mitgewirkt hatte, verwarf die unchristlichen Lehren der Deutschen Christen und wehrte sich gegen staatliche Übergriffe auf das Glaubensbekenntnis. Die Oppositionsbewegung wurde umso dringlicher, als Hitler die evangelische Kirche 1935 spaltete und ab 1937 zu unterdrücken begann. Sie versammelte sich in Notkirchen, erst in Gaststätten und später geheim in Fabrikhallen und Schuppen. Im Mai 1936 verurteilte eine Bekenntnisschrift die Einrichtung erster Konzentrationslager. Zu mutigem Widerstand kam es jedoch nur vereinzelt. Sowohl zu den Judenpogromen der Reichskristallnacht von 1938 wie auch zur 1941 einsetzenden «Endlösung der Judenfrage» schwiegen die offiziellen Vertreter der Kirchen. Martin Niemöller, der als Exponent der BK im KZ landete, schrieb dazu 1976 beklemmende Zeilen:

322 Zu Entstehung und Profil der Deutschen Christen: Ökumenische Kirchengeschichte Bd. 3, 206–210.

> «Als die Nazis die Kommunisten holten, habe ich geschwiegen; ich war ja kein Kommunist. Als sie die Sozialdemokraten einsperrten, habe ich geschwiegen; ich war ja kein Sozialdemokrat. Als sie die Gewerkschafter holten, habe ich geschwiegen; ich war ja kein Gewerkschafter. Als sie mich holten, gab es keinen mehr, der protestieren konnte.»[323]

Der bekannteste Märtyrer der BK ist Dietrich Bonhoeffer (1906–1945). Der Schweizer Karl Barth (1886–1968), einer ihrer Begründer, kehrte 1935 in sein Geburtsland zurück. Nach seinen Professuren in Göttingen, Münster und Bonn lehrte er nun als Theologieprofessor in Basel und gilt heute als evangelischer «Kirchenvater des 20. Jahrhunderts».[324]

Ökumenische Bewegung und der Weltkirchenrat 3.7.4

Der nach 1880 entfesselte Wettlauf der Kirchen in der Missionierung der kolonialen Welt wurde zur Chance für die moderne Ökumene. Anfang des 20. Jahrhunderts begannen zunächst weitblickende Kreise in Grossbritannien, ein konfessionelles Miteinander statt Konkurrenz in der Mission zu fordern. Nichts untergrabe die Glaubwürdigkeit der christlichen Botschaft so schnell, wie wenn Missionare in Afrika, Asien und Amerika gegeneinander kämpften und andere Konfessionen verteufelten. 1910 trafen sich in Edinburgh erstmals Missionsgesellschaften verschiedener Kirchen mit dem Wunsch, künftig die Botschaft einer «ungeteilten Kirche Christi» zu verbreiten. Eine Frucht dieser und weiterer Begegnungen nach dem Ersten Weltkrieg wurde die Gründung des **Internationalen Missionsrates** 1921. Im Jahr zuvor hatte der Ökumenische Patriarch von Konstantinopel nach der Gründung des Völkerbundes einen ähnlichen Bund der christli-

---

323 Nach Martin Niemöller, in: *Stöhr, Martin:* «… habe ich geschwiegen». Zur Frage eines Antisemitismus bei Martin Niemöller, vom 10.10.2011, online unter www.martin-niemoeller-stiftung.de/4/zumnachlesen/a100 (30.11.2015).

324 Zu Karl Barth: *Leimgruber/Schoch*, Schweizer Theologen 288–311. Als sehr aufschlussreiche und viele Dokumente erschliessende Veröffentlichung erschien: *Rusterholz, Heinrich:* «… als ob unseres Nachbars Haus nicht in Flammen stünde». Paul Vogt, Karl Barth und das Schweizerische Hilfswerk für die Bekennende Kirche in Deutschland 1937–1947, Zürich 2015.

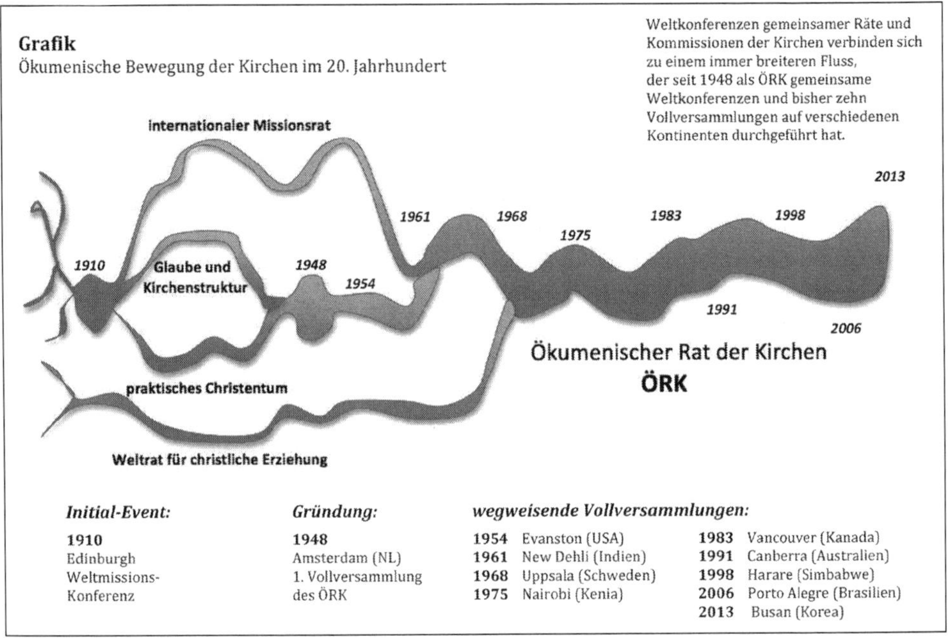

Grafik 10

chen Kirchen angeregt. Zunächst sorgten zwei parallele Bewegungen, die ebenfalls von Edinburgh ausgingen, für weitere Weltkonferenzen: die eine zu Fragen der Lehre (Faith and Order), die andere zur christlichen Praxis (Life and Work). Die Weltkonferenz für praktisches Christentum von 1925 in Stockholm verabschiedete Grundsätze für ein alltägliches Miteinander in «Leben und Arbeiten». Zwei Jahre später kam es in Lausanne zur Ersten Weltkonferenz für Glaube und Kirchenverfassung. Sie suchte Gemeinsamkeiten im Bekenntnis und im Amtsverständnis zu formulieren. Eine Folgekonferenz zur Kirchenverfassung traf sich 1937 in Edinburgh und bereitete zusammen mit einer Parallelkonferenz zu Praktischem Christentum in Oxford die Gründung des **Ökumenischen Rates der Kirchen** (ÖRK, 1948) vor, der seinen Sitz im neutralen Genf wählte.

Im ÖRK sind heute 349 Kirchen in mehr als 120 Ländern auf allen Kontinenten vereint. Mitglieder sind die meisten grossen Kirchen der evangelischen Traditionen – Lutheraner, Reformierte, Methodisten und Baptisten –, die anglikanischen und altkatholischen sowie die meisten orthodoxen und altorientalischen Kirchen. Die römisch-katholische Kirche blieb im Prozess dieser Annäherung und verstärkten Zusammenarbeit abseits. Sie begnügt sich seit 1961 mit dem Beobachterstatus im ÖRK. Heute gehören neben den ursprünglichen drei Zielen – gemeinsames Handeln in der Mission, Einheit in der Verkündigung von Jesus Christus und gemeinsamer Dienst an der Welt – auch interreligiöser Dialog und interreligiöse Zusammenarbeit zum Programm des Weltkirchenrates.[325]

Blütezeit des Vereinskatholizismus 3.7.5

Die erste Hälfte des 20. Jahrhunderts lässt im deutschen Sprachraum das katholische Milieu als «Gesellschaft in der Gesellschaft» blühen. Auch «Katholizismus im Ghetto» genannt, sei dessen Erscheinungsform am Beispiel der Schweiz skizziert.[326] Den ersten grossen Schub erfuhr die Organisation der Katholiken im Kulturkampf der 1870er Jahre. Die radikalliberalen Angriffe auf die Kirche bewirkten eine breite Mobilisierung der katholischen Bevölkerung mittels Vereinen, Parteien und Zeitungen. Nicht zufällig erfolgte die Gründung national führender Zeitungen – Luzerner «Vaterland» und Freiburger «Liberté» – im Jahr 1871. Der nationale Piusverein, gegründet 1857, erfuhr im Ringen der siebziger Jahre eine deutliche Politisierung. Gründungsversuche einer katholischen Landespartei kamen 1874–1881 nicht über Ansätze hinaus. Im Schulwesen wurde das Netz der katholischen Kollegien ausgebaut und in Freiburg i. Ue. mit der Gründung der staatlichen katholischen Universität (1889) eine eigene Hochschule realisiert.

325 Zur ökumenischen Bewegung und Gründung der ÖRK: Geschichte des Christentums Bd. 12, 40–85. Zum aktuellen Stand: Homepage des ÖRK: www.oikoumene.org; zu Einzelfragen: *Thönissen*, Lexikon der Ökumene und Konfessionskunde.

326 Eine detaillierte Gesamtdarstellung für die Schweiz bietet *Altermatt*, Der Weg ins Ghetto. Für einen kurzen Überblick über die vergleichbare Entwicklungen im ganzen deutschen Sprachraum und den Niederlanden vgl. Geschichte des Christentums Bd. 11, 549–557.642–655.682–685. Für die Zeit ab 1914: Geschichte des Christentums Bd. 12, 632–648.681–772. Umfassender: *Altermatt*, Konfession, Nation und Rom.

In den Jahren um 1900 erfuhr die entstandene Vielfalt lokaler und kantonaler Organisationen eine übergreifende Neuordnung. Der bisherige Wirrwarr wich einer grösseren Einheit und Geschlossenheit: 1905 fusionierten die grossen Diaspora- und Stammlandverbände: Der Schweizerische Katholische Volksverein (SKVV) wurde zum Dachverband des weitverzweigten Vereinswesens. Ab 1912 begannen sich auch die Frauenvereine im Schweizerischen Katholischen Frauenbund (SKF) zusammenzuschliessen. Die katholische Arbeiterbewegung, deren eigenständige Geschichte 1899 mit dem Arbeiterverein St. Gallen begann, vereinigte sich 1919 zum Christlichsozialen Arbeiterbund (heute Katholische Arbeitnehmerinnen- und Arbeitnehmer-Bewegung KAB). Der zentrale Zusammenschluss der sozialkaritativen Institutionen und Organisationen erfolgte im 1901 gegründeten Schweizerischen Caritasverband. Auf dem politischen Gebiet gelang es 1912, endlich eine katholische Landespartei zu gründen. Sie nannte sich bis 1957 Schweizerische Konservative Volkspartei (KVP, heute Christlichdemokratische Volkspartei CVP).[327]

Ihre eigentliche Blütezeit erlebte die katholische Sondergesellschaft, organisatorisch gestützt auf die Volkspartei für die politische und auf den Volksverein für die kirchlich-religiöse und kulturelle Bildungsarbeit, in den Jahren 1920–1950. Aus dieser Phase stammen denn auch die katholischen Jugendverbände der Jungwacht (1932) für Knaben und des Schweizerischen Blauring (1933) für Mädchen, die heute zur JuBla fusioniert sind und vereint über 28 000 Mitglieder zählen.[328]

3.7.6 Ostpolitik des Vatikans mit der Sowjetunion

In der Sowjetunion lebten nach der Oktoberrevolution und der Wiedererstehung Polens etwa eine halbe Million Katholiken. Die Kommunisten liessen sie, zuvor von Zar und orthodoxer Kirche verfolgt, zunächst aufatmen. 1918 waren sogar Fronleichnamsprozessionen möglich. Im Vatikan träumten einige davon, die katholische Kirche könnte das Erbe der

327 Zur «Flurbereinigung» nach 1900 vgl. *Altermatt*, Katholizismus und Moderne 154 f.

328 Homepage mit aktuellen Angaben: www.jubla.ch.

orthodoxen antreten, zumal die Sowjetverfassung die Trennung von Staat und Kirche vorsah und die alte Allianz von Thron und Altar im Sommer mit der Ermordung der Zarenfamilie ins Grab sank. 1921 brach eine Hungerkatastrophe grössten Ausmasses über die Sowjetunion herein. Papst Benedikt XV. organisierte eine umfangreiche Hilfsaktion. 1922 kam es zu einem geheimen Abkommen zwischen dem Vatikan und Lenin. Darin anerkannte der Heilige Stuhl de facto die Sowjets. Als Gegenleistung durfte der Vatikan *«envoyés»* (Gesandte) ins Land entsenden: Rom wollte mit den Lebensmittelpaketen auch Missionare entsenden. Die kirchenfeindliche Politik Lenins verhinderte jedoch eine Missionierung. Darauf suchte der Vatikan eine Untergrundkirche aufzubauen und heimlich Bischöfe einzuschleusen oder im Land zu weihen. Als Pionier wurde der französische Jesuit Michel d'Herbigny, Direktor des Instituts für östliche Studien in Rom, ausgewählt. Im März 1926 weihte ihn Nuntius Eugenio Pacelli in Berlin zum Bischof und trug ihm auf, in der Sowjetunion Bischöfe zu weihen und heimlich eine katholische Infrastruktur zu bilden. Die Sowjets kamen den Weihen in Moskau jedoch auf die Spur und wiesen d'Herbigny brüsk aus. Nach Stalins Machtergreifung 1929 setzte eine scharfe antireligiöse Propaganda ein, die sich nach dem antikommunistischen Konkordat des Vatikans mit Mussolini auch gegen die katholische Kirche richtete. Im Gegenzug rief Pius XI. 1930 zu einem Gebetskreuzzug gegen den Kommunismus auf. Als die Sowjetverfassung von 1936 Religionsfreiheit zusagte, Stalins antireligiöse Hetze aber zur Schliessung von über 1100 orthodoxen Kirchen führte, verurteilte Pius XI. den Kommunismus 1937 in seiner Enzyklika «Divini Redemptoris» aufs Schärfste.[329]

Der zwischen Hitler und Stalin geschlossene Nichtangriffspakt hatte für das katholische Polen verheerende Folgen. Nachdem die beiden Diktatoren Polen 1939 unter sich aufgeteilt hatten, hielten sich die Sowjets gegenüber der katholischen Kirche Polens zurück. Als Alliierte und Stalin nach Hitlers Angriff auf die Sowjetunion 1941 ein antideutsches Militärbündnis schlossen, hielt sich Pius XII. mit der bemer-

329 Kernpassagen der Enzyklika in DH *3771–3374.

kenswerten Aussage zurück, dass ein Teufel den anderen jage («*Un diavolo caccia l'altro*»).[330]

Nach der Beendigung des Zweiten Weltkrieges sah sich der Vatikan gezwungen, seiner Ostpolitik eine neue Ausrichtung zu geben, da ein Teil Deutschlands, Polen, die Tschechoslowakei und Ungarn mit ihren katholischen Bevölkerungsanteilen unter den sowjetischen Einfluss gerieten. Die demokratisch regierten Länder mussten auf Druck der Siegermacht Sowjetunion ab 1948 kommunistische Regierungen akzeptieren. Der einsetzende Kalte Krieg teilte Europa für vier Jahrzehnte in zwei Blöcke, den westlichen und den östlichen, der sich im Warschauer Pakt unter Moskaus Diktat beugte. Pius XII. übernahm die Politik der Westmächte und schlug einen strikt antikommunistischen Kurs ein. Als sich in Ungarn 1948 die sogenannte Volksdemokratie etablierte, wurde der ungarische Primas József Mindszenty (1892–1975) verhaftet, gefoltert und zu lebenslanger Haft verurteilt. Pius XII. verurteilte das totalitäre Regime im Februar 1949 öffentlich auf dem Petersplatz. Am 1. Juli 1949 doppelte er mit dem Kommunismusdekret nach, das Anhänger und Mitglieder einer kommunistischen Partei in einem demokratischen Staat exkommunizierte. Als sich 1956 in Budapest für zwei Wochen eine demokratische Regierung durchsetzte und Moskau dem «Ungarnaufstand» im November ein gewaltsames Ende bereitete, stellte Pius XII. sich eindeutig auf die Seite des antikommunistischen Aufstands. Kardinal Mindszenty selbst floh in die amerikanische Botschaft, wo er 15 Jahre lang ausharrte, um das Regime zu einem neuen Prozess und zur Revision des Urteils zu zwingen. Der Wiener Kardinal Franz König konnte die Symbolfigur des Widerstands gegen den Kommunismus fast 80-jährig zur Ausreise bewegen. Mindszenty starb 1975 in Wien.[331]

330 Die Vatikanische Diplomatie im Zweiten Weltkrieg zeichnet minutiös nach: *Blet*, Pius XII. und der Zweite Weltkrieg.

331 Zur Entwicklung nach Ende des Kalten Krieges siehe Abschnitt 3.8.4.

Kirchen im Zeichen der Moderne (2. Hälfte 20. Jahrhundert) 3.8

Die zweite Hälfte des Jahrhunderts steht weltpolitisch im Zeichen der Entkolonialisierung und des Zusammenbruchs des Kommunismus, erlebt wirtschaftlich eine neoliberale Globalisierung und führt in Europa gesellschaftlich durch die 1968er-Unruhen zur Befreiung von bisherigen Wertsystemen. Die katholische Kirche öffnete sich mit dem Zweiten Vatikanischen Konzil verspätet für die moderne Welt, erlebte danach zunächst eine Phase begeisterter Aufbrüche und sah sich unter dem ersten polnischen Papst einer restaurativen Gegenbewegung gegenüber. Am Ende des Jahrtausends leben die grossen Kirchen mit einer Mehrheit ihrer Mitglieder in Afrika, Asien und Südamerika.

Zweites Vatikanisches Konzil (1962–1965) 3.8.1

Als Angelo Roncalli Ende Oktober 1958 als **Johannes XXIII.** aus dem Konklave kam, ahnten weder Kardinäle noch das katholische Volk, dass der Kleinbauernsohn aus Bergamo weit mehr als ein Übergangspapst war. In jungen Jahren Professor für Kirchengeschichte, dann Spiritual im Priesterseminar und schliesslich Nuntius in den kirchenpolitisch delikaten Ländern Türkei und Frankreich, blieb Roncalli auch als Patriarch von Venedig ein gütiger Seelsorger, der die Herzen der Menschen gewann. Anders als seine Vorgänger pilgerte er als Papst mit der Eisenbahn nach Loreto und Assisi, und er führte die öffentliche Fusswaschung am Gründonnerstag wieder ein. Drei Monate nach seiner Wahl setzte er mit der Ankündigung eines Konzils im Januar 1959 einen unerwarteten Paukenschlag. Beim Stationsgottesdienst in San Paolo fuori le Mura überrascht, suchten die Kurienkardinäle das Konzilsprojekt bald zu untergraben. Johannes XXIII. trieb den Plan jedoch zielsicher voran. Im folgenden Jahr signalisierte er, dass er die eigene Kirche nicht nur für die Welt von heute, sondern auch ökumenisch öffnen wolle. Dazu schuf er 1960 das Sekretariat für die Einheit der Christen. An Weihnachten 1961 waren die Vorbereitungen – es galt über 2000 Eingaben von Bischöfen und Universitäten zu verarbeiten – soweit gediehen, dass der Papst das Konzil auf Oktober 1962 einberufen konnte. Im Februar lud Kardinal Augustin Bea als Leiter des Einheitssekretariats auch die getrennnten Kirchen zur Entsendung offizieller Beobachter (*observatores*) ein. Die ökumenische Bewegung innerhalb der katholischen Kirche hatte bereits 1952 zur Gründung einer «Katholischen Konferenz für ökumenische Fragen» in Freiburg i. Ue. geführt. Neben dieser Una-sancta-Bewegung bereiteten drei weitere Aufbrüche offenen Konzilsberatungen den Boden: Die liturgische Bewegung, die ihr deutsches Zentrum in Maria Laach hatte, erschloss Laien Zugänge zur aktiveren Mitfeier von Gottesdiensten. Die biblische Bewegung verbreitete Ausgaben des Neuen Testaments in der Volkssprache, förderte das Lesen der Heiligen Schrift und das Interesse am Leben Jesu. Das Laienapostolat hatte im Vereinskatholizismus bereits seit Jahrzehnten eine neue Hochblüte erlebt und förderte das Volk-Gottes-Bewusstsein der Kirche.

Das Konzil arbeitete in öffentlichen Sitzungen, sogenannten Generalkongregationen, und in elf Kommissionen. Stimmberechtigt waren 2540 Konzilsväter (Bischöfe und Ordensgeneräle), denen *periti* (Sachverständige) zur Verfügung standen. An den Generalkongregationen konnten auch ausgewählte Laien als *auditores* teilnehmen. Das Konzilssekretariat hatte alle Änderungswünsche aus den Kommissionen in die laufend modifizierten Schemata (Arbeitspapiere) einzufügen und diese den Konzilsvätern zur Weiterarbeit auszuteilen. Bereits in der **ersten Sitzungsperiode** (Oktober bis Dezember 1962) folgte das Konzil der Vorgabe des Papstes, dass es ökumenisch im Sinn der Weltkirche, pastoral ausgerichtet und frei sei. Es wies eine versuchte Wahlmanipulation der Kurie für die Konzilskommissionen zurück, verschob die Wahl und führte diese dann in selbstbewusster Freiheit durch. Bereits die Beratung des ersten Schemas, jenes über die Liturgie, erschreckte Traditionalisten zutiefst: Sie sah die Volkssprache im Gottesdienst und die Kommunion unter beiden Gestalten vor. Weitere Schemata aus der Kurie stiessen auf derart harte Kritik, dass am Ende der ersten Session kein einziges abstimmungsreif war. Während der neunmonatigen Zwischenzeit, in der die Bischöfe ihre Hirtenaufgabe zu Hause wahrnahmen und die Schemata in Rom überarbeitet wurden, starb am 3. Juni 1963 Johannes XXIII. Das damit suspendierte Konzil wurde jedoch vom neu gewählten **Paul VI.** mit modifizierter Geschäftsordnung am 19. September zur **zweiten Session** versammelt. In der Eröffnungsrede machte der neue Papst deutlich, dass die Lehre «De ecclesia» – seit dem Ersten Vatikanischen Konzil offen – abgerundet, die Kirche selbst erneuert, die Einheit der Christen gefördert und das Gespräch mit der modernen Welt intensiviert werden müsse. Die Debatte über die Kirchenkonstitution wog die im Ersten Vatikanischen Konzil definierte Primatsgewalt mit einer neuen Würdigung des bischöflichen Amtes auf und stellte die Amtskirche in den Dienst des Volkes Gottes. Weitere neun Generalkonstitutionen widmeten sich den Schemata über die Bischöfe und die Ökumene sowie den Fragen der Beziehung zum Judentum und der Religionsfreiheit. Anfang Dezember 1963 konnten die Liturgiekonstitution und das Dekret über die Massenmedien feierlich verabschiedet werden. Beide bedeuteten eine mutige Öffnung: zu einer modernen Kommunikation mit der Welt und zu Gottesdiensten in der Volkssprache, in denen die aktive Gemeinde und Christus die feiernden Subjekte sind. Im Januar 1964 bewegte Paul VI. Kirche, Kirchen und Welt mit seiner überraschenden Reise nach Jerusalem: Damit setzte erstmals ein Papst den Fuss auf einen anderen Kontinent und signalisierte zugleich mit der historischen Umarmung des Ökumenischen Patriarchen einen Neustart in der Ökumene mit der Orthodoxen Welt.

Die **dritte Konzilsperiode** begann am 14. September 1964 mit einer Messfeier, die der Papst und 24 Konzilsväter gemeinsam zelebrierten. Die Beratungen der folgenden Wochen markierten den Höhepunkt und die Krise des Konzils, als sich die reformoffene Mehrheit und die konservative Minderheit harte Debatten lieferten: zunächst über die Kirchenkonstitution, dann zum Hirtendienst der Bischöfe, zur Ökumene und über eine Erklärung zur Religionsfreiheit. Die Offenbarungskonstitution und weitere Dokumente über den Priesterdienst, die Mission, das Laienapostolat, das Ordensleben, die christliche Erziehung und die Priesterausbildung wurden ohne heisse Köpfe bearbeitet. Als Paul VI. die konservative Opposition gegen die Kirchenkonstitution mit einer autoritär vorangestellten «erklärenden Vorbemerkung» beruhigen wollte, indem er an der Papstlehre des Ersten Vatikanischen Konzils verbindlich festhielt, erlebte das Konzil seinen «schwarzen Donnerstag»: Den Unmut über den päpstlichen Eingriff steigerte die Aussetzung der Abstimmung über die Erklärung zur Religionsfreiheit «Dignitatis humanae» durch das Präsidium, worauf es in der Konzilsaula zu tumultartigen Szenen kam. Die Novemberkrise zog sich hin, als der Papst autoritativ auch in die Ökumene-Debatte eingriff und das Konzil um seine Freiheit fürchtete. Bis zu den Schlussabstimmungen vom 21. November 1964 glätteten sich die Wogen wieder so weit, dass die Kirchenkonstitution «Lumen Gentium», das Ökumenismusdekret «Unitatis redintegratio» und das Dekret über die katholischen Ostkirchen «Orientalium Ecclesiarum» approbiert und vom Papst promulgiert werden konnten.

Die **vierte** und letzte **Konzilsperiode** (14. September bis 7. Dezember 1965) begann mit der Ankündigung des Papstes, künftig regelmässige Bischofssynoden zu versammeln und die Ortskirchen damit direkt in die Gesamtleitung der Weltkirche einzubinden. Intensive Vorarbeiten hatten die elf noch zu behandelnden Texte weiter reifen lassen. Die Offenbarungskonstitution und die Dekrete über die Hirtenaufgabe der Bischöfe «Christus Dominus» und das Verhältnis zu den anderen Religionen «Nostra aetate» erreichten Ende Oktober hohe Zustimmung, während die Erklärung zur Religionsfreiheit «Dignitatis humanae» höhere Hürden nehmen musste. Noch härter wurde das Ringen um die Pastoralkonstitution «Gaudium et spes». Die wohl reifste Frucht des Konzils nimmt einen Paradigmenwechsel kirchlich-pastoralen Selbstverständnisses vor, eröffnet eine positive Sicht auf die Gesellschaft und fordert zur konstruktiven Zusammenarbeit mit ihr auf. Die «Zeichen der Zeit» sind «im Lichte des Evangeliums» zu deuten, um «das Werk Christi selbst weiterzuführen».[332] Zu brennenden Fragen wie Atomwaffen, Abrüstung, Friedenssicherung und Geburtenregelung wird die Pastoralkonstitution allerdings wenig konkret. 3000 Änderungsanträge waren einzuarbeiten, bis «Gaudium et spes» am 6. Dezember mit 2111

332 GS 3 f.

gegen 251 Stimmen angenommen wurde. Tags darauf approbierte der Papst an der letzten öffentlichen Sitzung des Konzils die Pastoralkonstitution, das Missions- und Priesterdekret «Ad gentes» und die bis zum Schluss umkämpfte Erklärung zur Religionsfreiheit «Dignitatis humanae». Sie stellt die Würde der Person, ihrer religiösen Erfahrung und ihres Gewissens über die von Institutionen gelehrte Wahrheit. Am selben Tag hoben Paul VI. und Patriarch Athenagoras die gegenseitige Exkommunikation von 1054 gleichzeitig auf. Das Konzil schloss am Fest Mariä Empfängnis feierlich auf dem Petersplatz. Seine verbindlichen Früchte sind die vier Konstitutionen «Lumen Gentium», «Dei Verbum», «Sacrosanctum Concilium» und «Gaudium et spes», neun Dekrete und drei Erklärungen.[333]

Öffnung zur Welt von heute 3.8.2

Die Öffnung der katholischen Kirche zur modernen Welt spiegelt sich an ihrer Spitze zunächst in den acht Enzykliken Johannes' XXIII., unter denen die Friedensenzyklika «Pacem in terris» herausragt, und den sieben Rundschreiben Pauls VI. (1968–1978), von denen «Populorum progressio» brennende Fragen der Weltwirtschaft, des Weltfriedens und sozialer Gerechtigkeit behandelt. Zwei bedeutende Auslandreisen dieses Papstes führten 1964 nach Jordanien und Israel, wo es zur historischen Begegnung mit Patriarch Athenagoras kam und im Oktober 1965 zu einer Rede vor der Vollversammlung der UNO in New York. Es ist der erste Papst der Geschichte, der asiatischen und amerikanischen Boden betrat. 1967 empfing er den sowjetischen Staatspräsidenten Nikolai Podgorny in Privataudienz, womit Rom den direkten Dialog mit der kommunistischen Supermacht intensivierte.

Das bewegte Jahr 1968 sah Bürgerrechtsbewegungen und Studentenproteste von den USA über Paris bis Prag auf die Strasse gehen. Im deutschen Sprachraum nahmen die Studentenunruhen Züge einer antibürgerlichen, antireligiösen und

333 Die Konzilsdokumente bietet DH *4001–4359 (Auswahl), und vollständig lateinisch-deutsch: *Hünermann*, Die Dokumente des Zweiten Vatikanischen Konzils.

antifamiliären **Kulturrevolution** an. Sie führten dazu, dass eine junge Generation von Ordensleuten und Priestern ihrerseits gegen verkrustete Formen ankämpfte. Kleriker legten Tonsur und Soutane ab, Ordensleute unterschieden kritisch zwischen gesunden und ungesunden Traditionen, Amtsträger der Kirche engagierten sich auch politisch in verschiedenen Lagern, kämpften für zivilen Ersatzdienst bei Militärverweigerung und setzten sich in der Seelsorge für die Befreiung aus einer verkrampften Beichtpraxis und für eine autonome Ethik ein. In Lateinamerika stellen sich die Bischöfe im gleichen Jahr hinter die Bewegung der Basisgemeinden und die Befreiungstheologie, die Glaubenspraxis mit politischem und wirtschaftlichem Einsatz für eine gerechtere Welt verbinden.

Auf weltpolitischer Ebene setzte sich der mediengewandte **Johannes Paul II.** (1978–2005) bei über 100 Auslandreisen in 127 Länder für den Weltfrieden, Menschenwürde und soziale Gerechtigkeit überall auf Erden ein. 1986 übernahm er eine bedeutsame Führungsrolle unter allen Kirchen und Religionen, indem er zum ersten grossen Friedensgebet nach Assisi einlud. Die Stadt des Franziskus sah die katholische Kirche, 13 evangelische und 13 orthodoxe zusammen mit 62 namhaften Vertretern aller Weltreligionen und der Naturreligionen gemeinsam um den Weltfrieden beten. Dieses erste hochrangige Gebetstreffen der Welt- und Naturreligionen setzte in die Praxis um, was Hans Küng kurz darauf mit dem Motto «Kein Friede unter den Nationen ohne Friede unter den Religionen» zur Herausforderung seines Projektes Weltethos erhob.[334] Bis heute zitieren Kirchen und Weltreligionen angesichts des wachsenden fundamentalistischen Terrors die gemeinsame Ächtung jeder Gewalt im Namen des Glaubens, die das dritte grosse Friedenstreffen der Religionen 2002 in Assisi formuliert hat.[335]

334 Vgl. *Küng*, Projekt Weltethos.

335 Zur Geschichte und Bedeutung der Treffen 1986–2011 vgl. *Comunità di Sant'Egidio*, Lo spirito di Assisi.

Aufbrüche in der katholischen Kirche nach 1965 3.8.3

Die Konzilspäpste trugen je unterschiedlich zu inneren Reformen der katholischen Kirche bei. Johannes XXIII. eröffnete die katholische Ökumenearbeit durch die Schaffung des Einheitssekretariates und einen Wandel der Sprache: Die bisherige Rede von Schismatikern (Orthodoxe, Alt-/Christkatholische) und Häretikern (evangelische Kirche) wich der neuen Wahrnehmung, die in allen Getauften Geschwister erkannte. Paul VI. errichtete 1967 den Laienrat und die Kommission Justitia et Pax, ernüchterte die Kirche jedoch durch das Festhalten am Priesterzölibat und die Enzyklika «Humanae vitae», dank der die kirchliche Sexualethik bis heute in einer lebensfernen Schieflage steht.

Exkurs

Die Enzyklika «Sacerdotalis caelibatus» vom Juni 1967 war eine Reaktion auf ein unterdrücktes Thema der letzten Konzilssession: Damals verhinderte Paul VI. durch direkte Intervention eine Diskussion über den Pflichtzölibat. Er bekräftigte nun mit seinem Rundschreiben die Zölibatsforderung, signalisierte aber Verständnis beim Scheitern der Lebensform.[336] Ein Massnahmenkatalog bot ab 1971 die Laisierung mit Dispens vom Zölibat an. Laisierte Priester durften kirchlich heiraten, aber keine priesterlichen Funktionen mehr ausüben. In den 70er-Jahren kam es in einigen Ländern zu einem Massenexodus aus dem Priesterstand, wobei Weltklerus und Orden gleichermassen betroffen waren. Johannes Paul II. kehrte nach seinem Amtsantritt 1978 zur alten Rigorosität zurück, was der Innsbrucker Bischof Reinhold Stecher als Herzenshärte tadelte.

Die Enzyklika «Humanae vitae» vom Juli 1968 betraf das Eheleben und damit das breite Kirchenvolk. Auch sie behandelte ein vom Konzil nicht geklärtes Problem: die nach Erfindung der Antibabypille brisante Thematik um die Methoden der Empfängnisverhütung. Paul VI. übernahm die Meinung einer Minderheit der von ihm eingesetzten Bischofskommission und verbot jede künstliche Geburtenregelung.[337] Dies geschah zwei Monate nach der grossen Studentenrevolte und dem Generalstreik in Paris. Der Papst musste nicht nur sachliche Kritik einstecken, sondern wurde Ziel bissiger Karikaturen und offener Häme. So etwas hatte es in der katholischen Kirche seit dem Kulturkampf und Pius IX. nicht mehr gegeben.

336 Online unter www.clerus.org/clerus/dati/1999-10/08-5/Saccael.rtf.html.

337 Die Kernpassagen der Enzyklika finden sich in DH *4470–4479.

Das Konzil hatte die Bischöfe zur Einsetzung eines beratenden Priesterrates in ihren Diözesen verpflichtet. Auf Gemeindeebene etablierten sich vielerorts Pfarreiräte. Konservative frotzelten über die «Rätekirche». In den verschiedenen Ländern hatten **Diözesansynoden** die Ergebnisse des Konzils auf die eigene kulturelle Realität umzusetzen. Zwischen 1970 und 1994 fanden allein in Mitteleuropa über hundert Bistumssynoden statt.

Die deutsche Bischofskonferenz entschloss sich zu einer «Gemeinsamen Synode der Bistümer in der Bundesrepublik Deutschland», die 1971–1975 in Würzburg tagte. In acht Sitzungsperioden erarbeitete die Synode unter der Leitung des Kardinals Julius Döpfner sechs Arbeitspapiere und fasste 18 Beschlüsse.[338]

In der Schweiz wurden parallele Diözesansynoden in allen Bistümern 1972–1975 zu einem katholischen Grossereignis. Die diözesanen Versammlungen führten das Konzil basisnah auf ortskirchlicher Ebene weiter. Der St. Galler Bischofsvikar Ivo Fürer koordinierte die Arbeit aller Synoden gesamtschweizerisch mit einer nationalen Kommission. Im Unterschied zum Zweiten Vatikanischen Konzil, wo die Laien nur eine Randerscheinung bildeten, bestand die Synode 72 als Kirchenversammlung zur Hälfte aus Laien. Sie waren in den Debatten und Abstimmungen mit dem Klerus gleichberechtigt. Die Synode 72 verkörperte dadurch das von den Reformatoren geforderte und vom Konzil anerkannte Allgemeine Priestertum exemplarisch. Während die vorbildlich demokratische Synode im Gang war, strichen Volk und Stände am 20. Mai 1973 das Jesuiten- und Klosterverbot aus der Bundesverfassung. Die Synode 72 behandelte wie das Konzil primär kircheninterne Themen und streifte die Gottesfrage moderner Menschen nur kurz. Die diözesanen Synoden wagten sich jedoch auch mutig an Themen, die vom Konzil ausgeklammert worden waren: Zölibat, Frauenordination, Ehescheidung und Wiederverheiratung. Sie skizzierte Gemeindemodelle, Seelsorgearbeit und christliche Praxis in der Ortskirche. Angesichts des Kalten Krieges behandelte die Versammlung auch Wehrdienst und Wehrdienstverweigerung. Als Frucht der Umsetzung des Kon-

338 Vgl. *Bertsch*, Gemeinsame Synode in der Bundesrepublik Deutschland.

zils fanden die Schweizer Synode-Hochgebete Aufnahme ins Missale Romanum (Messbuch). Die Dokumente der Synode 72 bleiben bis heute wegweisende Texte: Ihre umfassende Standortbestimmung verband sich mit Verantwortungsbewusstsein für die Zukunft der Ortskirche.[339]

Exkurs

Ermutigt vom synodalen Prozess bildete die Schweizer Kirche in den folgenden Jahrzehnten Lebensformen aus, die sie innerhalb der Weltkirche zum Sonderfall machen: Er zeichnet sich aus durch liturgische Freiheiten (eigene und frei formulierte Hochgebete, Bussfeiern mit Generalabsolution und kreative Sonntagsgottesdienste ohne Priester), durch stark basisorientierte Gemeindestrukturen (Finanzhoheit der Gemeindeversammlung, Mitbestimmung der Kirchgemeinde- und Pfarreiräte), viel Entfaltungsraum für Laientheologinnen (Gemeindeleitung, sakramentale Beauftragungen zu Taufe und Trauung, Laienpredigt) und eine mutige Ökumene vor Ort (mit Interkommunion).

Kurz nach Abschluss des Synodenprozesses weckte ein neuer, pastoral erfahrener und umgänglicher Papst Hoffnungen auf eine weitere Öffnung an der Kirchenspitze. Der bisherige Patriarch von Venedig versprach mit seiner Namenswahl Johannes Paul I. als Papst engagiert am Konzil anzuknüpfen. Er verzichtete 1978 als erster Papst auf die Krönung mit Tiara, schaffte die päpstliche Wir-Form ab und starb als beherztschlichter «Papst des Lächelns» nach einem Monat an einem Herzinfarkt. Der Pole Johannes Paul II. folgte ihm als erster Nicht-Italiener seit dem letzten deutschen Papst Hadrian VI. (1522/23). Er promulgierte das revidierte Kirchenrecht mit dem CIC/1983, entwickelte die kirchliche Soziallehre weiter, veröffentlichte 1992 den Weltkatechismus und verschaffte der katholischen Kirche im modernen Medienzeitalter eine dominante Öffentlichkeitswirkung und eine perfekte mediale Inszenierung von Weltkirche, die alle anderen Konfessionen in den Schatten treten liess.

339 *Gasser*, Das Kirchenvolk redet mit. Die Dokumente der St.Galler Synode sind online unter www.bistum-stgallen.ch/de/335/Synode-72-Bistum-St.-Gallen.htm. Die Dokumente der Basler Synode können bestellt werden unter www.bistum-basel.ch/de/QuicklinkShop/Shop/Synode-72.html.

Exkurs

Das Schisma der Piusbruderschaft

Die faktische Verabschiedung des Lateins aus der Liturgie rief «Pro una voce catholica» ins Leben, eine innerkirchliche Anti-68er-Bewegung. Sie demonstrierte auf Grossveranstaltungen für die Erhaltung des Kirchenlateins, des gregorianischen Gesangs und der polyphonen Messen. Als fortschrittsfreudige Kleriker althergebrachte und von Gläubigen geliebte Überlieferungen kurzerhand abschafften, fand der seit 1969 in Freiburg i. Ue. ansässige französische Alt-Erzbischof Marcel Lefebvre (1905–1991) einen fruchtbaren Nährboden für seine stark restaurative Bewegung. Die von ihm 1970 gegründete Pius-Bruderschaft wurde zunächst durch den Freiburger Bischof François Charrière approbiert. Bald aber brüskierte Lefebvre mit der Gründung eines eigenen Priesterseminars im Walliser Dorf Ecône den Bischof von Sitten. Der ultrakonservative Rebell, der schon am Konzil durch die vehemente Ablehnung von Religionsfreiheit, Ökumenismus und Kollegialität der Bischöfe aufgefallen war, schuf laufend neue Tatsachen, die schliesslich zum Bruch mit Rom führten. Paul VI. erklärte ab März 1976 die erneuerte Liturgie des katholischen Messbuchs für alle verpflichtend. Lefebvre lancierte daraufhin eine wüste Polemik gegen den von Rom abgesegneten neo-modernistischen Kurs, der die Zerstörung der Kirche beschleunige. Paul VI. suspendierte den renitenten Alt-Erzbischof im Juli 1976 von allen Funktionen, was diesen jedoch nicht daran hinderte, weitere Priester zu weihen. Als Lefebvre 1988 schliesslich gegen Roms Verbot auch vier Bischöfe weihte, um sein Lebenswerk zu sichern, zog dies postwendend die Exkommunikation nach sich. Joseph Ratzinger, der den Bruch in erfolglosen Verhandlungen nicht verhindern konnte, hob als Benedikt XVI. im Januar 2009 die Exkommunikation der Bruderschaft wieder auf.

3.8.4 Die Kirchen und das Ende des Kalten Krieges

Weltpolitisch zeichnet sich nach dem Zweiten Weltkrieg ein globaler **West-Ost-Konflikt** ab, der bereits 1945 einsetzt und als Kalter Krieg bis 1989 dauert. Auf Stalins Versuch, in Griechenland, der Türkei und im Iran Kommunisten an die Macht zu bringen, reagierte die USA mit der Truman-Doktrin. Sie versprach «freien Völkern» amerikanische Hilfe, wenn sie ihre Feiheit gegen Unterdrückung jeglicher Art zu verteidigen hätten. Die Konfrontation der beiden Blöcke führte zunächst zum Koreakrieg 1950–1953, an dem über 20 Staaten beteiligt waren und gegen 4 Mio. Menschen starben. Die Konfrontation zwischen den USA und der Sowjetunion gipfelte 1962 in der bedrohlichen Kubakrise. Seit Sommer 1961 wurde Berlin durch die Mauer geteilt, nachdem der Warschauer Pakt bereits mit dem Eisernen Vorhang gegen den kapitalistischen Westen abgeschottet worden war. Vor diesem Szenario forderten Väter am Zweiten Vatikanischen Konzil die Ächtung des Kommunismus. Der Ostberliner Kardinal Alfred Bengsch wehrte sich erfolgreich dagegen, da Verurteilungen nur Anlass zu neuen Verfolgungen gäben. Paul VI. suchte den direkten Dialog mit der Sowjetunion und empfing Aussenminister Andrej Gromyko 1966 im Vatikan, um die Lage der Christen im Ostblock zu erleichtern. Sieben Jahre später erreichte Kardinal Agostino Casaroli an der Konferenz für Sicherheit und Zusammenarbeit in Europa (KSZE), dass Religionsfreiheit als Grundrecht in der Schlussakte von Helsinki verankert wurde. Um die von den Siegermächten des Weltkriegs abgetrennten und **Polen** zugeschlagenen deutschen Ostgebiete nicht völkerrechtlich anzuerkennen, richtete Rom in Schlesien nur vorläufige Administraturen statt feste polnische Bistümer ein. Erst als die Bundesrepublik Deutschland (BRD) unter Bundeskanzler Willi Brandt 1972 ihr Verhältnis mit Polen vertraglich regelte, war der Weg für die Neugestaltung der kirchlichen Bistümer frei. Die **DDR** dagegen wurde mangels freier Selbstbestimmung der Bürger vom Westen nie anerkannt. Da verschiedene Diözesen sich über Gebiete beidseits des Grenzzauns erstreckten, blieb die Notlösung apostolischer Administrationen bestehen. Der 1979 zum Kardinalsstaatssekretär avancierte päpstliche Diplomat Agostino Casaroli galt als Architekt der vatikanischen Ostpolitik. Er handelte mit kommunistischen Regierungen Abkommen aus, mit Hilfe derer es gelang, die vielerorts im Untergrund lebende Kirche zu schützen.

Der Kalte Krieg führte politisch zu weiteren Stellvertreterkriegen in Asien, Afrika und Lateinamerika, zu einem wirtschaftlichen Wettlauf und zu einem nuklearen Wettrüsten, das die Welt während der Kubakrise 1962 an den Rand einer Nuklearkatastrophe führte. Die Staaten des Ostblocks gerieten dabei ins Hintertreffen. Demokratische Aufbrüche waren bereits 1956 in Ungarns Volksaufstand und 1968 im Prager Frühling mit sowjetischen Militärinterventionen niedergewalzt worden. Stagnierende Wirtschaft, massive Staatsverschuldung und wachsende Repression gegen oppositionelle Gruppen durch den Parteiapparat führten in den achtziger

Jahren erneut zu Friedens- und Demokratiebewegungen. 1985 leitete Michail Gorbatschow in der **Sowjetunion** ein Reformprogramm ein, das er Perestroika (Wende in Wirtschaft und Verwaltung) und Glasnost (Offenheit und Transparenz) nannte. Aussenpolitisch bot er Hand zu Abrüstungsgesprächen mit den USA, um das gigantische Haushaltsdefizit der Sowjetunion aufzufangen. Der neue Ost-West-Dialog ermutigte in Staaten des Warschauer Paktes Bewegungen, die mehr Selbstbestimmung des Volkes forderten. In mehreren Ostblockländern fanden diese Rückhalt in den Kirchen, deren Unterstützung und Vermittlung schliesslich Revolutionen unblutig verlaufen liess.[340] Bereits 1979 hatte der polnische Papst auf der zweiten Auslandreise seine Heimat besucht. Weitere Besuche in **Polen** 1983 und 1987 stärkten das Selbstbewusstsein des katholischsten Landes im Ostblock und wurden zu politischen Manifestationen für Reformen, wie die Gewerkschaft Solidarność sie forderte. 1988 gründete deren Führer Lech Wałęsa das oppositionelle Bürgerkomitee, das die Wahlen vom Juni 1989 gewann. In der bedrohlichen Konfrontation zwischen Gewerkschaft und Regierung unter General Wojciech Jaruzelski spielte die katholische Kirche als Vermittlerin eine bedeutende Rolle: Es gelang, eine militärische Intervention zu verhindern, das Volk friedlich zu mobilisieren und den Übergang zur Demokratie gewaltlos zu gestalten.

Im November 1989 führten Massenproteste in der **Tschechoslowakei** zu einem schnellen Sturz des kommunistischen Regimes. Auftakt zur «Samtenen Revolution» bildete die Heiligsprechung der böhmischen Prinzessin Agnes von Prag am 12. November, zu der 9000 Bürger aus Tschechien und 7000 aus Polen nach Rom reisen durften. Fünf Tage später provozierte eine Grossdemonstration auf dem Prager Wenzelsplatz ein brutales Eingreifen der Polizei. Täglich folgten neue Massenproteste, die den regimekritischen Dichter Václav Havel am 19. November zur Gründung des Bürgerforums bewegten und Alexander Dubček, Symbolgestalt des Prager Frühlings, zurückriefen. Sprecher des Bürgerforums wurde der Priester Václav Maly, der an der entscheidenden Grossdemonstration auf dem Letnafeld am 26. November vor einer Million Protes-

340 Zum Folgenden vgl. *Jauer*, Urbi et Gorbi.

tierender die Regierung zum Rücktritt, das Volk zur Versöhnlichkeit aufforderte und ein dazu gemeinsames Vaterunser betete. Der Generalstreik des folgenden Tages führte zum Abgang der kommunistischen Regierung. Freie Wahlen machten Havel einen Monat später zum Präsidenten der Tschechoslowakei, die sich 1992 friedlich in zwei eigenständige Staaten trennte.

Ihre sture Ablehnung von Gorbatschows Reformpolitik isolierte die **DDR** innerhalb des Ostblocks.[341] Bereits seit 1972 kam es angesichts des Rüstungswettlaufs und der Militarisierung der Gesellschaft zu Friedensseminaren, die meist in kirchlichen Einrichtungen stattfanden. Es bildeten sich Menschenrechts- und Friedensgruppen, die die SED-Partei mit der biblischen Forderung «Schwerter zu Pflugscharen» herausforderten und sich in Kirchenräumen organisierten. Ab 1980 veranstaltete die evangelische Kirche jährliche Friedensdekaden: Während zehn Tage verband sie dabei Gebete für den Weltfrieden mit Podiumsveranstaltungen und Friedenswegen. 1987 forderte der Evangelische Kirchentag in Berlin das Regime zu einer Glasnost-Politik in der DDR auf. Seit Sommer 1988 erhöhten Fürbittgebete für Inhaftierte und Schweigemärsche den Druck angesichts verschärfter Repressionen. Der «konziliare Prozess» der europäischen Kirchen für Gerechtigkeit, Friede und Bewahrung der Schöpfung (GFS), der im Mai 1989 zur ökumenischen Kirchenversammlung in Basel führte, sah in der DDR parallel eine ökumenische Versammlung in Dresden. In Leipzig versammelten sich gleichzeitig jeden Montag Hunderte zu Friedensgebeten in der Nikolaikirche. Diese verbanden sich im September mit Demonstrationszügen, an denen trotz Polizeigewalt Tausende teilnahmen. Die Gebets- und Demonstrations-Bewegung griff auf andere Städte über.

Am 7. Oktober reiste Michail Gorbatschow zum 40. Geburtstag der DDR nach Berlin und warnte Erich Honecker offen davor, sich Reformen zu verschliessen. Zwei Tage später setzte sich die Leipziger Montagsdemonstration gegen die Drohkulisse der Sicherheitskräfte friedlich durch. Als dar-

341 Die Wende der DDR dokumentieren ausführlich: *Heber/Lehmann*, Keine Gewalt! Der friedliche Weg zur Demokratie.

auf landesweit Hunderttausende auf die Strassen gingen, wurde Honecker am 18. Oktober abgesetzt. Tage später wurde im Berliner Evangelischen Diakoniewerk der Demokratische Aufbruch gegründet. Er führte am 4. November die grösste Demonstration der DDR-Geschichte an, die in Berlin eine halbe Million Bürger mobilisierte. Am 9. November öffnete das Regime die Berliner Mauer. Runde Tische bereiteten die politische Wende vor, die freie Parlamentswahlen im März 1990, den Einigungsvertrag Ende August und den Beitritt der DDR zur Bundesrepublik am 3. Oktober ermöglichte. In den Friedensgebeten, die den Prozess weiter begleiteten, und an den Runden Tischen waren evangelische wie katholische Kirche vereint beteiligt. So moderierten etwa Oberkirchenrat Martin Ziegler, Monsignore Karl-Heinz Ducke und Pastor Martin Lange die Spurarbeit des Runden Tischs im Bonhoeffer-Haus von Berlin. Thüringens lutherischer und katholischer Landesbischof beteten an Weihnachten für einen friedlichen Verlauf der Revolution, gemeinsamen Einsatz für eine gerechtere Welt und Achtung der Menschenrechte auch der Schuldiggewordenen. Die erste frei gewählte Volkskammer der DDR eröffnete am 5. April 1990 ihre erste Sitzung mit einem ökumenischen Gottesdienst in der Berliner Gethsemane-Kirche, gehalten von den Moderatoren des Runden Tisches. In der neuen Volkskammer sassen 21 evangelische Theologinnen und Theologen, davon 19 Pfarrer.

In den folgenden Jahren besuchte der polnische Papst die nachkommunistischen Staaten des **ehemaligen Ostblocks** auffallend oft. Nach der Wende kam er weitere sieben Mal nach Polen (1991, 1995, 1997, 1999, 2002), besuchte die Tschechoslowakei 1990 und nach der Trennung sowohl Tschechien als auch die Slowakei noch je zweimal, ebenso oft auch Ungarn (1991, 1996), Slowenien (1996, 1999) und Bosnien-Herzegowina (1997, 2003). Kroatien empfing den Papst dreimal (1994, 1998, 2003), die baltischen Staaten Estland, Lettland und Litauen einmal, ebenso Albanien, Rumänien, die Ukraine, Kasachstan, Georgien und Bulgarien. In das nach wie vor kommunistische Kuba reiste Johannes Paul II. 1998. Jahrzehnte unter sozialistischer Herrschaft führten in den ehemaligen Ostblockstaaten zu einer Diasporasituation der Kirchen, die heute in den neuen deutschen Bundesländern noch auf insgesamt 25 Prozent Getaufte kommen, in Tschechien auf 11 Prozent, während sich die katholisch geprägten Länder Ungarn mit 75 Prozent und Polen mit 88 Prozent Getaufter gut halten.

Junge Kirchen des Südens 3.8.5

Nach einem starken Rückgang der Mission im 19. Jahrhundert, während dessen sich die katholische Kirche nur langsam von den Krisen der Aufklärung und der französischen Revolutionskriege erholte, leitete die kolonialistische Aufteilung Afrikas einen neuen **Missionsboom aller Kirchen** ein. Benedikt XV. trennte im weitblickenden Schreiben «Maximum illud» von 1919 strikt zwischen Kolonialismus und Mission. Eine moderne Mission müsse eine einheimische Kirche mit einheimischem Klerus aufbauen. Pius XI. weihte danach 1926 die ersten chinesischen und bald weitere asiatische Bischöfe. 1939 folgte die Weihe der ersten afrikanischen Bischöfe durch Pius XII. Während die jungen Kirchen in Afrika und Südamerika kräftig wuchsen, erlitten jene in Asien im Zweiten Weltkrieg massive Rückschläge. Als Folge des Krieges schüttelten weite Gebiete Asiens bis 1950 und die meisten Länder Afrikas bis 1960 ihr koloniales Joch ab. Viele der neuen Staaten wiesen europäische Missionare aus, bevor ihre Kirchen auf eigenen Beinen stehen konnten.

Das 1948 unabhängig gewordene Indien erhielt vier Jahre später den ersten indischen Kardinal. Die Internationalisierung der Papstwahlbehörde setzte unter Pius XII. ein, der bei seiner ersten von zwei Kardinalsernennungen im Februar 1946 unter 32 Bischöfen aus allen Teilen der Welt nur vier Italiener und je drei Franzosen, Deutsche und Spanier zu Purpurträgern kürte, dafür aber einen Patriarchen aus der Sowjetunion, vier Amerikaner, zwei Brasilianer und je einen Portugiesen, Polen, Ungarn, Holländer, Engländer, Kanadier, Kubaner, Peruaner, Chilenen, Argentinier, Australier und Chinesen. In einer zweiten Runde erhielten auch Ecuador, Jugoslawien, Irland, Kolumbien und Indien ihren ersten Kardinal, worauf Johannes XXIII. vor dem Konzil 1960 das Gremium mit je einem ersten Japaner, Philippiner und Tansanier noch farbiger machte.

So kraftvoll der Vatikan den Aufbau einer chinesischen Kirche vorantrieb und 1946 im Reich der Mitte 104 Diözesen mit 20 Erzbischöfen und 80 Dözesanbischöfen schuf, so hart traf die kommunistische Machtergreifung ab 1949 die junge Kirche: Über 1100 Missionare wurden ausgewiesen, ebenso 14 Bischöfe, während andere inhaftiert wurden. Mao Tse-tung errichtete eine Nationalkirche mit regimehörigen Bischöfen gegen den Willen Roms, das die katholische Untergrundkirche unterstützte. In Südkorea entfaltete sich die katholische Kirche seit dem Koreakrieg vital, während sie in Australien und Neuseeland fast nur durch Einwanderung zunahm. In **Afrika** blühte die Mission bereits vor den Weltkriegen, im Norden und Süden des Kontinents vorwiegend protestantisch und beidseits des Äquators durch katholische Missionare. Erst nach dem Ersten Weltkrieg intensiv missioniert, wurden Madagaskar, die Seychellen und Angola allesamt katholisch. In Schwarzafrika gelang es Rom, rechtzeitig vor der Entkolonialisierung in den Fünfzigerjahren eine einheimische Hierarchie aufzubauen. Die ersten Jahrzehnte der Eigenständigkeit sahen zahlreiche Unruhen, Militärputsche und Bürgerkriege, die auch die Kirche mit ihren Schulen und Spitälern schwer trafen. Der stete Rückgang europäischer Missionare ging mit der Afrikanisierung der einheimischen Kirchen einher, wiewohl diese bis heute materiell von der Ersten Welt abhängig bleiben. Im Mai 1994 versammelten sich auf Einladung von Johannes Paul II. erstmals in der Geschichte der katholischen Kirche Vertreter aller afrikanischen Bischofskonferenzen zu einer Afrikasynode in Rom. Der Papst brachte das Schussdokument «Die Kirche in Afrika» persönlich auf den Kontinent, wo zusammen mit Asien und Lateinamerika bereits die Mehrheit der katholischen Gläubigen lebte.

Stärker europäisch geprägt blieb aufgrund seiner langen Kolonialgeschichte und grosser Auswanderungswellen der **lateinamerikanische Kontinent**. Er setzte das Pastoralprogramm und das neue Volk-Gottes-Verständnis des Zweiten Vatikanischen Konzils am mutigsten um, indem seine kontinentalen Bischofskonferenzen von Medellín (1968) und Puebla (1979) die Befreiungstheologie anerkannten, die Basisgemeindebewegung förderten und die ganze Kirche auf die «vorrangige Option für die Armen» verpflichteten. Höchste

Exponenten der Kirchenhierarchie bewegten mit ihrem Wechsel an die Seite des Volkes die Welt: So trotzte in Brasilien Dom Hélder Câmara der Militärdiktatur von 1964–1985. Er hatte am Zweiten Vatikanischen Konzil 1963 seine Kollegen eindringlich aufgerufen, allen Reichtum abzulegen und sich sichtbar mit den arbeitenden Menschen zu solidarisieren: In der Folge verpflichteten sich im November 1965 vierzig Konzilsbischöfe im Katakombenpakt dazu, als Hirten zu einer «Kirche der Armen» zurückzukehren, alle Insignien der Macht abzulegen, in einfache Wohnungen zu ziehen und die diözesanen Prunkgebäude für sozial-karitative Aufgaben umzunutzen. 1980 starb mit dem Erzbischof von El Salvador eine weitere Leitgestalt als Opfer der Militärjunta: Oscar Romero sagte von sich wie Hélder Câmara, die Armen hätten ihn bekehrt.

Die **Befreiungstheologie** verdankt ihren Namen Gustavo Gutiérrez, der 1971 das Buch «Teología de la liberación» veröffentlichte.[342] Weitere namhafte Theologen wie der Franziskaner Leonardo Boff und sein Bruder Clodovis Boff SJ machten die Theologie der Befreiung auch in Nordamerika und Europa bekannt.[343] Zusammen mit Bäuerinnen, Landarbeitern und Slumbewohnern bezogen sie den Exodus Israels, die Gesellschaftskritik biblischer Propheten und das befreiende Wirken Jesu auf ihre eigene Situation und die Politik, Gesellschaft und Wirtschaft ihres Landes. Dass der Gott Mose «das Elend seines Volkes sieht» (Ex 3,7), wird als bleibender Heilswille begriffen für alle, die ihr Geschick gemeinsam in die Hand nehmen. Was traditionelle Theologie vorschnell spirituell deutete, erfuhr nun auch eine sozialpolitische und wirtschaftliche Interpretation. Entgegen römischer Verdächtigung, verkappte Marxisten zu sein, verteidigten sowohl Bischöfe wie Befreiungstheologen ihren Einsatz für basisdemokratische Gesellschaftsreformen, die sich gewaltlos vom Gott Jesu ermutigen lassen, der «die Mächtigen vom Thron

342 *Gutierrez*, Theologie der Befreiung (mit Einleitung des Autors zur 10. Auflage und Vorwort von Johann Baptist Metz).

343 Der Patmos-Verlag veröffentlichte 17 Grundlagenwerke in deutschen Übersetzungen als Reihe «Bibliothek der Theologie der Befreiung». Sie erschienen in dichter Folge zwischen 1987 und 1992.

stösst und die Niedrigen erhebt, die Hungrigen mit Gütern füllt und die Reichen leer ausgehen lässt» (Lk 1,53). Die lateinamerikanische Befreiungstheologie inspirierte ähnliche Ansätze eigenständiger Theologien in Afrika und Asien. Sie greift seit dreissig Jahren auch ökumenisch ausgeweitet Themen auf, die die Erste und Dritte Welt als «Eine Welt» beschäftigen: Bewahrung der Schöpfung durch nachhaltigen Klima- und Umweltschutz, soziale Gerechtigkeit durch fairen Handel und Entschuldung der abhängigen Länder sowie Förderung der Menschenrechte.[344] Unter Papst Franziskus hat die Befreiungstheologie überraschend, vom «Erdkreis in die Stadt» Rom kommend, die Kirchenleitung erfasst.[345]

3.9 Christsein in einer multireligiösen Welt (21. Jahrhundert)

Die Jesusbewegung zählte am Ende des ersten Jahrhunderts drei Dutzend Gemeinden im Osten der Mittelmeerwelt, zwei Zentren in Nordafrika und zwei Handvoll in Europa. Ein Jahrtausend später spaltete sich die Christenheit in eine West- und eine Ostkirche (1054), von der muslimischen Welt umklammert und von slawischen Völkern getrennt. Am Ende des zweiten Jahrtausends sieht sich eine Unzahl grosser und kleiner Kirchen ökumenisch herausgefordert in einer Welt, deren Nationen durch wirtschaftliche Globalisierung, Mobilität und Migrationsströme religiös immer bunter durchmischt werden. Fortschreitende Säkularisierung lässt Religion zur Privatsache werden, fördert dabei synkretistische Tendenzen und provoziert andererseits fundamentalistische Bewegungen, die militante Subkulturen schaffen und für ihre Träume von einem Gottesstaat kämpfen.

344 Zum Stand der Theologie der Befreiung heute vgl. den Überblick: *Kern*, Theologie der Befreiung.

345 Vgl. *Müller*, Armut (mit Vorwort von Papst Franziskus und Mitarbeit von Gustavo Gutiérrez).

Statistisches auf der Jahrtausendschwelle 3.9.1

Um 2000 zählten die christlichen Kirchen gemeinsam 2 Milliarden Mitglieder. Damit bekannte sich ein Drittel der Weltbevölkerung zu Christus. Der Islam kam mit all seinen Richtungen auf 1.4 Milliarden und der Hinduismus als drittgrösste Religion auf 900 Millionen. Alle drei Weltreligionen wachsen weiterhin im Schritt mit der Weltbevölkerung. Die römisch-katholische Kirche ist die stärkste christliche Konfession. Von ihren 1.2 Milliarden Mitgliedern sind 400 000 Priester, 5000 Bischöfe und 800 000 Ordensleute (0.1 Prozent). In Deutschland bezeichneten sich um die Jahrtausendwende noch rund 30 Prozent, in Österreich noch fast zwei Drittel und in der Schweiz 40 Prozent der Bevölkerung als römisch-katholisch. Die stärkste katholische Prägung wiesen die spanischsprachigen Länder Südamerikas sowie Spanien selbst, Italien und Polen mit je über 90 Prozent auf, gefolgt von Frankreich, Portugal und den Philippinen (über 80 Prozent) sowie Mexiko und Brasilien (über 70 Prozent). Die Mehrheit der römisch-katholischen Christinnen und Christen lebte beim Millenniumswechsel bereits auf der südlichen Erdhalbkugel. Asien ist mit seinen kraftvollen alten Weltreligionen am wenigsten christianisiert: Muslime stellen einen Viertel, Hindus einen Fünftel, Religionslose einen Sechstel des riesigen Kontinents, während Buddhisten auf 10 Prozent und alle christlichen Kirchen zusammen auf 8 Prozent kommen. In Nordamerika sind die evangelischen Kirchen in der Mehrheit. Im Norden Afrikas herrschen der Islam und im Süden evangelische Kirchen vor: Einzig die Demokratische Republik Kongo hat eine knappe katholische Bevölkerungsmehrheit, während Protestanten rund 20 Prozent und die afrikanische Kimbanguistenkirche, der Islam und Naturreligionen auf je 10 Prozent kommen. In Australien stellt die römisch-katholische Kirche mittlerweile mit einem Viertel der Bevölkerung die grösste Konfession, während die Anglikaner und alle anderen Kirchen je auf einen Fünftel kommen. Während die jungen Kirchen in Afrika und Asien weiter wachsen, schrumpfen die Gemeinden in Nordamerika und Europa rapide. Dass nach dem polnischen und dem deutschen Papst 2013 ein erster Lateinamerikaner den Petrusdienst übernimmt, lässt die

Mehrheitsverhältnisse an der Basis der Kirche nun auch auf ihre Spitze einwirken.

Die weltweite Präsenz der christlichen Kirchen und deren Grösse verhindern nicht, dass Christinnen und Christen in verschiedenen Erdteilen verfolgt werden. Christenverfolgungen sind nach dem Ende der kommunistischen Diktaturen in Osteuropa aus dem alten Kontinent verschwunden. Der «Verfolgungsindex 2015» führt rund 50 Länder ausserhalb Europas auf, in denen Religionsfreiheit mit Füssen getreten wird und christliche Gemeinden gefährdet leben. Die grösste Gefahr droht in Nordkorea, gefolgt von den islamischen Staaten im Nahen Osten und in Nordafrika. Mittlere Verfolgungsgefahr besteht in China, Indien und Indonesien.[346]

3.9.2 Ein historisches Schuldbekenntnis

Die römisch-katholische Kirche ging als weltweit grösste Religionsgemeinschaft und innerhalb des Christentums als grösste Konfession ins neue Jahrtausend. Dass ihre Erfolgsbilanz nicht nur auf der Überzeugungskraft ihres Glaubens und ihrer Praxis beruhte, machte Papst Johannes Paul II. in einer bewegenden Bussfeier deutlich. Am 12. März 2000 liess er im Petersdom Präfekten der Kurie je eine «Schuld der Vergangenheit» benennen, die die Kirche «auf dem Weg durch die Zeit» auf sich geladen habe.[347] Joseph Ratzinger sprach Intoleranz an und Methoden, der Wahrheit gegen den Geist des Evangeliums zu dienen. Roger Etchegaray bekannte die Mitschuld der römischen Kirche an der Spaltung der Christenheit. Edward Cassidy beklagte die verratene Geschwisterlichkeit dem Volk Israel gegenüber. Eine vierte Bitte nannte lieblose Verfehlungen gegen die Rechte der Völker und respektlosen Umgang mit anderen Kulturen und Religionen. Kardinal Francis Arinze beklagte Diskriminierungen, die Menschen durch oder mithilfe der Kirche aufgrund der Rasse, der Hautfarbe und des Geschlechts erlitten, und er nannte als Erstes die Erniedrigung und Ausgrenzung der Frau. Eine sechste Vergebungsbitte betraf Verstösse gegen die Grund-

346 Die Bedrohungslage wird jährlich neu dokumentiert von www.opendoors.de.
347 Im grösseren Kontext der Geschichte kommentiert von *Wolf*, Krypta 9–14.

rechte jedes Menschen, Ausbeutung Armer, Missbrauch von Kindern und mangelnden Einsatz für Ungeborene. Der Papst stellte das Bekenntnis unter das Motto «Erinnern und Versöhnen», auf dass die Kirche aus den «Verfehlungen der Vergangenheit» lerne und sich gereinigt ihrer Verantwortung in der Gegenwart stelle, die ihrerseits gezeichnet sei «von Atheismus, religiöser Gleichgültigkeit, Säkularismus, ethischem Relativismus, [...] von Verletzungen des Rechts auf Leben und der Gleichgültigkeit gegenüber der Armut in vielen Ländern».[348]

Kirchen auf dem «Markt der Religionen» 3.9.3

Bis weit ins 19. Jahrhundert hinein prägte das Prinzip des «*cuius regio – eius religio*» die konfessionelle Landschaft, sowohl in den Staaten Europas wie in ihren Kolonien weltweit. Wo Religions- und Kultfreiheit Eingang in moderne Verfassungen fanden, kam es infolge wirtschaftlicher Zuwanderung zur allmählichen Vermischung der Bevölkerung: in Europa zunächst durch Arbeitssuchende anderer Konfessionen und im Lauf des 20. Jahrhunderts auch anderer Religionen. Indem Europa seit 1989 zu einem Haus (Gorbatschow) und die Welt zu einem Dorf geworden ist, wie der Ägypter Boutros Boutros-Ghali als UNO-Generalsekretär (1992–1996) sagte, vermischen sich die Religionen und Kulturen immer rasanter.

Das Beispiel der Schweiz zeigt die Entwicklung in Europa beispielhaft auf: Eine starke konfessionelle Durchmischung geht einher mit kontinuierlichen Kirchenaustritten und dem allmählichen Vormarsch anderer Religionen. War die Calvinstadt um 1800 noch durchwegs reformiert, zählt der kleine Kanton Genf mit seinem UNO-Sitz im Jahr 2013 noch 12 Prozent Mitglieder der Église protestante de Genève gegenüber 35 Prozent konfessionslosen und 37 Prozent katholischen Mitbürgern.[349] Die Zwinglistadt Zürich zählte zur gleichen Zeit noch 23 Prozent Reformierte gegenüber 29 Prozent Katholiken. Der Islam stieg über 5 Prozent, während die bei-

348 Text des *Mea culpa* und weitere Links: stjosef.at/dokumente/vergebungsbitten_papst_2000.htm.

349 Aktuelle Zahlen für alle Kantone bietet das Bundesamt für Statistik: www.bfs.admin.ch.

den eingesessenen jüdischen Gemeinden sich zusammen bei 1 Prozent halten. Ein Grossteil der Zürcher Bevölkerung gehört keiner Konfession oder einer der vielen Freikirchen an. Der kleine Kanton Basel-Stadt, ursprünglich gänzlich evangelisch, zählt im Jahr 2014 noch 16 Prozent reformierte, 15 Prozent katholische, über 9 Prozent islamische und fast 45 Prozent konfessionslose Einwohner. Die jüdische Gemeinde, als Kult staatlich anerkannt und unterstützt, bewegt sich im Promillebereich (0.6 Prozent). Der zentrale Alpenraum bleibt vergleichsweise stark katholisch geprägt: Der Bergkanton Uri zählte im Jahr 2012 noch immer gegen 70 Prozent katholische Einwohner gegenüber verschwindend kleinen Gemeinden evangelischer Mitchristen und einer wachsenden Gruppe Konfessionsloser. Stadt und Kanton Luzern kommen insgesamt auf 65 Prozent katholische und 11 Prozent reformierte Bürgerinnen und Bürger, fast 9 Prozent Mitglieder anderer Kirchen, während sich 14 Prozent zu keiner Konfession und fast 1 Prozent zu anderen Religionen bekennen.

Die fortschreitende Individualisierung der Gesellschaft und die Privatisierung der Religiosität in Europa führen bei laufend abnehmender Bindung an die traditionellen Kirchen dazu, dass die wachsende Gruppe Konfessionsloser entweder ohne Glaube durchs Leben kommt oder aber auf dem bunten «Markt der Religionen» Orientierung sucht.[350] Konversionen zum Islam, Hinduismus und Buddhismus nehmen zu, aber auch die zahllosen neuen Freikirchen verzeichnen Eintritte. Fremde Religionen und frei-evangelische Lokalgemeinden mit wenig Tradition und Institution gewinnen an Attraktivität.

350 Das Bild vom freien Markt der Religionen bringt die deutsche Religionswissenschaft in den 1990er Jahren in Gebrauch: vgl. *Zinser*, Der Markt der Religionen. Der Begriff bürgert sich ein: vgl. *Sinabell/Wohlfahrt*, Fundamentalismus, Esoterik und der Markt der Religionen, und ist im Jahr 2015 u.a. Gegenstand des Masterstudiengangs *Religion – Wirtschaft – Politik* der Universität Zürich.

3.9.4 Rom und der Erdkreis – von Papst Benedikt XVI. zu Bischof Franziskus

Als das Konklave 2005 nach dem zweitlängsten Pontifikat der Geschichte mit Joseph Ratzinger den Präfekten der Glaubenskongregation in den Petrusdienst wählte, setzte die Mehrheit der Kardinäle auf ein eher kurzes Pontifikat und auf Kontinuität. Mit seiner Namenswahl knüpfte der «einfache, demütige Arbeiter im Weinberg des Herrn»[351] an den Friedenspapst des Ersten Weltkriegs und den Mönchsvater an, der in monastischer Distanz zur Welt die Benediktsregel schrieb und dessen Klöster die christlichen Schätze der Antike durch die turbulente Völkerwanderungszeit retten sollten.[352] Distanz zur turbulenten Welt und Sorge um den überlieferten Glaubensschatz der katholischen Kirche zeichnen denn auch die acht Jahre aus, in denen der schüchtern wirkende Papst am Steuer seiner Kirche stand.

Exkurs

Die «deutschen Päpste»

Acht Petrusnachfolger stammten in 2000 Jahren aus dem Deutschen Reich oder aus Deutschland. Sechs wurden zur Zeit der Ottonen und Salier von starken Königen durchgesetzt oder designiert, um die Macht römischer Adelsfamilien zu brechen und das *saeculum obscurum* zu beenden: Bruno von Kärnten (Gregor V., 996–999), Bischof Suitger von Bamberg (Clemens II., 1046–1047), Bischof Poppo von Brixen (Damasus II., 1048), der Schwabe Bruno von Egisheim als Bischof von Toul (Leo IX., 1049–1054) und Bischof Gebhard von Eichstätt (Viktor II., 1055–1057). Friedrich von Lothringen wurde als Abt von Montecassino frei gewählt (Stephan IX., 1057–1058). Als siebter «deutscher Papst» weckte zur Zeit der Reformation der Utrechter Adriaan Florisz Boeyens als Hadrian VI. (1522–1523) Hoffnungen – und starb allzu früh. Der Achte folgte mit Joseph Alois Ratzinger als Benedikt XVI. (2005–2013).

Sowohl kirchenintern wie politisch zeigt sich die Bilanz des Pontifikats von Benedikt XVI. zwiespältig. Der Dogmatiker Wolfgang Beinert, selbst ein Weggefährte Ratzingers, diagnos-

351 Grusswort des Neugewählten auf der Loggia der Peterskirche am 19. April 2005.

352 Benedikt XVI. begründete seine Namenswahl an der Generalaudienz vom 27. April 2005.

tizierte nach fünf Jahren eine «Kirchenkrise wie im 16. Jahrhundert»[353]. In den folgenden drei Jahren zeichneten die Enthüllungen des Vatileaks-Skandals ein desolates Bild der Römischen Kurie[354]: Machtintrigen, Finanzskandale und ein gänzlich überforderter Papst, der auch in seiner neuen Funktion den Übernamen «*il professore*» nicht loswurde. Tatsächlich gehören seine drei Enzykliken und seine drei Jesusbücher zu den Früchten seiner Amtszeit, die auch in anderen Kirchen und in intellektuellen Kreisen gewürdigt wurden. Überschattet wurde das Pontifikat jedoch innerkirchlich durch eine Unzahl lange Zeit vertuschter sexueller Übergriffe pädophiler Priester in vielen Ländern Europas und Amerikas, durch Korruption und Geldwäsche in der Vatikanbank sowie eine Reihe problematischer Bischofsernennungen, unter denen der Limburger «Protzbischof» Franz-Peter Tebartz van Elst weit über Deutschland hinaus Wellen schlug.

Weltpolitisch geriet der **Vatikan in die Defensive**, indem Benedikt XVI. mit der Regensburger Rede die ganze islamische Welt provozierte, mit der Aufhebung der Exkommunikation des antisemitischen Lefebvrianers Richard Williamson die jüdische Welt, mit der Kritik an ihrem Anti-Aids-Kampf in Afrika die Europäische Union, mit einer Verklärung der katholischen Mission auf ihrem Kontinent die Länder Lateinamerikas und mit seiner Geburtstagsfeier beim Kriegstreiber George W. Bush jr. im Weissen Haus breite Kreise in den USA. Zu den ökumenischen Enttäuschungen des deutschen Papstes gehört das römische Verdikt, das evangelischen Christinnen und Christen mangelnde Kirchlichkeit attestierte. Ein vom 10. Juli 2007 datiertes und vom Papst abgesegnetes Dokument der Glaubenskongregation vertrat erneut einen Superioritätsanspruch und hob hervor, die Kirche Christi sei einzig in der katholischen und der orthodoxen Kirche vollständig verwirklicht.[355] Einen hoffnungsvollen Glanzpunkt setzte Bene-

353 *Beinert*, Vatikan und Pius-Brüder. Das Zitat stammt aus einem Gespräch vom 19. April 2010 im Bayerischen Rundfunk.

354 Die skandalöse Weitergabe «geheimer Dokumente aus dem Schreibtisch von Papst Benedikt XVI.» durch seinen Kammerdiner und deren Veröffentlichung dokumentiert *Nuzzi*, Seine Heiligkeit.

355 Das Dokument «Antworten auf Fragen zu einigen Aspekten bezüglich der Lehre über die Kirche» ist auf der Homepage des Vatikans abrufbar. Eine

dikt XVI. dagegen am 28. Oktober 2011 in Assisi, wohin er Delegationen aller Kirchen und Weltreligionen sowie Vertreter der Naturreligionen und agnostischer Menschen zu einem vierten grossen Friedenstreffen einlud. Es stand unter dem Motto «Pilgernde zu Wahrheit und Frieden» und radikalisierte die Öffnung des Zweiten Vatikanischen Konzils zu den Religionen der Welt: Auch die katholische Kirche sah der Papst ausdrücklich im grossen Kreis der Religionen, die nicht Wahrheit besitzen, sondern ihr zusammen mit anderen pilgernd näherzukommen suchen. Die Zeugnisse der versammelten Kirchen und Religionen bekräftigten das Bekenntnis des vorausgehenden Assisi-Treffens von 2002, nach dem wahre Religiosität mit Gewalt und Terror unvereinbar sei.[356]

So unsicher sich Benedikt XVI. auf der weltpolitischen Bühne bewegte, so geschickt inszenierte er kirchenpolitisch seinen Rücktritt vom Petrusdienst. Die historische Tat – seit dem Eremitenpapst Cölestin V. (1294) legte kein Pontifex freiwillig sein Amt nieder – bereitete einem Konklave den Weg, das die mächtigen Kurienkardinäle im Abseits sah und für sie das *worst-case*-Szenario eintreten liess.[357]

Jorge Mario Bergoglio sollte als erster Jesuit und erster Lateinamerikaner im Petrusdienst nach dem Willen des Konklaves die katholische Kirche aus der Krise und der Isolation führen. Sein Vorgänger hatte als Theologe 1969 geschrieben, wenn die *urbs* (die Stadt Rom) ihre Ordnung dem *orbis* (dem Erdkreis) auferlege, gehe die wahre Katholizität der Kirche verloren, indem die Vielfalt der *ecclesia* (Kirche) von der römischen Ortskirche vereinheitlicht würde.[358] Papst **Franziskus** machte bereits bei seiner Präsentation am Abend der Wahl deutlich, dass er aus dem fernen Erdkreis nach Rom kam, dessen Bischof er nun werde, um den Ortskirchen in der Liebe voranzugehen: im Vertrauen auf den himmlischen Vater, der

---

gut dokumentierte Analyse des Pontifikats präsentiert ein Jahr vor dem Rücktritt *Politi*, Benedikt.

356 Zur Bedeutung dieses Treffens vgl. *Comunità di Sant'Egidio*, Lo spirito di Assisi 114–127.

357 Die Umstände und Wirkungen der Wahl schildert der langjährige Vatikankorrespondent *Englisch*, Franziskus – Zeichen der Hoffnung.

358 Vgl. *Ratzinger*, Das neue Volk Gottes 121–146 (= «Primat und Episkopat»).

alle Menschen geschwisterlich verbindet.[359] Schon die ersten Monate seiner Amtszeit bewegten die Welt, und die Medien folgen Franziskus auch im dritten Amtsjahr fasziniert Schritt auf Schritt. Innerkirchlich packte der erfahrene Stratege die Kurienreform an, besetzte wichtige Ämter um und liess die Vatikanbank schonungslos durchleuchten. Ein externer Rat von acht gewichtigen Kardinälen aus allen sechs Erdteilen und dem neuen Kardinalstaatssekretär berät und begleitet die Reformpolitik.

Bereits zur Amtseinsetzung war der ökumenische Patriarch Bartholomaios I. aus Istanbul angereist, erstmals seit dem Schisma von 1054, und als Nachfolger des Apostels Andreas erlebte er mit dem Nachfolger des Petrus derart hoffnungsvolle Schritte, dass er die Wiedervereinigung von Ost- und Westkirche in absehbare Nähe rücken sieht. Bewegende Treffen mit den höchsten Repräsentanten der Evangelischen Kirche in Deutschland (EKD) und der Anglikaner, mit dem koptischen Papst Tawadros II., den Bischöfen der Utrechter Union und Waldensern in Italien sehen das ökumenische Tauwetter auch mit Blick auf altorientalische, evangelische und alt-/christkatholische Kirchen einsetzen. In der islamischen Welt fand die päpstliche Friedensinitiative für Syrien bereits im Sommer 2013 dankbare Unterstützung. Israel erlebte beim Besuch des Papstes im Heiligen Land 2014 starke Zeichen, die die abrahamitischen Religionen verbinden. An der Schwelle eines neuen Nahostkonflikts pflanzten Palästinenserpräsident Mahmud Abbas und Israels Staatspräsident Shimon Peres an Pfingsten 2014 im Vatikan nach einem berührenden Friedensgebet einen Olivenbaum, gemeinsam mit dem Gastgeber und mit Patriarch Bartholomaios I. Das politische Geschick des Papstes, der bewusst im Gästehaus des Vatikans und nicht im Apostolischen Palast wohnt, zeigt sich bei weiteren Auslandreisen: Die erste unternahm er kurz nach der Wahl auf die italienische Insel Lampedusa und führte der Welt das Flüchtlingsdrama

359 Die folgende Darstellung des aktuellen Pontifikats stützt sich auf zwei eingehende Analysen des Coautors: *Kuster/Kreidler*, Der Mann der Armut (zum ersten Jahr) und *Kuster*, Sprechende Zeichen (zu zwei Jahren Franziskus von Rom).

vor Augen, das vor Europas Küsten wöchentlich Hunderte von Menschen das Leben kostete. Eine zweite Reise galt Albanien, einem der ärmsten Länder Europas mit Kirchen in einer weitgehend nachchristlichen Region. Zwei Asienreisen führten 2014/15 nach Südkorea und auf die Philippinen, wo junge vitale Kirchen für die Zukunft des Christentums stehen. Innerhalb von vierzehn Monaten besuchten fast alle Mitglieder der G20 den Papst im Vatikan und zeigten sich – wie Barack Obama es ausdrückte – beeindruckt von seinem wachen Problembewusstsein auf der Bühne der Weltpolitik. Beim päpstlichen Besuch des Europaparlaments und des Europarats in Straßburg fanden deutliche Appelle ans Gewissen Europas Ende November 2014 stehende Ovationen. Als päpstliches Regierungsprogramm gewürdigt, plädiert das Apostolische Schreiben «Evangelii gaudium» vom 24. November 2013 für eine menschennahe, wirtschaftskritische und solidarische Kirche, die sich, kollegialer geführt, auch dezentraler entfaltet und die ihre Binnenräume verlässt, um das Evangelium mit Freude unter Menschen aller Religionen und Milieus zu leben. Der synodale Prozess, den Papst Franziskus zu Ehe- und Familienfragen im Frühjahr 2014 mit einer Basisumfrage im Volk Gottes einleitete, führte mit den Versammlungen von Herbst 2014 und Herbst 2015 zur «ersten echten Synode im Geist des Vatikanisches Konzils seit dessen Ende».[360]

Exkurs

«Mächtige Gegner – Widerstand gegen Papst Franziskus»[361]

So sehr der Papst aus Lateinamerika die Massen weit über die römisch-katholische Kirche hinaus berührt und begeistert, so unüberhörbar werden auch kritische Stimmen. Konservative beklagen eine «Entzauberung» der Kirchenmonarchie, machtbewusste Bischöfe fühlen sich unter Beobachtung des Volkes, Klerikale sehen sich vom Papst selbst als moderne Pharisäer kritisiert, fortschrittlich denkende Dogmatiker und Kirchenrechtler warten zunehmend ungeduldig auf verbindliche Öffnungen in der Doktrin und Disziplin der Kirche (konkret etwa

360 Urteil des St. Galler Bischofs Markus Büchel, der als Präsident der Schweizer Bischofskonferenz an der Synode teilnahm und hoffnungsvoll auf deren Fortsetzung im Herbst 2015 blickt.

361 So titelt die kritische Schweizer Kirchen-Zeitschrift «Aufbruch» 27 (2014) Nr. 207, im August 2014.

in der Zulassung zu den Ämtern und Sakramenten), mitteleuropäische liberale Katholiken fordern einschneidende Strukturreformen und ein entschlossenes Durchgreifen.

Der synodale Prozess, der im Herbst 2015 weiterging, verdeutlichte den neuen Leitungsstil in einer römisch-katholischen Kirche, die noch immer als absolute Monarchie alle Gewalten im Amt des Papstes vereint. Er ist der höchste Hirte, Lehrer und Gesetzgeber und auch letzte richterliche Instanz. Franziskus schwächt die Macht des Zentrums, stärkt die jungen Kirchen der südlichen Hemisphäre und setzt auf eine kollegialere, synodale und dezentrale Zukunftssuche seiner Weltkirche. Statt als Monarch aufzutreten, definiert der erste Vertreter einer jungen Kirche aus der südlichen Erdhälfte im Petrusdienst das Papstamt durch die Praxis neu: mit dem Poverello von Assisi vor Augen, praktisch gelebter «Freude am Evangelium», dem Primat der Liebe über alle Gesetze, Vertrauen in die Inspiration jedes Menschen, in Abkehr von Reichtum und Macht, mit der Vision einer geschwisterlichen Kirche, die sich ökumenisch beherzt zeigt, zusammen mit den Weltreligionen friedenspolitisch initiativ ist und sich entschieden für den Schutz der Schöpfung einsetzt.[362]

3.9.5 Baustellen der katholischen Kirche im frühen 3. Jahrtausend

Als Weltkirche steht die römisch-katholische Konfession nach der Jahrtausendwende vor verschiedensten Herausforderungen. Nach der politischen Entkolonialisierung Afrikas, Südamerikas und Asiens leidet sie als Kirche weiterhin an **Eurozentrismus**: Lebt die Mehrheit ihrer Mitglieder auf der südlichen Hemisphäre, fallen weltkirchliche Entscheidungen noch immer weitgehend monarchisch in der römischen Zentrale. Papst Franziskus setzt die Internationalisierung des Kardinalskollegiums gezielt fort, indem seine Ernennungen ins Papstwahlgremium traditionelle Anwärter aus Europa übergehen und Vertreter junger und peripherer Ortskirchen bevor-

362 Zum Urteil, das Nikolaus Schneider als Ratsvorsitzender der EDK im Frühling 2013 abgab: *Kuster/Kreidler-Kos*, Der Mann der Armut 93–94.

zugen. Weltweite Basisbefragungen, Aufwertung der Bischofskonferenzen und synodale Prozesse greifen einer Kurienreform voraus, die von Rom Dienstleistungen für die Weltkirche und nicht spätkolonialistisches Machtgehabe erwartet.

In der **Ökumene** hält Rom weiterhin an einem Sonderweg fest und sucht die Beziehungen der katholischen Kirche zu anderen Konfessionen ausserhalb des ÖRK in direkten Dialogen zu vertiefen. Immerhin kam es kurz vor 2000 zu einer bedeutsamen Annäherung an die evangelischen Kirchen: Am Reformationsfest vom 31. Oktober 1999 unterzeichneten in Augsburg Christian Krause als Präsident des Lutherischen Weltbundes und Kardinal Edward Cassidy die theologische Einigung beider Kirchen in der Rechtfertigungslehre. Papst Franziskus praktiziert eine pragmatische Ökumene, die beherzt am Verbindenden anknüpft und «nicht auf die Theologen warten» will.[363]

Exkurs

Für die Ökumene in der Schweiz grundlegend bleibt die gemeinsame Anerkennung der Taufe 1973: «In gemeinsamer Verantwortung und im Bewusstsein, dieselbe Hoffnung und denselben Auftrag für den sinnvollen Vollzug der einen christlichen Taufe zu haben, beschliessen der Schweizerische Evangelische Kirchenbund, die römisch-katholische Bischofskonferenz der Schweiz, der Bischof und der Synodalrat der christkatholischen Kirche der Schweiz: 1. die mit Wasser, im Namen des Vaters und des Sohnes und des Heiligen Geistes gespendete Taufe gegenseitig anzuerkennen, 2. alle jene Fälle, in denen die Art der Spendung oder die Person des Taufenden für die Anerkennung Schwierigkeiten bereiten könnte, gemeinsam zu prüfen, 3. die gemeinsame Arbeit an den theologischen und pastoralen Problemen, welche sich heute allen Kirchen bezüglich der Taufe stellen, zu fördern.»[364]

Grösste Sorgen bereitete unter Benedikt XVI. die einseitige Ökumene der schismatischen Priestergemeinschaft Pius X. gegenüber, die von **ultrakonservativen Kreisen** an der Römischen Kurie und im Episkopat durchaus begrüsst wurde. Sie förderte sektiererische Tendenzen in der Weltkirche selbst.

363 Zur neuen ökumenischen Praxis des Papstes, der sich nicht durch theologisch Trennendes lähmen lässt: *Kuster/Kreidler*, Mann der Armut 90–102 (= «Ökumene unter Geschwistern»).

364 Text und Würdigung: Ökumenische Kirchengeschichte der Schweiz 290.

Exkurs

Es zeichnete sich ein neuer Marsch ins Ghetto[365] ab, der von der katholischen Gesellschaft zwar nicht nachvollzogen, aber von einer dünnen Klerikerschicht mit kleiner Gefolgschaft nach wie vor angestrebt wird. Die Erzdiözese Vaduz illustriert den sektiererischen Zug, der dadurch in die Kirche kommt und der echter Katholizität fremd ist. Problematisch wurde es, indem der Papst selbst solche Tendenzen indirekt förderte. Benedikt XVI. begnadigte die Pius-Bruderschaft nicht aus Barmherzigkeit, sondern weil deren Geist, Inhalt und Form seiner eigenen Vorstellung nahestehen. Die Politik des deutschen Papstes weckte zunehmende Befürchtungen, die wichtigsten theologischen Errungenschaften und Sternstunden des Konzils würden in der Ökumene nach rechtsaussen verhandelbar. Die Opposition gegen Reformen und Öffnung in der katholischen Kirche hält auch unter Papst Franziskus an, wenn sie nun auch verdeckter agiert.

Die **Inkulturation** des christlichen Glaubens in die Kulturen der jungen Kirchen stösst weiterhin an die Grenzen einer Doktrin und Disziplin, die noch unter Johannes Paul II. und Benedikt XVI. durch Kirchenrecht und Katechismus, römische Glaubenskongregation und kuriale Aufsicht uniform verordnet, ausgelegt und durchgesetzt worden sind. Die polnische Prägung Johannes Pauls II., dessen Heimatkirche unter dem Kommunismus Einheit in Geschlossenheit wahrte, und der deutsche Benedikt XVI., der sich in seiner Liebe zur Tradition vor modernen Synkretismus aller Art fürchtete, begegneten mutigen Versuchen eines inkulturierten Glaubenslebens in afrikanischen oder asiatischen Kulturen mit Verboten und Verurteilungen. So wurde ein afrikanischer Bischof, dessen Volk weder Brot noch Wein kennt, für das Feiern der Eucharistie mit einheimischer Alltagsspeise und vertrautem Festgetränk aus seiner Diözese entfernt. Der erste Papst aus dem Süden ermutigt dazu, der Volksfrömmigkeit und populären Ausdrucksformen der einzelnen Kulturen mehr Raum zu geben. Den Weg zu einer mutigeren Inkulturation kann jedoch nur durch eine Dezentralisierung der Kirche erfolgen, die auch dem Gemeindeleben, Ämtern und Liturgieformen sowie der theologischen Reflexion und Ausbildung eigenständigen Entfaltungsraum lässt.

Das Festhalten am **Pflichtzölibat** verschärft den Priestermangel in Europa, Afrika und ganz Amerika und führt zu-

365 Siehe Abschnitt 3.7.5.

dem in vielen Erdteilen zu Formen eines Doppellebens. Die Politik, Pfarreien in stetig grössere Seelsorgeeinheiten zusammenzulegen, Laientheologen und Pastoralassistentinnen anzuvertrauen und einer schrumpfenden Zahl von Priestern zu unterstellen, führt zu Hilfskonstruktionen, die seelsorglich unübersichtlich und menschlich strapazierend sind. Auch die Überbrückung des ortskirchlichen Priestermangels durch Pfarrer aus anderen Erdteilen und Kulturen erweist sich vielerorts als problematisch.

Ungelöst und in Europa und Nordamerika längst ärgerlich ist die **Diskriminierung der Frau** in der katholischen Kirche. Papst Franziskus stellt nach seiner Wahl 2013 fest, dass der «weibliche Genius» in der Amtskirche fehle und die katholische Kirche in eine ernsthafte Schieflage komme, weil auf allen institutionellen Ebenen nur Männer entschieden. Seine Forderung nach wesentlicher Mitbestimmung von Frauen auf allen Stufen möchte die Frage der Priesterinnenweihe allerdings ebenfalls ausschliessen.[366] Seine beherzte Ökumene wird ihm durchaus positive Erfahrungen anderer Kirchen mit Frauenordination in Gemeinden und Bischöfinnen in der Kirchenleitung vor Augen bringen.

Exkurs

Gleichberechtigung der Frau in der Schweiz

Die politische Gleichberechtigung der Frau gelingt auf Bundesebene erst 1971 nach jahrzehntelangem Kampf um das Frauenstimmrecht. In der Reformierten Kirche wurden erste Pfarrerinnen ab 1930 ordiniert und gewählt. Sämtliche Kantonalkirchen führten das vollwertige Frauenpfarramt 1956–1969 ein. Noch im August 2012 stellt das evangelische Wochenmagazin «Leben und Glauben» jedoch fest, auch in der reformierten Kirche bleibe die Frauenordination «wie eine winzige Insel in einem Meer von Männermacht»[367]. Die christkatholische Kirche weihte ihre erste Priesterin im Februar 2000: Römisch-katholisch getauft, studierte Denise Wyss an der Theologischen Fakultät Luzern, wechselte dann aber die Kirche, um Emanzipation und Weihe zu erlangen.[368] Dass in der römisch-katholischen Kirche der Schweiz heute zahlreiche Pastoralassistentinnen de facto Gemeinden leiten, ohne der Eucharistie vorstehen zu können, wird in breiteren Kreisen der Kirchenbasis nicht verstanden.

---

366 Dazu *Kuster/Kreidler*, Mann der Armut 77–82.

367 Chronologische Daten: www.theologinnen.ch/ordinationen.htm.

368 Zur Person und ihrer Biografie vgl. de.wikipedia.org/wiki/Denise_Wyss.

Die römisch-katholische Kirche erlebt im ersten Drittel des 21. Jahrhunderts einen einschneidenden **Paradigmenwechsel**: Die Mehrheit ihrer Mitglieder lebt in den jungen Kirchen Afrikas, Lateinamerikas und Asiens und stellt erstmals in der Geschichte den Papst. Mit beherzter Geschwisterlichkeit sorgt dieser in der Ökumene mit kleinen und grossen Schwesterkirchen für einen Frühling. Hochsymbolisch dafür steht die Einladung der EKD an Franziskus, den 500. Jahrestags des Reformationsbeginns 2017 in Wittenberg mitzugestalten. Zugleich erleben alle grossen Kirchen in der sogenannten Ersten Welt einen Mitgliederschwund, der sich fortsetzen wird und der die Bedeutung des christlichen Glaubens für Gesellschaft und Staat weiter schmälert. Freikirchen sind weltweit auf dem Vormarsch und führen zu einer verstärkten Fragmentierung des Christentums. Gemeinsame Werte, die die Menschheit angesichts ernster ökologischer und ökonomischer Krisen, wachsender Migration und Durchmischung nationaler Gesellschaften sowie neuer ethnischer Konflikte und religiöser Fundamentalismen leiten können, werden als «Weltethos» zur gemeinsamen Herausforderung an Philosophie und Theologie der Religionen.[369]

Zum Weiterlesen

Grundlagenwerke zur Neuzeit

Geschichte des Christentums. Religion–Politik–Kultur, Hg. der deutschen Ausgabe: Norbert Brox:

Bd. 7: Von der Reform zur Reformation (1450–1530), Freiburg i. Br. 1995.

Bd. 8: Die Zeit der Konfessionen (1530–1620/30), Freiburg i. Br. 1992.

Bd. 9: Das Zeitalter der Vernunft (1620/30–1750), Freiburg i. Br. 1998.

Bd. 10: Aufklärung, Revolution, Restauration (1750–1830), Freiburg i. Br. 2000.

Bd. 11: Liberalismus, Industrialisierung, Expansion Europas (1830–1914), Freiburg i. Br. 1997.

Bd. 12: I. und II. Weltkrieg. Demokratien und totalitäre Systeme (1914–1958), Freiburg i. Br. 1992.

369 Vgl. *Küng*, Projekt Weltethos, und die Homepages www.weltethos.ch und www.weltethos.org der «Stiftung Weltethos für interkulturelle und interreligiöse Forschung, Bildung und Begegnung».

Bd. 13: Krisen und Erneuerung (1958–2000), Freiburg i. Br. 2002.
Ökumenische Kirchengeschichte, Bd. 2: Vom Hochmittelalter bis zur frühen Neuzeit, Hg.: Thomas Kaufmann/Raymund Kottje, Darmstadt 2008.
Ökumenische Kirchengeschichte, Bd. 3: Von der Französischen Revolution bis 1989, Hg.: Hubert Wolf, Darmstadt 2007.
Ökumenische Kirchengeschichte der Schweiz, Hg.: Lukas Vischer/Lukas Schenker/Rudolf Dellsperger, Freiburg i. Ue./Basel [2]1998.
Geschichte der christlichen Spiritualität, Bd. 3: Die Zeit nach der Reformation bis zur Gegenwart, Hg.: Louis Dupré/Don E. Saliers/John Meyendorff, Würzburg 1997.

Weiterführende Literatur zu Schwerpunkten

Altermatt, Urs: Katholizismus und Moderne. Zur Sozial- und Mentalitätsgeschichte der Schweizer Katholiken im 19. und 20. Jahrhundert, Zürich 1989.
Altermatt, Urs: Konfession, Nation und Rom. Metamorphosen im schweizerischen und europäischen Katholizismus des 19. und 20. Jahrhunderts, Frauenfeld/Stuttgart/Wien 2009.
Angenendt, Arnold: Toleranz und Gewalt. Das Christentum zwischen Bibel und Schwert, Münster 2008.
Beutel, Albrecht (Hg.): Luther-Handbuch, Tübingen [2]2010.
Caritas in veritate. Katholische Soziallehre im Zeitalter der Globalisierung, Hg.: Jürgen Althammer, Berlin 2013.
Die Dokumente des Zweiten Vatikanischen Konzils: Konstitutionen, Dekrete, Erklärungen, lateinisch-deutsche Studienausgabe, Hg.: Peter Hünermann, Freiburg i. Br. 2009.
Gasser, Albert: Das Kirchenvolk redet mit. Die Synode 72 in der Diözese Chur, Zürich 2005.
Gasser, Albert: Europas Urkatastrophe von 1914 und ihre Folgen. Beobachtungen und Betrachtungen zum 20. Jahrhundert, Chur 2014.
Gegen die Gottvergessenheit. Schweizer Theologen im 19. und 20. Jahrhundert, Hg.: Stephan Leimgruber/Max Schoch, Freiburg i. Br. 1990.
Hersche, Peter: Musse und Verschwendung. Europäische Gesellschaft und Kultur im Barockzeitalter, 2 Bde., Freiburg i. Br. 2006.
Das Konzil von Trient und die Moderne, Hg.: Paolo Prodi, Berlin 2001.
Kotowski, Elke-Vera/Schoeps, Julius Hans: Handbuch zur Geschichte der Juden in Europa, Darmstadt 2012.
Kreis, Georg (Hg.): Die Geschichte der Schweiz, Basel 2014.
Küng, Hans: Projekt Weltethos, München 1990.
Kuster, Niklaus: Sprechende Zeichen. Ein Papst macht Geschichte(n), Freiburg i. Ue. 2015.
Neuner, Peter: Der Streit um den katholischen Modernismus, Frankfurt a. M. 2009.
Pfister, Rudolf: Kirchengeschichte der Schweiz, 3 Bde., Zürich 1964–1985.

Reformierte Bekenntnisschriften, hg. im Auftrag der Evangelischen Kirche in Deutschland von Heiner Faulenbach und Eberhard Busch, 2 Bde. (fünf Teilbände), Neunkirchn-Vluyn 2002–2009.

Schatz, Klaus: Vaticanum I: 1869–1870, 3 Bde., Paderborn 1992–1994.

Wolf, Hubert: Krypta. Unterdrückte Traditionen der Kirchengeschichte, München 2015.

Nachwort

Diese Einführung in die Kirchen-Geschichte hat sich als Panoramablick über 2000 bewegte Jahre angekündigt. Das Bild vom Kirchturm, der einen weiten Blick auf die vielen Schauplätze der christlichen Welt eröffnet, ermutigt Leserinnen und Leser, in das heutige Treiben der eigenen Gasse abzusteigen. Einblicke in gelungene Lebensgeschichten und Formen von Kirche spornen an, die eigene Glaubensexistenz inspiriert zu gestalten. Freuden und Sorgen im Einsatz für eine lebendige Kirche können aus guten Erfahrungen und schmerzlichen Fehlern früherer Generationen lernen. Vergangenheit will dabei weder verwünscht noch verherrlicht, weder ignoriert noch imitiert werden. Das Gestern sucht den Dialog mit dem Heute und kann dieses auf Zukunft hin öffnen.

Den Rundblick vom Panoramaturm schliessen wir Autoren mit einer nahen Schau in die eigene Ortskirche, ihre Lage und Trends. Was wir ausmachen, ist subjektiv gefärbt. Subjektiv bleibt neben Ausblicken auch jeder Rückblick in die Geschichte, so gewissenhaft Historiker arbeiten: Jeder Mensch schaut und versteht, handelt und hofft vom persönlichen Standpunkt aus. Wir ermutigen denn auch jeden Leser und jede Leserin, was immer sie vom Evangelium verstehen und was sie aus der Geschichte beherzigen, mit Glaube, Hoffnung und Liebe in der eigenen Lebenswelt fruchtbar werden zu lassen.

Ausblick von Albert Gasser

1. Die Geschichtsschreibung hat über lange Strecken einen Gegensatz zwischen Stadt und Land ausgemacht. Man spricht auch heute gern von urbanem Milieu und urbanem Lebensstil. Das Digitalzeitalter, die leichte Zugänglichkeit zu Schulen, Ausbildungsmöglichkeiten und Arbeitsplätzen, die schnelle Erreichbarkeit von Ärzten, anderen Dienstleistungen und Kaufhäusern lässt Mitteleuropa grossflächig urbanisiert erscheinen. Auch das gesellschaftliche Befinden und Empfinden,

die Einstellung zu Leben und Lebensformen, zu Sexualität und Ehe, zu Religion und Kirche unterscheidet sich immer weniger in ländlicher und städtischer Bevölkerung. Deutlich sichtbar zeigt das auch die kirchliche Praxis. In Stadt und Dörfern ist der Besuch des Sonntagsgottesdienstes rapide geschwunden, fehlen – mit Ausnahme der Ministranten – die Schulkinder und die Jugendlichen, sind viele Getaufte nur an Weihnachten, Ostern und anlässlich von Beerdigungen oder Trauungen in der Kirche anzutreffen. Was Jugendliche auf dem Schulhof und Erwachsene zu Themen wie Familie, Freizeit und Lebensqualität austauschen, ähnelt sich in Zürich, Köln und Wien ebenso wie in einem Dorf in Obwalden oder im Zillertal. Die Fragen und Probleme um die zentralen Botschaften des Glaubens, die Skepsis gegenüber der Kirche gerade auch bei den pfarreilich Engagierten sind austauschbar.

2. Gibt es die «katholische Weltanschauung» als eine Gesellschaft, Wissenschaft und Politik umfassende katholische Geisteshaltung weiterhin? Noch in den 1950er Jahren boten die Jesuiten als Akademikerseelsorger in Zürich – und Vergleichbares liesse sich auch aus andern Ländern berichten – einmal in der Woche während des Semesters «Weltanschauungskurse» an. Das Thema ist vom Tisch!

3. Die Zeit begeisterter Katholikentage, wie Deutschland sie noch kennt, ist in der Schweiz längst Geschichte. (Es gab zwischen 1903 und 1954 zehn gesamtschweizerische Katholikentage.) Es manifestieren sich allerdings neue Formen eines internationalen Eventkatholizismus auf dem Petersplatz, anlässlich von Papstbesuchen in verschiedenen Ländern und an Weltjugendtagen.

4. «Jesus ja – Kirche nein» war eine gängige 68er-Parole. Es gab auch die andere, verhaltene oder bloss beargwöhnte Einstellung: Theologie ja – Kirche jein. Ohne das zu pressen, ein sprechendes Beispiel dafür: Die 1954 in Zürich gegründeten Theologiekurse für katholische Laien (TKL), heute theologiekurse.ch, erfreuen sich in der Deutschschweiz seit sechzig Jahren, lange Zeit unangefochten von der turbulenten kirchlichen Grosswetterlage, eines regen Interesses und Zulaufs.

5. Obwohl sich immens vieles tut an intensiven Begegnungen und Bildungsangeboten sowie mit einer unvergleichbaren Dichte von Spiritualität, bleibt doch der Gesamtein-

druck, dass die katholische Kirche angesichts der 2010 lawinenartigen Enthüllung von sexuellem und gewalttätigem Missbrauch durch Priester und Hierarchen in einer veritablen historischen Krise steckt. Da kann man nur hoffen, dass genügend heilende Kräfte sich durchsetzen, die ehrlich, mutig und selbstkritisch die heilende Richtung aufzeigen.

Ausblick von Niklaus Kuster

1. Die Zeit der «Volkskirche» ist in Europa vorbei: Evangelische und katholische Landeskirchen werden sich ebenso wie kleine Freikirchen auf dem «Markt der Religionen» neu positionieren und Menschen nicht mehr von Geburt an gewinnen, sondern indem sie Erwachsene in Wort und Tat überzeugen.

2. Das historische Zusammenwirken von Staat und Landeskirchen wird in Mitteleuropa zunehmend infrage gestellt und eines Tages zur Trennung von Kirche und Staat führen. Die Kirchen tun gut daran, sich auf eine Zukunft mit bescheidenen materiellen Mitteln einzustellen.

3. Die fortschreitende Säkularisierung führt dazu, dass die Gemeinden vor Ort weiter schrumpfen, viele Kirchenbauten überflüssig werden und professionelles Personal rarer wird. Freikirchen zeigen – innerhalb eigener Grenzen und Zwänge – Wege zu neuen Formen, Gemeinschaft im Glauben zu erfahren, zu nähren und zu vernetzen.

4. Kirchliche Initiation und Katechese werden neue Wege finden, um Menschen ohne kirchlichen Hintergrund – Kinder, ungetaufte Erwachsene und religiöse Konvertiten – in den Glauben einzuführen und ihr christliches Leben zu vertiefen.

5. Die Katholizität der katholischen Kirche ist zunehmend multikulturell zu leben: Europa- und Romzentrismus sind zu überwinden. Junge Kirchen des Südens werden ihre Theologien und Lebensformen selbstbewusster entfalten und Jesu Gebet, «dass alle eins seien», wird sich sowohl weltkirchlich als auch ökumenisch nur als eine «Einheit in Vielfalt» realisieren lassen.

6. Der Frieden unter den Nationen erwächst aus dem Frieden unter den Religionen. Wo Dogmatiker sich streiten, können Mystiker einander finden. Vergangenheit, Gegenwart

und Zukunft der Welt werden durch sich bekämpfende Ideologien bedroht und schöpfen da Hoffnung, wo Suchende und Religiöse jeder Herkunft miteinander auf dem gemeinsamen Pilgerweg zu Wahrheit und Frieden gehen.

Literaturverzeichnis

Grundlegende Werke

Atlas zur Kirchengeschichte. Die christlichen Kirchen in Geschichte und Gegenwart, Hg.: Hubert Jedin/Kenneth Scott Latourette/Jochen Martin, Sonderausgabe, Freiburg i. Br. 2004.

Biographisch-bibliographisches Kirchenlexikon, 33 Bände, Hg.: Traugott Bautz, Herzberg 1975–2012; aktualisiert online abrufbar: www.bbkl.de (= BBKL).

Enchiridion symbolorum et definitionum, quae de rebus fidei et morum a conciliis oecumenicis et summis pontificibus emanarunt / Kompendium der Glaubensbekenntnisse und kirchlichen Lehrentscheidungen, Hg.: Heinrich Denzinger/Peter Hünermann, Freiburg i. Br. [44]2014 (Zitate aus diesem Werk verzeichnen mit * die in allen Auflagen und Ausgaben identische Textnummer, nicht die Seitenzahl).

Geschichte der Konzilien, Hg.: Giuseppe Alberigo, Wiesbaden 1998.

Geschichte des Christentums. Religion, Politik, Kultur, Hg. der deutschen Ausgabe: Norbert Brox, 14 Bände, Freiburg i. Br. 1991–2004.

Kotowski, Elke-Vera/Schoeps, Julius H./Wallenborn Hiltrud (Hg.): Handbuch zur Geschichte der Juden in Europa, Darmstadt 2012.

Lenzenweger, Josef/Stockmeier, Peter/Amon, Karl/Zinnhobler, Rudolf (Hg.): Geschichte der Katholischen Kirche. Ein Grundkurs, Graz 1986.

Lexikon der Antiken Christlichen Literatur, Hg.: Siegmar Döpp, Wilhelm Geerlings, Freiburg i. Br. [3]2002 (= LACL).

Lexikon der Kirchengeschichte, red. von Bruno Steimer, Darmstadt 2013.

Lexikon für Theologie und Kirche, 11 Bände, Hg.: Walter Kasper/Josef Höfer, Freiburg i. Br. 1993–2001.

McGinn, Bernard: Die Mystik im Abendland, 4 Bände, Freiburg i. Br. 1994–2008.

Ökumenische Kirchengeschichte der Schweiz, Hg.: Lukas Vischer/Lukas Schenker/Rudolf Dellsberger, Freiburg i. Ue. [2]1998.

Ökumenische Kirchengeschichte, 3 Bände, Hg.: Bernd Moeller/Thomas Kaufmann/Raymund Kottje/Hubert Wolf, Darmstadt 2006–2008.

Theologische Realenzyklopädie, 36 Bände, Hg.: Gerhard Krause u. a., Berlin 1977–2006 (= TRE).

Thon, Nikolaus: Quellenbuch zur Geschichte der orthodoxen Kirche, Trier 1970.

Weigl, Andreas: Bevölkerungsgeschichte Europas. Von den Anfängen bis in die Gegenwart, Wien/Köln/Weimar 2012.

Epochenspezifische Literatur

1. Antike

Altaner, Berthold/Stuiber, Alfred: Patrologie. Leben, Schriften und Lehre der Kirchenväter, Freiburg i. Br. 1993.

Antike christliche Apokryphen in deutscher Übersetzung, Bd. I (2 Teilbände): Evangelien und Verwandtes, Hg.: Christoph Markschies/Jens Schröter i. Verb. m. Andreas Heiser, Tübingen [7]2012.

Athanasius: Vita Antonii, Hg.: Adolf Laminski, Übers.: Heinrich Przybila, Leipzig 1986.

Augustinus von Hippo: Regel für die Gemeinschaft, mit Einführung und Kommentar von Tarsicius Jan van Bavel, Würzburg 2000.

Bagin, Martirij/Thiermeyer, Andreas-Abraham (Hg.): Meterikon. Die Weisheit der Wüstenmütter, Augsburg 2004.

Barceló Pedro/Gottlieb, Gunther: Das Glaubensedikt des Kaisers Theodosius vom 27. Februar 380. Adressaten und Zielsetzung, in: *Dietz, Karlheinz/Hennig, Dieter/Kaletsch, Hans (Hg.):* Klassisches Altertum, Spätantike und frühes Christentum, Würzburg 1993, 409–423.

Basilius von Caesarea: Die Mönchsregeln. Hinführung und Übersetzung von Karl Suso Frank, St. Ottilien [2]2010.

Baumeister, Theofried: Martyrium, Hagiographie und Heiligenverehrung im christlichen Altertum, Freiburg i. Br. 2009.

Bibliothek der Kirchenväter, digital abrufbar www.unifr.ch/bkv/ (= BKV).

Bieberstein, Sabine/Kosch, Daniel: Paulus und die Anfänge der Kirche. Neues Testament, Teil 2 (STh II,2), Zürich 2012.

Ceming, Katharina: Ursprünge des Mönchtums – Hinduismus, Buddhismus, Christentum, in: *Sánchez de Murillo, José:* Das Mönchtum, Edith Stein Jahrbuch 8 (2002) 34–47.

Césaire d'Arles: Œuvres monastiques, Bände 1–2: introduction, texte critique, traduction, notes et index par Adalbert de Vogüé/Joël Courreau (= Sources Chrétiennes 345, 398), Paris 1988–1995.

Daniel Marguerat: Juden und Christen: die Trennung, in: Geschichte des Christentums, Bd. 1: Die Zeit des Anfangs (bis 250), Freiburg i. Br. 2003, 187–226.

Duffy, Seán: The Concise History of Ireland, Dublin 2005.

Egeria: Itinerarium – Reisebericht, Hg.: Georg Röwekamp (Fontes Christiani 20), Freiburg i. Br. [2]2000.

Égérie: Journal de Voyage, introduction, texte critique, trad., notes, index et cartes par Pierre Maraval (Sources Chrétiennes 296), Paris 1997.

Elm, Susanna: «Virgins of God». The making of Asceticism in Late Antiquity, Oxford 1996.

Fontes Christiani, 86 Bände, Hg.: Norbert Brox/Siegmar Döpp u. a., 1., 2. und 4. Serie (1990–2000, 2011 ff.) Freiburg i. Br.; 3. Serie Turnhout 2002–2011.

Fragmente apokryph gewordener Evangelien. In griechischer und lateinischer Sprache, Hg.: Dieter Lührmann, Marburg 2000.

Frank, Karl Suso (Hg.): Pietas, Münster 1980.

Frühchristliche Märtyrerakten, Hg.: Katharina Greschat/Michael Tilly (BKV), Wiesbaden 2006.

Gemeinhardt, Peter: Antonius, der erste Mönch. Leben, Lehre, Legende, München 2013.

Geschichte des Christentums. Religion, Politik, Kultur, Hg. der deutschen Ausgabe: Norbert Brox:

Bd. 1: Die Zeit des Anfangs (bis 250), Freiburg i. Br. 2003.

Bd. 2: Das Entstehen der einen Christenheit (250–430), Freiburg i. Br. 1996.

Bd. 3: Der lateinische Westen und der byzantinische Osten (431–642), Freiburg i. Br. 2001.

Gregor der Große: Der hl. Benedikt, Buch II der Dialoge, St. Ottilien 1995.

Hamman, Adalbert G.: Die ersten Christen, Stuttgart 1985.

Heine, Maria: Die Spiritualität von Asketinnen. Von den Wüstenmüttern zum städtischen Asketinnentum im östlichen Mittelmeerraum und in Rom vom 3. bis zum 5. Jahrhundert, Münster 2008.

Hippolyt von Rom: Traditio Apostolica – Apostolische Überlieferung, übersetzt von Wilhelm Geerlings, in: Didache – Zwölf-Apostel-Lehre / Traditio Apostolica – Apostolische Überlieferung, lat./dt., Hg.: Georg Schöllgen (Fontes Christiani 1), Freiburg i. Br. [2]1992.

Holzherr, Georg: Die Benediktsregel. Eine Anleitung zum christlichen Leben, Freiburg i. Ue. [6]2005.

Iustini Martyris Apologiae pro christianis, kritische Edition hg. von Miroslav Marcovich, Berlin 1994.

Jensen, Anne: Gottes selbstbewusste Töchter. Frauenemanzipation im frühen Christentum?, Freiburg i. Br. 1992.

Johannes Cassian: Gott suchen – sich selbst erkennen, ausgewählt, übersetzt und eingeleitet von Thomas Sartory/Gertrud Sartory, Freiburg i. Br. 1993.

Laboa, Juan María (Hg): Mönchtum in Ost und West. Historischer Atlas, Regensburg 2003.

Leppin, Hartmut: Die Kirchenväter und ihre Zeit, München 2000.

Marcus Minucius Felix: Octavius, lat.-dt. Hg.: Bernhard Kytzler, Stuttgart [3]1993.

Sensi, Mario: Itinerari del Sacro in Umbria, Firenze 1998.

Mensing, Roman: Martin von Tours, Düsseldorf 2004.

Miller Bonifaz (Hg.): Weisungen der Väter. Apophthegmata Patrum, auch Gerontikon oder Alabethicum genannt, Trier [4]1998 (= AP).

Müller, Ulrich B.: Die Menschwerdung des Gottessohnes. Frühchristliche Inkarnationsvorstellungen und die Anfänge des Doketismus, Stuttgart 1990.

Oeldemann, Johannes: Die Kirchen des christlichen Ostens. Orthodoxe, orientalische und mit Rom unierte Ostkirchen, Kevelaer [2]2008.

Ökumenischen Kirchengeschichte, Band 1: Von den Anfängen bis zum Mittelalter, Hg.: Bernd Moeller, Darmstadt 2006.

Pachomius: Klosterregeln. Gebote, Gebote und Weisungen, Gebote und Entscheidungen, Gebote und Gesetze, Hg.: Heinrich Bacht, St. Ottilien 2010.

Patrologiae Cursus Completus, Series Latina, 220 Bände, Hg.: Jacques-Paul Migne, 1844–1865, Nachdruck Turnhout 1956–2004 (= PL).

Plinius der Jüngere: Briefe – Epistularum libri decem, Hg.: Helmut Kasten, Zürich 1995.

Richard, François/Pelletier, André: Lyon et les origines du christianisme en Occident, Lyon 2011.

Selvatico, Pietro/Strahm, Doris: Jesus Christus. Dogmatik: Christologie (STh VI,2), Zürich [2]2011.

Senn, Felix: Der Geist, die Hoffnung und die Kirche. Dogmatik: Pneumatologie, Eschatologie, Ekklesiologie (STh VI,3), Zürich [2]2010.

Siepen, Wolfgang: Weg der Erkenntnis – Weg der Liebe. Grundzüge eines Vergleichs des spirituellen Meister-Schüler-Verhältnisses beim Buddha und bei Pachomius, Mainz 1992.

Sulpicius Severus: Leben des Martin von Tours, hg. von Karl Suso Frank, St. Ottilien [2]2011.

Theologen der christlichen Antike. Eine Einführung, Hg.: Wilhelm Geerlings, Darmstadt 2002.

Thoma, Clemens: Das Messiasprojekt. Theologie jüdisch-christlicher Begegnung, Augsburg 1994.

Tiwald, Markus: Wanderradikalismus. Jesu erste Jünger – ein Anfang und was davon bleibt, Frankfurt a. M. 2002.

von Balthasar, Hans Urs: Kleiner Diskurs über die Hölle, Einsiedeln 2007.

Wollasch, Joachim: Benedikt von Nursia. Person der Geschichte oder fiktive Idealgestalt?, in: Studien und Mitteilungen zur Geschichte des Benediktinerordens und seiner Zweige 118 (2007) 7–30.

Zander, Hans Conrad: Als die Religion noch nicht langweilig war. Die Geschichte der Wüstenväter (KiWi 833), Köln 2004.

Ziegler, Gabriele: Die Wüstenmütter. Weise Frauen des frühen Christentums, Stuttgart 2015.

2. Mittelalter

Alberzoni, Maria Pia: Santa povertà e beata semplicità. Francesco d'Assisi e la Chiesa romana, Milano 2015, 55–108.

Alkuin: Lebensbeschreibung des hl. Willibrord, lat./dt., Hg.: Paul Dräger, Trier 2008.

Althoff, Gerd: Die Ottonen. Königsherrschaft ohne Staat, Stuttgart [3]2013.

Angenendt, Arnold: Das Frühmittelalter. Die abendländische Christenheit von 400 bis 900, Stuttgart/Berlin/Köln [2]1995.

Angenendt, Arnold: Das Frühmittelalter. Die abendländische Christenheit von 400 bis 900, Stuttgart [3]2001.

Angenendt, Arnold: Geschichte der Religiosität im Mittelalter, Darmstadt [2]2000.

Angenendt, Arnold: Monachi Peregrini. Studien zu Pirmin, München 1972.

Antoni, Richard: Leben und Taten des Bischofs Pirmin: Die karolingische Vita, Stuttgart 2002.

Audisio, Gabriel: Die Waldenser. Geschichte einer religiösen Bewegung, München 1996.

Auffahrt, Christoph: Irdische Wege und himmlischer Lohn. Kreuzzug, Jerusalem und Fegefeuer in religionswissenschaftlicher Perspektive (Veröffentlichungen des Max-Planck-Instituts für Geschichte 144), Göttingen 2002.

Berger, Frederic: Die heimliche Päpstin, Berlin 2008.

Borst, Arno (Hg.): Lebensformen im Mittelalter (Neuausgabe), Frankfurt a. M./Berlin/Wien 1997.

Brandmüller, Walter: Das Konzil von Konstanz 1414–1418. 2 Bände, Paderborn 1991–1998.

Bryner, Erich: Die orthodoxen Kirchen von 1274 bis 1700 (Kirchengeschichte in Einzeldarstellungen II/9), Leipzig 2004.

Caucci von Saucken, Paolo (Hg.): Santiago de Compostela. Pilgerwege, Augsburg 1998.

Columban von Luxueil: Mönchsregeln, Hg.: Ivo auf der Maur, St. Ottilien 2007.

Conciliorum oecumenicorum decreta – Dekrete der ökumenischen Konzilien, Bd. 2: Konzilien des Mittelalters, Hg.: Josef Wohlmuth, Paderborn 2000.

Das Leben des heiligen Norbert, Erzbischofs von Magdeburg, nebst der Lebensbeschreibung des Grafen Gottfried von Kappenberg und Auszügen aus verwandten Quellen; nach der Ausgabe der Monumenta Germaniae übersetzt von Gustav Hertel. Mit einem Nachtrag von Wilhelm Wattenbach, Leipzig [2]1941.

Das Register Gregors VII., Hg.: Erich Caspar (MGH – Epistolae selectae II/2), Berlin 1923.

Demurger, Alain: Die Ritter des Herrn. Geschichte der geistlichen Ritterorden, München 2003.

Derwich, Marek/Staub, Martial (Hg.): Die «Neue Frömmigkeit» in Europa im Spätmittelalter, Göttingen 2004.

Dinzelbacher, Peter/Hogg, James Lester (Hg.): Kulturgeschichte der christlichen Orden in Einzeldarstellungen, Stuttgart 1997.

Döpmann, Hans-Dieter: Die orthodoxen Kirchen in Geschichte und Gegenwart, Frankfurt a. M. [2]2010.

Elm, Kaspar: Die Frau in Ordenswesen, Semireligiosentum und Häresie des 12. und 13. Jahrhunderts, in: *ders.:* Vitasfratrum. Beiträge zur Geschichte der Eremiten- und Mendikantenorden des zwölften und dreizehnten Jahrhunderts (Saxonia Franciscana 5), Werl 1994, 198–212.

Elm, Kaspar: Norbert von Xanten (1080/85–1134) (Rheinische Lebensbilder 15), Köln 1995.

Ennen, Edith: Frauen im Mittelalter, München [5]1994.

Floryszczak, Silke: Die «Regula pastoralis» Gregors des Grossen. Studium zu Text, kirchenpolitischer Bedeutung und Rezeption in der Karolingerzeit, Tübingen 2005.

Fontes Christiani, 86 Bände, Hg.: Norbert Brox/Siegmar Döpp u. a., 1., 2. und 4. Serie (1990–2000, 2011 ff.) Freiburg i. Br.; 3. Serie Turnhout 2002–2011.

Franziskus-Quellen. Zeugnisse des 13. und 14. Jahrhunderts zur Franziskanischen Bewegung, Bd. 1, Hg.: Dieter Berg/Leonhard Lehmann, Kevelaer 2009, ²2014.

Frenz, Thomas (Hg.): Papst Innozenz III. – Weichensteller der Geschichte Europas. Interdisziplinäre Ringvorlesung an der Universität Passau, Stuttgart 2000.

Geschichte des Christentums. Religion, Politik, Kultur, Hg. der deutschen Ausgabe: Norbert Brox:

Bd. 4: Bischöfe, Mönche und Kaiser (642–1054), Freiburg i. Br. 1994.

Bd. 5: Machtfülle des Papsttums (1054–1274), Freiburg i. Br. 1994.

Bd. 6: Die Zeit der Zerreißproben (1274–1449), Freiburg i. Br. 1991.

Bd. 7: Von der Reform zur Reformation (1450–1530), Freiburg i. Br. 1995.

Gnädinger, Louise: Der Spiegel der Einfachen Seelen, Zürich 1987 (darin 215–239 = «Margareta Porete, eine Begine»).

Goetz, Hans-Werner: Leben im Mittelalter. 7. bis 13. Jahrhundert, München ⁴1994.

Gregor der Grosse: Regula pastoralis, hg., übersetzt und eingeleitet von Georg Kubis, Leipzig/Graz 1986.

Gröbli, Roland: Die Sehnsucht nach dem «einig Wesen». Leben und Lehre des Bruder Klaus von Flüe, Zürich 1991, gekürzte Neuausgabe Luzern 2006.

Gut, Ulrich/Ziegler, Peter (Hg.): Ufnau – die Klosterinsel im Zürichsee, Stäfa ⁴1984.

Hägermann, Dieter: Karl der Grosse – Herrscher des Abendlandes. Biographie, Berlin/München 2000.

Hallinger, Kassius: Gorze–Kluny. Studien zu den monastischen Lebensformen und Gegensätzen im Hochmittelalter, Rom 1950–1951.

Hinnebusch, William A.: Kleine Geschichte des Dominikanerordens, Leipzig 2004.

Imhof, Michael/Stasch, Gregor K. (Hg.): Bonifatius. Vom angelsächsischen Missionar zum Apostel der Deutschen, Petersberg 2004.

Inspirierte Freiheit. 800 Jahre Franziskus und seine Bewegung, Hg.: Niklaus Kuster/Thomas Dienberg/Marianne Jungbluth, Freiburg i. Br. 2009.

Isenmann, Eberhard: Die deutsche Stadt im Mittelalter 1150–1550, Wien/Köln/Weimar 2012.

Jaspert, Nikolas: Die Kreuzzüge, Darmstadt ⁵2010.

Katharina von Siena: Briefe für eine Erneuerung der Kirche, Hg.: Louise Gnädinger, Kevelaer 2011.

Keupp, Jan/Schwarz, Jörg: Konstanz 1414–1418. Eine Stadt und ihr Konzil, Darmstadt 2013.

Klara-Quellen. Die Schriften der heiligen Klara, Zeugnisse zu ihrem Leben und ihrer Wirkungsgeschichte, Hg.: Johannes Schneider/Paul Zahner, Kevelaer 2013.

Koch, Wilfried: Baustilkunde. Europäische Baukunst von der Antike bis zur Gegenwart, München 1994.

Kramer, Heinrich (Institoris): Der Hexenhammer. Malleus maleficarum, München [3]2003.

Kuster, Niklaus: Das Kloster, Freiburg i. Br. 2011.

Kuster, Niklaus: Franz von Assisi. Freiheit und Geschwisterlichkeit in der Kirche, Würzburg 2015.

Kuster, Niklaus: Wanderradikale und heimatlose Mönche, in: *Sánchez de Murillo, José (Hg.):* Menschen, die suchen, Edith Stein Jahrbuch 9 (2003) 46–81.

Lauster, Jörg: Die Verzauberung der Welt. Eine Kulturgeschichte des Christentums, München 2014.

Le Goff, Jacques: Die Geburt Europas im Mittelalter, München 2007.

Leicht, Irene: Marguerite Porète. Eine Frau lebt, schreibt und stirbt für die Freiheit, München 2001.

Leicht, Irene: Marguerite Porète. Eine fromme Intellektuelle und die Inquisition (Diss.: Freiburger Theologische Studien 163), Freiburg i. Br. 1999.

Lexikon des Mittelalters, Bände 1–9, Hg.: Norbert Angermann u. a., Darmstadt 2009 (Nachdruck der Studienausgabe von 1999) (= LMA).

Löwe, Heinz (Hg.): Die Iren und Europa im frühen Mittelalter, Bände 1–2, Stuttgart 1982.

Lutterbach Hubertus: Bonifatius – mit Axt und Evangelium. Eine Biografie in Briefen, Freiburg i. Br. [2]2005.

Macaulay, David: Sie bauten eine Kathedrale, Düsseldorf [14]2006.

McGinn, Bernard: Die Mystik im Abendland:
Bd. 2: Entfaltung, Freiburg i. Br. 1996
Bd. 3: Blüte. Männer und Frauen der neuen Mystik (1200–1350), Freiburg i. Br. 1999.
Bd. 4: Fülle. Die Mystik im mittelalterlichen Deutschland (1300–1500), Freiburg i. Br. 2008.

Melville, Gert: Die Welt der mittelalterlichen Klöster. Geschichte und Lebensformen, München 2012.

Mollat, Michel: Die Armen im Mittelalter, München [2]1987.

Müller, Peter R.: Wie irische Mönche Mitteleuropa mit dem Evangelium erreichten – und was wir von ihnen lernen können, Neufeld 2008.

Nordmann, Ingeborg (Hg.): Weibliche Spiritualität und politische Praxis, Rüsselsheim 2004 [Porète, Teresa de Jesús, Thérèse de Lisieux, Simone Weil].

Ochsenbein, Peter (Hg.): Das Kloster St. Gallen im Mittelalter. Die kulturelle Blüte vom 8. bis zum 12. Jahrhundert, Stuttgart 1999.

Ökumenische Kirchengeschichte, Bd. 2: Vom Hochmittelalter bis zur Frühen Neuzeit, Hg.: Thomas Kaufmann/Raymund Kottje, Darmstadt 2008.

Patrologiae Cursus Completus, Series Latina, 220 Bände, Hg.: Jacques-Paul Migne, 1844–1865, Nachdruck Turnhout 1956–2004 (= PL).

Prinz, Friedrich: Frühes Mönchtum im Frankenreich. Kultur und Gesellschaft in Gallien, den Rheinlanden und Bayern am Beispiel der monastischen Entwicklung (4. bis 8. Jahrhundert), München [2]1988.

Riché, Pierre: Die Welt der Karolinger, Stuttgart [2]1999.

Richter, Michael: Irland im Mittelalter: Kultur und Geschichte, Münster/Hamburg/London 2003.

Riley-Smith, Jonathan (Hg.): Grosser Bildatlas der Kreuzzüge. Sechs Jahrhunderte abendländischer Kultur- und Glaubensgeschichte, Freiburg i. Br. 1992.

Riley-Smith, Jonathan (Hg.): Illustrierte Geschichte der Kreuzzüge, Köln 2004.

Rüegg, Walter (Hg.): Geschichte der Universität in Europa, Bände 1–4, München 1993–2010.

Ruh, Kurt: Geschichte der Abendländischen Mystik:
Bd. 2: Frauenmystik und Franziskanische Mystik der Frühzeit, München 1993.
Bd. 3: Die Mystik des deutschen Predigerordens und ihre Grundlegung durch die Hochscholastik, München 1996.
Bd. 4: Die niederländische Mystik des 14. bis 16. Jahrhunderts, München 1999.

Saint Colomban: Règles et pénitentiels monastiques, introduction, traduction et notes par Adalbert de Vogüé en collaboration avec Pierre Sangiani/Jean-Baptist Juglar, Bégrolles-en-Mauges 1989.

Schär, Max: Gallus. Der Heilige in seiner Zeit, Basel 2011.

Schmies, Bernd (Hg.): Klara von Assisi. Zwischen Bettelarmut und Beziehungsreichtum, Münster 2011.

Schwaiger, Georg/Heim, Manfred: Orden und Klöster. Das christliche Mönchtum in der Geschichte, München [3]2008.

Segl, Peter: Der Hexenhammer. Entstehung und Umfeld des Malleus maleficarum von 1487, Köln 1988.

Seifert, Petra: Das Buch der Inquisition. Das Originalhandbuch des Inquisitors Bernard Gui, Augsburg 1999.

Tremp, Ernst: Der St. Galler Klosterplan. Begleittext, Beischriften und Übersetzung, St. Gallen 2014.

Virgil von Salzburg: Missionar und Gelehrter, Hg.: Heinz Dopsch/Roswitha Juffinger, Salzburg 1985.

von Padberg, Lutz: Christianisierung im Mittelalter, Darmstadt 2006.

Walter, Ludwig K. (Hg.): St. Kilian. Schrifttumverzeichnis zu Martyrium und Kult der Frankenapostel, Würzburg 1989.

Walz, Eric: Die Herrin der Päpste, München 2003.

Watt, William Montgomery: Der Einfluss des Islam auf das europäische Mittelalter, Neuausgabe, Berlin [2]2002.

Watt, William Montgomery: Kurze Geschichte des Islam, Berlin 2002.

Wollasch, Joachim: Cluny – «Licht der Welt». Aufstieg und Niedergang der klösterlichen Gemeinschaft, Düsseldorf 2001.

3. Neuzeit

Akten deutscher Bischöfe über die Lage der Kirche 1933–1945, 6 Bände, bearb. von Bernhard Stasiewski/Ludwig Volk, Mainz 1968–1985.

Altermatt, Urs: Der Weg der Schweizer Katholiken ins Ghetto. Die Entstehungsgeschichte der nationalen Volksorganisationen im Schweizer Katholizismus 1848–1919, Zürich/Köln [2]1991.

Altermatt, Urs: Katholizismus und Moderne. Zur Sozial- und Mentalitätsgeschichte der Schweizer Katholiken im 19. und 20. Jahrhundert, Zürich 1989.

Altermatt, Urs: Konfession, Nation und Rom, Metamorphosen im schweizerischen und europäischen Katholizismus des 19. und 20. Jahrhunderts, Frauenfeld/Stuttgart/Wien 2009.

Althammer, Jürgen (Hg.): Caritas in veritate. Katholische Soziallehre im Zeitalter der Globalisierung, Berlin 2013.

Angenendt, Arnold: Toleranz und Gewalt. Das Christentum zwischen Bibel und Schwert, Münster 2008.

Beinert, Wolfgang: Vatikan und Pius-Brüder. Anatomie einer Krise, Freiburg i. Br. 2009.

Benedikt XVI.: Die Liebe in der Wahrheit. Die Sozialenzyklika «Caritas in veritate», vollständige Ausgabe, ökumenisch kommentiert, Freiburg i. Br. 2009.

Bertsch, Ludwig u. a. (Hg.): Gemeinsame Synode der Bistümer in der Bundesrepublik Deutschland. Offizielle Gesamtausgabe, 2 Bände, Freiburg i. Br. 1976–1977. Neuausgabe mit einem Vorwort von Karl Kardinal Lehmann, Freiburg i. Br. 2012.

Beutel, Albrecht (Hg.): Luther-Handbuch, Tübingen [2]2010.

Blet, Pierre: Papst Pius XII. und der Zweite Weltkrieg. Aus den Akten des Vatikans, Paderborn 2000.

Bloch, Tamara: Die Stellungnahmen der römisch-katholischen Amtskirche zur Frage der Menschenrechte seit 1215, Frankfurt a. M. 2008.

Borinski, Ludwig: Wyclif, Erasmus und Luther, Göttingen 1988.

Briner, Jonas: Milchsuppe oder Blutbad?. Die Reformationskriege in der Zuger Erinnerungskultur (Beiträge zur Zuger Geschichte 17), Zürich 2013.

Buess, Eduard/Mattmüller, Markus: Prophetischer Sozialismus: Blumhardt, Ragaz, Barth, Freiburg i. Ue. 1986.

Büsser, Fritz: Heinrich Bullinger (1504–1575). Leben, Werk und Wirkung, 2 Bände, Zürich 2004–2005.

Campi, Emidio/Reich, Ruedi: Consensus Tigurinus: Die Einigung zwischen Heinrich Bullinger und Johannes Calvin über das Abendmahl. Werden–Wertung–Bedeutung, Zürich 2009.

Christ-von Wedel, Christine: Erasmus von Rotterdam. Anwalt eines neuzeitlichen Christentums, Münster 2003.

Comunità di Sant'Egidio: Lo spirito di Assisi. Dalle religioni una speranza di pace, Cinisello Balsamo 2011.

Courtois, Stéphane: Ein Handbuch des Kommunismus. Geschichte–Ideen–Köpfe, München 2010.

Das Marburger Religionsgespräch 1529 (Texte zur Kirchen- und Theologiegeschichte 13), Hg.: Gerhard May, Gütersloh 1970.

Decker, Rainer: Die Päpste und die Hexen. Aus den geheimen Akten der Inquisition, Darmstadt [2]2013.

Delgado, Mariano/Ries, Markus (Hg.): Karl Borromäus und die katholische Reform, Akten des Freiburger Symposiums zur 400. Wiederkehr der Heiligsprechung des Schutzpatrons der Katholischen Schweiz, Freiburg, Schweiz, 24.–25. April 2009, Freiburg i. Ue. 2010.

Die Dokumente des Zweiten Vatikanischen Konzils: Konstitutionen, Dekrete, Erklärungen, lateinisch-deutsche Studienausgabe, hg. von Peter Hünermann, Freiburg i. Br. 2009.

Eberl, Immo: Die Zisterzienser. Geschichte eines europäischen Ordens, Darmstadt 2002.

Eder, Manfred: Kirchengeschichte. 2000 Jahre im Überblick, Ostfildern [3]2014.

Englisch, Andreas: Franziskus – Zeichen der Hoffnung. Das Erbe Benedikts XVI. und die Schicksalswahl des neuen Papstes, München 2013.

Franziskus: Die Freude des Evangeliums. Das Apostolische Schreiben «Evangelii gaudium» über die Verkündigung des Evangeliums in der Welt von heute, mit einer Einführung von Bernd Hagenkord, Freiburg i. Br. 2013.

Gasser, Albert: Das Kirchenvolk redet mit. Die Synode 72 in der Diözese Chur, Zürich 2005.

Gasser, Albert: Europas Urkatastrophe von 1914 und ihre Folgen. Beobachtungen und Betrachtungen zum 20. Jahrhundert, Chur 2014.

Gauchet, Marcel: Die Erklärung der Menschenrechte. Die Debatte um die bürgerlichen Freiheiten 1789, Reinbek 1991.

Geschichte der christlichen Spiritualität, Bd. 3: Die Zeit nach der Reformation bis zur Gegenwart, hg. von Louis Dupré/Don E. Saliers/John Meyendorff, Würzburg 1997.

Geschichte des Christentums. Religion. Politik, Kultur, Hg. der deutschen Ausgabe: Norbert Brox:

Bd. 7: Von der Reform zur Reformation (1450–1530), Freiburg i. Br. 1995.

Bd. 8: Die Zeit der Konfessionen (1530–1620/30), Freiburg i. Br. 1992.

Bd. 9: Das Zeitalter der Vernunft (1620/30-1750), Freiburg i. Br. 1998.

Bd. 10: Aufklärung, Revolution, Restauration (1750–1830), Freiburg i. Br. 2000.

Bd. 11: Liberalismus, Industrialisierung, Expansion Europas (1830–1914), Freiburg i. Br. 1997.

Bd. 12: I. und II. Weltkrieg. Demokratien und totalitäre Systeme (1914–1958), Freiburg i. Br. 1992.

Bd. 13: Krisen und Erneuerung (1958–2000), Freiburg i. Br. 2002.

Gutierrez, Gustavo: Theologie der Befreiung, mit neuer Einleitung des Autors und Vorwort von Johann Baptist Metz, Mainz [10]1992.

Haub, Rita: Die Geschichte der Jesuiten, Darmstadt 2007.

Heber, Norbert/Lehmann, Johannes (Hg.): Keine Gewalt!. Der friedliche Weg zur Demokratie – Eine Chronik in Bildern, Berlin [2]1991.

Hersche, Peter: Muße und Verschwendung. Europäische Gesellschaft und Kultur im Barockzeitalter, 2 Bände, Freiburg i. Br. 2006.

Hummel, Karl-Joseph: Katholische Kirche, politischer Katholizismus und Drittes Reich. Vortrag gehalten in der Europäischen Akademie Otzenhausen am 12. April 2003, online unter www.kfzg.de/Downloads/karl-joseph_hummel_katholische_kirche_vortrag_in_otzenhausen_2003.pdf (12.6.2015).

Iserloh, Erwin: Die soziale Aktivität der Katholiken im Übergang von caritativer Fürsorge zu Sozialreform und Sozialpolitik, dargestellt an den Schriften Wilhelm Emmanuel von Kettelers, Mainz 1975.

Jauer, Joachim: Urbi et Gorbi. Christen als Wegbereiter der Wende, Freiburg i. Br. 2010.

Jedin, Hubert: Geschichte des Konzils von Trient, 4 Bände, Freiburg i. Br. 1949–1975.

Kern, Bruno: Theologie der Befreiung, Tübingen 2013.

Kreis, Georg (Hg.): Die Geschichte der Schweiz, Basel 2014.

Kreis, Georg: Der Weg zur Gegenwart. Die Schweiz im neunzehnten Jahrhundert, Basel 1986.

Küng, Hans: Projekt Weltethos, München 1990.

Kuster, Niklaus/Kreidler-Kos, Martina: Der Mann der Armut. Franziskus – ein Name wird Programm, Freiburg i. Br. 2014.

Kuster, Niklaus/Huber, Thomas M./Schmucki, Oktavian (Hg.): Von Wanderbrüdern, Einsiedlern und Volkspredigern. Leben und Wirken der Kapuziner im Zeitalter der Reformation, Kevelaer 2003.

Kuster, Niklaus: Jesuiten und Kapuziner. Die Gesellschaft Jesu in den frühen Quellen des franziskanischen Reformordens, in: *Oberholzer, Paul (Hg.):* Diego Laínez (1512–1565) and his Generalate. Jesuit with Jewish roots, close confidant of Ignatius of Loyola, preeminent Theologian of the council of Trent (Bibliotheca Instituti Historici SI 76), Rom 2015, 593–635.

Kuster, Niklaus: Rufin Steimer (1866–1928). Leben und Spiritualität eines sozialen Kapuziners im Schweizer Katholizismus, Bern 1998.

Kuster, Niklaus: Sprechende Zeichen. Ein Papst macht Geschichte(n), Freiburg i. Ue. 2015.

Leimgruber, Stephan/Schoch, Max (Hg.): Gegen die Gottvergessenheit. Schweizer Theologen im 19. und 20. Jahrhundert, Freiburg i. Br. 1990.

Leimgruber, Stephan: Unser Gott – euer Gott?. Christentum und Weltreligionen (STh XII), Zürich 2014.

Lichdi, Diether G.: Die Mennoniten in Geschichte und Gegenwart. Von der Täuferbewegung zur weltweiten Freikirche, Weisenheim [2]2004.

Loisy, Alfred: L'Évangile et l'Église, Saint-Martin de Bonfossé 2014.

Luther, Martin: Werke. Kritische Gesamtausgabe (WA), 73 Bände, Weimar 1883–2009.

Marx, Karl/Engels, Friedrich: Das Kommunistische Manifest. Eine moderne Edition, eingeleitet von Eric Hobsbawm, Hamburg/Berlin 1999.

Karl Marx/Friedrich Engels: Werke, Bd. 4, Berlin 1972.

Matheus, Michael/Klinkhammer Lutz (Hg.): Eigenbild im Konflikt. Krisensituationen des Papsttums zwischen Gregor VII. und Benedikt XV., Darmstadt 2009.

Moeller, Bernd: Zwinglis Disputationen. Studien zur Kirchengründung in den Städten der frühen Reformation, Göttingen [2]2011.

Müller, Gerhard Ludwig: Armut: Die Herausforderung für den Glauben, mit einem Vorwort von Papst Franziskus, unter Mitarbeit von Gustavo Gutiérrez/Josef Sayer, München 2014.

Neuner, Peter: Der Streit um den katholischen Modernismus, Frankfurt a. M. 2009.

Nuzzi, Gianluigi: Seine Heiligkeit. Die geheimen Dokumente aus dem Schreibtisch von Papst Benedikt XVI., München/Zürich [2]2012.

Oberholzer, Paul (Hg.): Diego Laínez (1512–1565) and his Generalate. Jesuit with Jewish roots, close confidant of Ignatius of Loyola, preeminent Theologian of the council of Trent (Bibliotheca Instituti Historici SI 76), Rom 2015.

Ökumenische Kirchengeschichte, Bd. 2: Vom Hochmittelalter bis zur frühen Neuzeit, Hg.: Thomas Kaufmann/Raymund Kottje, Darmstadt 2008.

Ökumenische Kirchengeschichte, Bd. 3: Von der Französischen Revolution bis 1989, Hg.: Hubert Wolf, Darmstadt 2007.

Peters, Henriette: Mary Ward. Ihre Persönlichkeit und ihr Werk, Innsbruck 1991.

Pfister, Rudolf: Kirchengeschichte der Schweiz, 3 Bände, Zürich 1964–1985.

Politi, Marco: Benedikt. Krise eines Pontifikats, Berlin 2012.

Prodi, Paolo: Das Konzil von Trient und die Moderne, Berlin 2001.

Pruter, Karl: The Old Catholic Church. A History and Chronology, Highlandville 1996.

Ratzinger, Joseph: Das neue Volk Gottes. Entwürfe zur Ekklesiologie, Düsseldorf [2]1970.

Reformierte Bekenntnisschriften, hg. im Auftrag der Evangelischen Kirche in Deutschland von Heiner Faulenbach/Eberhard Busch, 2 Bände (fünf Teilbände), Neunkirchen-Vluyn 2002–2009.

Reinalter, Helmut (Hg.): Josephinismus als Aufgeklärter Absolutismus, Wien u. a. 2008.

Richter, Klemens: Die Ordination des Bischofs von Rom, Münster 1976.

Schatz, Klaus: Geschichte der deutschen Jesuiten (1814–1983), 5 Bände, Münster 2013.

Schatz, Klaus: Vaticanum I: 1869–1870, 3 Bände, Paderborn 1992–1994.

Schneider, Hans: Martin Luthers Reise nach Rom – neu datiert und neu gedeutet (Studien zur Wissenschafts- und Religionsgeschichte 10), Berlin 2011.

Schnitzler, Norbert: Ikonoklasmus – Bildersturm. Theologischer Bilderstreit und ikonoklastisches Handeln während des 15. und 16. Jahrhunderts, München 1996.

Schulte, Rolf: Hexenmeister. Die Verfolgung von Männern im Rahmen der Hexenverfolgung von 1530–1730 im alten Reich (Diss. Univ. Kiel), Frankfurt a. M. 2001.

Schweizer, Christian/Ries, Markus (Hg.): Theodosius Florentini (1808–1865) – vir famosus, Festschrift zum 200. Geburtstag, Luzern 2009.

Seidel-Höppner, Waltraud: Wilhelm Weitling (1808–1871). Eine politische Biographie, Frankfurt a. M. 2014.

Sinabell, Johannes/Wohlfahrt, Manfred: Fundamentalismus, Esoterik und der Markt der Religionen, in SWS-Rundschau 45 (4/2005) 472–494.

Spee, Friedrich: Cautio Criminalis oder Rechtliches Bedenken wegen der Hexenprozesse, München [8]2007.

Springer, Klaus-Bernward: Die deutschen Dominikaner in Widerstand und Anpassung während der Reformationszeit, Berlin 1999.

Stephens, Peter: Zwingli. Einführung in sein Denken, Zürich 1997

Strerath-Bolz, Ulrike: Ulrich Zwingli. Wie der Bauernsohn zum Reformator wurde, Berlin 2013.

Strobel, Ferdinand: Die Gesellschaft Jesu in der Schweiz, in: Helvetia Sacra VII, Bern 1976, 25–609.

Strübind, Andrea/Rothkegel, Martin (Hg.): Baptismus. Geschichte und Gegenwart, Göttingen 2012.

Thönissen, Wolfgang (Hg.): Lexikon der Ökumene und Konfessionskunde, Freiburg i. Br. 2007.

Voltmer, Rita: Hexen und Hexenverfolgung in der Frühen Neuzeit, Darmstadt 2008.

von Hehl, Ulrich/Christoph Kösters (Bearb.): Priester unter Hitlers Terror. Eine biographische und statistische Erhebung, Paderborn [4]1998.

Weber, Max: Die protestantische Ethik und der Geist des Kapitalismus, Tübingen 1934, Neuausgabe: Hamburg 2015.

Wolf, Hubert: Krypta. Unterdrückte Traditionen der Kirchengeschichte, München 2015.

Zinser, Hartmut: Der Markt der Religionen, München 1997.

Zulehner, Paul M.: Mitgift. Autobiographisches anderer Art, Ostfildern 2014.

Abbildungsverzeichnis

Der Verlag war bemüht, alle nötigen Abdruckrechte einzuholen. Wir bitten Sie, nicht erhebbar gewesene Rechte gegebenenfalls beim Theologischen Verlag Zürich zu melden.

[21] Abb. 1: © Prof. Dr. Markus Ries, Luzern. [25] Abb. 2: Geschichte des Christentums. Religion. Politik. Kultur, Bd. 1: Die Zeit des Anfangs © Verlag Herder GmbH Freiburg i. Br. 2000. [36] Abb. 3: Geschichte des Christentums. Religion. Politik. Kultur, Bd. 1: Die Zeit des Anfangs © Verlag Herder GmbH Freiburg i. Br. 2000. [66] Abb. 5: *von Pastor, Ludwig:* Die Stadt Rom zu Ende der Renaissance, Freiburg i. Br. 1925, 15. [67] Abb. 6, obere Münze: Sesterz aus der Regierungszeit Kaiser Vespasians (Porträt auf der Vorderseite, nicht abgebildet), die Rückseite zeigt Palme und trauernde Judaea und erinnert an den Sieg Roms im Jüdischen Krieg © Dr. Andreas Pangerl, München (www.romancoins.info). [67] Abb. 6, untere Münze: Die Vorderseite (nicht abgebildet) zeigt das Porträt des Kaisers Constantius II. (337–361). Die Rückseite den Kaiser in einem Boot mit der am Steuerruder sitzenden Victoria. In der linken Hand hält er ein Labarum, die Hauptfahne des kaiserlichen Heeres in der spätrömischen Zeit, mit dem Christusmonogramm, den griechischen Buchstaben Chi und Rho, Prägung aus Trier © CGB.fr Numismatics, Paris (www.cgb.fr). [115] Abb. 8: *Duffy, Seán:* The Concise History of Ireland, Dublin 2005 © Gill & Macmillan. [184] Abb. 9+10: *Koch, Wilfried:* Baustilkunde. Europäische Baukunst von der Antike bis zur Gegenwart, München 1994, 102, 168. [186] Abb. 11: www.kirchbau.de/bildorig/k/koeln_dom_grundriss 542x894.gif. Abb. 12: Stahlstich von Henry Winkels. [205] Abb. 14 aus: *Aumüller, Gerhard:* Vom Siechenhaus zum Großklinikum, in: Marburger Uni-Journal 25, April 2006, 20. [237] Abb. 17 aus: *Vischer, Lukas/Schenker, Lukas/Dellsperger, Rudolf (Hg.):* Ökumensiche Kirchengeschichte der Schweiz, Freiburg i. Ue./Basel [2]1998, 111. [260] Abb. 18, Kartengrundlage: Gründung von Kapuzinerklöstern schweizerischer Provenienz 1581–1619 vor dem Dreissigjährigen Krieg © Pro-

vinzarchiv Schweizer Kapuziner, Luzern. [273] Abb. 19: © Zentralbibliothek Zürich. [291] Abb. 20: *Vischer, Lukas/ Schenker, Lukas/Dellsperger, Rudolf (Hg.)*: Ökumenische Kirchengeschichte der Schweiz, Freiburg i. Ue./Basel [2]1998 © Paulusverlag Freiburg i. Ue., 220. [330] Grafik 10 nach http://www.unifr.ch/iso/assets/files/WCC_riverchart.pdf.

Abkürzungen

AP	Apophtegmata Patrum
BBKL	Bio-Bibliographisches Kirchen-Lexikon
BKV	Bibliothek der Kirchenväter: www.unifr.ch/bkv/
CIC	Codex Iuris Canonici / Codex des kanonischen Rechtes, 1983
DH	*Denzinger, Heinrich*: Kompendium der Glaubensbekenntnisse und kirchlichen Lehrentscheidungen. Verbessert, erweitert, ins Deutsche übertragen und unter Mitarbeit von Helmut Hoping hg. v. *Hünermann, Peter*, Freiburg i. Br. [38]1999
GS	Pastorale Konstitution über die Kirche in der Welt von heute «Gaudium et spes» (7. Dezember 1965)
HLS	Historisches Lexikon der Schweiz: www.hls-dhs-dss.ch
LACL	Lexikon der Antiken christlichen Literatur
LMA	Lexikon des Mittelalters
LThK	*Kasper, Walter u. a. (Hg.)*: Lexikon für Theologie und Kirche, 10 Bde., Freiburg i. Br. [3]1993 ff.
MGH	Monumenta Germaniae Historica: www.mgh.de
NA	Erklärung über das Verhältnis der Kirche zu den nichtchristlichen Religionen «Nostra aetate» (28. Oktober 1965)
PL	Patrologia Latina (Migne)
TRE	*Krause, Gerhard u. a. (Hg.)*: Theologische Realenzyklopädie, Berlin/New York 1977 ff.
WA	Luther, Martin: Werke (Weimarer Ausgabe)

Ausführliches Inhaltsverzeichnis